国家社科基金项目"'四化'同步背景下农业经营主体培育研究"
（项目编号：13BJY108）最终成果

长江大学人文社会科学研究发展基金资助

Research on the Cultivation of Agricultural
Business Entities under the Synchronization
Background of the Four Modernizations

"四化"同步背景下
农业经营主体培育研究

汪发元　刘在洲　汪　潇　著

中国社会科学出版社

图书在版编目（CIP）数据

"四化"同步背景下农业经营主体培育研究/汪发元，刘在洲，汪潇著.
—北京：中国社会科学出版社，2019.12
ISBN 978 - 7 - 5203 - 5511 - 7

Ⅰ.①四… Ⅱ.①汪…②刘…③汪… Ⅲ.①农业经营—经营管理—
研究—中国 Ⅳ.①F324

中国版本图书馆 CIP 数据核字（2019）第 245808 号

出 版 人	赵剑英	
责任编辑	王 曦	
责任校对	孙洪波	
责任印制	戴 宽	

出　　版　中国社会科学出版社
社　　址　北京鼓楼西大街甲 158 号
邮　　编　100720
网　　址　http://www.csspw.cn
发 行 部　010 - 84083685
门 市 部　010 - 84029450
经　　销　新华书店及其他书店

印刷装订　北京君升印刷有限公司
版　　次　2019 年 12 月第 1 版
印　　次　2019 年 12 月第 1 次印刷

开　　本　710×1000　1/16
印　　张　24
插　　页　2
字　　数　369 千字
定　　价　128.00 元

序

"四化"同步发展是党中央在新的历史时期提出的经济发展战略。实现"四化"同步发展，关键在于培育新型农业经营主体，建立与之相适应的农村经济体制和农业支持体系。《"四化"同步背景下农业经营主体培育研究》以深入的调查、翔实的数据、独特的见解，剖析了新型农业经营主体培育中存在的问题，提出了新型农业经营主体培育的政策措施。该书的主要贡献有以下几点。

一是摸清了农业经营主体的客观构成。随着城镇化的推进，农村人口逐年减少，人们不禁发出了"未来谁来种地"的疑问。虽然农村人口减少是城镇化的必然选择，但新型农业经营主体在农村到底有多大的比例，农村劳动力的具体构成到底怎么样，迫切需要深入而真实的调查。本课题组深入农村和农户家中，对华北地区、华东地区、中南地区和西南地区所属的10个农村的新型农业经营主体、普通农户情况进行了调查，对每个农户劳动力的性别构成、年龄构成、文化构成，以及土地面积和数量构成进行了统计分析，摸清了农业经营主体的客观现状，为国家制定农业制策提供了重要的决策依据。

二是揭示了农业经营主体成长的矛盾。近年来，新型农业经营主体快速发展，已经成为推动农业经济发展的重要力量。但在看到新型农业经营主体快速发展的同时，更应当看到新型农业经营主体成长面临的困难和问题。课题组经过大量的访谈，提炼总结出了新型农业经营主体成长面临的五对矛盾，为国家在农村开展扫黑除恶，优化农村经济发展环境，推动新型农业经营主体高质量健康发展提供了重要依据。

三是解析了农业经营主体的影响因素。新型农业经营主体的成长受多种因素的影响，既有国家政策因素、社会环境因素，也有新型农业经营主体负责人自身的因素，而且每种因素的影响效果可能都不相同。课题组设计了翔实的问卷调查表，对4000多个新型农业经营主体负责人进行问卷调查，并通过计量软件进行量化分析，比较科学地解答了新型农业经营主体发展中的一系列问题，为国家制定新型农业经营主体发展的政策提供了重要依据。

四是构建了"一主多元"的农业技术推广体系。在新型农业经营主体快速成长的背景下，我国农业技术推广体系存在诸多不适应的地方。但是，应当建立起什么样的农业技术推广体系，是农业经济管理中必须回答的一个重要问题。课题组通过大量调查，立足我国农业技术推广的现状，借鉴发达国家农业科学技术推广体系的先进经验，提出了以公益性农业技术推广为主，以社会推广机构和自助性推广机构为辅的"一主多元"农业技术推广体系，为培育新型农业经营主体提供了配套的措施建议。

五是提出了培育经营主体的政策建议。培育新型农业经营主体需要各项配套政策和措施，课题组从现代农业发展的特点出发，就未来农业经营体制、农业金融支持体系、农业保险体系的基本轮廓进行了刻画。课题组以马克思主义农业发展思想、毛泽东现代农业发展思想、邓小平"第二次飞跃"理论和习近平总书记农业供给侧结构性改革的思想为指导，刻画出了未来农业经营体制的基本轮廓，并设计出了小农户融入现代农业经营体系的模式、路径和机制。在此基础上，提出了以地方政府担保公司为依托，以信用环境建设为重点，实行商业银行合理分工的农业金融支持体系。同时，提出了实行农业分类保险，即普惠保险保基本、政策保险保关键、商业保险保发展。这些政策建议的提出，为国家制定未来农业发展政策提供了重要的参考思路。

本书全面剖析了我国农业经营主体的现状，分析了农业经营主体培育中存在的问题，提出了未来我国农业经济体制、农业金融支持体系和农业保险体系构建的具体建议。既具有理论的高度，也具有学术的深度，是一部扎根中国农村，理论联系实际，可应用和可操作性强的农业经济管理专著，充分体现了作者对我国"三农"问题的深刻领悟和对其核心要点的把握。

我相信，本书的出版对于丰富我国农业经济管理理论，促进新型农业经营主体的培育，推动农业现代化的发展必将起到重要作用。

中南财经政法大学教授、博士生导师

2019 年 5 月 10 日

前　言

　　"四化"同步发展是国家的重大发展战略,新型农业经营主体是促进农业规模化经营的重要载体,是实现农业现代化的必然选择。在坚持以家庭为经营单位的前提下,培育新型农业经营主体成为发展现代农业的重要举措。我国地域辽阔,东西南北差异很大,决定了我国农业经营主体形式的多样性。然而,随着城镇化的快速推进,农村空心化逐年严重,既体现了城镇化的成效,也引起了人们对农业发展的担忧。为此,人们不约而同地发出了"未来谁来种地"的疑问。其实,要回答这个问题,必须弄清我国农业经营主体的现状,准确预期农业经营主体的未来,设计好科学可行的农业经营体制,以及新型农业经营主体的发展模式和机制,制定好培育新型农业经营主体的配套措施。

　　本书按照研究的逻辑,从研究内容上可以分为三个部分。

　　第一部分为理论阐释部分,包括第一章和第二章。第一章绪论,主要论述了研究的背景、目的和意义等;第二章农业经营主体培育的理论,主要阐释了研究的理论基础。

　　第二部分为现状剖析部分,包括第三、第四、第五、第六章。第三章农业经营主体现状和未来发展分析,课题组按照可得原则,对全国 10 个不同省份 10 个村的农业经营主体现状进行了调查,并进行了统计分析。第四章新型农业经营主体的效应、意愿及影响因素。在大量访谈的基础上,形成问卷调查表。通过对新型农业经营主体负责人的问卷调查,获取研究数据,并应用计量软件进行了相应的量化分析,从而得出客观科学的结论。第五章新型农业经营主体成长面临的困境,通过大量访谈调查获取直观感受,并应用逻辑思维的方式进行抽象总结,剖析了新型农业经营主体成长面临的具体困难。第六章新型农业经营主体科技来源和子女继承及影响因素。为了回答未来谁来种地，深入农村进行访谈调查，形成问题明确的问卷调查表。通过问卷调查获取第一手数据，并应用计量软件进行相关性分析，从而准确掌握农民子女未来工作的意愿。

第三部分为对策建议部分，包括第七、第八、第九、第十章。第七章新型农业经营主体发展的模式及机制，从现代农业发展的特点出发，从规模化经营、机械化生产和产业化分工出发，设计出了山区、平原两种新型农业经营主体发展的不同模式，阐释了各自的运行机制，并对成功案例进行了剖析；第八章新型农业经营主体成长背景下的农业推广体系，基于新型农业经营主体生产经营的特点，提出了"一主多元"农业技术推广体系的构想；第九章中外农业经营主体比较分析，通过我国农业经营主体与发达国家农业经营主体的比较分析，得出了培育我国新型农业经营主体的一系列启示；第十章新型农业经营主体培育的政策建议，从新型农业经营主体成长需要出发，分析了我国农业经营体制、农业金融支持体系、农业保险支持体系的应然状况，全面剖析了构建农业经营体制、农业金融支持体系、农业保险支持体系的路径，提出了实现新体系的具体政策措施。

衷心地希望本书的研究成果能够为国家现代农业的发展贡献一份力量，供国家制定农业政策参考。如果本书的某个观点、某种建议能够对国家和地方政府制定农业政策有所参考，或者对新型农业经营主体负责人发展现代农业有所启发，就是作者莫大的欣慰。

汪发元 刘在洲 汪 潇
2019 年 5 月 10 日

目　　录

第一章 绪论

党的十八大提出了全面建成小康社会的发展目标，制定了工业化、信息化、城镇化、农业现代化"四化"同步发展的道路。实现这一目标的关键是农村，农村发展的关键是农业，农业发展的关键是培育新型农业经营主体。为此，党的十八大报告指出："坚持和完善农村基本经营制度，依法维护农民土地承包经营权、宅基地使用权、集体收益分配权，壮大集体经济实力，发展农民专业合作社和股份合作，培育新型经营主体，发展多种形式规模经营，构建集约化、专业化、组织化、社会化相结合的新型农业经营体系。"应当深入研究培育新型农业经营主体，构建新型农业经营体系问题。这既是一个实践问题，又是一个理论问题，解决好这一问题是实现"四化"同步发展的关键。

一 研究的背景、目的和意义

(一) 研究背景

1. 促进"四化"同步发展的背景

"四化"同步发展是党中央根据新时期我国发展实际提出来的新战略目标。那么，如何促进"四化"同步发展呢？关键在于促进农业现代化的实现。在"四化"同步发展中，农业始终处在最关键的环节，实现农业现代化，解决好"三农"问题，是实现"四化"同步发展的重点和难点，也是全面建设小康社会的重点和难点。面对中国农业生产的实际，我国有2.2亿个农户，户均土地经营规模不到0.6公顷，坚持长期分散经营，不仅农产品安全难以保障，也难以产生规模效应，导致产品缺乏市场竞争力。但要想大规模地集中经营，也面临着许多难题。现有6.4亿农民如果失去土地转移到城市，则因多种原因难以生存。不仅会造成城市接纳困难，还会留下社会隐患。

农村土地已经分散承包在以家庭为单位的成员手中，如果要把如此庞大的小规模农户土地，变成大集团化的经营模式，又有谁能采取什么办法可以操作成功呢？如果采取计划手段将土地集中起来，必然面对利益难以平衡的困难，而且容易引发社会问题；如果采取市场手段将土地集中起来经营，又必然面对无数个市场主体多样化的诉求，难以统一；特别是我国农村情况复杂，既有广袤的平原，又有绵延崎岖的山区，种植的作物多样化、产品的种类多样化，难以采取统一的模式。因此，只能通过组织农民专业合作社和建立完善的农业社会化服务体系，逐步完成对小农业的"生产社会化改造"。那么，如何把分散经营的农户培育成有适当规模的新型农业经营主体，以更好地适应市场竞争的需要，就成为一道难题。

2. 农业供给侧结构性改革的背景

在 2017 年中央农村工作会议上，习近平总书记强调，"我国农业农村发展已进入新的历史阶段，农业的主要矛盾由总量不足转变为结构性矛盾，矛盾的主要方面在供给侧，必须深入推进农业供给侧结构性改革，加快培育农业农村发展新动能，开创农业现代化建设新局面"①。习近平总书记的这段论述，精辟地指出了我国农业生产存在的问题，核心是农产品结构不合理，也就是说农业生产提供的产品与市场需求不匹配，从而导致有效供给和有效需求不足同时并存的矛盾。分析矛盾的关键点，市场需求具有刚性，难以改变，而农业生产具有柔性，可以通过引导加以改变。那么，如何引导农民按照市场需求提高有效供给呢？显然，既要通过市场机制的引导，也要通过国家政策的调控。

面对以家庭为单位的分散生产经营，无论采取什么方式引导和调控，都必然会出现产品质量的差异性、市场反应的滞后性、供给需求的脱节性。加上以家庭为单位的分散生产经营，每家生产经营的面积和规模都很小，人们既难以适应市场的变化，也缺乏分析和研究市场的能力。因此，

① 转引自韩俊《农业供给侧结构性改革必须要"稳"》，《人民日报》2017 年 3 月 30 日。

必须研究培育新型农业经营主体，提高经营主体的适应性。

3. 农村土地规模化经营的背景

21世纪是世界经济一体化快速发展的时代，我国农业生产的竞争对手已经从国内竞争转变为国际竞争。那么，国际竞争面对的是世界发达国家的农业生产。要想在竞争中获得优势，必须充分了解竞争对手，以自己的竞争优势去和竞争对手比拼。正所谓只有知己知彼，才能立于不败之地。那么，发达国家的农业生产和我们国家是否有区别呢？比较发达国家和我们国家农业生产的区别，最显著的一点就是经营规模不同，农业现代化的要素不同，而且差别很大。西方发达国家农业规模化、集约化经营典型的国家有美国、法国、德国、澳大利亚等。美国的农业以农场为主，平均每个家庭农场经营面积达到169.16公顷，大型农场经营面积一般在400公顷及以上，小型农场经营面积一般在3.64公顷。加拿大家庭农场平均经营面积在300公顷左右，小型农场经营面积一般在100公顷以下，大型农场经营面积一般在500公顷以上。法国的情况和美国有所不同，法国的农业以中小农场为主，经营面积一般在80公顷以下。同时，法国农民专业合作社也很发达。德国农业以中小农场为主，一般在10—50公顷。澳大利亚土地资源丰富，大约有农场12.85万个，平均规模达到3200公顷。① 东南亚国家相对农业耕地面积较小，但经营模式仍然以规模化经营为主。日本农业土地规模小，68%的家庭经营面积低于1公顷，1—2公顷的家庭农场占20%，2公顷以上的占11%。② 我国农业的经营状况，呈典型的分散经营特点。截至2015年年底，全国耕地面积20.25亿亩，人均耕地面积1.35亩，不到世界平均水平的40%。③ 而中国有93%的农业家庭人均耕地面积不到1公顷，超过5公顷以上的家庭经营几乎没有④。自中央2013年一号文件强调要大力发展家庭农场等新型农业经营主体以来，我国家庭农场发

① 郭永田：《澳大利亚现代农业发展的特点与启示》，《世界农业》2016年第1期。

② 周婕：《国外农业经营方式的比较研究：以美国和日本为例》，《世界农业》2017年第12期。

③ 中华人民共和国国土资源部：《2015年中国国土资源公报》，http://www.mlr.gov.cn/sjpd/gtzygb/。

④ 周婕：《国外农业经营方式的比较研究：以美国和日本为例》，《世界农业》2017年第12期。

展很快，截至 2015 年 6 月底，县级以上农业部门认定的家庭农场达 24 万个，平均经营规模达到 200.2 亩（13.35 公顷）。[①] 因此，我国农业生产现代化要素较低，而农产品生产成本相对较高，在国际市场上缺乏应有的竞争力。

我国农业生产分散经营的问题，早已引起了国家的高度关注。早在 2006 年，全国人大常委会就颁布了《中华人民共和国农民专业合作社法》，旨在鼓励农民走合作化的道路，逐步由家庭分散经营走向联合发展的规模化经营；2008 年，党的十七届三中全会做出了《关于推进农村改革发展若干重大问题的决定》，"家庭农场"的概念正式诞生。经过几年的发展，"家庭农场"取得一定成效，但也遇到了土地问题。为此，2013 年中央一号文件再次界定"家庭农场"，并提出了通过土地流转，扩大"家庭农场"经营规模的问题。这些法律、法规和政策的出台，从一定程度上促进了我国农业生产的规模程度。但从整体上讲，我国农业生产仍然处在极度分散的状况，即使成立了农民专业合作社，在经营上仍然以家庭分散经营为主，没有形成实质性联合，如何培养新型农业经营主体就成为促进农业生产规模化经营的重要课题。

4. 农村城市发展一体化的背景

早在 2010 年，中共中央、国务院就以一号文件的形式发布了《关于加大统筹城乡发展力度 进一步夯实农业农村发展基础的若干意见》，并提出要努力形成城乡经济社会发展一体化新格局。近年来，我国大批农民进城务工，形成了一个特殊的群体，即所谓农民工。这部分群体既为城市的发展做出了贡献，及时补充了城市发展中劳动力的不足，承担了城市人不愿承担的一些体力劳动；又解决了农村剩余劳动力的转移，为农民增收提供了新的门道。与此同时，也带来了一系列的社会问题，从城市管理的视角来看，如每年春节前后的交通拥堵问题，城市教育资源相对不足的问题，城市的社会治安问题等；从农民工的社会待遇上看，农民工虽然进了城，但并没有获得与城市人同等的社会福利待遇，表现在农民工子女入托

---

① 安徽财经大学、中华合作时报社联合专题调研组：《中国家庭农场发展研究报告》，《中国合作经济》2018 年第 1 期。

无保障，入学受限制，失业无保险等方面，① 由此导致了大量的留守儿童、留守老人、留守妇女等问题。这些问题和矛盾不仅成为影响城市化进程的直接障碍，而且导致新型农业经营主体难以真正形成。

对于这些矛盾和问题，无论是政府领导还是学者，都有一个基本的共识，即这些问题是发展中的问题，会随着改革的深入逐步得到解决。关键是如何解决这些矛盾和问题，不同的学者提出了不同的政策主张，也就是解决问题的不同路径。有人提出加强城市管理，提高城市管理的科学化、法治化水平；有人提出提高农民工的综合素质，减少农民工带来的社会问题；有人提出就近城镇化，减少民工潮和留守人员的问题。

关于城乡一体化的路径问题，虽然主张不同，但究其实质，有许多共同之处。政府在改革中，实质上是博采众家之长，采取了综合化的手段。虽然离真正的城乡一体化还有很大的差距，但经过几年的努力，已经取得了城乡一体化的显著成效。就城乡一体化的成效来看，基本实现了城乡医疗卫生一体化、城乡居民供水一体化、城乡国民教育一体化。当然，这些仅仅是城乡一体化中的个别要素，离真正的城乡一体化还有很大的距离。

城乡一体化的本质指的是在制度上打破城乡二元体制，包括医疗卫生制度、教育制度乃至土地制度，使城市居民和农村居民，都能均等地享受到基本的公共服务。② 城乡一体化的关键在于城乡人口和身份信息的自由流动。当然，这种流动更多地体现为城市的公共资源向农村流动，农村人口向城市流动。只有实现了城乡资源、人员的自由流动，才能实现土地的规模化经营，提高农业经营者的整体素质。因此，培育新型农业经营主体是城乡一体化进程中重要的战略举措之一，是影响"四化"同步发展的关键。

5. 农村"三产"融合发展的背景

我国经济发展已经进入新常态，农业发展已经进入新阶段。如何适应这种新常态，在农业发展的新阶段能有所作为，是必须认真面对的现实问题。习近平总书记在中共中央政治局第二十二次集体学习时强调："要加

---

① 蔡继明、王栋、程世勇：《政府主导型与农民自主型城市化模式比较》，《经济学动态》2012年第5期。

② 蔡继明：《琼海经验的普遍意义和特殊意义》，《人民论坛》2016年第5期。

快建立现代农业产业体系，延伸农业产业链、价值链，促进一二三产业交叉融合。"① 习近平总书记的指示，明确地指明了我国农业的发展方向，深刻地阐释了提升农业经济的机理。农业要发展，农民要致富，必须坚定不移地走一二三产业交叉融合的道路。

那么，如何才能走出一二三产业交叉融合的道路呢？2017 年中央一号文件指出，围绕有基础、有特色、有潜力的产业，建设一批农业文化旅游"三位一体"、生产生活生态同步改善、一二三产业深度融合的特色村镇。如果仅仅依靠现有分散经营的千家万户，这样的特色村镇是不可能建成的。因此，一二三产业深度融合需要靠农业产业龙头企业引领，而龙头企业发展的基础是农业生产的规划和布局。只有依靠批量的符合质量要求的农产品作支撑，农业产业化龙头企业才能发展壮大，也只有农业产业化龙头企业发展壮大，才能带动和稳步推进农业的产业化发展。因此，2017 年中央一号文件进一步提出，深入实施农村产业融合发展试点示范工程，支持建设一批农村产业融合发展示范园。

这一背景决定了农村经济发展必须培育新型农业经营主体，走规模化、产业化、集约化的道路。

(二) 研究目的

面对我国经济发展的新常态、农业经济发展的新阶段，开展农业经营主体的培育研究，以期实现三个目的，具体包括以下内容：

1. 摸清不同地区农业经营主体的状况，提出农村经济发展体系的新思路

随着农村剩余劳动力大量进城务工，农民工这个专有名词诞生了，与之同时诞生的是留守老人、留守妇女、留守儿童。面对农村的这种状况，人们提出了一个问题：未来谁来种地？这个问题已经成为人们普遍关心的问题。要回答这个问题，必须弄清楚现实生活中是什么人在种地，种的地是什么状况。为此，本书通过对不同地区农村新型农业经营主体、农村家

① 《"国务院办公厅关于推进农村一二三产业融合发展的指导意见"举行发布会》，http://www.china.com.cn/zhibo/2016-01/08/content_37484230.htm。

庭劳动力构成、经营土地构成的抽样调查，较为准确地了解农村土地经营人员的状况、经营土地的状况，进而提出适应建设现代农业、培育新型农业经营主体的农村经济发展体系的新思路，从而提出构建新的农村经济发展体系的政策建议。

2. 调查职业农民现实思想行动的状况，提出培育农业经营主体的新政策

随着我国高等教育的普及，我国培养了无数农业科学技术类的大学毕业生，然而，这些人中真正从事农业的却很少。为什么农科类大学毕业生不愿意或不能够走向农村，从事农业生产或经营呢？要弄清楚这个问题，必须弄清楚农村种地人的想法。那么，农村种地的人到底是什么想法呢？他们对国家"三农"政策有什么看法呢？他们对各级政府落实国家"三农"政策有什么感受呢？要准确回答这些问题，没有大量、客观的问卷调查和访谈调查，是一件非常困难的事。

谁能准确客观地回答这些问题呢？只能是学者的调查研究。虽然各级政府加强了调查研究，各级领导也深入农村开展多种形式的调查，但面对领导的调查，农民在回答问题时，仍然受到多种因素的影响，难以全面掌握农民的思想动态。为此，本书通过广泛的问卷调查，了解现代农民对未来农业生产、经营的真实思想。在此基础上，分析"四化"同步发展的障碍因素，提出培育农业经营主体，促进"四化"同步发展的新的政策主张。

3. 分析影响新型农业经营主体负责人行为的因素，提出支持现代农业发展的新主张

在经济发展新常态下，农业经济的发展也面临着增产不增收、产供销不匹配、农业生产经营者整体年龄老化、素质下降的问题。到底是什么因素影响高素质的人员不愿从事农业生产和经营呢？让农业成为体面的职业，让高素质的人员成为职业农民，到底需要什么样的政策呢？面对这些问题，本书试图通过对不同地区农村人员的访谈调查和广泛的问卷调查，获取第一手资料，并借助现代分析手段，进行量化分析，剖析影响新型农业经营主体负责人（职业农民）经营行为的内在因素、外在因素等。

在此基础上，提出一系列培育新型农业经营主体的政策主张。主要包

括构建培育新型农业经营主体成长的经济支持政策、农业技术推广体系支持政策、农村金融支持政策和农业保险支持政策等,从而站在"四化"同步协调发展的高度,力求从理论上做好培育新型农业经营主体发展的顶层设计,供国家制定"三农"政策时参考。

(三)研究意义

"四化"同步发展是党中央根据我国经济发展的实际,做出的重要战略决策。在"四化"同步发展中,关键的是如何实现农业现代化。而农业现代化的实现,既需要国家建立起科学的农业经营体系,又需要各方面配套的政策。农业经营体系和配套政策,必须符合我国农业生产力发展的现实,必须符合国际农业竞争的态势。因此,回顾我国农业经济体制的发展变革历程,研究农业经营主体的培育具有重要的意义。

1. 我国农业经营体制改革发展回顾

回顾我国农业改革的历程,国家的"三农"政策始终是围绕着不断解放生产力、发展生产力,而调整生产关系的过程。每一次调整都是适应当时生产力发展的需要,也是不得不进行的调整。因此,既不能简单地否定以前的农村经济体制,也不能故步自封,坚守业已僵化而不能适应已经发展了的生产力的经济体制。正确的态度应当是实事求是地分析生产力发展的现状,不断调整改革生产关系,以适应和促进生产力的发展。新中国成立以来,我国农业经营体制改革可以分为五个阶段。

(1)实行耕者有其田的分户经营阶段。1949—1951年,中国共产党按照马克思主义的理论和无产阶级政党的宗旨,实施革命时期向广大工人、农民提出的政策主张,即"打土豪,分田地"。为了实现人民群众当家作主,形成公平的社会制度,1950年6月,中央人民政府颁布了《土地改革法》,通过废除封建地主土地私人所有制,实行按人口分地的政策,全国3亿多无地和少地的农民无偿分得了4700万公顷土地,实现了"耕者有其田"的梦想[①]。这一时期分田到户的改革,正好符合当时生产力发展的需

---

① 关锐捷、褚燕庆:《新中国农村经营体制改革60年回顾与展望》,《科技成果管理与研究》2010年第1期。

要。广大农民从长期受剥削、受压迫的环境中解放出来，生产的积极性空前高涨，农业生产力得到极大的解放，农业生产获得丰收。仅从粮食产量一项统计，1952 年全国粮食产量比 1949 年增长 42.8%[①]。

（2）实行互助和合作的协作经营阶段。1952—1957 年，由于新中国成立前土地为地主阶级所有，长期缺乏对农田水利基本设施的建设，农田表现出极大的脆弱性，各种意想不到的自然灾害频发。在生产经营实践中，单家独户的经营，难以抵御自然灾害的侵蚀。那么，如何抵御自然灾害呢？显然，仅靠单家独户的力量非常有限。为此，一些农民在生产中，自发地开展相互帮助，这就是后来的互助组、合作社的雏形。党中央及时发现了这一创新性做法，经过调查总结，并提炼命名为"互助组、合作社"。1951 年 9 月，中共中央召开第一次农业互助合作会议，讨论通过《关于农业生产互助合作的决议（草案）》，于 12 月 15 日颁布执行。1953 年 12 月 16 日，中央根据农业互助组发展的实际，又通过了《关于发展农业生产合作社的决议》，进一步指明了引导农民经过互助组，到初级合作社，再到高级合作社的发展道路。在以后的发展实践中，虽然对合作社的发展提出了一些不同的看法，但人们总体认为，合作社适应当时的生产力发展水平，符合当时的生产实践。到 1956 年年底，全国提前实现了农业合作化，完成了从分户经营到合作经营的农业社会主义改造。

（3）实行高度统一的计划经济阶段。1958—1978 年，是我国农村经济体制从相对分散走向高度集中的阶段。经过互助组、合作社的发展，我国农村经济取得了巨大的成就。但中国仍然处在物资相对匮乏的时期，而全国人民对新中国寄予了很高的期望，中央领导也希望通过调整生产关系，促进生产力的发展，把全国人民引向经济发展的快车道。因此，人们受合作社成就的鼓舞，提出了向人民公社发展的主张。1957 年 11 月 13 日，《人民日报》发表了题为《发动全民，讨论四十条纲要，掀起农业生产的新高潮》的社论。1958 年 5 月，党的八届二中全会正式通过了中共中央根据毛泽东的倡议而提出的"鼓足干劲，力争上游，多快好省地建设社会主

---

① 关锐捷、褚燕庆：《新中国农村经营体制改革 60 年回顾与展望》，《农村经营管理》2019 年第 10 期。

义"的总路线。

1958 年提出的总路线本身并没有什么不正确，其初衷就是要在贫穷落后的现实条件下，极大地激发全国人民的生产积极性，以当时的条件尽可能地快速建成社会主义。关键是在实践中，如何正确贯彻落实好这一时期的总路线。在随后的实践中，从中央到地方，从领导到人民群众，人们普遍从美好的愿望出发，采取了一系列脱离实际的措施，特别是一些地方干部虚报产量，影响了中央的正常决策，加上三年自然灾害的影响，更加剧了物资的匮乏，导致了人民群众的不满。这些情况反过来又极大地影响了人民群众的生产积极性，形成了恶性循环。本来人民公社大集体的经营形式，已经形成了规模化的农业生产，建立起了水平虽然不高，但也非常管用的农田水利设施，抵御自然灾害的能力得到极大的提升。

这一时期的农业生产表现出双重特征：一方面形成了具有现代农业雏形的规模化经营，农田水利设施得到改善，农业机械化程度得到极大的提高。但另一方面，由于计划体制的僵化性，影响到了农民生产的积极性，束缚了生产力的发展。为此，人民公社虽然形成了现代农业的雏形，但并没有发展成农业现代化。因为，农业现代化除了生产经营规模化以外，还需要有竞争的市场机制。而当时实行的是严格的计划经济体制，这就使得本可以朝现代化方向发展的农业走向了僵化。虽然离农业现代化只有一步之遥，但由于缺乏市场经济体制的配套，使得农业发展的实际离总路线的宗旨渐行渐远。

（4）实行家庭承包性的分户经营阶段。1979—2006 年，是中国农村以"分田到户"为主要特征的改革时期。1978 年 12 月，安徽省凤阳县梨园公社小岗生产队 18 户农民，通过按手印的方式，提出了"分田到户，实行包干"的主张。这一主张得到了时任安徽省委第一书记万里同志的坚决支持，并很快在安徽全省得到推广。分析安徽省农村改革的动力，离不开当时的历史背景。由于 1978 年，安徽省遭遇百年罕见的旱灾，受灾面积达6000 多万亩，农民生活陷入困境。那么，如何开展生产自救？各生产队情况不同，每家每户的思想也难以统一，分田到户后，可以发挥每家每户的聪明才智，提高农业产量。为此，分田到户受到农民欢迎。

安徽省凤阳县的经验受到学术界和政界的高度关注，有学者将分田到户的做法总结为家庭联产承包责任制。1980 年 4 月 2 日，邓小平对安徽省小岗村率先实行家庭联产承包责任制的农村改革给予了肯定和支持。1980 年 5 月 31 日，邓小平再次就农村改革发表重要谈话，明确肯定和支持凤阳县小岗村的大包干。1983 年 1 月，中央下达了关于撤销人民公社的通知。至此，从 1982 年起至 1986 年，中共中央每年都在一号文件中，强调必须稳定家庭联产承包责任制。从此生产队最先实行的大包干成为我国农业经营的最主要方式，到 1985 年年底，全国超过 99.6% 的农户实行大包干。

（5）实行分与统并存的探索发展阶段。随着市场竞争越来越激烈，种地的利润越来越低，加上地方不同程度的不合理摊派，导致农民的负担越来越重，各地群众反映强烈。自 2000 年以后，甚至出现了连农业税费都难以承受的状况，全国各地出现了不同程度的土地抛荒现象，农业经济的发展形式急需变革，需要通过新的生产模式发挥出生产要素的潜力，从而提高生产效益。各地出现了不同形式抱团闯市场的情形。为此，2006 年 10 月 31 日，中华人民共和国第十届全国人民代表大会常务委员会第 24 次会议通过了《中华人民共和国农民专业合作社法》。2007 年 7 月 1 日，全国第一个农民专业合作社——庆云中澳养鸭专业合作社在山东省德州市成立。自此，不同产业不同类型的农民专业合作社在全国陆续成立起来。

农民专业合作社的出现是随着世界经济一体化的高度融合，国际国内市场竞争的日趋激烈，以家庭为单位的分散经营已经难以适应市场竞争的需要，而组建的规模化经营形式。经过几年的发展，农民专业合作社快速兴起，但相对全国农户数量来看，加入合作社的成员仍然有限。究其原因，主要是我国农村情况复杂，各地区各行业的发展存在很大差距。为此，仅有农民专业合作社这种形式仍然不能满足现实的需要。为此，2013 年中央一号文件提出，鼓励和支持承包土地向专业大户、家庭农场、农民专业合作社流转。家庭农场作为农村经济发展中的一种规模化经营形式悄然出现。但农村大部分生产者仍然停留在传统的家庭经营状态。

2. 新型农业经营主体培育研究的现实意义

党的十八大提出要促进工业化、信息化、城镇化、农业现代化"四化"同步发展。近年来，一方面城乡一体化取得重大进展，另一方面在城镇化和工业化中,农村剩余劳动力大量进入城镇,诞生了一个新的群体——农民工。随着农民工的诞生和发展,农业人口老龄化趋势更加突出,农村空巢现象更加严重。那么未来中国"地由谁来种""地怎么种"将成为重大课题。因此,必须同步培育好农业经营主体。那么,农业经营主体应当如何培育呢?需要什么样的配套政策呢?研究这些问题对于促进"四化"同步发展具有十分重要的现实意义。

(1)调查我国农业土地经营状况,有利于提高农业集约化经营。从我国农业经营体制改革发展回顾可以看出,以农村土地制度为主要内容的农业经营体制改革,始终是围绕农村生产力的变化,在不同的阶段进行调整,而采取不同的土地经营方式。那么,现阶段我国采取的是以家庭联产承包责任制为主要形式的土地经营方式。近年来,通过农村土地流转,专业大户、家庭农场、农民专业合作社、农业产业化龙头企业得到了快速发展。那么,在实际经营中,农村每家每户经营土地的面积构成、土地的集中或分散程度到底如何呢?

这些问题,泛泛研究的较多,但关于不同省份、不同村庄的具体研究较少。而要提高土地的集约化经营程度,必须准确掌握土地的经营状况,了解农民土地经营的意愿,为发展集约经营提供较为准确的客观情况。

(2)调查我国农业生产组织状况,有利于促进农业规模化经营。自实行家庭联产承包责任制以来,农村的生产组织从严格的计划体制,发展到自主经营,从而使经营的主体由单一变得多样。特别是随着新型农业经营主体的兴起,不同村庄农业经营主体呈现多样化态势。但农业经营主体的构成到底如何?新型农业经营主体能占多大比重、有多大影响力和带动力?新型农业经营主体到底要如何发展才能形成集约化经营的局面?只有准确地回答这些问题,才能采取有力的措施,促进农业规模化经营。

(3)调查农业经营组织协调状况,有利于健全农业市场化机制。我国新型农业经营主体已经悄然兴起,而且在实践中的作用越来越明显。但新型农业经营主体与外部环境的协调性到底如何?新型农业经营主体内部成员的协调性到底如何?在市场化的运作中,农业经营主体之间的运行机制还存在什么问题?这些是影响农业市场竞争力的关键。只有科学地剖析农业经营组织内外部协调状况，才能健全农业市场化机制，提升农业经营主体的市场竞争能力，实现供给侧结构性改革的初衷。

（4）调查我国农村劳动人员状况，有利于设计农民职业化途径。实行家庭联产承包责任制以来，一度出现了大量的农村剩余劳动力，这些人在改革开放的洗礼下，大部分人进城务工，成了标准的"农民工"，而本应成为新生代农民的青年，在后大众化时期的浪潮中，基本上得到了升学深造，而真正再回到农村继续从事农业的人，应当是凤毛麟角，少之又少。那么，现在到底是谁在种地呢？这些人的年龄结构、文化结构、性别结构又是怎样的呢？这是近年来每一位关心中国"三农"问题的人员普遍关注的问题。只有真正弄清这些问题，才能提出农民职业化的政策、途径和措施，使农民成为有面子的身份，使农业成为有前途、有希望的职业。

（5）调查我国农业政策执行状况，有利于完善农业集约化政策。促进城乡统筹协调下，农村劳动力向城镇转移，实现"四化"同步发展，这是党的十八大提出的宏伟战略目标。如何实现这一目标，需要国家各项政策的配套，需要多种措施的实施。为此，调查了解国家农业政策实际执行的效果，预测世界农业的走向，提出农业集约化政策的建议，从而促进"四化"同步发展各项政策的协调落实，具有深刻的现实意义。

3. 新型农业经营主体培育研究的理论意义

我们所进行的社会主义建设是前无古人的事业，农业经济的发展需要成熟的理论进行指导。而我国从计划经济走向市场经济，一直处在探索阶段。"四化"同步发展既有鲜明的时代特征，又是开先河的宏伟事业。而农业现代化又是实现"四化"同步发展的关键。因此，研究农业经营主体的培育，具有重要的理论意义。

（1）从生产关系适应生产力发展的要求出发，力求形成农业经营主体培育的理论体系。众所周知，生产关系必须依照生产力发展的水平进行不断的调整。自党的十一届三中全会以来，我国实行改革开放，被束缚的农业生产力一下子解放出来，迸发出巨大的活力。改革开放40年来，农业生产力的水平得到了极大的提高，农产品由过去的绝对短缺转变成了相对过剩，农产品供给的结构性矛盾凸显。为此，必须改革农业生产关系，建立起新的农业生产体制，使之能适应农业生产力发展的需要。本书力求通过对农村情况的调查分析，应用经济学、管理学、社会学、法学的理论，经过严密的逻辑推理，形成农业经营主体培育的新的理论体系。

（2）从中国农业适应现代化要求的需要出发，力求构建新型农业经营主体的成长机制。农业现代化是"四化"同步发展的关键，在世界经济一体化的时代，中国农业必须跟上时代的步伐，由传统的家庭耕种的农业转变成规模种植的现代农业。而现代农业是由新型农业经营主体组成的农业组织，以及运行机制。在我国仍然以传统的家庭经营为主要特征，如何建立起培育新型农业经营主体成长的机制？应当是什么样的机制？为此，本书试图建立起与现代农业相匹配的新型农业经营主体的成长机制，从而为国家改革农业经营体制提供理论支持。

（3）从农业制度适应农业经营主体要求出发，力求做好促进"四化"同步发展的政策设计。辩证唯物主义认为，符合时代发展要求的农业经营体制，可以促进新型农业经营主体的成长。脱离时代发展要求的农业经营体制，则束缚新型农业经营主体的成长。为此，农业制度必须适应农业经营主体发展的规律和要求，能够不断发展生产力，不断解放生产力。本书试图借鉴国外先进的农业经营制度和国内部分农村的先进经验，探讨适应我国当前农业生产力发展要求，适应新型农业经营主体成长壮大的农村土地经营政策、城乡一体化政策、农村城镇化政策，为国家制定相关政策提供参考建议。同时，为发展中国家农业集约化发展提供理论依据和经验借鉴。

二　国内外研究现状

新型农业经营主体是在党的十八大报告中第一次提出来的，包括专业大户、家庭农场、农民专业合作社、农业产业化龙头企业等形式。新型农业经营主体这个专有名词，虽然是我国近年才提出，但就农业经济的组织形式而言，早就有很多研究。

（一）国外对农业经营主体培育的相关研究

1. 马克思主义关于农业经营主体培育的研究

马克思既是无产阶级的革命领袖，也是研究经济组织的专家。马克思从规模化经营的条件出发，研究生产资料对生产方式的影响。马克思在《资本论》中指出，以分散为特点的小农生产方式，赖以生存的前提是土地和生产资料的分散占有，这种分散占有必然排斥生产资料的聚集，排斥生产过程内部的分工，排斥社会力量对自然的统治和安排，阻碍生产力的自由发展。[①] 马克思的研究充分说明，小农生产方式，阻碍社会分工，那么，也就难以实现规模化经营。而且农民的分散经营，使其拼命维持分散的居住形式，自然的生存环境，难以改变的固定职业，而且表现出思想的极端保守，这样不利于农村的发展和进步，其结果就是生活贫穷，经济匮乏。那么，农民要想致富，仅凭农民自身的力量也是做不到的，必须依靠国家政策的调控和引导。马克思认为，农民"对城市、工业和商业的种种关系毫不了解，对政治盲目无知，对本村以外的一切东西妄下判断，用农民关系的尺度去衡量复杂的历史关系"[②]。所以，小农意识不可能培育出以规模化经营为特征的新型农业经营主体。那么，采取什么样的体制才能使农民走向以规模化为特征的集约经营呢？马克思认为，只能采取土地集体经营的公社制，公社制"代表的是法国农民的利益"[③]。马克思还认为，农民要走上合作化的道路，必须有统一的指导。

恩格斯也研究和分析过小农的特点，并指出农民只有跟着无产阶级才有出路。同时，恩格斯也看到了农民的特点，他指出：农民不可能形成全国性的政治组织，农民的利益一定要别人来代表他们[④]。在谈到小农的危害时，恩格斯指出："我们的小农同过了时的生产方式的任何残余一样，在不可挽回地走向灭亡。他们是未来的无产者。"[⑤] 随着社会的发展和进步，"那新发明的农业机械，日益使小规模的经营变成一种过时的、不再有生命力的经营方式。……这种新式的农业生产方法，一定会无法挽救地摧毁小土地经济，而代之以大土地所有制"[⑥]。关于农村三产融合，马克思和恩格斯早就注意到农村三产融合，并指出："经营大农业和采用农业机

① 参见《资本论》第 1 卷，人民出版社 2004 年版，第 872 页。
② 《马克思恩格斯全集》第 5 卷，人民出版社 1958 年版，第 564 页。
③ 《马克思恩格斯选集》第 3 卷，人民出版社 1995 年版，第 99 页。
④ 参见《马克思恩格斯全集》第 8 卷，人民出版社 1961 年版，第 217 页。
⑤ 《马克思恩格斯选集》第 4 卷，人民出版社 1995 年版，第 487 页。
⑥ 《马克思恩格斯全集》第 19 卷，人民出版社 1963 年版，第 368 页。

器，换句话说，就是使目前自己耕种自己土地的大部分小农的农业劳动变为多余。要使这些被排挤出田野耕作的人不致没有工作，或不会被迫涌入城市，必须使他们就在农村中从事工业劳动，而这只有大规模地、利用蒸汽动力或水力来经营，才能对他们有利。"① 为此，必须实行对农村土地的改造，那么，如何改造呢？马克思和恩格斯认为："改造农业，因而改造建立在农业基础上的所有制这种肮脏东西，应该成为未来的变革的基本内容。"② 变革的方法，就是"把土地交给社会，但不仅是土地，同样还有其他一切生产资料"③。

在促进小农走向现代农业的问题上，恩格斯建议把合作社作为经济过渡的中间环节，合作社是一种特殊的组织，既实行社会"对生产资料所有权"的占有，又保留自己的"特殊利益"。恩格斯在《法德农民问题》中对合作社给予高度评价，认为合作社"是为了他们自己的利益，这是他们唯一得救的途径"④。马克思和恩格斯以资本主义国家的土地制度为基础，深入研究农村阶级关系的特点，提出在普遍实行农民私人占有土地的国家，必须通过合作社的形式，把分散的农民组织起来，逐步向社会主义过渡。在引导农民加入合作社的过程中，马克思和恩格斯认为，"我们对于小农的任务，首先是把他们的私人生产和私人占有变为合作社的生产和占有，不是采用暴力，而是通过示范和为此提供社会帮助"⑤。对于交出土地的农民，出路在哪里呢？马克思和恩格斯认为，"给这些农民以资金和机会去从事工业性的副业"⑥。这就是最早的农村三产融合和城乡统筹发展的思想。而且城乡统筹发展，可以"使社会全体成员的才能得到全面发展"⑦。要注意坚持自愿互利的原则，要采取经济的办法，切不可采取任何违背农民意志和利益的办法。可以把"把农业和工业结合起来，促使城乡

---

① 《马克思恩格斯全集》第 25 卷，人民出版社 2001 年版，第 584 页。
② 《马克思恩格斯全集》第 27 卷，人民出版社 1972 年版，第 331 页。
③ 《马克思恩格斯选集》第 4 卷，人民出版社 1995 年版，第 392 页。
④ 同上书，第 500 页。
⑤ 同上书，第 488—489 页。
⑥ 同上书，第 499 页。
⑦ 《马克思恩格斯选集》第 1 卷，人民出版社 1995 年版，第 243 页。

对立逐步消失"①。从而形成城乡一体化，马克思和恩格斯认为，"消除城乡之间的对立，是共同体的首要条件之一"②。列宁明确提出改造小农必须遵循自愿互利的原则，逐步地进行。

2. 国外经典著作关于农业经营主体培育的研究

市场经济之父亚当·斯密从经济发展的规律出发，提出了富国和穷国的差异，关键在于分工使同一数量的人所能完成的工作数量的巨大增长。③这一原理充分说明小规模经济难以形成经济效益，只有科学分工下的规模化生产才能提高经济效益。国外没有关于新型农业经营主体培育的直接研究，但关于新型农业经营主体培育的间接研究不少。美国著名经济学家西奥多·W. 舒尔茨认为，农民的知识水平、生产技能与生产效率之间存在着密切的正相关关系。④因此，在现代农业中，必须让文化水平高的城市人从事农业，这样比教育水平较低的农民从事农业有利。⑤发展现代农业必须加强对传统农业的改造，通过教育培训农民，吸引城市文化水平高的人投身农业，从而成功地实现农业的经济增长。关于曾经被证明是成功的经济体系是否需要变化和改革，日本经济学家速水佑次郎和神门善久研究认为，无论一种经济体系带来怎样的成功，如果体系保持不变就不能可持续发展。⑥这说明任何国家曾经被实践证明是成功的经济体制，随着时代的发展变化也必须进行改革。

3. 国外现代学者关于农业经营主体培育的研究

国外现代学者十分注重农业经济主体的培育研究，而且多以计量分析为主要研究方法。Robotka（1957）建立了一个垂直一体化的合作社理论框架，重点研究合作社成员之间的关系。Phillips（1953）在垂直一体化框架基础上建立了一个产出和价格决策模型。重点研究在合作社中"谁受益"这个问题。他们的研究认为，合作社成员是相对独立的市场主体，在许多

① 《马克思恩格斯选集》第 1 卷，人民出版社 1995 年版，第 294 页。
② 同上书，第 104—105 页。
③ 亚当·斯密：《国富论》，唐日松等译，华夏出版社 2005 年版，第 9 页。
④ 西奥多·W. 舒尔茨：《改造传统农业》，梁小民译，商务印书馆 2016 年版，第 155 页。
⑤ 同上书，第 163 页。
⑥ 速水佑次郎、神门善久：《发展经济学》，李伟译，社会科学文献出版社 2009 年版，第 300 页。

方面通过合作社这个平台进行合作，获得合作利益。汉姆博格等运用企业理论，建立了一个合作社模型，按成员惠顾量或惠顾额返还收入，使其单位产品价值或平均价格最大化。把合作社看作对抗恶劣环境的产物，即合作社发展的"浪潮理论"。里维（Clare Levay）认为一个成功的合作社的存在可以使其竞争者更加富有效率，因此，合作社会作为"领跑者"而存在。日本经济学家 Nakajima 的主观均衡理论认为，农户是一个综合体，集农业企业、劳动力和消费于一体，一切行为以效用最大化为出发点。

（二）国内对农业经营主体培育的相关研究

我国农业经营主体培育研究大致可分为五个阶段。

1. 关于合作化和人民公社的探索

这一时期从中华人民共和国成立到1978年。中华人民共和国成立初期，我国从单家独户的农业生产经营逐步转变为合作社、人民公社，并不是某一个人或某几个人的心血来潮，而是适应生产力发展要求的产物。经过土地改革，农民获得了应有的土地。共产党实现了耕者有其田的革命主张，兑现了自己的承诺。但由于农民家庭经营生产规模小、土地分散，很难抵御自然灾害，更没有能力采用新技术，导致劳动生产率很低，一些地区的农民自发组织起来实行家庭互助合作。[①] 随着合作互助的深入，土地私人占有与合作社统一经营的矛盾逐步显露出来。为此，毛泽东根据当时生产力发展的需要，做出了"实行社会革命，即农业合作化，就必须把劳动农民个人所有制逐步过渡到集体所有制，逐步过渡到社会主义"[②] 的决定。毛泽东认为，将分散经营的农民集中组织起来，走规模化生产的道路，把有限的人物财集中起来，实行农业、林业、牧业、副业、渔业的统筹发展，从而实行工农业并举。通过大办乡村工业，既就地转移安置劳动力，又可以避免农村剩余劳动力盲目流入城市而导致"城市病"，这样农村的建设和发展就可以逐步赶上甚至超越城市，从而使全国走上共

---

① 苏晓云：《分与合的辩证法：新中国农村生产组织之变迁及其启示》，《广西师范大学学报》（哲学社会科学版）2012年第3期。

② 《建国以来重要文献选编》第5册，中央文献出版社1993年版，第264页。

同富裕的道路。① 但是由于人民公社仅实行单一的按劳分配，而劳动工种的复杂性，又导致工作量难以衡量。自此，出现了农村劳动力出工不出力，工分难以计量，城乡割据，管理体制僵化，难以实现劳动力的合理流动等问题。随着党的十一届三中全会的召开，重新确立了解放思想、实事求是的思想路线。为此，农村改革进入了新的阶段。

2. 关于家庭联产承包责任制的研究

1979 年到 20 世纪 90 年代中期。人们主要研究家庭联产承包责任制的落实，郭书田长期研究农村经营主体问题，他针对家庭联产承包责任制落实不够的问题，研究提出要确立农民的主体地位，应当使家庭经营企业化。② 同时，郭书田也注意到了建立农村经营组织的问题，他认为深化农村改革必须重新创立农村经济组织形式。首先必须稳定农村中家庭经营，确立农户商品生产者、经营者的主体地位。其次是引导、鼓励农民在自愿互利的基础上建立多种形式的联合体。③ 陈池波针对家庭联产承包责任制中土地过于分散的现实，提出家庭经营发展的必然结果是生产规模的不断扩大。④ 此后，陆学艺、张厚义研究发现我国政策过分向城市侧斜，导致出现农民不爱种田的现象，提出要重新认识农民，保护农民，教育农民，引导农民。⑤ 黄宗智指出，中国农民不是遵循追求利益最大化经济理性原则，而是为了维持整个家庭的生存，而投入到边际报酬递减的过密化农业生产活动中。在社会生产商品化过程中，以满足家庭生活需要为目的的小农生产，必然会被以追求利润最大化的商品生产方式所取代。⑥

3. 关于农业产业化的研究

20 世纪 90 年代中期至 2005 年，随着农村生产力的发展，以家庭承包经营为特征的农村经营体制已经明显不适应现代经济发展。为此，人们普

① 苏晓云：《分与合的辩证法：新中国农村生产组织之变迁及其启示》，《广西师范大学学报》（哲学社会科学版）2012 年第 3 期。

② 郭书田：《确立农民的主体地位》，《中国农村经济》1988 年第 10 期。

③ 郭书田：《坚持深化改革：中国农村经济发展之根本出路》，《中国经济体制改革》1988 年第 2 期。

④ 陈池波：《农民家庭经营的适度规模》，《财经科学》1986 年第 2 期。

⑤ 陆学艺、张厚义：《农民的分化问题及其对策》，《农业经济问题》1990 年第 1 期。

⑥ 黄宗智：《华北的小农经济与社会变迁》，中华书局 1986 年版，第 19 页。

遍主张农业产业化。张襄英大力倡导农业企业化经营,主张从勤劳、朴实的农民中选拔一批农业企业家,逐步改善农业比较效益低下的状况,使农业和其他产业同步协调发展。① 周立群、曹利群通过对莱阳市农业产业化的调查,提出单个农户需要市场中介组织通过适当的机制与市场相连接,农业产业化进程就是农村经济组织的创新过程,只有通过这种创新,才能消除"小农户、大市场"的矛盾。② 姜长云提出,农业产业化要重视农业企业家的成长,要着眼于整个农业产业链,优化各种配套措施。③ 尹成杰认为,发展农业产业化经营,对于提高农业、农村经济素质,带动农业经营主体进入国际国内市场,增强农业竞争能力具有重要作用。④ 在随后的研究及实践中,农业产业化经营也就成为一个政府、学界、企业耳熟能详的名词。

4. 关于发展农民专业合作社的研究

2006 年以来,研究农民专业合作社的学者逐年增多。黄季焜等研究了农民专业合作组织的服务功能及其影响因素,提出政府应从多方面创造条件,提升农民专业合作组织的潜在收益,以及创造条件,帮助农户提高对合作组织制度的认识。但同时也强调政府在推动合作经济组织形成与发展时应充分因地制宜,使组织的产生和发展都建立在自愿和自助的基础上。⑤ 王雅鹏基于农业发展国际化的现实,提出深化农村经营体制改革,要推进农业规模化、产业化经营和国际化进程。⑥ 黄祖辉、俞宁研究认为,建立农业经营者的退出与进入机制,促进其提高发展效率,整合发展力量,改革发展机制,是加强新型农业经营主体培育,促进其健康发展的关键。⑦ 张

① 张襄英:《在农民中造就农业企业家的理论探讨》,《农业经济问题》1995 年第 1 期。
② 周立群、曹利群:《农村经济组织形态的演变与创新》,《经济研究》2001 年第 1 期。
③ 姜长云:《推进农业产业化需要重视的两个突出问题》,《中国农村观察》2011 年第 5 期。
④ 尹成杰:《农业产业化经营是提高农业竞争力的重要途径》,《农业经济问题》2001 年第 2 期。
⑤ 黄季焜、邓衡山、徐志刚:《中国农民专业合作经济组织的服务功能及其影响因素》,《管理世界》2010 年第 5 期。
⑥ 王雅鹏:《推进湖北省现代农业发展的思考》,《华中农业大学学报》(社会科学版)2011 年第 4 期。
⑦ 黄祖辉、俞宁:《新型农业经营主体:现状、约束与发展思路》,《中国农村经济》2010 年第 10 期。

益丰、刘东认为我国未来的农业经营主体是实现农业企业纵向一体化与规模化经营的关键。此前，农业龙头企业、小规模农户以及农业合作社作为农业经营的主体将长期并存。[①] 陈锡文认为要保持农民土地产权的稳定，加快发展合作经济组织，通过合作组织提供服务来逐步走向现代化。[②] 在推动农民走向合作的过程中，关键是创造一种好的外部环境，引导农民进行合作，为农业合作生产提供完善的社会化配套服务体系。[③]

5. 关于新型农业经营主体培育的研究

国家根据农村经营发展的需要，颁发了《中华人民共和国农民专业合作社法》，以农民专业合作社为主要形式的新型农业经营主体得到迅速发展。特别是 2012 年 11 月 8 日，在党的十八大上，胡锦涛同志代表党中央向大会做了报告，提出要坚持和完善农村基本经营制度，依法维护农民土地承包经营权、宅基地使用权、集体收益分配权，壮大集体经济实力，发展多种形式规模经营，构建集约化、专业化、组织化、社会化相结合的新型农业经营体系。[④] 之后，各地新型农业经营主体快速成长，研究新型农业经营主体成为学界的热点。对于培育新型农业经营主体的意义，陈晓华认为，新型农业经营主体的形成，伴随着家庭承包经营制度而诞生，是农业生产专业化分工不断深化的产物，是农村改革发展的重要推动力量。[⑤] 对于新型农业经营主体与家庭承包的关系，赵晓峰、赵祥云认为，新型农业经营主体和家庭承包经营的农户，可以基于资本间的优势互补，依靠错综复杂的"吸纳—依附"关系网络重塑农村社会阶层结构，共享农业发展成果。[⑥] 关于农业规模化经营的路径，蒋永甫、张小英认为，可以赋予农村集体经济组织适度的土地调整权力，增强农村集体经济组织在土地上的

---

① 张益丰、刘东：《谁能成为现代化农业建设的中坚力量》，《中央财经大学学报》2012 年第 11 期。

② 陈锡文：《实行家庭承包经营制度　加快发展合作经济组织》，《林业经济》2011 年第 5 期。

③ 陈锡文：《加快推进农业发展方式转变》，《理论视野》2011 年第 1 期。

④ 胡锦涛：《坚定不移沿着中国特色社会主义道路前进　为全面建成小康社会而奋斗》，http://www. xinhuanet. com/，2012－11－19。

⑤ 陈晓华：《大力培育新型农业经营主体》，《农业经济问题》2014 年第 1 期。

⑥ 赵晓峰、赵祥云：《农地规模经营与农村社会阶层结构重塑》，《中国农村观察》2016 年第 6 期。

统筹功能，切实完善统分结合的双层经营体制①。关于未来农业发展的任务，孙中华认为，我国已进入传统农业向现代农业加速转型发展的关键阶段，必须按照同步推进新型工业化、信息化、城镇化、农业现代化和绿色化的要求，依照农业供给侧结构性改革，促进农业转型升级，注重数量、质量、效益并重，通过技术创新，不断提高农产品竞争力，把可持续发展落到实处，努力走出一条产出高效、产品安全、资源节约、环境友好的现代农业发展道路②。对于如何培育新型农业经营主体，进一步推动现代农业的改革，中央根据实际情况的变化，做出具有战略高度的部署。2017 年 4 月 18 日，习近平总书记主持召开中央全面深化改革领导小组第三十四次会议，会议审议通过了《关于加快构建政策体系、培育新型农业经营主体的意见》，会议制定了促进新型农业经营主体发展的一系列政策措施，决定构建以农户家庭经营为基础、合作和联合为纽带、社会化服务为支撑的立体式复合型现代农业经营体系。③

（三）国内外研究述评

纵观国内外已有研究成果，众多学者基于不同的历史背景，从不同的层面分析了不同形态农业经营主体的作用，其核心观点可以概括为三点：

一是社会化大生产必须要有相应的规模化经营体制。世界农业发展的经验显示，农业现代化随着社会化大生产而诞生。在农业人口较少而土地相对较多的欧美国家，如美国、法国、德国、澳大利亚等，实行高度集约化经营，经营面积规模大，完全实现机械化操作。在土地面积相对较小的亚洲国家，如日本、新加坡等，都通过不同的联合形式实现了土地的规模化经营体制。

二是应对市场竞争必须要有联合的专业化合作组织。世界已经进入经济一体化的时代，农业经济的竞争面临国内国际两个市场。抱团闯市场成

---

① 蒋永甫、张小英：《农民主体与农业适度规模经营的另一种路径选择》，《中共福建省委党校学报》2016 年第 7 期。

② 孙中华：《我国现代农业发展面临的形势和任务》，《东岳论丛》2016 年第 2 期。

③ 新华社：《深改组会议：培育新型农业经营主体》，http：//www. cs. com. cn/xwzx/201704/t20170418。

为世界经济的共同经验。因此，要在激烈竞争的环境中获得竞争优势，必须从分散走向联合。这既是发达国家的共同经验，也是发展中国家的成功探索。

三是家庭联产承包责任制已经完成使命，必须要转型升级。家庭联产承包责任制在特定的历史时期，确实起到了调动农民积极性的作用，人们形象地称为"一夜跨过温饱线"，但由于其土地的细碎化、规模的小型化、耕作的人工化等，极大地限制了农业机械的应用，限制了农业新技术的推广，影响了农业效益的提升，降低了农产品的国际竞争力。为此，在世界经济一体化的条件下，必须通过农业经营体制机制的改革，培育能实行规模化经营的新型农业经营主体，促进农业经营由家庭分散经营向农业组织规模化、集约化经营的方向转型升级。

那么，到底应当如何转型升级呢？也就是说未来中国"谁来种地""地怎么种"呢？对于这些问题已有的研究基本上没有给出全面、准确的回答。这一问题日益成为我们必须面对和解决好的重大问题。因此，研究农业经营主体的培育，不断提高农业生产的专业化、标准化、规模化、集约化经营水平，对促进小康社会的实现具有十分重要的意义。

三　研究路径和方法

（一）研究路径

本书本着实事求是的态度，广泛吸纳前人已有的研究成果，深入农村、农户开展调查，对新型农业经营主体负责人开展问卷调查，依据调查结论提出政策建议。本书研究思路如图 1-1 所示。

（二）研究方法

1. 抽样调查统计分析方法

通过统计调查表、问卷调查表，抽样调查不同农业经营主体的构成，分析不同农业经营主体的经营绩效及对社会的贡献，从而分析出农业经营主体发展变化的规律，并提出针对不同农业经营主体进行培育的模式和办法。

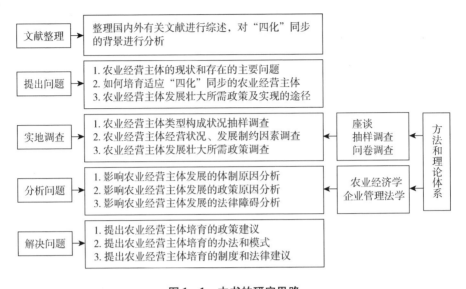

图1-1 本书的研究思路

2. 农民访谈和专家咨询法

在研究的不同阶段,通过对农民、农民专业合作社和农业企业负责人进行访谈,收集各方面的意见和建议,通过专家咨询法收集各种关于农业经营主体培育的意见与建议。

3. 实证分析研究法

实证分析研究法应用计量经济学的方法,通过开展问卷调查,并对问卷调查数据进行计量分析,剖析影响经济发展的各种要素之间的内在逻辑关系。课题组进行大量问卷调查,并对农业经营主体培育及效果进行实证分析,描述"四化"同步背景下,新型农业经营主体成长的影响因素、带动效应,最后探索农业经营主体培育的政策和社会环境。

4. 规范分析研究法

规范分析研究法是基于对事物本质的深刻认识,以事物的现象为出发点,依据已有理论进行剖析,并提出解决问题的办法。对农业经营主体培育研究离不开一定的价值判断,课题组将对农业经营主体培育进行界定,在此基础上,对农业经营主体培育模式、培育方法、培育条件和政策进行理论研究,并对农业经营主体培育的必要性、效益进行分析与评价,最后提出农业经营主体培育的措施。

四　主要创新点

本书围绕现阶段农业经营主体的基本构成、土地构成而展开，其核心在于打造新型农业经营主体成长的环境，包括农村经营体制，国家对农业的支持政策、农村金融政策、农村保险政策等，其主要创新点有四点：

一是详细分析了农村经营主体和经营土地构成状况。学者普遍认为，我国农业从业人员主要是老人、妇女。因此，对于"未来谁来种地"的问题产生了忧虑。同时，也认为实行土地家庭承包经营后，土地严重细碎化，影响了农业生产效益的发挥。那么，现实中从事农业生产经营的主体构成到底如何？土地到底细碎化到什么程度？从已有的文献中少有人做过系统的调查。课题组深入农村、农户，对全国 10 个省，每个省随机抽取 1 个村进行了剖析，回答了"现在是谁在种地""耕种的土地到底是什么样"的问题。

二是调查分析了新型农业经营主体的效应及影响因素。新型农业经营主体既有带动农户发展的经济效应，也有安置农民工的社会效应。那么，这些效应到底如何？受哪些因素的影响呢？本书通过广泛的问卷调查，并应用 Stata15.0 软件进行量化分析，得出了各种因素的影响效果。

三是调查分析了新型农业经营主体发展的影响因素。新型农业经营主体发展既受新型农业经营主体负责人个人因素、家庭因素、新型农业经营主体特征的影响，也离不开宏观和微观环境的影响。那么，各种因素的影响方向和影响程度到底如何呢？本书通过广泛的问卷调查，并应用 Stata15.0 软件进行量化分析，得出了各种因素的影响效果。

四是系统提出了培育新型农业经营主体的政策措施。培育适应现代农业发展要求的新型农业经营主体，必须具备系统思维，既需要相应的农村经营体制，也需要相应的国家政策支持体系、金融支持体系和保险支持体系。为此，本书从辩证唯物主义的观点出发，系统地提出了"四化"同步发展背景下，农业现代化的顶层政策构想，特别是支持新型农业经营主体成长的农村经营体制、国家政策支持体系、金融支持体系和保险支持体系。

五 本章小结

(一) 阐释了研究的背景、目的和意义

1. 研究背景

主要有促进"四化"同步发展的背景、农业供给侧结构性改革的背景、农村土地规模化经营的背景、农村城市发展一体化的背景和农村"三产"融合发展的背景。

2. 研究目的

研究的目的有三个:其一,摸清不同地区农业经营主体的状况,提出农村经济发展体系的新思路;其二,调查职业农民现实思想与行动的状况,提出培育农业经营主体的新政策;其三,分析影响新型农业经营主体负责人行为的因素,提出支持现代农业发展的新主张。

3. 研究意义

本书在回顾我国农村经济体制历史沿革的基础上,分析了本书的现实意义和理论意义。

现实意义:调查我国农业土地经营状况,有利于提高农业集约化经营;调查我国农业生产组织状况,有利于促进农业规模化经营;调查农业经营组织协调状况,有利于健全农业市场化机制;调查我国农村劳动人员状况,有利于探索农民职业化途径;调查我国农业政策执行状况,有利于完善农业集约化政策。

理论意义:从生产关系适应生产力发展的要求出发,力求形成农业经营主体培育的理论体系;从农业制度适应农业经营主体要求出发,力求做好促进"四化"同步发展的政策设计。

(二) 梳理了国内外研究现状

在国外研究现状上,本书从三个方面进行了阐释。即马克思主义关于农业经营主体培育的研究,国外经典著作关于农业经营主体培育的研究,国外现代学者关于农业经营主体培育的研究。

在国内研究现状上,本书按照农业经济体制发展研究的专题,分五个方面进行了阐释。一是关于合作化和人民公社的探索,二是关于家庭联产承包责任制的研究，三是关于农业产业化的研究，四是关于发展农民专业合作社的研究，五是关于新型农业经营主体培育的研究。

（三）介绍了本书的研究思路和方法

按照文献整理、提出问题、实地调查、分析问题和解决问题的思路开展研究。研究的主要方法有抽样调查统计分析、农民访谈和专家咨询、实证分析研究、规范分析研究等。

（四）介绍了本书的创新点

本书的主要创新点有四点：一是详细分析了农村经营主体和经营土地构成状况；二是调查分析了新型农业经营主体的效应及影响因素；三是调查分析了新型农业经营主体发展的影响因素；四是系统提出了培育新型农业经营主体的政策措施。

第二章　农业经营主体培育的理论

在经过了长期的家庭承包经营后，为什么会突然提出培育新型农业经营主体的问题呢？这是适应农村生产力发展的必然选择，是社会分工的客观要求。培育新型农业经营主体是各级政府的重要工作，是"四化"同步协调发展的关键。培育新型农业经营主体是一项系统工程，必须从制度、体制、机制和措施上落实。因此，要培育新型农业经营主体，就必须对相关理论加以阐释。

一　农业经营主体培育的相关概念

（一）农业经营主体的内涵

什么是农业经营主体？不同的学者有完全不同的界定。有的学者认为农业经营主体就是指从事农业生产、加工、销售和服务的组织和个人，又可以分为直接经营主体和间接经营主体。直接经营主体是指直接从事农业生产经营的农户和组织；间接经营主体是指为农业生产提供配套服务的组织，包括社团性服务组织、行业性服务组织，以及由农民按照一定的章程自愿联合组成的合作经济组织。[①] 但也有学者认为农业经营与农业生产是两个不同的概念，农业经营主体必须满足以下条件：一是拥有相应的经营知识、经营经验和经营能力；二是拥有相应规模的土地、资金、劳动力、设备等生产要素；三是具有独立的民事行为能力，既能自主经营、自负盈亏，又能独立地承担法律责任。[②] 同时还有学者指出农业经营主体并非个

---

① 张义珍：《我国经营主体的现状与发展趋势》，《新疆农垦经济》1998 年第 10 期。

② 贺宏善：《论我国农业经营主体及其培育》，《新疆农垦经济》1998 年第 6 期。

体，而是以团体的形式存在，该团体必须以农业生产活动为核心，并且能够为农业生产提供配套的服务。农业经营主体是通过农业经营活动，探索农业生产经营规律，并实践农业生产经营理论的团体，表现为静态实体组织与动态经济活动的统一。①

以上界定由于视角不同，对农业经营主体的表达有所不同，但在对农业经营主体的总体认识上基本一致。为此，笔者认为农业经营主体以团体为存在形式，以农业生产经营为核心内容，以独立的法律人格为基本特征，处在对农业经营理论的不断探索和实践之中。

（二）新型农业经营主体的内涵

新型农业经营主体是随着"四化"同步发展理论而提出来的一个概念。新型农业经营主体的正式提出，最早可以追溯到 2012 年的中央农村经济工作会议，在 2013—2015 年的中央一号文件中，中央对培育新型农业经营主体连续做出部署，并从战略的高度提出新的要求。新型农业经营主体与传统农业经营主体相比，关键体现在"新型"上。

如何理解"新型"？黄祖辉等认为新型农业经营主体分为三大类，即农民专业合作社、农民企业和专业大户②。张照新等认为新型农业经营主体从形式上表现为家庭农场、专业大户、合作社、龙头企业和经营性的农业服务组织，从实质上具有较为先进的经营理念，从规模上具有较大的经营规模，能够整合人财物等生产要素，实现商品化、规模化和专业化的生产③。江维国认为新型农业经营主体包括专业大户、家庭农场、农民专业合作社、经营性农业服务组织、农业龙头企业 5 种类型④。

分析已有的研究资料，对农业经营主体的界定随着时代的发展而变化，经历了由传统农业经营主体转变为新型农业经营主体的过程。纵观现有的研究成果，大多数学者并没有给出新型农业经营主体的概念，只是指

---

① 匡远配：《经营主体创新提高农业国际竞争力的机理研究》，《科技和产业》2005 年第 6 期。

② 黄祖辉、俞宁：《新型农业经营主体：现状、约束与发展思路——以浙江省为例的分析》，《中国农村经济》2010 年第 10 期。

③ 张照新、赵海：《新型农业经营主体的困境摆脱及其体制机制创新》，《改革》2013 年第 2 期。

④ 江维国：《我国新型农业经营主体的功能定位及战略思考》，《税务与经济》2014 年第 4 期。

出了新型农业经营主体的类型，一般认为新型农业经营主体包括专业大户、家庭农场、农民专业合作社与龙头企业。宋洪远、赵海认为，新型农业经营主体是指具有相对较大的经营规模、较好的物质装备条件和经营管理水平，劳动生产、资源利用和土地产出率较高，以商品化生产为主要目标的农业经营组织①。党的十八大报告指出，要培育新型经营主体，发展多种形式规模经营，构建集约化、专业化、组织化、社会化相结合的新型农业经营体系。这进一步说明新型农业经营主体的核心在于实行规模化经营，随后中央许多文件都不断强调，要大力培育专业大户、家庭农场、农民专业合作社和农业产业化龙头公司。为此，本书在充分吸收前人研究成果基础上，将新型农业经营主体界定为四类：专业大户、家庭农场、农民专业合作社和农业产业化龙头公司。本书将以培育这 4 类农业经营主体为目标，开展全方位的研究。

（三）新型农业经营主体的特点

1. 具有适度规模性

我国是一个传统的农业大国，新型农业经营主体要求具有经营上的规模效应，那么，到底该有多大的规模呢？这是学术界反复争论的一个热点问题。如果规模太小，必然缺乏经济效应；如果规模太大，必然会有很多农民失去从事农业的机会。而在未来相当长的一个时期内，农民仍然要依托土地，要依托农业和农村。② 如果实体经济遇到困难，那么多半工半农的农民工将何去何从？再说，随着经营规模的扩大，经营管理的难度必然增加。长期从事家庭农业生产经营的小农管理者，短期内能适应规模化的经营管理吗？因此，新型农业经营主体不可能是规模越大越好，而必然是选择适度规模。

2. 具有联合协作性

新型农业经营主体不同于传统的家庭经营，就在于其具有联合性。新型农业经营主体作为一种组织，可以将分散的农户联合起来，使组织的生

---

① 宋洪远、赵海：《中国新型农业经营主体的概念特征和制度创新》，《新金融评论》2014年第 3 期。

② 贺雪峰：《保护小农的农业现代化道路探索》，《思想战线》2017 年第 2 期。

产体量扩大，信息上实行互通共享，生产上实行协作协调，能取得更好的市场竞争优势，降低市场风险。① 一般而言，新型农业经营主体在联合发展上，统一品牌包装、统一产品价格、统一种苗供应、统一技术标准、统一提供服务、统一销售渠道六统一，从而节省资源、节省资金，获得超额利润。同时，新型农业经营主体将分散的农户联合起来的过程，就是不断协调的过程，在协调中产生协作，各方充分发挥其优势，形成优势互补。同时，依照协议做好协调配合，以求各方利益的最大化。②

3. 具有职业性

由于我国农业比较效益低下，从事农业的人员基本上都是兼业性。纵观我国农业生产经营管理的现实，我国农业发展正面临"五化""双高"和"双紧"的局面。"五化"即农村空心化、务农老龄化、要素非农化、农民兼业化、农业副业化，"双高"即高成本、高风险，"双紧"即资源环境约束趋紧、青壮年劳动力紧缺。③ 这种状况是城乡一体化发展必然经历的阵痛，但也与现代农业的要求不相适应。新型农业经营主体是现代农业的经营核心，是终生以农为业并专心钻研农业技术的职业农民，是新型农业经营主体的灵魂。这既是社会分工的必然选择，也是提高农业市场竞争力和比较效益的必然要求。

4. 具有分工专业性

新型农业经营主体发展到高级阶段，必然走专业化的道路，实行相同行业或关联产业之间的联合，专业化既进一步促进了农业的产业分工，又提升了农业经营主体的经济效益。伴随着新型农业经营主体的发展，社会化的配套服务业就会随之诞生和发展。虽然企业也可以走自我服务的道路，但由于难以达到规模经济的要求，而被迫寻求外部配套服务。因而，在追求利润最大化和生产稳定化的驱动下，新型经营主体愿意主动接受专业化、社会化的配套服务。④ 这种分工是社会发展的必然选择，是企业自

---

① 刘静：《新型农业生产经营主体的生产效率研究》，《中国农业资源与区划》2017 年第 1 期。

② 汪发元、罗昆、陈钧：《农业创业理论与实践研究》，科学出版社 2015 年版，第 89 页。

③ 孟丽、钟永玲、李楠：《我国新型农业经营主体功能定位及结构演变研究》，《农业现代化研究》2015 年第 1 期。

④ 宋洪远、赵海：《中国新型农业经营主体的概念特征和制度创新》，《新金融评论》2014 年第 3 期。

身劳动效益和社会劳动效益比较的结果。这种分工体现在两个方面：一是新型农业经营主体行业内部的分工，虽然都选择了农业生产经营，但不同的新型农业经营主体，必然会根据比较优势原则选择自己的优势产业；二是关联产业的进一步分工，各种与新型农业经营主体发展相配套的社会服务，也会通过比较优势，选择适合于自己的服务行业，与新型农业经营主体实行配套。

5. 具有产业融合性

农业是传统的第一产业，但在城乡一体化的背景下，新型农业经营主体正在从第一产业走向第一产业、第二产业、第三产业融合，而且所涉足的第二产业、第三产业与第一产业具有内在的逻辑联系。2017 年中央一号文件指出，"农业的主要矛盾由总量不足转变为结构性矛盾，突出表现为阶段性供过于求和供给不足并存，矛盾的主要方面在供给侧"。如何实现农业供给侧结构性改革呢？关键是要推进产业融合发展，提高农业全产业链收益，增加农民收入。[1] 产业融合是城乡一体化的必然选择，是提高农业比较效益的关键措施，新型农业经营主体因为具有联合的优势，可以立足生产环节向产前、产后延伸产业链，提升农产品转换率和附加值[2]。

二 新型农业经营主体发展的理论支撑

(一) 规模经济理论及其应用

1. 规模经济理论

规模经济理论源于古典经济学，是规模生产报酬理论的延伸。亚当·斯密、阿瑟·杨格从专业化分工视角出发，提出市场规模越大越需要专业化分工[3][4]，约翰·穆勒在分工基础上提出，大规模作业可以有效地节约劳动生产成本[5]。对于农业规模经济研究起始于土地规模报酬研究，其研究

---

① 万宝瑞：《实现"双目标"是落实农业供给侧结构性改革的根本任务》，《农业经济问题》2018 年第 1 期。

② 何雄浪、陈锁：《农业供给侧结构性改革的深层次探讨》，《云南社会科学》2018 年第 2 期。

③ 亚当·斯密：《国富论》，唐日松译，华夏出版社 2005 年版。

④ Allyn A. Yong, "Increasing Returns and Economic Progress", *The Economic Journal*, 1928, 38 (152): 527 – 542.

⑤ ［英］约翰·穆勒：《政治经济学原理》，金镝、金熠译，华夏出版社 2009 年版。

的基础是农业报酬递减和要素的不可分性。威廉·配第较早发现了土地规模报酬递减的规律，并建立了著名的"报酬递减"模型。随后，马尔萨斯和安特生也进一步证实了土地报酬递减的规律。这一时期，法国重农学派的代表人物杜尔哥，通过对投资和劳动等要素增减变化对报酬的影响的分析，提出了要素最佳投入量的选择问题，从而较为完整地建立起了土地报酬递减规律理论。①

我国学界疏于对农业规模经济理论的研究，而是注重于实践，长期缺乏理论上的认识。② 近年来，国内学者基于农业竞争力下降的现实，开始关注农业规模经济，并强调适度规模经营。适度规模经营的理论基础仍然是规模经济理论，适度规模经营就是希望在保持经营者积极性的前提下，适度扩大生产经营主体的规模，提高土地、资本、生产工具的利用效率，使生产经营的经济效益达到最佳状态。

通过实行土地适度规模经营，可以带来内部规模经济和外部规模经济。内部规模经济表现在生产经营主体生产要素的利用率达到最佳状况，因为随着经营土地面积的扩大和集中连片，农业生产的水利设施、机械设备利用率必然提高，从而经济效益必然提升。外部规模经济表现在与生产相关的公共设施、市场集聚、产业关联等利用效率的提升。③④ 适度规模经营可以克服传统农户土地小规模、细碎化经营的弊端，通过扩大经营规模降低生产经营成本，获取规模经济效益。正是基于这一逻辑起点，开启了我国农业适度规模经营的改革。⑤

适度规模经营理论的兴起还源于农业社会化服务的兴起。随着社会分工越来越细，越来越多的农业生产环节开始实施外包服务，规模经济已经从农户层次的"内在经济"向跨农户的"外在经济"转变，⑥ 农业社会化服务规模经济也越发明显。农地规模经营与服务规模经营，构成了现代农

---

① 李靖华：《杜尔哥的经济思想》，《西北大学学报》（哲学社会科学版）1986 年第 10 期。

② 彭群：《国内外农业规模经济理论研究评述》，《中国农村观察》1999 年第 1 期。

③ 蔡昉、李周：《我国农业中规模经济的存在和利用》，《当代经济科学》1990 年第 2 期。

④ 姚洋：《农地制度与农业绩效的实证研究》，《中国农村观察》1998 年第 6 期。

⑤ 许庆等：《规模经济、规模报酬与农业适度规模经营》，《经济研究》2011 年第 3 期。

⑥ 纪月清等：《从地块层面看农业规模经营——基于流转地租与地块规模关系的讨论》，《管理世界》2017 年第 7 期。

业规模经营的两条主线。随着城镇化的推进，农村人口的转移力度加大，从家庭分散经营自觉向土地规模经营转变，农业生产资料、技术服务经营者纷纷走向联合，以农业服务公司为龙头，以个体服务为网点的现代农业规模经营服务体系已经初步形成，这一特点成为现阶段中国农业经营方式转型发展的重要路径。[①]

2. 规模经济视角下农业经营主体培育动因分析

始于 1978 年的农村改革，打破了以公有制为基础的集中经营，开启了以家庭分散经营为主的农业经营模式。这种模式理论上称为家庭联产承包责任制，实质上就是家庭分散经营。由于家庭经营能充分调动农民的生产积极性，促进了农业经济的大幅度增长。然而随着我国城镇化和世界经济一体化的推进，我国农业比较效益低下的问题逐渐暴露出来。

以传统分散的家庭经营为主的农业生产经营模式受到严峻挑战，分散的单个家庭小生产表现出劳动生产率低下，市场交易成本过高，难以形成规模效应。为此，出现了土地抛荒、农村干群关系紧张等一系列问题，迫切需要走规模化、集约化经营的道路。

3. 规模经济视角下新型农业经营主体功能分析

新型农业经营主体以联合为主要特征，在保持以家庭成员为主要农业生产经营劳动力的前提下，相同产业实行联合发展，实行农业规模化、集约化、市场化生产经营，能有效地克服家庭分散经营的弊端。与传统分散农户相比，新型农业经营主体通过土地流转实现了土地适度规模经营。同时以家庭农场或专业大户、农民专业合作社、农业龙头企业为基础，通过纵向一体化发展，促进了经营组织生产、加工、销售的深度融合，能有效地降低生产经营成本，促进农产品科技含量和附加值的提升，从而全面提高农业产业的整体规模效益。另外，通过横向联合，生产经营相同产业的经营者可以通过新型农业经营主体这个平台联合起来，实行产品统筹规划，资源统一配置，生产资料统筹调配，市场资源统一开发，形成组织和行业的市场竞争优势，改善行业外部环境，带动整个行业劳动生产率的普

[①] 罗必良：《论服务规模经营——从纵向分工到横向分工及连片专业化》，《中国农村经济》2017 年第 11 期。

遍提升，最终实现行业内部和外部的规模经济效益。

（二）分工理论及其应用

1. 分工理论

分工理论始于经济学鼻祖亚当·斯密著名的《国富论》。亚当·斯密认为，提高劳动生产率关键在于劳动的分工，分工的程度取决于交换能力的大小，而交换能力的大小又取决于市场的大小。因此，只有在大市场的条件下，才能不断提高交换能力，才能促进大规模分工的实现。劳动的分工提高了劳动生产率，促进了剩余产品的增加，刺激了商品生产的发展。[①]杨格在亚当·斯密研究的基础上提出了自己的观点，杨格认为企业的规模经济不能只观察单个企业，观察单个企业规模扩大而带来的经济效益，是建立在社会分工体系或者说经济网络已经形成的基础上。[②] 单个企业内部经济规模的扩大，并不能改变既定分工网络模式的构成。分工既受市场范围大小的影响，又受由分工引发的专业化生产环节的多少，以及网络效应的影响。

专业化分工的研究曾主要集中在工业，而人们很少关注农业的专业化分工。随着第一、第二、第三产业的融合和农业社会化服务水平的提升，农业的专业化分工逐渐显现出来，农业专业化分工越来越细，形态也日趋多样。[③]农业专业化分工具体体现在农业区域生产专业化、农业经济组织专业化、农业劳动力专业化以及农业产业向区域集聚。其中，农业经济组织专业化研究表明，由于受市场机制、风险机制、交易机制等的作用，农业的专业化分工必然会影响到原有的生产组织，并促进农业生产组织自觉地发生改变，以适应农业专业化分工的发展。[④⑤⑥] 分工改变了大而全的格

---

① 亚当·斯密：《国富论》，唐日松译，华夏出版社 2005 年版。

② Allyn A. Yong, "Increasing Returns and Economic Progress", *The Economic Journal*, 1928, 38 (152): 527 - 542.

③ 王留鑫、何炼成：《农业专业化分工：研究进展与述评》，《农林经济管理学报》2017 年第 3 期。

④ 杨明洪：《农业产业化经营组织形式演进：一种基于内生交易费用的理论解释》，《中国农村经济》2002 年第 10 期。

⑤ 向国成、韩绍凤：《分工与农业组织化演进：基于间接定价理论模型的分析》，《经济学》2007 年第 2 期。

⑥ 罗必良：《论农业分工的有限性及其政策含义》，《贵州社会科学》2008 年第 1 期。

局,使市场主体更加专业。因此,必然要求组织协同和相互协作,由此催生出各种农业经济组织的产生,而各种农业经济组织的产生和发展,反过来又推进了农业专业化分工的深化。①

2. 分工理论视角下不同类型农业经营主体培育功能必然重新定位

农业经营主体培育是多主体共同参与的一个工程,是一个庞大的农业经营体系。在这个体系中,不仅存在大量的传统农户,而且存在近年来发展起来的不同类型的专业大户、家庭农场,还有具有生产经营和组织管理双重职能的农民专业合作社以及龙头企业等不同类型农业经营主体。

根据分工理论的原理,在农业经营体系中,不同类型的农业经营主体,必然处于产业链的不同位置,每一个主体都需要调整自己的思路,找准自己在系统中的功能定位,这既是现代农业经营体系构建的内在要求,也是系统适应市场竞争所必须采取的举措。否则,就会因为不适应系统的整体运作而被市场所淘汰。

3. 分工理论视角下不同类型农业经营主体培育功能定位分析

传统农户、专业大户和家庭农场既是数量最庞大的主体,也是最缺乏市场竞争力的主体。由于中国千百年来都是以家庭为经营单位,形成了浓厚的家庭情结,因而,传统农户和家庭农场仍然会在相当长的一段时间内存在。因此,传统农户应当通过土地流转积极向家庭农场转变。而家庭农场要逐步形成规模效益,成为农民专业合作社的骨干。家庭农场的功能定位应主要体现在两个方面,一是引领现代农业发展,二是成为未来中国农业经营的基本主体。②

农民专业合作社集生产经营主体和服务主体于一身,既是新型农业经营主体的重要组成部分,又联系着千千万万的普通农户,具有内联农户、外联市场,自我完善、自我服务的独特功能③,从农民专业合作社的发展观察,目前仍然局限于专业生产领域,这显然与现代农业的发展要求不相

---

① 刘晓彬:《专业化分工与市场中介组织的形成及演进机理分析》,《软科学》2009 年第 3 期。

② 郭庆海:《新型农业经营主体功能定位及成长的制度供给》,《中国农村经济》2013 年第 4 期。

③ 张红宇:《中国现代农业经营体系的制度特征与发展取向》,《中国农村经济》2018 年第 1 期。

适应。农民专业合作社还应当担负起更多的社会功能，既要发挥对普通农户和农民的生活指导，又要依法维护他们的合法权益，帮助他们满足对社会的诉求等。

农业产业化龙头企业站在市场的最前沿，既连接着承担农业生产经营的主体，又连接着国际国内的大市场。农业产业化龙头企业通过订单农业，既为普通农业经营主体带来先进的理念，又为一般农业经营主体提供先进的技术、先进的管理经验和产业发展所需的资金等。我国的农业龙头企业诞生于农村改革初期，崛起于农业产业化的实践，相比其他类型的新型农业经营主体，农业龙头企业具有对市场环境反应敏感的特点，在激烈的国际竞争中具有明显的优势。农业龙头企业发展的关键在于不断完善与广大农户的利益联结机制，在引领农户联结市场上，农业龙头企业将扮演独特而重要的角色。发达国家的经验显示，工商资本主要进入与新型农业经营主体配套的服务行业，利用资本雄厚的优势，不仅可以带动第一产业的发展，而且可以促进农业经营向第二、第三产业发展融合[1]。

（三）企业成长理论及其应用

1. 企业成长理论

企业成长理论最早可以追溯至马歇尔对企业成长规律的阐述，科斯的交易费用理论进一步阐述了企业成长的规律，彭罗斯和钱德勒分别从现代工商企业成长的影响因素阐述了企业的成长规律，纳尔逊和温特从宏观经济变迁发展的视角，阐释了演化的路径，爱迪斯从企业成长的生命周期出发，阐释了企业变革的动力与路径等。[2] 企业成长理论分为企业外生成长理论和企业内生成长理论，其中企业外生成长理论研究企业成长的外部环境对企业成长的影响，企业内生成长理论研究企业内部因素对企业成长的影响。

企业内部因素包括多个方面，主要有企业负责人的资源、能力、知识水平，以及企业员工的整体素质等。这些因素决定了企业成长的空间，是

---

[1]　周应恒：《新型农业经营体系：制度与路径》，《学术论坛》2016 年第 9 期。

[2]　李军波、蔡伟贤、王迎春：《企业成长理论研究综述》，《湘潭大学学报》（哲学社会科学版）2011 年第 6 期。

决定企业成长的主导因素。企业成长表现为企业利用内部资源的能力，这既不能简单地用企业的规模衡量，也不能简单地用企业人力资本当量衡量，而只能用企业生产性资源的增加和利用资源能力来衡量。[①] 另外，企业成长能力的关键在于企业管理的核心层自身的成长发展潜力，以及组织指挥运作的能力。一家企业能够成长到什么程度，关键看企业员工能成长到什么程度。[②] 此外，企业成长的根本标志是企业应用技术的程度和企业拓展市场的程度，这两个因素都是决定企业在行业中的地位和市场占有率的根本性因素。[③] 由此可以看到，企业或者经济组织成长内部因素既包括资源、能力、知识，还包括组织成员和组织结构以及与成长相关联的技术与市场。

2. 企业成长理论视角下农业经营主体培育内生因素分析

农业经营主体包括专业大户或家庭农场、农民专业合作社和农业龙头企业，与企业类似，家庭农场和农民专业合作社也可以看作一种农业产业组织，其依然适用于企业成长理论指导。

对家庭农场而言，其成长过程中受到物质资本、人力资本、组织资本以及金融资本等内生因素的影响。物质资本资源是指家庭农场在开展生产经营活动中所能动用的物资，其他任何资源都必须通过必要的物资来发挥作用。人力资本资源包括人的数量和素质，主要是指家庭农场成员所具备的文化、知识、技术、经验和各种能力等。人力资本资源具有能动性，其大小决定其他资源作用发挥的程度。组织资本资源是指组织的管理协调能力，是组织内部长期管理经验的积累。[④] 金融资本资源是指家庭农场可以调动投入家庭农场生产经营活动的资金，金融资本是推动家庭农场成长不可或缺的重要资本[⑤]。

---

①　Penrose, Edith T., *The Theory of the Growth of the Firm*, Oxford: Basil Blackwell Publisher, 1959.

②　彼得·德鲁克：《创新和企业家精神》，企业管理出版社 1989 年版。

③　钱德勒：《看得见的手——美国企业的管理革命》，商务印书馆 1997 年版。

④　高杨、张笑、吴蕾：《资源基础、生态环境与粮食类家庭农场的成长》，《西北农林科技大学学报》（社会科学版）2017 年第 2 期。

⑤　吴婷婷、余波：《家庭农场发展的金融支持研究——以江苏省南通市为例》，《当代经济管理》2014 年第 12 期。

农民专业合作社的成长是一个渐进的过程，是合作社整合资源、提高资源利用率，通过经营管理等业务活动统一社员意志，引导社员生产经营，促进社员收入的增加，不断培育和开发新的经济增长点，培育新资源和提升新能力的过程。合作社的成长一方面是指经营规模的扩大，另一方面是指合作社经营管理水平的提升。经营规模的扩大表现为合作社的成长性好，带动社员拓展市场、提升营利能力等；合作社经营管理水平的提升表现为合作社外部拓展性和内部协调性的同步发展和变化。[①]

农业龙头企业成长的内生因素，表现为知名品牌的打造、先进技术的应用、资本投资实力的增加等方面。农业龙头企业的成长性决定其发展的层次，以及地方政府支持的力度。农业龙头企业成长性好，就可以获得地方政府专门针对农业产业化龙头企业的各项优惠政策，对于企业塑造品牌、提升知名度、带动产业升级、增强产业竞争力等就会产生正向激励作用。[②]

（四）制度经济学理论及其应用

1. 制度经济学理论

制度由制度环境和制度安排构成。制度环境主要指政治、社会、法律基础规则，是影响制度的外生变量；制度安排是指特定领域内，约束人们行为的一组规则，其核心内容体现为制度的目标和实施过程。[③] 制度是为约束人们行为而设定的一些规定，由于人是有限理性的人，因此，人的行为也具有有限理性特点。在有限理性下，人的不确定行为可能经常产生。为了减少交易中不确定因素的影响，提高交易效益，降低交易成本，人们就设计了规范交易参与者行为的准则，这就是制度。

制度变迁理论是制度经济学理论的重要组成部分。制度变迁理论的核心集中在两个方面，一方面是研究企业在市场作用下的变化，称为诱致性

① 徐红、石秀和、陈忠卫：《我国农民合作经济组织的成长方向与路径选择》，《统计与决策》2010年第19期。

② 姜长云：《发展农业产业化龙头企业的若干思考》，《宏观经济管理》2013年第12期。

③ 田国强、陈旭东：《制度的本质、变迁与选择——赫维茨制度经济思想诠释及其实现意义》，《学术月刊》2018年第1期。

制度变迁理论；另一方面研究政府在引导企业发展和改变中的作用，称为强制性制度变迁理论①。诱致性制度变迁理论认为市场作为看不见的手，可以利用人们追求经济利益的特点，诱发人们改变自己的行为；强制性制度变迁理论认为，国家根据经济发展的需要，可以通过法律制度的修改，强制人们改变自己的行为。在诱致性制度变迁中，一些市场主体可能会违反相关法律或道德而出现"搭便车"的现象，从而导致制度供给下，市场主体的创新动力不足。在强制性制度变迁的实施过程中，又容易出现权力"寻租"行为，导致制度运行效率低下。因此，在社会经济发展体系中，强制性制度变迁与诱致性制度变迁既相互对应，又相互补充。

制度经济学讨论的核心问题是财产的所有权和产权。奈特对产权和所有权的概念进行了区分，认为产权大于所有权，所有权影响企业的生产效率，产权影响企业资源配置的效率。② 科斯认为产权不一定必须通过拥有财产而取得，产权越明晰，资源配置越有效率。③ 阿尔钦认为产权是人们在选择一种经济品的使用权利时，社会强制选择时的排他性权力。④ 德姆塞茨则认为产权是自己或他人受益或受损的权利。⑤ 在西方产权理论中，产权就是产权主体对财产所拥有的权利，完整的产权可派生出一系列的权利，最重要的是财产权，还有对财产的占有权、分配权、收益权等。

2. 制度经济学视角下农业经营主体培育外部环境分析

农业经营主体作为一个组织而言，其内部成员也都是"有限理性经济人"，在经济利益面前，如果缺乏制度约束，就有可能产生投机主义行为。因此，在农业经营主体培育过程中既要注重政治、社会、法律等基础规则的制定，还需要注重发挥特定领域内约束人们行为的规则的作用。

① Furubotn, E. G., Richter, R., *Institutions and Economic Theory: The Contribution of the New Institutional Economics* (second edition), Ann Arbor: The University of Michigan Press, 2005.

② F. H. Knight, "Some Fallacies in the Interpretation of Social Cost", *Quarterly Journal of Economics*, 1924 (4): 582 – 606.

③ Coase, Ronald H., "The Problem of Social Cost", *Journal of Law and Economics*, 1960 (3): 1 – 44.

④ Alchian, A. A., "Uncertainty, Evolution, and Economic Theory", *Journal of Political Economy*, 1950 (3): 211 – 221.

⑤ Demsetz, H., "Toward a Theory of Property Rights", *American Economic Review*, 1967 (2): 347 – 359.

在培育新型农业经营主体的过程中，既要充分利用诱致性制度变迁，又要辅之以强制性制度变迁。农业经营主体毕竟是弱势群体，国家通过制度给予相应的补贴和各种优惠措施，为了防止"搭便车"现象的发生，国家必然要对补贴政策进行规定、调整和监督。而且国家根据培育新型农业经营主体的需要，对不同的主体实行分类补贴，用以引导传统农户向新型农业经营主体转变。当然，国家在培育新型农业经营主体的过程中，使用强制性制度变迁必须谨慎，制度的制定和修改必须根据新型农业经营主体发展的需求，符合农业经济发展的整体要求。

新型农业经营主体的培育过程涉及不同要素资源配置，必须明确不同要素的配置机制，明晰土地的所有权、承包权和使用权，设计土地流转的体制机制，通过制度促进专业大户、家庭农场、农民专业合作社和农业企业规模化经营。因此，必须从降低组织内部和组织外部交易成本出发，合理设计好组织制度，把组织的行为纳入制度规范，从制度层面降低交易费用，降低农业生产经营的风险，建立整个产业的利益联结机制，促进农业经营主体培育的顺利开展。

三　研究的理论逻辑框架

（一）新型农业经营主体培育的背景分析

新型农业经营主体成长处于国家大力推行城乡一体化的时期，面临着农村人口老龄化、空心化和农村人口必须大量逐步向城镇转移的双重压力。恰逢此时，中美贸易摩擦升级为中美贸易战。我国的农业及相关产品在本身成本高、缺乏竞争力的情况下，还面临着美国高额的关税压力。同时，国家出台了农业供给侧结构性改革的政策，在扶持新型农业经营主体上实行政策倾斜。因此，新型农业经营主体成长的背景可以分为三点：

1. 激烈竞争的市场环境

经过改革开放的实践，我国农业处于国际国内两个市场的激烈竞争之中。要取得竞争的胜利，关键在于提高产品质量，降低生产经营成本。特别是中美贸易战波及我国众多企业和产品，关税的增加必然影响到出口产品的竞争力。因此，提高农产品国际竞争力成为新型农业经营主体培育的关键。

2. 农业扶持政策变化

基于国际国内激烈竞争的市场环境变化,习近平总书记提出了农业供给侧结构性改革的战略。新型农业经营主体的成长正处于这一战略实施的关键时期,农业生产需要从提高产品数量向提升产品质量转变,以家庭为单位的分散经营,不可能做到标准化生产,显然难以实现质量控制和管理。培育新型农业经营主体是历史的必然选择,是现代农业发展的内在要求。

3. 城镇化发展

我国大力推行城镇化建设,城镇化建设意味着农业从业人员的逐步转移,意味着农业经营必须走规模化的道路,单个经营主体土地经营面积必然从分散走向连片,从小规模走向中等规模或大规模,信息化、机械化将成为农业生产的主要方式。因此,研究培育农业经营主体必须立足于城镇化发展的现实,从城镇化带来的新的变化着手分析培育新型农业经营主体的政策和措施。

(二) 规模化经营理论指导下新型农业经营主体培育分析

1. 规模化经营的理论与客观需要

依照规模化经营理论,必须将分散的小规模经营引至适度规模经营。那么,我国农业经营主体的现状又是怎样的呢?从业人员现状如何?土地规模如何?土地集聚度如何?本书通过抽样调查回答这些问题,弄清是什么样的主体在从事农业生产和经营。通过调查,提出必须培育新型农业经营主体,走适度规模经营的道路。

2. 规模化经营的动因与客观现实

新型农业经营主体负责人是实行规模化经营的关键人员,他们是否希望扩大经营规模?他们扩大经营规模的意愿受哪些因素影响?新型农业经营主体科技来源的途径是什么?能否满足他们的需要?受哪些因素影响?通过问卷调查,准确了解这些问题,为提出政策建议奠定基础。

3. 规模化经营的收益与综合效应

新型农业经营主体是规模化经营的载体,培育新型农业经营主体不仅可以实现规模化经营，而且可以充分发挥新型农业经营主体在城乡一体化建设中的土地集聚作用，可以发挥新型农业经营主体的带动作用。通过问卷调查，可以了解新型农业经营主体的经济效应和社会效应及其影响因素，为培育新型农业经营主体制定政策提供参考。

（三）企业成长理论下新型农业经营主体培育分析

1. 新型农业经营主体发展的影响因素

新型农业经营主体一定要发展，但其发展受哪些因素的影响？未来谁来种地？新型农业经营主体负责人是否准备让子女继承农业事业？这是影响农业现代化的重要因素。通过问卷调查，掌握这些影响因素，为国家制定培育新型农业经营主体的政策提供参考。同时，通过广泛调查，分析并解决新型农业经营主体成长面临的困难和矛盾，为优化新型农业经营主体成长的环境奠定基础。

2. 新型农业经营主体发展的国际借鉴

改革开放以来，我国农业生产力获得极大的解放，农业生产不断从丰产走向丰收。但和世界发达国家相比，仍然存在着一些差距。那么，在农业经营主体培育上我国和世界发达国家相比到底有什么差距？通过国内外的比较分析，得出结论和启示，为制定培育新型农业经营主体的政策做准备。

3. 新型农业经营主体发展的体制机制

在广泛调查的基础上，提出平原、山区不同地区新型农业经营主体成长和发展的模式与机制。为了促进新型农业经营主体的健康发展，提出新型农业经营主体成长背景下的农业技术推广体系，以及新型农业经营主体培育的政策建议，包括农村经营体系、金融支持体系和保险支持体系。

四　本章小结

为了研究的方便，本章主要有三方面的内容。首先，阐释了相关概念。根据国家政策和学者的研究，对农业经营主体、新型农业经营主体的概念和特点进行了阐释。其次，梳理了相关理论。在概念阐释的基础上，梳理了规

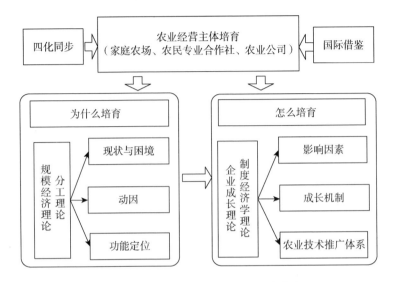

图 2 - 1　农业经营主体培育理论逻辑框架

模经济理论、分工理论、企业成长理论和制度经济学理论等与新型农业经营主体培育紧密相关的理论。最后,详细说明了本书的理论逻辑。

第三章　农业经营主体现状和未来发展分析

　　自 2012 年党的十八大提出"四化"同步发展的战略以来,国家出台了一系列旨在培育新型农业经营主体的政策措施,我国农业经营主体发生了深刻的变化。纵观我国农业经营主体的现状,传统的家庭承包经营体系正在发生深刻的变化,家庭农场、农民专业合作社、农业产业化龙头企业等新型农业经营主体正在快速崛起,传统家庭承包经营正走向联合,呈现出经营规模和经营水平稳步提升的新格局。2017 年中共中央办公厅、国务院办公厅发布了《关于加快构建政策体系培育新型农业经营主体的意见》,推动了培育新型农业经营主体各项政策的深入,新型农业经营主体从数量到规模都得到快速发展,质量得到有效提升。

　　但不可否认的是我国仍然是一个小农经济的国家,传统的家庭农业仍然占主导地位,并与新型农业经营主体相互联系。近年来,社会各界早就敏锐地观察到了我国农业经营人员老年化的问题,并关切地提出中国"未来谁来种地"这个重要的问题。要回答这一问题,必须分析我国农业经营主体的现状,找出存在的问题。因此,调查分析农业经营主体的现状,分析农业经营主体的走势具有重要意义。

一　农业经营主体培育问题提出

　　未来谁来种地?这似乎是一个伪命题。在市场经济条件下,有利润的地方就必然有人去开垦。然而,人们关心的是在激烈的国际市场竞争中,中国的农业仍然存在着生产规模小、产品标准化程度低、产品价格高、产品品质不高、国际市场竞争力不强等问题。这些问题既与我国农业生产经营方式有着重要的关系,也与我国农业生产经营人员的年龄结构、文化结构、科学素质等有着密切的联系。我国农业如何走向国际市场并提升竞争力，成为政界、学界普遍关心的问题。

提高农业的国际竞争力，离不开农产品的质量、价格和成本等产品因素，而这些都直接与农业生产经营方式有关，经营规模和经营手段是经营方式的重要形式。为此，有不少学者提出了与农业经营体制和经营主体相关的政策主张。既有坚持以家庭承包为主的政策主张，也有坚持发展新型农业经营主体，走集体农业道路的建议。那么，我国农业经营体制到底应当如何发展，党的十九大已经做出了明确的规定，坚持家庭联产承包责任制不动摇，积极发展多种形式的规模化经营。

在坚持家庭承包经营不动摇的前提下，积极探索多种形式的规模化经营成为重要的课题。为此，必须比较准确地掌握农业经营主体的构成，特别是农村生产经营人员的年龄结构、文化结构，以及经营土地面积、规模化程度和收入状况，为农村经营体制改革提供依据，为促进"四化"同步发展、实现农业现代化提供客观依据。

二　农业经营主体现状调查

（一）样本选取和调查经过

1. 样本选取的原则

（1）代表性原则。我国地域辽阔，各地经济发展差异较大，地理条件也不完全相同，农村发展情况也不同。既有物产丰富的山区，也有广袤开阔的平原；既有农村人口相对较少，人均农业耕地面积相对较大的华北地区，也有农村人口相对较多，人均耕地面积相对较小的华东地区、中南地区。因此，在选择调查样本上，应当尽量兼顾不同地区、不同特点的村庄。

（2）普遍性原则。改革开放以来，我国农村生产力得到了极大的解放，农村经济发展异彩纷呈。人们熟知的有坚持走集体经济发展道路、实行以工带农的"天下第一村"——华西模式，也有坚持集体经济发展道路、实行村委会和村集团公司合二为一领导模式的南街村。这些地方的成功既体现了中国农村人的聪明，也有其特定的历史原因。这些地方的经验在全国是否具有可复制性，学界众说纷纭。培育新型农业经营主体是党和国家对全国农村的普遍要求，因此，对农村农业经营主体的调查应当面向普通农村。

（3）可得性原则。由于受研究条件的限制，不可能想到什么地方调查就可以有人配合调查。那么，调查工作在坚持代表性、普遍性原则的基础上，按照可得性原则选取调查对象。为此，本书充分发挥高校教师的优势，联合在校大学生、已经毕业的校友，通过学生家长、同学、朋友等各种关系，尽可能找到有关乡镇、村领导配合的农村村庄开展调查。

2. 调查对象的分布

按照本课题的调查原则，课题组确立了 10 个省的 10 个农村村庄作为调查对象。按照 10 个村庄所属的区位，分属 4 个地区。具体为华北地区、华东地区、中南地区和西南地区（见表 3 − 1）。

表 3 − 1　　　　　　　　农业经营主体调查样本分布

序号	地区	省份	村庄名称
1	华北地区	河北省	河北省唐山市滦南县柏各庄镇贝口村（简称河北贝口村）
2	华东地区	江苏省	江苏省泰州市兴化市林湖乡朱胖村（简称江苏朱胖村）
		安徽省	安徽省淮南市寿县炎刘镇洪岗村（简称安徽洪岗村）
		福建省	福建省南平市武夷山县上梅乡上梅村（简称福建上梅村）
		山东省	山东省青岛市莱西县姜山镇西三都河村（简称山东西三都河村）
		江西省	江西省九江市修水县布甲乡洞上村（简称江西洞上村）
3	中南地区	湖北省	湖北省荆州市洪湖市丰口镇上塘村（简称湖北上塘村）
		广东省	广东省潮州市潮安区文祠镇楠木村（简称广东楠木村）
		广西壮族自治区	广西壮族自治区南宁市武鸣县双桥镇孔镇村（简称广西孔镇村）
4	西南地区	云南省	云南省曲靖市麒麟区茨营镇哈马寨村（简称云南哈马寨村）

本次调查的目的就是试图解释许多专家和媒体提出的农村已经是老人、妇女和儿童为主，"未来到底谁来种地"的问题，为了回答这个问题，就有必要先弄清楚现在农村到底是什么人在种田。在调查中，课题组联系到所在村的主要负责人，对仍在农村实际从事农业生产的农户进行具体调

查。分析调查对象的总体情况，10 个村共 1327 家农户，2988 个农村劳动力，涉及农村土地 10796.4 亩（见表 3-2）。

表 3-2　　　　　　　　　　调查样本构成

村庄名称	农户		劳动力		农业生产用地		亩/劳
	数量（户）	占比（%）	数量（人）	占比（%）	面积（亩）	占比（%）	
河北贝口村	87	6.6	208	7.0	894	8.3	4.3
江苏朱胖村	150	11.3	279	9.3	1094	10.1	3.9
安徽洪岗村	126	9.5	258	8.6	1034.6	9.6	4.0
福建上梅村	154	11.6	303	10.1	2172.06	20.1	7.2
山东西三都河村	281	21.2	880	29.5	1654.3	15.3	1.9
江西洞上村	107	8.1	202	6.8	291.8	2.7	1.4
湖北上塘村	156	11.8	246	8.2	1648.54	15.3	6.7
广东楠木村	31	2.3	77	2.6	320.9	3.0	4.2
广西孔镇村	78	5.9	213	7.1	236.2	2.2	1.1
云南哈马寨村	157	11.7	322	10.8	1450	13.4	4.5
合计	1327	100	2988	100	10796.4	100	3.6

（1）华北地区。华北地区只涉及 1 个村。

河北贝口村：该村是一个典型的农业村，以水稻种植为主。全村仍然从事农业生产的有 87 个农户，占调查样本的 6.6%；全村仍然从事农业生产的劳动力有 208 人，占调查样本的 7%；全村有农业生产用地 894 亩，占调查样本的 8.3%。

（2）华东地区。华东地区涉及 5 个省的 5 个村。

江苏朱胖村：该村农业比较丰富，以水稻种植为主，有部分家庭实行虾稻套作，土地流转每亩价格在 800—1200 元。全村仍然从事农业生产的有 150 个农户，占调查样本的 11.3%；全村仍然从事农业生产的劳动力有 279 人，占调查样本的 9.3%；全村有农业生产用地 1094 亩，占调查样本的 10.1%。

安徽洪岗村：该村是由原洪岗村、炎东村和炎东街道办事处合并组成的一个新村，也是一个典型的农业村，以水稻种植、黄鳝养殖为主，兼有花卉苗木种植。全村仍然从事农业生产的有 126 个农户，占调查样本的 9.5%；全村仍然从事农业生产的劳动力有 258 人，占调查样本的 8.6%；全村有农业生产用地 1034.6 亩，占调查样本的 9.6%。

福建上梅村：该村是一个山区小村，以烟草和竹木种植为主。全村仍然从事农业生产的有 154 个农户，占调查样本的 11.6%；全村仍然从事农业生产的劳动力有 303 人，占调查样本的 10.1%；全村有农业生产用地 2172.06 亩，占调查样本的 20.1%。

山东西三都河村：全村仍然从事农业生产的有 281 个农户，占调查样本的 21.2%；全村仍然从事农业生产的劳动力有 880 人，占调查样本的 29.5%；全村有农业生产用地 1654.3 亩，占调查样本的 15.3%。

江西洞上村：该村是个山区村庄，也是国家级贫困村，农业经济以山林为主。全村 325 户，大部分外出打工，仍然从事农业生产的有 107 个农户，占调查样本的 8.1%；全村仍然从事农业生产的劳动力有 202 人，占调查样本的 6.8%；全村有农业生产用地 291.8 亩，占调查样本的 2.7%。

（3）中南地区。中南地区涉及 3 个省的 3 个村。

湖北上塘村：该村地处革命老区，为湖北省政府改革的仙洪试验区，村里以水稻种植、小龙虾养殖为主。全村仍然从事农业生产的有 156 个农户，占调查样本的 11.8%；全村仍然从事农业生产的劳动力有 246 人，占调查样本的 8.2%；全村有农业生产用地 1648.54 亩，占调查样本的 15.3%。

广东楠木村：该村地处城郊，是一个山区小村，农业经营以林木、水果为主。全村仍然从事农业生产的有 31 个农户，占调查样本的 2.3%；全村仍然从事农业生产的劳动力有 77 人，占调查样本的 2.6%；全村有农业生产用地 320.9 亩，占调查样本的 3.0%。

广西孔镇村：该村地处城郊，以粮食种植和果树栽培为主。全村仍然从事农业生产的有 78 个农户，占调查样本的 5.9%；全村仍然从事农业生产的劳动力有 213 人，占调查样本的 7.1%；全村有农业生产用地 236.2 亩，占调查样本的 2.2%。

（4）西南地区。西南地区涉及云南省的1个村。

云南哈马寨村：该村地处丘陵地带，以水稻、红薯栽培为主，少数大户栽培食用菌。全村仍然从事农业生产的有157个农户，占调查样本的11.7%；全村仍然从事农业生产的劳动力有322人，占调查样本的10.8%；全村有农业生产用地1450亩，占调查样本的13.4%。

3. 调查样本的特点

（1）从村庄的大小上分析，我国以中等大小村庄为主，其次是大村庄，小村庄最少。本次随机抽样调查，200户以上的村1个，占10%；150户及以上到200户的村4个，占40%；100户到150户的村2个，占20%；100户以下的村3个，占30%。说明本次抽样调查，大、中、小规模的村庄都有，代表性较强。

（2）从每个农村劳动力占有耕地面积分析，我国劳动力人均占地以3—5亩居多，特别少或特别多的村庄较少。本次抽样调查，劳动力人均占地5亩以上的有2个村，占20%；劳动力人均占地3亩到5亩的有6个村，占60%；劳动力人均占地3亩以下的有2个村，占20%。

（二）调查结果统计和分析

1. 我国农业经营主体的现状

（1）我国农业经营主体现状统计

我国农业生产分布在千家万户，生产经营主体数量多，情况复杂。在传统农户中，大多为兼业型农民，长期游走于城市和农村两地之间。因此，很难有人能准确统计出农业经营主体的构成状况。如果要从统计上较为准确地分析农业经营主体的构成，只能通过国家相关部门对新型农业经营主体的登记情况加以分析。

我国新型农业经营主体快速成长，并正在带动农民从事现代农业的生产经营。从已有资料情况来看，我国新型农业经营主体中，家庭农场和农民专业合作社占1.5%，传统农户仍然占98.5%（见表3-3）。

表 3-3　　　　　　　　　　我国农业经营主体的构成

年份	农业经营主体总数（万家）	传统农户①		农民专业合作社②		家庭农场	
		数量（万家）	占比（%）	数量（万个）	占比（%）	数量（万个）	占比（%）
2010	21687.26	21649.35	99.8	37.91	0.2	—	—
2011	21230.26	21179.35	99.76	50.91	0.24	—	—
2012	20873.37	20716.77	99.2	68.9	0.3	87.7③	0.5
2013	20495.94	20310.00	99.1	98.24	0.48	87.7③	0.42
2014	20495.93	20279.35	98.9	128.88	0.63	87.7③	0.47
2015	19707.25	19466.45	98.8	153.1	0.8	87.7④	0.4
2016	19290.65	19023.55	98.6	179.4	0.93	87.7⑥	0.47
2017	18876.82	18600.32*	98.5	188.8⑤	1.0	87.7⑤	0.5

资料来源："—"表示数据缺失；

①传统农户这一列数据来自 2011—2017 年的《中国人口和就业统计年鉴》中的统计指标：农村总人口（万人）与平均每户人数（人/户）两个指标进行计算。* 数据来自《2017 年中国城镇、农村人口数量及城镇化率统计分析》文章中数据"乡村常住人口 57661 万人"指标推算，http：//www.sohu.com/a/218137198_ 775892。

②来自中国产业信息网。

③来自中国土流网，https：//www.tuliu.com/read - 8614.html。

④赵伟峰、王海涛、刘菊：《我国家庭农场发展的困境及解决对策》，《经济纵横》2015 年第 4 期。

⑤农业部数据显示，2017 年全国家庭农场已超过 87 万个，依法登记的农民专业合作社有 188.8 万个，http：//baijiahao.baidu.com/s? id = 1592706178653471295&wfr = spider&for = pc。

⑥2016 年我国新型农业经营主体数量达 280 万个，http：//www.dyny.gov.cn/news/2017322/n152919237.html。

从我国农业经营主体的统计资料来看，近 10 年来，我国农业经营主体发生了很大的变化。传统农户数量下降明显，而新型农业经营主体得到了快速的发展。我国家庭农场进入稳定发展态势。据网上媒体报道，2012 年年底，全国有家庭农场 87.7 万个，经营耕地面积达 1.76 亿亩，占全国承包耕地面积的 13.4%；在全部家庭农场中，从事种植业的有 40.95 万个，占 46.7%；从事养殖业的有 39.93 万个，占 45.5%；从事种养结合的有 5.26 万个，占 6%；从事其他行业的有 1.56 万个，占 1.8%①。农民专业合作社有 68.1 万个。截至 2017 年年底，正式纳入农业部门名录管理的家庭

_____

① 农业部：《2013 年全国家庭农场数量大幅上涨》，中国行业研究网，2013 年 9 月 29 日。

农场达到44.5万户；依法在工商部门登记注册的农民专业合作社数量达到190.8万家，实有成员11448万户，占农户总数的46.6%；各类农业产业化龙头企业数量达到13万家，以龙头企业为主体的各类产业化经营组织，辐射带动全国1.27亿户农户。① 各类新型农业经营主体的快速发展，支撑了我国农产品的有效供给。观察中国农业经营主体的走势，以新型农业经营主体为主导，与传统小规模农户并存的格局已经形成，并正在逐步适应市场的发展。

我国农业经营主体的发展变化，是国家农村经营政策引导的结果，也是世界农业经营形势变化所导致的结果。从世界农业经营形势发展变化看，近10年来，国际农产品市场竞争激烈，农业现代化必须以规模化经营为前提。在规模化经营的条件下，才有可能实现标准化生产，从而达到提高农产品质量、降低农产品生产成本、提高农产品国际竞争力的目的。规模化经营已经成为世界农业的重要特点，也是农业现代化的重要标志。"四化"同步发展的重要内容，就是要促进农业规模化经营，实现城乡一体化。"四化"同步发展具有严密的内在逻辑关系，信息化为工业化、城乡一体化和农业现代化作支撑，而工业化、城乡一体化和农业现代化互为条件，相互促进。

（2）我国农业经营主体抽样调查情况

为了弄清我国农业经营主体的现状，课题组在全国范围内随机对10个省10个村的农业经营主体现状进行了调查。从农业经营主体的类型上看，我国仍然以传统的家庭经营为主。在从事农业生产的主体中，传统农户有1327个，占99.03%；农民专业合作社10个，占0.75%；专业大户3个，占0.22%。

从新型农业经营主体的覆盖面来看，10个村中，已经创建新型农业经营主体的有5个村，占50%；新型农业经营主体核心成员有152个，占农业经营主体的11.3%；普通成员有561个，占农业经营主体的56.9%。从总体上看，新型农业经营主体覆盖面还不算广，带动面已经超过半数。无

---

① 杜志雄：《家庭农场发展与中国农业生产经营体系建构》，《中国农村观察》2018年第3—4期。

论从覆盖面或带动面上看，都处在发展之中，发展的空间还很大。

　　但分析新型农业经营主体发展和带动的情况，也仍然存在一些问题。主要表现在三个方面：一是农业领域能人缺乏，带动能力不足，影响了新型农业经营主体的发展；二是地方政府关于新型农业经营主体发展实质性的改革措施不力，对新型农业经营主体扶持力度不大，农户对新型农业经营主体发展的效果感觉不明显，影响了新型农业经营主体的发展；三是农民专业合作社的机制没有完全建立起来，合作的优势体现不充分，效果发挥不够。基于以上背景，我国农业经营主体仍然以传统的家庭经营为主，新型农业经营主体处在成长初期，而且发展的内在机制和外部条件都不完善，发育尚不充分（见表3－4）。

表3－4　　　　　　　　我国农业经营主体抽样调查

村庄名称	传统农户数量（个）	农民专业合作社数量（个）	专业大户（个）	备注
河北贝口村	87	0	0	镇上有家合作社和村里签订土地流转合同，无法兑现，一年后撤出
江苏朱胖村	150	0	0	无新型农业经营主体
安徽洪岗村	126	3	0	3个专业合作社
福建上梅村	154	0	0	有个蔬菜专业合作社，由于土地盐碱含量高，合作社散了
山东西三都河村	281	0	0	无新型农业经营主体
江西洞上村	107	1	1	1个蜜蜂养殖合作社、1家山羊养殖大户
湖北上塘村	156	3	0	3个专业合作社
广东楠木村	31	1	2	1个柑橘种植合作社，2个养殖大户
广西孔镇村	78	0	0	无
云南哈马寨村	157	2	0	2个专业合作社
合计	1327	10	3	农业经营主体总计1340个

（3）调查样本和全国总体情况的差异分析

我国农业经营主体的构成到底如何？从目前情况来看，缺乏权威的统计资料，据《经济日报》报道，截至 2018 年 2 月底，全国依法登记的农民专业合作社达 204.4 万家，是 2012 年年底的 3 倍；实有入社农户 11759 万户，约占全国农户总数的 48.1%；成员出资总额 46768 万亿元，是 2012 年年底的 4.2 倍。伴随规模的扩大，合作社逐步向一、二、三产融合拓展，向生产、供销、信用业务综合合作转变，向社际联合迈进。目前，超过一半的合作社提供产加销一体化服务，服务总值 11044 亿元。① 农业农村部组织开展示范社建设，评定了近 8000 家国家级农民专业合作社示范社，全国各地涌现出县级以上示范社 18 万多家。

全国农业经营主体就是以独立身份活跃于市场中的农业经济组织。从理论上分析农业经营主体等于传统农户、农民专业合作社和家庭农场（种植、养殖大户）②，根据综合信息，可以计算出截至 2017 年年底，全国传统农户 18600.32 万家，占全国农户的 98.5%；农民专业合作社 188.8 万家，占全国农户的 1.0%；家庭农场（种植、养殖大户）87.7 万家，占全国农户的 0.5%（见表 3-5）。全国 10 个村的抽样调查结果显示，传统农户占 99.03%，农民专业合作社占 0.75%，家庭农场（种植、养殖大户）占 0.22%。抽样村庄的情况和全国统计数据非常接近，总体上显示，我国农业经营主体目前仍然以传统家庭经营农户居多，农民专业合作社和家庭农场等新型农业经营主体在数量上仍然是极少数。

表 3-5　　　　　　　　2017 年农业经营主体样本和总体的比较

项目	全国总体	抽样村庄	差异
传统农户占比（%）	98.5	99.03	-0.53
农民专业合作社占比（%）	1.0	0.75	+0.25
家庭农场（种植、养殖大户）占比（%）	0.5	0.22	+0.28

资料来源：根据统计年鉴资料和抽样调查资料比较。

---

① 乔金亮：《全国依法登记的农民专业合作社达 204.4 万家》，《经济日报》2018 年 5 月 2 日。

② 因抽样调查的样本中，农民尚未注册家庭农场，故加括号表示。

2. 我国农业从业人员的现状

那么，我国到底是什么人在种地？这是社会公众普遍关心的问题。为了准确回答这一问题，本课题组深入全国 10 个村庄对从事农业的经营主体进行了逐一调查。本书从农业经营主体从业人员年龄构成、性别构成和文化构成三个方面进行分析。

（1）农业经营主体从业人员年龄构成分析

本课题组抽取全国 10 个村庄并进行了调查，这 10 个村庄从事农业生产的劳动力共计 2988 人。考虑到年龄具有多样性，分段比较困难。为此，本书按照常规的理解，将年龄划分为 4 个阶段。30 岁及以下为一个年龄段即年轻人，30 岁以上 50 岁及以下为一个年龄段即中年人，50 岁以上 60 岁以下为一个年龄段即中老年人，60 岁及以上为一个年龄段即老年人。从年龄构成上看，30 岁及以下的年轻人 368 人，占 12.3%；30 岁以上 50 岁及以下的中年人 995 人，占 33.3%；50 岁以上 60 岁以下的中老年人 807 人，占 27.0%；60 岁及以上的老年人 818 人，占 27.4%（见表 3 - 6）。

表 3 - 6 农业经营主体从业人员年龄构成

村庄名称	劳动力人数（人）	30 岁及以下		30 岁以上 50 岁及以下		50 岁以上 60 岁以下		60 岁及以上	
		人数（人）	占比（%）	人数（人）	占比（%）	人数（人）	占比（%）	人数（人）	占比（%）
河北贝口村	208	61	29.3	52	25.0	64	30.8	31	14.9
江苏朱胖村	279	0	0	63	22.6	84	30.1	132	47.3
安徽洪岗村	258	3	1.2	79	30.6	69	26.7	107	41.5
福建上梅村	303	18	5.9	154	50.8	108	35.7	23	7.6
山东西三都河村	880	267	30.3	246	27.9	169	19.2	198	22.6
江西洞上村	202	0	0	50	24.8	95	47.0	57	28.2
湖北上塘村	246	0	0	51	20.8	84	34.1	111	45.1
广东楠木村	77	7	9.1	25	32.5	29	37.7	16	20.7
广西孔镇村	213	6	2.8	115	54.0	48	22.5	44	20.7
云南哈马寨村	322	6	1.9	160	49.7	57	17.7	99	30.7
合计	2988	368	12.3	995	33.3	807	27.0	818	27.4

调查数据显示，我国农村从业人员中，年轻人确实很少，主要以中老年人和老年人为主，中年人占了1/3，而50岁以上的中年人和老年人占了54.4%。这充分证明，我国农业人口随着全国人口的老龄化，也出现了快速老龄化趋势。这就是我国农业生产经营的现实情况，也是"四化"同步发展的基础。造成这种现象的原因很多，既有农业比较效益低下，年轻人谋求外出打工的原因，也有农业土地家庭承包导致过于细碎化，缺乏规模经营的基础，难以实现规模经营，年轻人缺乏用武之地的原因。对于这种现象我们应该辩证地看待，既要正视中老年人长期经营，不利于农业现代化的实现，同时也应当看到，这正是在城乡一体化发展中，农业人口不断转移的结果。

（2）农业经营主体从业人员性别构成分析

在我国农业从业人员中，妇女到底占了多大的比重？从现象观察来看，人们普遍认为我国农业生产主要是老人和妇女在承担。事实到底如何呢？为了回答这一问题，本课题组进行了详细的调查。10个村2988个农业从业人员，男性劳动人员有1565个，占52.4%；妇女有1423个，占47.6%。但每个村的情况各不相同，从调查数据看，有2个村农业的妇女从业人员超过半数。湖北上塘村妇女占56.1%，云南哈马寨村妇女占55.3%（见表3-7）。从农业从业人员的性别比例来看，实际情况和人们普遍认为的略有差异，基本属于正常状况。

表3-7　　　　　　　　　农业经营主体从业人员性别构成

村庄名称	劳动力人数（人）	男		女	
		人数（人）	占比（%）	人数（人）	占比（%）
河北贝口村	208	113	54.3	95	45.7
江苏朱胖村	279	142	51.0	137	49.0
安徽洪岗村	258	139	53.9	119	46.1
福建上梅村	303	173	57.1	130	42.9
山东西三都河村	880	489	55.5	391	44.5
江西洞上村	202	109	54.0	93	46.0
湖北上塘村	246	108	43.9	138	56.1

续表

村庄名称	劳动力人数（人）	男		女	
		人数（人）	占比（%）	人数（人）	占比（%）
广东楠木村	77	39	50.6	38	49.4
广西孔镇村	213	109	51.2	104	48.8
云南哈马寨村	322	144	44.7	178	55.3
合计	2988	1565	52.4	1423	47.6

（3）农业经营主体从业人员文化构成分析

我国农业从业人员历来被认为是文化水平相对较低的人群，真实的情况又是如何呢？为了准确掌握真实情况，课题组对华北地区、华东地区、中南地区、西南地区的10个村的情况进行了调查。结果显示，10个村从事农业生产的有2988人，其中：文盲368人，占12.3%；小学文化程度的1057人，占35.4%；初中文化程度的1318人，占44.1%；高中文化程度的87人，占2.9%；大专及以上文化程度的158人，占5.3%（见表3－8）。从全国的情况来看，存在文盲的村庄还较多，除河北贝口村、湖北上塘村和广东楠木村3个村没有文盲，其余7个村不同程度地存在文盲。文盲问题最严重的是云南哈马寨村，占49.4%，江苏朱胖村占21.9%，山东西三都河村占11.5%。

表3－8　　　　　　　　农业经营主体从业人员文化构成

村庄名称	劳动力人数（人）	文盲		小学		初中		高中		大专及以上	
		人数（人）	占比（%）	人数（人）	占比（%）	人数（人）	占比（%）	人数（人）	占比（%）	人数（人）	占比（%）
河北贝口村	208	0	0	57	27.4	135	64.9	16	7.7	0	0
江苏朱胖村	279	61	21.9	160	57.3	50	17.9	8	2.9	0	
安徽洪岗村	258	22	8.5	137	53.1	98	38.0	0	0	1	0.4
福建上梅村	303	10	3.3	157	51.8	132	43.6	4	1.3	0	0
山东西三都河村	880	101	11.5	106	12.0	493	56.0	26	3.0	154	17.5
江西洞上村	202	14	6.9	146	72.3	33	16.3	9	4.5	0	0
湖北上塘村	246	0	0	111	45.1	120	48.8	15	6.1	0	0

续表

村庄名称	劳动力人数（人）	文盲		小学		初中		高中		大专及以上	
		人数（人）	占比（%）	人数（人）	占比（%）	人数（人）	占比（%）	人数（人）	占比（%）	人数（人）	占比（%）
广东楠木村	77	0	0	3	3.9	70	90.9	3	3.9	1	1.3
广西孔镇村	213	1	0.5	42	19.7	167	78.4	3	1.4	0	0
云南哈马寨村	322	159	49.4	138	42.9	20	6.2	3	0.9	2	0.6
合计	2988	368	12.3	1057	35.4	1318	44.1	87	2.9	158	5.3

从不同地区的情况来分析，从事农业生产经营的主要是初中和高中文化程度的人员。华北地区以初中文化程度人员最多，占64.9%，而小学文化程度的其次，占27.4%，高中文化程度的较少，占7.7%，没有文盲和大专及以上文化程度的农民；华东地区初中文化程度和小学文化程度的比较接近，分别占41.9%和36.7%，但文盲和大专及以上文化程度的人也占相当大的比例，分别为10.8%和8.1%；中南地区在所有地区中初中文化程度的人员最多，占66.6%，小学文化程度的人员其次，占29.1%，文盲和大专及以上文化程度的人员接近于零；西南地区以文盲农民最多，占49.4%，小学文化程度的人其次，占42.9%，初中及以上文化程度的农民都很少，三项合计只占7.7%（见表3-9）。

表3-9　　　　　　　　　不同地区农业从业人员文化构成

村庄名称	劳动力人数（人）	文盲		小学		初中		高中		大专及以上	
		人数（人）	占比（%）	人数（人）	占比（%）	人数（人）	占比（%）	人数（人）	占比（%）	人数（人）	占比（%）
华北地区	208	0	0	57	27.4	135	64.9	16	7.7	0	0
华东地区	1922	208	10.8	706	36.7	806	41.9	47	2.5	155	8.1
中南地区	536	1	0.2	156	29.1	357	66.6	21	3.9	1	0.2
西南地区	322	159	49.4	138	42.9	20	6.2	3	0.9	2	0.6
合计	2988	368	12.3	1057	35.4	1318	44.1	87	2.9	158	5.3

3. 我国农业经营规模分析

（1）传统农户土地经营规模

2013 年年末，中国科学院组织对 8 省 100 个村进行调查，结果显示：小麦种植每块只有 1.91 亩，玉米种植每块只有 2.85 亩，水稻种植每块只有 1.8 亩[①]。2015 年，全国经营耕地在 2 公顷以下的小规模经营农户仍高达 2.57 亿户，占农户总数的 96%[②]。为了弄清全国各地农村家庭承包经营的规模状况，本次对全国 10 个村进行调查。10 个村共有土地 10796.4 亩，农户 1327 户。土地面积分布结果显示，经营 10 亩及以下的农户 1081 户，占 81.5%；经营 10 亩以上 20 亩及以下的农户 175 户，占 13.1%；经营 20 亩以上的农户 71 户，占 5.4%。

从不同省份村庄的情况来看，经营规模普遍较小，每户都在 10 亩及以下的有 2 个村，即江西洞上村、广西孔镇村；经营规模在 10 亩及以下的农户占 80% 以上的有 3 个村，即江苏朱胖村、山东西三都河村、广东楠木村；其余 5 个省的 5 个村经营规模在 10 亩及以下的也都超过了 50%。有经营规模超过 20 亩的农户的村庄有 6 个，占比一般都超过 10%，占比最大的是福建上梅村，达到 24.7%（见表 3 - 10）。

表 3 - 10　　　　　　　　　　　农村土地经营规模

村庄名称	合计		10 亩[-]		10[+]—20 亩		20[+] 亩	
	面积（亩）	户数（户）	户数（户）	占比（%）	户数（户）	占比（%）	户数（户）	占比（%）
河北贝口村	894	87	63	72.4	20	23.0	4	4.6
江苏朱胖村	1094	150	126	84.0	14	9.3	10	6.7
安徽洪岗村	1034.6	126	100	79.4	26	20.6	0	0
福建上梅村	2172.06	154	87	56.5	29	18.8	38	24.7
山东西三都河村	1654.3	281	271	96.4	10	3.6	0	0
江西洞上村	291.8	107	107	100	0	0	0	0

[①]　顾天竹、纪月清、钟甫宁：《中国农业生产的地块规模经济及其来源分析》，《中国农村经济》2017 年第 2 期。

[②]　魏后凯、韩磊、胡冰川：《粮食供需关系变化新形势下转变农业生产方式研究》，《河北学刊》2018 年第 1 期。

续表

村庄名称	合计		10 亩⁻		10⁺—20 亩		20⁺ 亩	
	面积（亩）	户数（户）	户数（户）	占比（%）	户数（户）	占比（%）	户数（户）	占比（%）
湖北上塘村	1648.54	156	95	60.9	47	30.1	14	9
广东楠木村	320.9	31	29	93.6	0	0	2	6.4
广西孔镇村	236.2	78	78	100	0	0	0	0
云南哈马寨村	1450	157	125	79.6	29	18.5	3	1.9
合计	10796.4	1327	1081	81.5	175	13.1	71	5.4

注："–"表示及以下，"+"表示以上。余同。

（2）传统农户土地经营的细碎化程度

我国农村土地经营在家庭承包中，为了追求绝对公平，导致了土地的细碎化问题，并成为影响农业现代化的重要因素。那么，在农村的实际生产经营中，细碎化到底是什么状况，既是学者们争议的问题，也是人们普遍关心的问题。为了准确表现土地细碎化的程度，课题组按照每家每户承包土地的块数进行分类，共分为三种类型，即：5 块及以下，6—10 块，11 块及以上。

对全国 10 个村的调查结果显示，每家承包土地 5 块及以下的占71.4%，6—10 块的农户占 18.6%，11 块及以上的占 10%。总体上看，每家每户的土地数量主要在 5 块及以下，处于比较分散的状况。6 块以上的村庄接近 1/3，占所调查村庄的比重也不小。

按照不同村庄情况分析，细碎化程度最严重的是安徽洪岗村，家中拥有土地 11 块及以上的农户占了 68.3%。土地相对集中的是山东西三都河村、江苏朱胖村、河北贝口村，农户承包土地在 5 块及以下的超过95%。

表 3 – 11 农村土地经营细碎化程度

村庄名称	土地总块数（块）	5 块及以下		6—10 块		11 块及以上	
		户数（户）	占比（%）	户数（户）	占比（%）	户数（户）	占比（%）
河北贝口村	274	86	97.7	2	2.3	0	0
江苏朱胖村	271	148	98.7	2	1.3	0	0
安徽洪岗村	1613	8	6.3	32	25.4	86	68.3
福建上梅村	782	107	69.5	22	14.3	25	16.2
山东西三都河村	843	281	100	0	0	0	0
江西洞上村	652	40	37.4	63	58.9	4	3.7
湖北上塘村	556	142	91	14	9	0	0
广东楠木村	171	18	58.0	13	42.0	0	0
广西孔镇村	673	19	24.4	41	52.6	18	23.1
云南哈马寨村		99	63.1	58	36.9	0	0
合计	5835	948	71.4	247	18.6	133	10.0

（3）新型农业经营主体经营规模

近年来，农民专业合作社等新型农业经营主体快速发展，从调查的 10 个省的 10 个村庄的情况来看，主要是种植业、养殖业和特种产业三大类。种植业合作社有 3 个，占新型农业经营主体的 23.1%；养殖业合作社 5 家，占 38.5%；特种产业 2 个，占 15.4%，包括花木苗圃合作社及以食用菌生产为主的农牧合作社；还有 3 个属于家庭农场式的专业大户，占 23.0%。

种植合作社的规模比较小，除湖北省洪湖市众发水稻种植专业合作社有 500 亩规模外，其他 2 个种植专业合作社不足 200 亩。养殖业类合作社比较复杂，大概可以分为三类，即蜜蜂养殖专业合作社 1 个，规模在 1500 箱；水产养殖合作社 3 个，主要以水稻种植和黄鳝养殖套作模式进行，养殖规模不等，最大的达到 2100 亩，最小的只有 100 亩；肉牛养殖 1 个，养殖供人们食用的肉牛 700 头。特种产业 2 个，分为两类，即以花木苗圃种植为主的合作社，有 600 亩的规模，由于花木未上市销售，效益尚不明确；以食用菌生产为主的合作社 1 个，有 50 亩土地的生产区，属于中等规模。还有 3 个属于家庭农场式的专业大户，江西省修水县桃源山羊养殖场属于放在山上自然散养，虽然山地面积很大，但养殖规模并不大；广东省潮州市潮安区文祠镇楠木村养鱼大户有40亩水面，属于一般规模；广东省潮州市潮安区文祠镇楠木村养猪大户，每年出栏2000头，存栏2100头左右，属于比较大的规模（见表3-12）。

表3-12 新型农业经营主体现状

名称	核心成员（家）	成员（家）	规模	年收益（万元）	年纯收益（万元）		商标	国家补贴（万元）
					合作社	成员平均		
江西省修水县布甲乡巴角尖蜜蜂养殖专业合作社	8	20	1500箱	100	80	4	0	0
江西省修水县桃源山羊养殖场	3	5	3300亩	10	8	2	0	0
安徽省六安市寿县炎刘镇东黄鳝养殖专业合作社	13	141	2100亩	1400	294	2.1	0	20
安徽省六安市寿县炎刘镇金牛养殖专业合作社	7	15	700头牛	700	210	14	0	6
安徽省六安市寿县炎刘镇明柱花木苗圃合作社	23	60	600亩				0	21
云南省曲靖市腾烨葡萄种植专业合作社	10	10	80亩	88	24	2.4	0	0
云南省曲靖市富发农牧专业合作社	6	6	50亩食用菌	50	5	0.83	0	0
湖北省洪湖市众发水稻种植专业合作社	35	160	500亩	1200	600	3.75	0	0
湖北省洪湖市惠群水产养殖专业合作社	15	60	100亩	200	100	1.67	0	0
湖北省洪湖市峰塘水产养殖专业合作社	24	72	180亩	210	140	1.94	0	0
广东省潮州市潮安区文祠镇潮柑专业合作社	6	10	160亩	10	3	0.3	0	5
广东省潮州市潮安区文祠镇楠木村养鱼大户	1	1	40亩	5	3	3	0	0
广东省潮州市潮安区文祠镇楠木村养猪大户	1	1	出栏2000头/年、存栏2100头/年	300	6	6	0	0
小计	152	561		4273	1473			52

4. 农业经营主体农业生产收益

（1）新型农业经营主体的收益

从调查的新型农业经营主体的收益来看，普遍具有比传统农户更高的收益。13 个新型农业经营主体平均每个成员年收益在 7.6 万元，年纯收益在 2.6 万元。纵观不同行业的收益状况，养肉牛的每个成员年纯收益达 14 万元；其次是蜜蜂养殖专业合作社，每个成员年纯收益在 4 万元；再就是水稻与小龙虾套养，每个成员可以获得年纯收益 3.75 万元。从总体上看，新型农业经营主体所获收益并没有想象的那样高，既有合作机制尚不健全，品牌打造尚未完成等多种原因，也有花木苗圃合作社尚未收益的因素，影响了新型农业经营主体的平均收益。

（2）传统农户经营收益分析

调查结果显示，传统农户普遍收益并不高，年纯收益在 5 万元以上的只有 107 户，占 8.1%；年纯收益在 3 万元以上 5 万元及以下的有 175 户，占 13.2%；年纯收益在 1 万元及以上 3 万元及以下的有 251 户，占 18.9%；年纯收益在 0.5 万元以上 1 万元以下的有 354 户，占 26.7%；年纯收益在 0.5 万元及以下的 440 户，占 33.1%（见表 3-13）。江西省修水县布甲乡洞上村属于国家级贫困村，全村 107 户农户，基本上没有年收益过万元的户，纯收益过 0.5 万元的只有 1 户，占全村的 0.9%。全村只有一个蜜蜂养殖专业合作社，总收入较高，但收益并不稳定，因天气情况，收益变动较大，存在很大的风险。

表 3-13　　　　　　　传统农业经营主体家庭承包经营收入

村庄名称	总户数（户）	年收入 0.5 万元及以下		年收入 0.5 万元以上 1 万元以下		年收入 1 万元及以上 3 万元及以下		年收入 3 万元以上 5 万元及以下		年收入 5 万元以上	
		户数（户）	占比（%）	户数（户）	占比（%）	户数（户）	占比（%）	户数（户）	占比（%）	户数（户）	占比（%）
河北贝口村	87	6	6.9	60	69	21	24.1	0	0	0	0
江苏朱胖村	150	19	12.7	74	49.3	29	19.3	10	6.7	18	12
安徽洪岗村	126	67	53.2	58	46	1	0.8	0	0	0	0
福建上梅村	154	14	9.1	52	33.8	42	27.3	22	14.3	24	15.6

续表

村庄名称	总户数（户）	年收入0.5万元及以下		年收入0.5万元以上1万元以下		年收入1万元及以上3万元及以下		年收入3万元以上5万元及以下		年收入5万元以上	
		户数（户）	占比（%）	户数（户）	占比（%）	户数（户）	占比（%）	户数（户）	占比（%）	户数（户）	占比（%）
山东西三都河村	281	22	7.8	27	9.6	47	16.7	128	45.6	57	20.3
江西洞上村	107	106	99.1	1	0.9	0	0	0	0	0	0
湖北上塘村	156	27	17.3	43	27.6	74	47.4	9	5.8	3	1.9
广东楠木村	31	19	61.3	1	3.2	9	29	1	3.2	1	3.2
广西孔镇村	78	38	48.7	12	15.4	22	28.2	4	5.1	2	2.6
云南哈马寨村	157	122	77.7	26	16.6	6	3.8	1	0.6	2	1.3
合计	1327	440	33.1	354	26.7	251	18.9	175	13.2	107	8.1

（3）传统农户与新型农业经营主体收益比较

调查结果显示，新型农业经营主体收益普遍高于传统农户，从收益分段分析，新型农业经营主体成员纯收益在5万元以上的有2家，占新型农业经营主体的15.4%；收益在3万元以上5万元及以下的2家，占15.4%；收益在1万元及以上3万元及以下的6家，占46.1%；收益在0.5万元以上1万元以下的1家，占7.7%；收益在0.5万元及以下的2家，占15.4%（见表3-14）。虽然新型农业经营主体的样本量较少，这个比例不一定精准，但可以反映一种趋势。

新型农业经营主体和传统农户比较，年收入5万以上的占比要高出7.3个百分点；年收入3万元以上5万元及以下的占比要高出2.2个百分点；年收入在1万元及以上3万元及以下的，占比高出27.2个百分点；年收入0.5万元以上1万元以下的占比低19个百分点；年收入0.5万元及以下的占比低17.7个百分点（见表3-14）。

表 3 – 14　　　　　　　新型农业经营主体和传统农户收益比较

项目	年收入 0.5 万元及以下	年收入 0.5 万元以上 1 万元以下	年收入 1 万元及以上 3 万元以下	年收入 3 万元以上 5 万元及以下	年收入 5 万元以上
新型农业经营主体（%）	15.4	7.7	46.1	15.4	15.4
传统农户（%）	33.1	26.7	18.9	13.2	8.1
比较	– 17.7	– 19.0	+ 27.2	+ 2.2	+ 7.3

三　新型农业经营主体的溢出效应

（一）农民专业联合社溢出效应的产生

1. 生产合作溢出效应

美国杰出的经济学家肯尼思·阿罗（Kenneth Joseph Arrow）最早提出了溢出效应的概念，并用外部性解释了溢出效应对经济增长的作用[1]。在农民专业联合社中，通过生产资料购买的合作、生产组织的合作和市场营销的合作等，联合社可以获得比单个合作社生产更高的效益。这些效益在一系列的市场交易活动中实现，交易费用理论认为交易活动都会产生交易成本，包括获得市场信息的成本、谈判和签约的成本、合同风险的成本等。[2] 如果从事同类生产经营活动的个体将生产要素集中到一起进行合作生产，可减少交易成本，使得合作生产的总利润大于分散生产的总利润。[3] 农民专业联合社正是将分散经营转变成合作经营的平台，从而实现降低生产成本、提高生产利润的目的。

2. 管理合作溢出效应

农民专业联合社的核心功能在于管理合作。如果缺乏管理合作，单个合作社的行动只能称为自发的群体行动，其群体行动的效果受其规模的影响。群体行动理论认为，群体规模越大，组织和开展群体行动的难度就越

---

① H. 米尔恰科娃、肯尼思·阿罗：《新古典理论的发展》，《国外社会科学》1995 年第 10 期。

② Coase，T. H.，"The Nature of the Firm"，*Economica*，1937（4）.

③ 邓衡山、徐志刚、应瑞瑶等：《真正的农民专业合作社为何在中国难寻？——一个框架性解释与经验事实》，《中国农村观察》2016 年第 4 期。

大，群体行动的目标就越难实现。① 如果能把群体组织起来，将群体行动的目标和任务进行细分，就可以有效地组织和开展群体行动。② 联合社可以统一产业发展规划，统一经营谋划，组织社员分工协作，产生分工协作效应，从而联合社的整体效益就可以增长，并带动社员收益的增长，显示出联合社的管理合作溢出效应。

3. 营销合作溢出效应

我国农民专业联合社大部分都处于初创阶段，合作社规模仍然较小，如果独立地构建营销网络，成本就会很高。如果通过农民专业联合社统一构建市场营销网络，就可以节省销售渠道建设费用。在同等条件下，市场拓展更宽广，销售成本更低廉，通过联合营销的产品组合可以进一步提高产品的销售量。③ 更重要的是在品牌打造和宣传上，需要高昂的成本。如果由农民专业联合社统一打造品牌，其震撼力更大，品牌的传播效果更好。在买方市场的环境下，品牌就可以带动营销，从而产生联合社的营销溢出效应。

（二）农民专业联合社溢出效应案例及机制

以湖北省洪湖市春露农民专业联合社发展为例进行分析。洪湖市春露农民专业联合社位于洪湖市经济技术开发区，由洪湖市涌泉种植专业合作社发起，包含16家以农作物种植为主的专业合作社，5家以农业机械为主的专业合作社，2家以农资为主的专业合作社，2家以植保为主的专业合作社。农民专业联合社集种植、农机、农资、植保和粮食加工业务于一体，是比较典型的同地区不同行业的专业合作社联合组建的。农民专业联合社依托洪湖独特的自然生态环境和资源优势，开展再生稻种植、加工、销售，推进再生稻全产业链开发。

洪湖市春露农民专业联合社于2013年10月登记注册，现有注册资本1393万元，社员3450人，截至2016年，联合社已流转耕地9.75万亩，生

---

① 曼瑟尔·奥尔森：《集体行动的逻辑》，陈郁等译，上海三联书店1995年版。
② 埃米·R.波蒂特、马可·A.詹森、埃莉诺·奥斯特罗姆：《共同合作：集体行为、公共资源与实践中的多元方法》，路蒙佳译，中国人民大学出版社2013年版。
③ 汪发元、罗昆、陈钧：《农业创业理论与实践研究》，科学出版社2015年版。

产资料仓库 6000 平方米，联合社拥有植保飞机、收割机、耕整机械、粮食烘干设备等农业机械，智能育秧大棚、温室催芽室、水泥晒场、粮食仓库等配套服务设施。目前，联合社种植再生稻 3 万亩，辐射带动洪湖市发展再生稻 16 万亩。

1. 农业生产合作机制

联合社统一对接大型生产资料供应商，集中购买种子、化肥、农药等生产资料。联合社农业生产所需要的种子直接从合肥丰乐种业股份有限公司、湖北惠民农业科技有限公司购进，且价格均按照厂商给县级经销商批发价的标准购进，相对于市场价格而言更为便宜。此外，化肥、农药也均从厂商直接批发，成本也有所降低。联合社整合土地、农机和植保机械等生产要素，在联合社内部实行统一调配。在茬口衔接上，联合社充分考虑各个种植合作社产品结构，利用其产品生长周期，开展育秧—种瓜—蔬菜等茬口衔接模式，提高了土地使用效率；在农业机械、植保机械使用上，实行统一管理，集中调配使用，优先满足联合社内部成员服务需求，同时积极寻找外部服务对象，扩展了农机、植保专业合作社外溢空间，实现了农业社会化服务规模经营；在生产技术方面，对联合社的农户进行统一的技术培训和指导，提高农产品产出效率。

2. 内部管理合作机制

联合社根据本地资源优势，确立了再生稻产业发展目标和方向。在此基础上合理规划了再生稻科研基地、育秧基地、烘干加工基地，同时对生产过程中所涉及的水稻品种、农药、化肥等生产资料实行专购专供，确保再生稻生产过程质量安全，而且对产品销售、产品品牌塑造与宣传都进行了统一构建与打造。

为了降低生产成本，提高工作效率，联合社严格按组织职能进行工作，并统一分工协作。联合社组织结构包含三个层次：理事长、理事会成员与普通社员。联合社理事长出席过全国农民专业合作社座谈会，具有较高的战略眼光和广泛的社会资源，负责全面领导联合社制定发展战略和决定联合社重大事项；联合社理事会成员主要来自各合作社负责人以及聘请的专业管理人员，主要负责联合社日常管理、专业调度、品牌打造和市场营销等；普通社员以农户为主，主要从事再生稻种植和与生产相关的农机、植保等社会化服务。

3. 市场营销合作机制

联合社统一构建营销渠道。为了做好其主要产品再生稻的销售工作，联合社一方面积极发展代理商，建立传统的销售渠道。分别在武汉、上海、长沙、广州、深圳等地建立了固定的再生稻米批发网点，同时在大中型超市建起了零售网点。面向本地市场，一方面与机关、学校等事业单位进行对接供应；另一方面在住宅小区建立专营网点。这样多渠道的营销，可以解决联合社70%的产品销售。同时，联合社建起了电子商务平台，不仅可以广泛宣传联合社的优质再生稻米，而且网上营销解决了联合社30%的产品销售，网络销售遍布全国各地。

联合社按照"三品一标"的要求统一产品质量，即在全部保证无公害产品基础上，统一打造绿色产品、有机产品，注册产品地理标志，使联合社生产的再生稻米成为名优产品。为了不辜负这些品牌称号，确保产品质量，联合社在发展建设上做到"四统筹"，即统筹建立了科研基地、统筹建立了育秧基地、统筹建立了加工烘干基地、统筹建立了综合指挥基地。在对社员的生产管理上做到"五统一"，即统一技术指导、统一生产资料供应、统一绿色防控、统一农机服务、统一产品销售。联合社建立起了完整的管理制度，实现了标准化生产管理模式。

（三）合作溢出效应分析

1. 统一购买生产资料，降低基础成本

湖北省洪湖市春露合作联合社经营耕地面积达到9.75万亩，有庞大的生产资料需求，联合社统一购买生产资料，并根据再生稻的生长特征，确定了专门的种子供应商。这样，不仅获得了比市场价格低得多的批发价，而且与供应商协商，将市场上小包装的化肥和农药改为大包装的化肥和农药，最后的购买价格比市场上的同类商品就低了很多。因为联合社利用团体购买的数量优势，而且把小包装改成了大包装，这样就降低了生产成本，从而产生了规模效应，获得了溢出效应（见表3-15）。

表 3 -15　　　　　　　　联合社农业生产要素投入的规模效益

项目	联合社	家庭单干	溢出效应
种子（元/斤）	28	40	12
化肥（元/斤）	100	120	20
农药（元/亩）	150	200	50

2. 统一调配生产要素，减少生产成本

联合社利用自有的仓库、智能育秧大棚、耕整机械、植保飞机、收割机、粮食烘干设备、水泥晒场以及粮食仓库等农业机械和基础设施，为社员提供服务。这样，联合社内种植专业合作社在使用耕整、收割等机械时比市场上价格要低，联合社还免费向社内成员提供育秧、粮食晾晒和烘干等服务，降低了合作社的生产成本（见表 3 -16）。而且联合社不断进行技术革新，在育秧过程中全部采用超声波技术，可以提高单产 16%—20%。

表 3 -16　　　　　　　　联合社农业社会化服务规模效益

项目	联合社	家庭单干	溢出效应
机播（元/亩）	100	120	20
机耕（元/亩）	100	120	20
收割（元/亩）	100	110	10

同时，联合社还在农闲时组织农机队到周边区域为合作社以外的农户开展农机作业，不仅拓宽了合作社社会化服务的空间，还可以为联合社增加收益。此外，联合社还引导成员合作社开展技术创新、组织技能培训等，积极为社员提供产前、产中、产后全方位服务。

3. 统一构建营销网络，降低营销成本

联合社通过与中储粮进行合作，由中储粮提供流动资金对联合社社员生产的农产品进行统一收购，再生稻收购价比市场价高 0.4 元/公斤，增加了社员收入。而且，联合社目前已在武汉、上海、长沙、广州、深圳等地建立了固定的销售网点，并与多家超市、大型企业、学校及经销商签订了供销合同，还通过"互联网＋"建起了 O2O 电子网络销售平台，自 2015年以来，每年销售收入可以达到 1.2 亿元以上，利税总额突破 500 万元，有效激励了各合作主体参与合作的动力。

4. 统一打造产品品牌，提升产品利润

联合社现已注册成功"洪湖春露"和"洪湖荷莲香"两个商标，成功获批"洪湖再生稻米"国家农产品地理标志产品。"洪湖春露再生稻香米""洪湖荷莲香鱼虾稻香米"已获农业部绿色食品和有机农产品认证，并获得"第十五届中国绿色食品博览会金奖""第十一届中国武汉农业博览会金奖""湖北省2014年首届楚合农产品金奖"和"2015年湖北好食材金奖"等荣誉称号，极大地提升了联合社再生稻产品的品牌知名度。品牌既促进了销售市场的扩大，又增加了产品的附加值。

5. 统一经营剩余分配，鼓励实质联合

在合作剩余分配上，联合社实行三次分配：第一次分配按成员合作社与联合社生产资料交易额的3%返还给合作社；第二次分配按合作社股金分红；第三次分配按成员合作社与联合社产品交易额的1‰提取资金进行奖励。这种分配方式实现了管理人员、合作社以及农户的利益捆绑，极大地促进了各合作社之间的实质合作。

四 未来农业经营主体的发展分析

(一) 农业人口转移城镇分析

早在2014年3月，国务院就制定了《国家新型城镇化规划（2014—2020年)》，并把新型城镇化作为解决中国"三农"问题的重要途径。新型城镇化不仅可以促进农村人口转移，而且可以有效地引导工业布局，承接产业转移。城镇化可以促进农村转移出来的人员就近工作，既可以改善春运拥挤的紧张局面，也可以推动区域协调发展。那么，未来农业人口转移城镇呈现三大特点：

1. 国家政策连续推动，城镇化进度加快

改革开放以来，国家从计划经济逐步走向市场经济，农村实行家庭联产承包责任制，农村劳动力有了更大的生产经营自主权。在市场的引导下，劳动力按照经济发展的规律，从生产效率低的农业纷纷走向城镇、走进工业。加上严格的城乡二元户籍制度逐步松绑，从而加快了人口的迁徙。国家改革开放的政策极大地推进了城镇化的进程，促进了农村人口的逐年下降、城镇人口的逐年增加。

特别是党的十八大以来，国家城镇化的重大战略稳步推进，农业和农村人口向城镇转移速度进一步提升。国家统计数据表明，1982 年我国人口为 101654 万人，其中：城镇人口 21480 万人，占 21.13%；乡村人口 80174 万人，占 78.87%。1990 年，我国人口为 114333 万人，其中：城镇人口 30195 万人，占 26.41%；乡村人口 84138 万人，占 73.59%，平均每年人口城镇化率为 0.66%。2000 年以来，我国城镇化速度加快。2000 年，我国人口为 126743 万人，其中：城镇人口 45906 万人，占 36.22%；乡村人口 80837 万人，占 63.78%。到 2016 年，我国人口增长到 138271 万人，其中：城镇人口 79298 万人，占 57.35%；乡村人口 58973 万人，占 42.65%。从 2000 年到 2016 年 17 年间，平均每年人口城镇化率为 1.31%（见表 3 – 17）。

表 3 – 17　　　　　　　　我国人口基本变动情况

指标　　　　　　年份	1982	1990	2000	2015	2016	2017
年末总人口（万人）	101654	114333	126743	137462	138271	139008
城镇人口（万人）	21480	30195	45906	77116	79298	81347
占比（%）	21.13	26.41	36.22	56.10	57.35	58.52
乡村人口（万人）	80174	84138	80837	60346	58973	57661
占比（%）	78.87	73.59	63.78	43.90	42.65	41.48

资料来源：根据中华人民共和国国家统计局网站数据整理，http://data.stats.gov.cn/。

2. 生产生活方式改变，城镇化加速推进

改革开放以来，随着物质条件的逐步丰富，人们的生产生活方式也在悄然中发生改变，从移动通信的普及到微信联络的大量使用，从传统的汽车客运到高铁、动车的普及，城乡之间的生活、工作距离在逐渐缩小，人与人之间的交往在慢慢减弱。这些物质和工具的变化，极大地加速了城镇化的推进。

从生产方式的转变来看，我国生产上实现了由计划经济向市场经济的转变，市场成为调节资源配置、引导人员流动的指挥棒。研究发现，我国不同产业的比较效益，相差甚远。工业由于使用先进的技术和装备，实行批量化标准化生产，比较效益一直较高；随着市场化进程的加快，作为第三产业的服务业得到快速发展，其主要原因有三点：一是随着市场分工的细化，对服务业的需求越来越大。特别是工业的快速发展，用工制度的改革，产生了大量的农民工，迫切需要配套的服务，为服务业的发展提供了空间。二是服务业和其他行业相比，利润空间相对较大，也成为刺激服务业快速发展的内在动力。三是国家大力鼓励发展第三产业，服务业分工越来越细，不仅吸引了大量的城市富余人员，而且也吸引了大量农村劳动力进城加入服务业。

从生活方式的转变来看，曾一度出现过"时间就是金钱"的口号，人们工作的节奏不断加快，日常生活中的琐碎事件日益成为影响人们工作主业的问题。如果靠自己解决生活中的各种问题不仅时间不够，而且成本也相对较高。为此，促进了社会分工的细化，许多新的服务业，如家政业应运而生。因此，人们越来越习惯于接受市场上的配套服务，从而刺激了服务业的发展。服务业的发展带动农村人员大量进城，推动了城镇化的发展。

1997 年至 2017 年数据显示，我国人口总体呈上升趋势。城镇人口逐年上升，乡村人口逐年下降。整个变化见图 3 - 1。

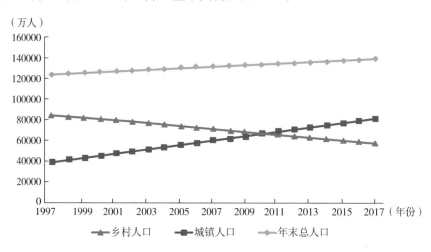

图 3 - 1　1997—2017 年我国人口变化轨迹

3. 产业结构调整优化，城镇化水到渠成

为了优化产业结构，国家通过产业政策促进产业结构优化升级。在市场经济条件下，国家顺应市场经济发展的需要，采取引导国家产业发展方向的产业扶持政策、财政投融资政策和货币手段等综合性政策，引导推动产业结构升级，调整不同产业的结构变化，促进国民经济健康可持续发展。自 2005 年以来，国家发展和改革委员会制定了产业结构调整指导目录，并得到了国务院的批准。随着产业结构的调整和变化，国家发展和改革委员会分别于 2011 年、2013 年和 2016 年对产业结构调整指导目录又进行了修改。

以产业结构调整指导目录为核心的产业政策，有效地推动着产业结构的调整优化。随着国家产业投资政策的实施，产业结构在恩格尔效应、鲍莫尔效应和资本深化效应的影响下，第一产业农业的比重下降，而第三产业服务业的比重上升，[①] 大量的农村人口从农村转移到城镇。

这种结果既是国家产业政策的效果，也是国家产业政策的初衷。为了加速产业结构的调整和健康发展，党的十九大又做出了以城市群为主体构建大中小城市和小城镇协调发展的城镇格局，加快农业转移人口市民化的决策。这一决策使农村人口城镇化的方式变得更加丰富，农村人口市民化的实现途径更加多样。具体而言，农民也不一定都转移到大中城市，可以就近市民化。2018 年中央一号文件首次提出了田园综合体的构想，希望通过田园综合体实现中国乡村现代化、新型城镇化、社会经济全面发展的可持续发展。

田园综合体是实现农民就近城镇化的重要途径。田园综合体就是由国家做好开展与建设的顶层设计，通过政策鼓励大型企业领衔，投资兴建现代职业农民集中居住，教育、医疗和养老统一于一体，一二三次产业融合发展与现代生活协调一致的一种模式。通过打造田园综合体，实现城市元素与乡村建设结合，美丽乡村与城镇发展结合，农业转型升级与一二三次产业融合相结合。从而促进产业变革，带动社会发展，将农村改造成社区。

在这场大变革中，就可以实现农业人口就近城镇化，传统的农民就会逐渐消失，取而代之的是真正的新型职业农民，或者说是田园综合体的社区员工。田园综合体即将成为农民市民化的重要载体，新型农业经营主体

---

① 易信：《我国产业结构转型动力分解研究》，《宏观经济研究》2017 年第 10 期。

即将成为农业生产和经营的重要组织形式。

（二）农村人员自然消减分析

实现农业现代化必须减少农业从业人员数量，农业人口的减少已经成为必然结果。从现有农村人员转移的趋势来看，已经由传统的个人迁移发展到举家迁移，这既是农民工流动发展到新阶段的必然要求，也是城镇化发展中，广大农民追求生活质量提升的必然结果。[①] 除农村人口向城镇转移，通过田园综合体将传统农民改造成社区居民外，很大层面上还需要依赖农村人员的自然消减。那么，农村人口是增加还是减少呢？要弄清这一问题，必须分析我国人口的增减规律（见表 3 - 18）。从我国 1997—2016 年人口增减率分析，我国人口自然增长率保持在 4.79‰—10.06‰，平均人口自然增长率 6.1‰，而且随着时间的变化呈现递减的规律。虽然随着我国人口政策从独生子女向放开二胎的变化，人口自然增长率有所上升，但仍然没有超过 6‰。那么，这些增加的人员也不可能全部留在农村。随着社会的进步，人们普遍认识到了接受高等教育的重要性。随着我国高等教育从大众教育向普及教育发展，农民的子女普遍都会从农村走向高等学校，经过高等教育的培养后，大部分会走向城市寻找合适的工作。少数涉农专业的大学毕业生和对农业有偏爱的人员，也会走向农村，并以农业生产经营为职业，成为与传统农民截然不同的一代新型职业农民。

表 3 - 18　　　　　　　　　　　人口自然变动率

指标 ＼ 年份	1982	1990	2000	2015	2016
出生率（‰）	22.28	21.06	14.03	12.07	12.95
死亡率（‰）	6.60	6.67	6.45	7.11	7.09
自然增长率（‰）	15.68	14.39	7.58	4.96	5.86

资料来源：根据中华人民共和国国家统计局网站数据整理。

① 谷玉良：《农村人口外流与农村养老困境》，《华南农业大学学报》（社会科学版）2018 年第 1 期。

综观现在留在农村的老年人，他们已经习惯了农村的生活，主观上已经没有了进城的愿望。按照《中国统计年鉴》的数据，截至 2016 年年底，我国农村人口 58973 万人，忽略新增人员，且假设新增人员通过读书全部城镇化，那么，依据现有统计资料，以我国现有人口 138271 万人作为基数，按照人口自然消减 7% 左右，近 20 年来，平均自然死亡率为 6.1‰，依此计算，再过 10 年，农村人口就可以减少到 28541.9 万人，占总人口的比重下降到 20.6% 左右；再过 20 年，农村人口就可以减少到 13813.8 万人，占总人口的比重下降到 10% 左右；再过 30 年，农村人口就可以减少到 6685.6 万人，占总人口的比重下降到 5% 左右。到那时，从农业从业人口指标上看，我国已完全达到世界发达国家的水平，农业的规模化经营必然形成，以新型农业经营主体为形式的集体经济组织必然成为农业经营的核心主体，农业现代化的水平必然会得到显著提升。

（三）未来农业经营形式分析

1. 农业从业人员的减少必然要求实现机械化

随着农业现代化的快速推进，我国传统农业正在逐渐远去，现代农业的要素正在逐步增加。分析传统农业与现代农业生产方式和生产要素的区别，两者有很大的不同。在现代农业生产方式下，现代农业工具、现代技术逐渐取代传统的人工劳动和传统的种植、养殖模式。整个农业现代化的过程就是将大量劳动力从传统农业生产中解放出来的过程，[1] 也是将农村人口向非农产业和城镇转移的过程。

在可预期的未来，中国农业劳动力数量将持续萎缩下去，并将伴随中国工业化和城镇化的全过程。[2] 那么，随着农业从业人员的减少，农业生产必然要求实现农业机械化。在农业生产中，农业生产经营的全过程都由农业社会服务机构提供，育秧、耕地、播种、喷药、收割、烘干等各个环节，都由新型农业经营主体承担和提供，也就是说农业机械化是农业生产的主要方式和核心内容。

---

[1]　黄宗晔、游宇：《农业技术发展与经济结构变迁》，《经济研究》2018 年第 2 期。

[2]　韩占兵：《中国农业劳动力的历史变迁与演化趋势分析》，《统计与决策》2016 年第 15 期。

2. 农业机械化普及必然要求实现规模化经营

农业机械化是伴随着农业现代化而诞生的特有生产经营方式，对土地的规模具有特殊的要求。我国传统的以家庭为单位的分散经营，显然难以适应机械化的形式，必然要求土地规模化。也许人们认为中国是传统的家庭经营大国，人们难以适应规模化的集体经营体制。其实，不可否认，以家庭为单位的承包经营体制，极大地调动了广大农户的生产积极性，从农产品的产出上观察，确实创造了世界罕见的奇迹，打破了"谁来养活中国人"的奇谈怪论。

但并不能以此作为依据，就认为中国只能长期实行家庭承包的细碎化经营模式。纵观世界农业的发展轨迹，无论是美国、加拿大、法国等土地宽广的西方国家，还是韩国、日本等土地稀缺的东方国家，在后工业化时代，都分别采取不同的措施，实行了从农地零碎化向规模化经营的转变，并取得了农业现代化的显著成绩。① 因此，无论从我国农业发展的现实来看，还是从世界发达国家的经验来看，我国必须创造性地改造农村家庭承包经营的形式，既明确土地承包的责权利，又有利于推行农地规模化经营战略。

3. 规模化经营必然要求由农业经济组织经营

家庭式经营是典型的小农经济，不仅加大了生产成本，而且不利于农业的标准化生产。轻则影响到"四化"同步发展的进度，重则影响到我国农产品的质量、价格，成为制约我国经济现代化的障碍，会直接影响到我国农产品的国际竞争力。如何既维持家庭承包经营的体制，又能打破土地细碎化的难题，实行能适应机械化操作和农业现代化的规模化经营，是农业经济管理中的一道难题。

新型农业经营主体以农户联合为形式，以生产经营合作为核心内容，能够在不破坏家庭承包经营的前提下，实行土地规模化经营，是家庭承包经营条件下实现规模化经营的重要载体。因此，分析未来农业生产经营形式，必然由农业经济组织负责生产经营。

---

① 赵保海：《我国农地规模化经营问题分析》，《吉首大学学报》（社会科学版）2015 年第3 期。

　　虽然现有新型农业经营主体还存在着形式联合有余、实质联合不足等问题，但毕竟具备了规模化经营的基本组织形式。针对家庭农场规模不大、农民专业合作社合作不足的弊端，可以继续探索和完善。可以预计，未来的农业生产经营体制，一定是以新型农业经营主体为经营形式，以农民土地承包确定权益但不确定具体的土地为核心。也就是在实施田园综合体的基础上，广泛实行土地股份合作制。

五　本章小结

　　首先，提出了培育新型农业经营主体的必然选择。培育新型农业经营主体不是一种偶然之举，而是国际国内农业经济发展的必然选择，是"四化"同步发展的关键所在。党中央提出了经济建设、政治建设、文化建设、社会建设、生态文明建设"五位一体"的总体布局，以及全面建成小康社会、全面深化改革、全面依法治国、全面从严治党的"四个全面"的战略布局。实现国家的发展战略，必须培育新型农业经营主体，营造良好的社会环境，制定扶持新型农业经营主体的政策和体制机制。

　　其次，扎实开展了农业经营主体现状调查。为了做好本课题研究，按照可行性原则，在全国范围内随机抽取 10 个省的 10 个村庄进行了统计调查，从农业从业人员的年龄、性别、文化程度、土地面积、土地块数、种地收益等方面进行了详细调查和分析。

　　再次，分析了新型农业经营主体的溢出效应。以湖北省洪湖市春露联合社为例，分析了新型农业经营主体的溢出效应，以及溢出效应产生的机制。

　　最后，分析了未来农业经营主体的发展趋势。从城镇化发展、人员自然消减和未来农业经营形式等方面分析了未来农业的发展趋势，即机械化、规模化和组织化。

第四章　新型农业经营主体的效应、意愿及影响因素

自从党的十八大提出新型农业经营主体培育以来，我国家庭农场、农民专业合作社等新型农业经营主体快速发展。在实现农业现代化的过程中，新型农业经营主体起到了促进土地流转，率先实行规模化经营，联合和引领周边农村家庭承包经营户抱团闯市场的巨大作用。分析新型农业经营主体的效应，了解新型农业经营主体负责人的意愿，剖析国家培训新型职业农民的效果，对于培育新型农业经营主体，促进新型农业经营主体健康成长具有重要的意义。

一　研究背景和意义

中国已进入激烈的市场竞争阶段，在这一背景下，如何落实国务院领导号召的"大众创业，万众创新"呢？分析中国的资源禀赋，农业具有巨大的潜力。新型农业经营主体的发展不仅推动了农业的规模化、集约化、产业化经营，而且在带动农民发展上表现出巨大的辐射效应。那么，新型农业经营主体农业创业带动效应到底受哪些因素影响呢？新型农业经营主体愿不愿意扩大经营规模又受哪些因素影响？研究其影响因素，对于改善新型农业经营主体的发展环境，正确引导其发展，促进新型农业经营主体带动农民创业具有重要意义。

随着农村人员大量外出打工，农村空心村在程度上不断加深，农村留出了众多土地、山林、水塘，甚至还出现了土地抛荒现象。由此引发了各级党委、政府和相关部门的担忧。人们不禁提出一个问题，未来到底由谁来种地？经过几年的研究和讨论，人们普遍认为，农业经营主体多元化无

可争议地是当前和未来的必然趋势。除了传统意义上的承包农户以外，农民专业合作社、家庭农场、农户联合体、龙头企业等新型农业经营主体不断涌现，它们的发展速度、发展质量以及引领带动能力持续增长[①]。为此，诸多学者对培育新型农业经营主体进行了研究并提出了各自的主张。有些学者从农民的职业化程度上进行研究，提出要把培育和壮大新型职业农民队伍，作为解决"谁来种地"这一战略性问题的重要抓手，使更多的农民真正职业化，成为农业生产经营的新型主体。[②] 有些学者从农业的转型升级上进行研究，提出培育新型农业经营主体，就是要解决好地怎么种，解决好地少水缺的资源环境约束问题，满足人民群众吃得好吃得安全的意愿，从而走上现代农业发展的道路。[③] 有些学者从农业经营主体的规模化出发，提出要提高小农户的组织化程度，关键在于促进农民专业合作社的提升发展，发挥农民专业合作社的组织纽带作用，提高合作社的合作服务和产业化经营能力。[④] 在这一背景下，广大农民创业的路又在哪里呢？创业是创业者发挥自身优势，使财富从无到有，从小到大的过程。[⑤] 农民既不具备现代工业技术，也不具备现代信息技术，但农村留下了大量的田园、水塘、大山，这就是农民创业的资源优势。[⑥] 而新型农业经营主体以其规模化、集约化经营为特点，具有带动引领农民创业的重要作用，国家出台了一系列政策，扶持新型农业经营主体的发展，激发了一大批有志人员组建新型农业经营主体，开展农业创业。新型农业经营主体在开展农业创业中，通过构建其与农户的紧密型利益联结机制，可以实现农业的组织化和社会化经营。[⑦] 特别是农民专业合作社通过统一确定品种、统一技术服务、统一生产资料供应、统一产品品牌、统一对外销售等措施，可以对

---

① 张鸣鸣：《新型农业经营体系和农业现代化》，《中国农村经济》2013 年第 12 期。

② 刘勇、庄小琴：《创新农业经营体系，推动现代农业发展》，《求实》2013 年第 12 期。

③ 孙祥智、周振：《"三个导向"与新型农业现代化道路》，《江汉论坛》2014 年第 7 期。

④ 黄迈、董志勇：《复合型现代农业经营体系的内涵变迁及其构建策略》，《改革》2014 年第 1 期。

⑤ 汪发元、罗昆、陈钧：《农业创业理论与实践研究》，科学出版社 2015 年版。

⑥ 唐晶、陈英、张仁陟：《农民土地价值观差异性分析》，《干旱区资源与环境》2015 年第 11 期。

⑦ 张鸣鸣：《新型农业经营体系和农业现代化》，《中国农村经济》2013 年第 12 期。

社员及周边农户产生辐射带动作用，而且引领带动能力持续增长。① 在开展农业创业的过程中，不同的新型农业经营主体的特点不同，负责人的自身素质和经历不同，对国家政策的理解不同，带动辐射农民创业的效果也不相同。但新型农业经营主体在农业创业中，带动农民创业的效应到底受哪些因素的影响呢？从现有文献来看，尚缺乏系统的调查和研究。研究新型农业经营主体农业创业带动农民的影响因素，对于正确审视国家农业政策，改善农业创业环境，促进新型农业经营主体农业创业健康发展具有重要意义。

特别是国家采取土地确权的政策，鼓励专业大户、家庭农场、农民专业合作社、农业产业化龙头企业通过流转土地，实行规模化经营。鼓励工商资本到农村发展适合企业化经营的现代种养业，与分散经营的传统农户合作发展合作经济。② 那么，扩大经营规模的任务应当由谁来完成呢？许多专家认为，新型农业经营主体通过土地流转，可以实行农业适度规模经营，能够有效解决"怎么种地"的问题。③ 也就是说应当由新型农业经营主体来完成。然而，由于农业的风险巨大，受自然灾害和市场变化的影响巨大，新型农业经营主体负责人是否就真的愿意扩大生产经营规模呢？他们扩大生产经营规模的意愿又受哪些因素影响呢？

大力发展新型农业经营主体，促进规模化、集约化经营是实现我国农业现代化的关键。早在2016年中央一号文件就指出，支持新型农业经营主体和新型农业服务主体成为建设现代农业的骨干力量，充分发挥多种形式适度规模经营在农业机械和科技成果应用、绿色发展、市场开拓等方面的引领功能。④ 然而，由于我国农村以家庭为单位分散进行承包经营，每户经营土地面积小、地块多、细碎化现象突出，⑤ 严重影响了农业的规模化效益。虽然家庭农场、农民专业合作社等新型农业经营主体得到快速发

---

① 张鸣鸣：《新型农业经营体系和农业现代化》，《中国农村经济》2013年第12期。
② 陈锡文：《应准确把握农村土地制度改革新部署》，《中国党政干部论坛》2014年第1期。
③ 孔祥智、周振：《"三个导向"与新型农业化道路》，《江汉论坛》2014年第7期。
④ 中共中央、国务院：《关于落实发展新理念　加快农业现代化　实现全面小康目标的若干意见》，新华网，2016年1月28日。
⑤ 汪发元：《中外新型农业经营主体发展现状比较及政策建议》，《农业经济问题》2014年第10期。

展，但与发达国家现代农业相比，无论是个体的经营规模还是整体的占比都仍然偏小，需要扩大经营规模。在具体的实践中，扩大经营规模仍然面临着体制机制的束缚：如何创新体制机制，支持新型经营主体成长壮大①。扩大经营规模受到多种因素的影响，往往困难重重。因此，研究新型农业经营主体负责人对子女是否继承农业生产，以及是否愿意扩大生产经营规模，对于掌握新型农业经营主体负责人的心理，营造合适经营环境，引导新型农业经营主体理性扩大经营规模具有重要意义。

　　关于农业规模化经营也有不同观点。有学者从中国农村人口多土地少的实际出发，认为农村出现土地季节性抛荒是市场供需调节的结果，有利于土地休养生息。真正宜耕的肥沃耕地都在被精心地耕种，不存在谁来种地的问题。小农在农业生产的田间管理上更加灵活多样，而规模农业虽然具有标准化生产的优点，但难以做到灵活精细。规模农业虽然采用了机械化，但却排斥了大量农村劳动力，而且土地产出效率低下……甚至会导致严重的社会动荡。② 这一论断从土地的宜耕性、市场供需的调节性、农村劳动力的丰富性出发，辩证地分析了规模农业与小农的关系，也有一定的道理。因此，在推进农业规模化经营的过程中要从实际出发，避免盲目性。推进农业的规模经营要同城镇化和农业人口的转移统筹谋划，要根据农业科学发展和技术进步的程度予以安排，要与建立农业社会化服务体系同步推进。③ 这些论述全面分析了农业规模经营的承载主体，以及实行规模化经营与小农经营的辩证关系，具有深刻的哲理和参考价值。新型农业经营主体规模受众多因素的影响，已有研究表明，受经营者文化素质、家庭规模、人际关系等特征的影响。④ 但新型农业经营主体在发展规模经营的过程中，受哪些因素影响呢？众多学者少有涉及。研究新型农业经营主体规模化经营的影响因素，对于促进规模化经营的健康发展具有重要的意义。

---

　　① 张照新、赵海：《新型农业经营主体的困境摆脱及其体制机制创新》，《改革》2013 年第 2 期。

　　② 贺雪峰：《澄清土地流转与农业经营主体的几个认识误区》，《探索与争鸣》2014 年第 2 期。

　　③ 陈锡文：《关于解决"三农"问题的几点考虑》，《中国党史研究》2014 年第 1 期。

　　④ 胡浩等：《规模养殖户健康养殖行为研究》，《农业经济问题》2009 年第 8 期。

二 研究材料与方法

（一）数据来源

为了提升农民的整体素质，财政部、农业部组织开展了"阳光工程"，课题组成员利用培训期间为新型农业经营主体负责人上课的机会，组织开展了调查。

调查分为 3 部分，一是深入到农村现场调查，了解新型农业经营主体发展的真实情况。课题组分别到全国 10 个省区市进行走访，了解每个农户的具体情况，并与村委会负责人和新型农业经营主体代表进行座谈。二是召集部分新型农业经营主体负责人，进行专门座谈调查。通过座谈，了解新型农业经营主体经营过程中遇到的困难和问题，以及希望解决的困难。三是发放问卷进行无记名调查，了解新型农业经营主体的具体情况。

2016 年 11 月至 2018 年 1 月，课题组分别在湖北省荆州、襄阳、宜昌、咸宁、黄冈、武汉对参加新型农业经营主体负责人培训的人员进行无记名问卷调查。调查的方式为由任课教师在课间休息时现场发放，由新型农业经营主体负责人现场填写，当场回收，共收回有效问卷 2134 份。

（二）模型构建

1. 因变量 y 的设置

新型农业经营主体的效应分为经济效应和社会效应，本书分别进行计量分析。

第一，新型农业经营主体的经济效应分析。新型农业经营主体的经济效应主要体现在 4 个方面，即通过新型农业经营主体这种组织形式带动农户的数量，在新型农业经营主体的带动下农户的收益，通过提供生产和技术服务帮助农户的数量，通过提供市场销售帮助农户的数量。为了便于计量分析，研究根据座谈掌握的情况，将这 4 类变量分成若干区间，设置为有序分类变量。

（1）新型农业经营主体带动农户的数量设置。带动 1 至 10 户为"0"，带动 11 至 30 户为"1"，带动 31 至 50 户为"2"，带动 50 户以上为"3"。

（2）在新型农业经营主体带动下农户的收益设置。收益 3 万元以下为

"0"，收益 3 万元至 5 万元为"1"，收益 5 万元以上至 8 万元为"2"，收益在 8 万元以上为"3"。

（3）新型农业经营主体通过提供生产和技术服务帮助农户的数量设置。为 1 至 10 户提供生产和技术服务为"0"，为 11 至 30 户提供技术服务为"1"，为 31 至 50 户提供生产和技术服务为"2"，为 50 户以上提供生产和技术服务为"3"。

（4）新型农业经营主体通过提供市场销售帮助农户的数量设置。新型农业经营主体为 1 至 10 户提供市场销售帮助为"0"，为 11 至 30 户提供市场销售帮助为"1"，为 31 至 50 户提供市场销售帮助为"2"，为 50 户以上提供市场销售帮助为"3"。

第二，新型农业经营主体的社会效应分析。新型农业经营主体的社会效应分别体现在四个方面，即新型农业经营主体安置固定农民工的数量和薪酬，安置季节性农民工的数量和薪酬。因此，本书以这 4 个指标为因变量，为了便于计量分析，研究根据座谈掌握的情况，将这 4 类变量分成若干区间，设置为有序分类变量。

（1）新型农业经营主体安置固定农民工的数量设置。安置 1—10 人为"0"，11—30 人为"1"，31—50 人为"2"，50 人以上为"3"。

（2）新型农业经营主体为固定农民工发放薪酬的标准设置。为固定农民工发放月工资 2000 元以下为"0"，2000—3000 元为"1"，3001—3500 元为"2"，3500 元以上为"3"。

（3）新型农业经营主体安置季节性农民工的数量设置。安置 1—3 人为"0"，4—7 人为"1"，8—12 人为"2"，12 人以上为"3"。

（4）新型农业经营主体为季节性农民工发放薪酬的标准设置。新型农业经营主体为季节性农民工发放月工资 2000 元以下为"0"，2000—3000 元为"1"，3001—3500 元为"2"，3500 元以上为"3"。

2. 自变量 x 的设置

以新型农业经营主体负责人的素质特征、新型农业经营主体的特征、新型农业经营主体的经营能力、新型农业经营主体负责人对国家政策的感受等为自变量。

3. 模型设置

本书采用有序 Logistic 模型，其表述如下：

$$y^* = x\beta + \varepsilon \tag{4-1}$$

式中，y^* 是与因变量对应的无法观察的潜变量；x 是一组自变量；β 为其待估参数；ε 为服从逻辑分布的误差项。

y_2^* 与 y 的关系如下：

$$\begin{cases} y=0, \ y^* \leqslant 0 \\ y=1, \ 0 \leqslant y^* \leqslant \mu_1 \\ y=2, \ \mu_1 \leqslant y^* \leqslant \mu_2 \end{cases} \tag{4-2}$$

μ_i 为临界值，满足 $0 \leqslant \mu_1 \leqslant \mu_2$。

给定 x 时因变量 y 取每一个值的概率如下：

$$\begin{cases} prob \ (y=0) \ = 1 - F \ (\beta'x_i) \\ prob \ (y=1) \ = F \ (\mu_1 - \beta'x_i) \ = F \ (-\beta'x_i) \\ prob \ (y=2) \ = 1 - F \ (\mu_2 - \beta'x_i) \end{cases} \tag{4-3}$$

其中，　$F \ (\beta'x_i) \ = \exp \ (\beta'x_i) \ / \ [1 + \exp \ (\beta'x_i)] \tag{4-4}$

三　问卷调查与统计分析

（一）因变量的设计与统计数据初步分析

新型农业经营主体的作用主要体现在三个方面，种植、养殖大户和家庭农场主是实行规模化经营，流转农户的土地，安置农民工就业；农民专业合作社主要是联合社员，实行生产经营上的统一行动，节约生产经营成本，提高市场话语权，进而提高生产经营效益；农业产业化龙头公司主要是通过公司加基地加农户的办法，带动农户实行订单生产，提高生产的精准性，减少生产的盲目性，从而提高经济效益。

这些都可以归纳为新型农业经营主体经济效应和社会效应。为此，本书围绕新型农业经营主体经济效应和社会效应设计一系列指标进行调查统计，以便对其影响因素开展计量分析。

1. 新型农业经营主体的经济效应

新型农业经营主体的经济效应，体现在新型农业经营主体带动农户的数量，新型农业经营主体带动下农户的收益，新型农业经营主体通过提供生产和技术服务帮助农户的数量，新型农业经营主体通过提供市场销售帮助销售的农户数量。

（1）新型农业经营主体带动农户的数量

经过几年的发展，新型农业经营主体的带动效应已经体现出来，在不同类型的新型农业经营主体中，带动主要依靠农民专业合作社联合的作用。从调查情况分析，带动的户数主要集中在 10 户及以下，占 60.26%；带动 11—30 户的农民专业合作社也有了一定规模，占 20.81%；带动 30户以上的是少数主体。带动 31—50 户的占 5.81%，带动 50 户以上的占13.12%（见表 4 - 1）。

表 4 - 1　　　　　新型农业经营主体带动农户数量区间分布

项目	1—10 户	11—30 户	31—50 户	50 户以上
数量（户）	1286	444	124	280
占比（%）	60. 26	20. 81	5. 81	13. 12

（2）新型农业经营主体带动农户的年收益

新型农业经营主体通过联合带动农民增加收益。带动的农户年收益一般在 5 万元及以下，也有部分超过 5 万元，甚至达到 8 万元以上。带动农户收益的具体分布为：年家庭收益 3 万元以下的占 39.46%，年收益在 3万—5 万元的占 36.93%，年收益在 5 万元以上至 8 万元的占 13.96%，年收益在 8 万元以上的占 9.65%（见表 4 - 2）。

表 4 - 2　　　　　新型农业经营主体带动农户年收益的区间分布

项目	3 万元以下	3 万—5 万元	5 万元以上至 8 万元	8 万元以上
数量（户）	842	788	298	206
占比（%）	39. 46	36. 93	13. 96	9. 65

（3）新型农业经营主体通过提供生产和技术服务帮助农户的数量

我国新型农业经营主体的发展规模还有限，在联合农户开展生产经营上，很重要的措施就是为农户提供生产和技术帮助。大部分新型农业经营主体都只能帮助 10 户及以下农户，也有部分能力强的农民专业合作社、农业产业化龙头公司能帮助 10 户以上的农户。通过提供生产和技术服务帮助农户的数量的具体分布区间为：能为 1—10 户农户提供生产和技术服务的占 57.54%，能为 11—30 户农户提供生产和技术服务的占 18.75%，能为 31—50 户农户提供生产和技术服务的占 8.06%，能为 50 户以上的农户提供生产和技术服务的占 15.65%（见表 4-3）。

表4-3　新型农业经营主体通过提供生产和技术服务帮助农户数量区间分布

项目	1—10 户	11—30 户	31—50 户	50 户以上
数量（户）	1228	400	172	334
占比（%）	57.54	18.75	8.06	15.65

（4）新型农业经营主体通过提供市场销售帮助农户的数量

我国新型农业经营主体帮助农户的重要措施就是为农户提供销售服务，形成联合优势，实行抱团闯市场。能为 1—10 户农户提供销售服务的占 54.45%，能为 11—30 户农户提供销售服务的占 18.37%，能为 31—50 户农户提供销售服务的占 9.28%，能为 50 户以上农户提供销售服务的占 17.9%（见表 4-4）。

表4-4　新型农业经营主体通过提供市场销售帮助的农户数量区间分布

项目	1—10 户	11—30 户	31—50 户	50 户以上
数量（户）	1162	392	198	382
占比（%）	54.45	18.37	9.28	17.90

2. 新型农业经营主体的社会效应

新型农业经营主体不仅自身要发展，关键是要能够在发展中为本地农民工提供就业机会。为此，本书围绕新型农业经营主体安置固定农民工数量及其发放的工资，安置季节性农民工数量及其发放的工资 4 个因素，全面考察新型农业经营主体的社会效应。

（1）新型农业经营主体安置固定农民工的数量及发放的工资

国家号召大力发展新型农业经营主体，不仅仅是因为新型农业经营主体的规模效应，还因为新型农业经营主体能安置农村剩余劳动力，实行农民就近就业。安置农村剩余劳动力的能力既体现了新型农业经营主体的社会效应，也体现了新型农业经营主体的发展能力。根据座谈调查的情况，将安置能力设计为不同的区间。结果显示，能安置 1—3 人的有 1204 家，占 56.42%；能安置 4—7 人的有 508 家，占 23.81%；能安置 8—12 人的有 184 家，占 8.62%；能安置 12 人以上的有 238 家，占 11.15%（见表 4-5）。

表 4-5　　　新型农业经营主体安置固定农民工数量及发放的工资

项目	内容				
安置固定农民工（人）	区间	1—3	4—7	8—12	12 以上
	数量（家）	1204	508	184	238
	占比（%）	56.42	23.81	8.62	11.15
月发放工资（元）	区间	2000$^-$	2000—3000	3001—3500	3500$^+$
	数量（家）	698	1098	210	128
	占比（%）	32.71	51.45	9.84	6.00

注："-"为以下，"+"为以上。余同。

新型农业经营主体的社会效应不仅体现在安置农村剩余劳动力的数量上，还体现在为农民工提供的工资收入上。根据农村新型农业经营主体用工的实际，将工资分为 2000 元以下，2000—3000 元，3001—3500 元，3500 元以上 4 个区间。在使用农村剩余劳动力的过程中，发放工资的实际水平为：发放 2000 元以下的有 698 家，占 32.71%；发放 2000—3000 元的有 1098 家，占 51.45%；发放 3001—3500 元的有 210 家，占 9.84%；发放 3500 元以上的有 128 家，占 6%。

（2）新型农业经营主体安置季节性农民工的数量及发放的工资

农业是一个季节性特别明显的行业，新型农业经营主体除安置固定工外，还根据生产需要安置大量季节性农民工。调查结果显示，能安置 1—3 人的有 878 家，占 41.14%；能安置 4—7 人的有 548 家，占 25.68%；能安置 8—12 人的有 254 家，占 11.91%；能安置 12 人以上的有 454 家，占 21.27%。

表 4 - 6   新型农业经营主体安置季节性农民工数量及发放的工资

项目	内容				
安置季节性农民工（人）	区间	1—3	4—7	8—12	12 以上
	数量（家）	878	548	254	454
	占比（%）	41.14	25.68	11.91	21.27
月发放工资（元）	区间	2000⁻	2000—3000	3001—3500	3500⁺
	数量（家）	704	932	272	226
	占比（%）	32.99	43.67	12.75	10.59

　　季节性农民工工资基本是按实际用工的天数计算，按月结算。根据工种不同，工资的水平也有差异，发放工资的实际水平为：发放 2000 元以下的有 704 家，占 32.99%；发放 2000—3000 元的有 932 家，占 43.67%；发放 3001—3500 元的有 272 家，占 12.75%；发放 3500 元以上的有 226 家，占 10.95%（见表 4 - 6）。

　　从总体上分析，在安置人员的数量上，新型农业经营主体安置季节性用工比安置固定工的人数要多，安置能力更强。从发放的工资水平上看，安置季节性农民工发放的工资水平普遍比安置固定工要高一些。这是因为固定农民工的工作具有通用性、长期性，而季节性用工劳务市场更加激烈，工种的技术性要求也更高。加上从事季节性劳动的人员工作缺乏保障，因此，工资水平普遍高一些。

　　3. 新型农业经营主体扩大经营规模的意愿

　　推行规模化经营是现代农业的必然选择，而推行规模化经营的重要措施就是推动农村土地经营权上市交易。因此，新型农业经营主体负责人对扩大经营规模的意愿到底如何？对农村土地上市交易是什么态度？这些又受哪些因素的影响？研究这些问题对于正确地制定农业政策，培育新型农业经营主体，具有重要的意义。

　　（1）新型农业经营主体负责人是否希望扩大经营规模

　　关于是否希望扩大经营规模，是关系到传统农业向现代农业转变的关键问题。调查结果显示，希望扩大经营规模的有 2058 人，占 96.44%；不希望扩大规模的有 76 人，占 3.56%。这说明基本上大多数新型农业经营主体负责人都希望扩大经营规模，规模化经营已经成为人们的共识。

（2）新型农业经营主体负责人是否希望农村土地经营权上市交易

在农村土地家庭承包的条件下，要想实现规模化经营，就必须实现土地流转，土地流转的方式很多，可以互换、租赁、上市交易，但最直接的办法就是上市交易。调查结果显示，希望承包土地上市交易的有 1702 人，占 79.76%；不希望上市交易的有 432 人，占 20.24%（见表 4 - 7）。这说明大部分人都希望土地上市交易，这种观点应当是基于扩大经营规模，实现连片种植的考虑。但也有少数人员并不希望土地上市交易，对土地上市交易持谨慎态度。这应当是基于承包土地的基本生活属性考虑。

表 4 - 7 新型农业经营主体负责人的意愿

项目	二级指标	数量（人）	占比（%）
是否希望扩大经营规模	是	2058	96.44
	否	76	3.56
是否希望农村土地经营权上市交易	是	1702	79.76
	否	432	20.24

（二）自变量数据统计与初步分析

本书从新型农业经营主体负责人的基本特征、新型农业经营主体负责人家庭特征、新型农业经营主体状况、新型农业经营主体的经营能力、新型农业经营主体发展的人文环境因素、新型农业经营主体发展的行政环境因素、新型农业经营主体发展的政策因素 7 个方面，考察新型农业经营主体效应的影响因素。

1. 新型农业经营主体负责人的基本特征

新型农业经营主体的发展壮大与新型农业经营主体负责人有直接关系，为此，本书认真分析了与新型农业经营主体负责人相关的直接信息，将新型农业经营主体负责人性别、年龄、文化程度、打工经历作为新型农业经营主体负责人的基本信息，并进行了较为全面的调查（见表 4 - 8）。

（1）新型农业经营主体负责人性别特征

新型农业经营主体负责人以男性为主，女性为辅。男性1274人，占59.7%；女性860人，占40.3%。

（2）新型农业经营主体负责人年龄构成

新型农业经营主体负责人以中青年人为主，青年人和老年人占有相当大的比重。具体表现为，30岁及以下346人，占16.21%；31岁至40岁702人，占32.90%；41岁至50岁860人，占40.30%；51岁及以上226人，占10.59%。

（3）新型农业经营主体负责人文化程度

新型农业经营主体负责人以初中和高中文化程度的人为主，以小学及以下、本科及以上人员占少数，大专文化程度的占一定比例。具体表现为：小学及以下52人，占2.44%；初中716人，占33.55%；高中及中专974人，占45.64%；大专302人，占14.15%；本科及以上90人，占4.22%。

表4-8　　　　　　　　　新型农业经营主体负责人基本特征

调查项目	具体性状	数量（人）	占比（%）
性别	男	1274	59.70
	女	860	40.30
年龄	30岁及以下	346	16.21
	31—40岁	702	32.90
	41—50岁	860	40.30
	51岁及以上	226	10.59
文化程度	小学及以下	52	2.44
	初中	716	33.55
	高中（中专）	974	45.64
	大专	302	14.15
	本科及以上	90	4.22
打工经历	有经历	1514	70.95
	无经历	620	29.05

（4）新型农业经营主体负责人打工经历

新型农业经营主体负责人绝大部分具备打工经历，正是打工经历让他们开阔了眼界，具备了经营管理新型农业经营主体的能力。也有部分人员虽然没有外出打工，但长期在村里担任村民委员会领导，既熟悉国家政策，又锻炼了经营管理能力，从而承担起了新型农业经营主体经营管理的责任。具体表现为：有打工经历的有 1514 人，占 70.95%；没有打工经历的有 620 人，占 29.05%。

2. 新型农业经营主体负责人家庭特征

在座谈调查中，课题组明显感觉到新型农业经营主体的组建、发展与负责人的家庭有着直接的关系。很多负责人反映，就是因为家庭人口多，为了解决经济上的窘迫，才组建了新型农业经营主体。为此，本书将新型农业经营主体负责人的家庭人口、家庭收入列为调查内容，并进行了具体指标设计（见表4-9）。

表4-9　　　　　　　新型农业经营主体负责人家庭状况

调查项目	具体特征	数量（人）	占比（%）
家庭人口	3 人以下	178	8.34
	3 人	570	26.71
	4 人	620	29.05
	5 人	424	19.87
	5 人以上	342	16.03
家庭年收入	5 万元以下	264	12.37
	5 万—10 万元	730	34.21
	11 万—15 万元	514	24.09
	15 万元以上	626	29.33

（1）新型农业经营主体负责人家庭人口

现代家庭组成，有些是夫妻 2 人，大部分由夫妻和 1—2 个子女组成，有些带 1—2 个老人。因此，确定了家庭人口构成指标分类。具体调查结果为：3 人以下的家庭 178 个，占 8.34%；3 人家庭 570 个，占 26.71%；4 人家庭 620 个，占 29.05%；5 人家庭 424 个，占 19.87%；5 人以上家庭 342

个，占 16.03%。

（2）新型农业经营主体负责人家庭收入

根据与新型农业经营主体负责人的座谈交流，新型农业经营主体负责人大部分家庭收入颇丰，也有少数新型农业经营主体家庭贫困，可以说新型农业经营主体负责人家庭收入差距悬殊。为此，本书将新型农业经营主体负责人家庭收入分为 4 个区间。调查结果显示，新型农业经营主体负责人家庭收入主要集中在 5 万元至 15 万元，占 58.3%。具体结果为：5 万元以下的有 264 个，占 12.37%；5 万（含）—10 万元的有 730 个，占 34.21%；10 万（含）—15 万元的有 514 个，占 24.09%；15 万元及以上的有 626 个，占 29.33%。

3. 新型农业经营主体状况

根据大量走访调查、座谈调查，结合新型农业经营主体发展的实际，将新型农业经营主体的状况分为类型构成、产业构成和规模构成三个方面（见表 4 - 10）。

表 4 - 10　　　　　　　　新型农业经营主体状况

项目	具体指标	数量（家）	占比（%）
类型构成	农民专业合作社	642	30.08
	农业产业化龙头公司	164	7.69
	家庭农场	630	29.52
	专业大户	698	32.71
产业构成	种植业	804	37.68
	养殖业	844	39.55
	立体农业	126	5.90
	加工业	52	2.44
	综合	308	14.43
规模构成	100 亩及以下	1308	61.29
	101—300 亩	426	19.96
	301—500 亩	154	7.22
	500 亩以上	246	11.53

（1）新型农业经营主体类型构成

党的十八大提出的新型农业经营主体是指农民专业合作社、家庭农场、农业产业化龙头公司和专业大户。经过调查，农民专业合作社、家庭农场和专业大户基本上占了新型农业经营主体的1/3，农业产业化龙头公司仍然是很小的一部分。经营主体样本类型为：农民专业合作社642家，占30.08%；农业产业化龙头公司164家，占7.69%；家庭农场630家，占29.52%；专业大户698家，占32.71%。

（2）新型农业经营主体产业构成

种植、养殖业仍然是农业经营的主要产业，近年来，农村也出现了立体农业、农业和旅游结合的综合产业等新型产业。分析调查样本的产业构成，具体由种植业、养殖业、立体农业、加工业的综合产业组成。调查结果显示，种植业804家，占37.68%；养殖业844家，占39.55%；立体农业126家，占5.9%；加工业52家，占2.44%；综合产业308家，占14.43%。

（3）新型农业经营主体规模构成

新型农业经营主体虽然以规模化经营为优势，但在实践中，由于农村土地家庭承包固有的缺陷，新型农业经营主体的经营规模并不大，主要集中在100亩及以下，超过100亩的新型农业经营主体只是少数或极少数。调查样本的具体规模情况：经营面积100亩及以下的有1308家，占61.29%；101—300亩的有426家，占19.96%；301—500亩的有154家，占7.22%；500亩以上的有246家，占11.53%。

4. 新型农业经营主体的经营能力

新型农业经营主体的经营能力包括承包和流转土地的面积、流转土地的价格、新型农业经营主体的投入水平和收益水平四个方面。

（1）新型农业经营主体的承包和流转土地面积

众所周知，我国农村土地细碎化已经成为阻碍新型农业经营主体规模化经营的瓶颈。那么，我国新型农业经营主体土地承包和流转的情况到底如何呢？调查显示，新型农业经营主体承包土地面积大中小比较均衡，承包地在11—50亩的主体相对较大。承包土地面积10亩及以下的有502家，占23.52%；承包土地面积11—50亩的有702家，占32.90%；承包土地面积51—100亩的有398家，占18.65%；承包土地面积100亩以上的有

532 家，占 24.93%（见表 4-11）。

表 4-11 　　　　　　　　新型农业经营主体的承包和流转土地面积

项目	10 亩及以下		11—50 亩		51—100 亩		100 亩以上	
	数量（亩）	占比（%）	数量（亩）	占比（%）	数量（亩）	占比（%）	数量（亩）	占比（%）
承包面积	502	23.52	702	32.90	398	18.65	532	24.93
流转面积	700	32.80	532	24.93	339	15.89	563	26.38

（2）新型农业经营主体流转土地的价格和期限

为了研究方便，本书将土地流转价格分为 500 元及以下、501—800 元、801—1000 元、1000 元以上 4 个档次。流转土地每年每亩 500 元及以下的有 1000 家，占 46.86%；流转土地每年每亩 501—800 元的有 814 家，占 38.14%；流转土地每年每亩 801—1000 元的有 184 家，占 8.63%；流转土地每年每亩 1000 元以上的有 136 家，占 6.37%（见表 4-12）。问卷调查数据显示，农村土地流转的价格主要集中在 500 元左右，501—800 元的也已经占到相当大的比例。说明新型农业经营主体土地流转正在带动土地流转价格的上涨，这种上涨一方面说明新型农业经营主体规模化经营的热情正在被激发出来，另一方面加大了新型农业经营主体经营的成本和风险。这种现象到底是有利于现代农业的发展，还是阻碍现代农业的发展，还有待于进一步观察。

表 4-12 　　　　　　　　新型农业经营主体流转土地的价格

项目	500 元及以下		501—800 元		801—1000 元		1000 元以上	
	数量（家）	占比（%）	数量（家）	占比（%）	数量（家）	占比（%）	数量（家）	占比（%）
土地流转价格（元/亩年）	1000	46.86	814	38.14	184	8.63	136	6.37
项目	10 年及以下		11—15 年		16—20 年		20 年以上	
	数量（家）	占比（%）	数量（家）	占比（%）	数量（家）	占比（%）	数量（家）	占比（%）
土地流转期限（年）	1220	57.17	446	20.90	132	6.19	336	15.74

从新型农业经营主体流转土地的期限来看，主要集中在 10 年及以下，一般不超过 15 年。10 年及以下的有 1220 家，占 57.17%；11—15 年的有 446 家，占 20.90%；16—20 年的有 132 家，占 6.19%；20 年以上的有 336 家，占 15.74%。观察土地流转期限的特点，可以发现绝大部分在 15 年以下，真正超过 15 年的一般都是固定资产投资较大，实行农业、加工业和旅游业相结合的综合性农业产业。

（3）新型农业经营主体的投入状况

投入是产出的重要基础，我国要实现现代农业，必须鼓励新型农业经营主体加大投入。那么，新型农业经营主体的投入情况如何呢？本书从固定资产投入和流动资金投入两个方面进行考察。

调查结果显示，固定资产投入在 10 万元以下的有 576 家，占 26.99%；固定资产投入在 10 万（含）—30 万元的有 762 家，占 35.71%；固定资产投入在 30 万（含）—50 万元的有 228 家，占 10.68%；固定资产投入在 50 万元及以上的有 568 家，占 26.62%（见表 4－13）。从固定资产的投入来看，投资小的和投资大的占相当大的比例，而投资中等的相对较少。说明投资小的可能受资金影响，或受土地流转期限的影响不敢投资。投资大的一般是流转的村集体预留土地，或有把握长期经营的新型农业经营主体。还有相当一部分新型农业经营主体对未来经营期限缺乏把控，在固定资产投资上有所保留。

表 4－13　　　　　　　　　　新型农业经营主体的投入状况

项目	10 万元以下		10 万（含）—30 万元		30 万（含）—50 万元		50 万元及以上	
	数量（家）	占比（%）	数量（家）	占比（%）	数量（家）	占比（%）	数量（家）	占比（%）
固定资产投入（万元）	576	26.99	762	35.71	228	10.68	568	26.62
流动资金投入（万元）	768	35.99	696	32.61	268	12.56	402	18.84

分析流动资金的投资情况，和固定资产投资有所不同。大部分新型农业经营主体投入在 30 万元以下。说明大部分新型农业经营主体经营额还不是很大，经营规模仍然有限。

（4）新型农业经营主体的收益状况

新型农业经营主体的收益，从一定程度上反映了新型农业经营主体的发展规模和态势。新型农业经营主体的收益体现在两个方面：年产值和年收益。

为了便于分析，本书将新型农业经营主体的产值分为 500 万元以下、500 万（含）—800 万元、800 万（含）—1500 万元、1500 万元及以上 4 个档次。调查结果显示：500 万元以下的有 1870 家，占 87.63%；500 万（含）—800 万元的有 142 家，占 6.65%；800 万（含）—1500 万元的有 48 家，占 2.25%；1500 万元及以上的有 74 家，占 3.47%。调查资料显示，新型农业经营体规模还不大，年产值基本上集中在 500 万元以下，超过 500 万元的是少数。

本书将新型农业经营主体的年收益分为 100 万元以下、100 万（含）—300 万元、300 万（含）—500 万元、500 万元及以上 4 个档次。调查结果显示，新型农业经营主体年收益主要集中在 100 万元以下，只有少数超过 100 万元（见表 4 - 14）。

表 4 - 14　　　　　　　　新型农业经营主体的收益状况

项目	500 万元以下		500 万（含）—800 万元		800 万（含）—1500 万元		1500 万元及以上	
	数量（家）	占比（%）	数量（家）	占比（%）	数量（家）	占比（%）	数量（家）	占比（%）
年产值（万元）	1870	87.63	142	6.65	48	2.25	74	3.47

项目	100 万元以下		100 万（含）—300 万元		300 万（含）—500 万元		500 万元及以上	
	数量（家）	占比（%）	数量（家）	占比（%）	数量（家）	占比（%）	数量（家）	占比（%）
年收益（万元）	1828	85.66	228	10.68	40	1.88	38	1.78

5. 新型农业经营主体发展的人文环境因素和治安状况的影响

新型农业经营主体的发展是国家的重大战略部署，除了部分开拓精神强的人员率先组建农民专业合作社等新型农业经营主体外，大部分人员都因为从众心理，而受到周边人文环境的影响。为此，本书将人文环境分为家人的态度、周边人际关系、亲戚朋友的态度、同行的态度四种。

（1）新型农业经营主体负责人家人态度的影响

调查结果显示，认为家人态度影响很大的有438人，占20.52%；认为影响不大的有736人，占34.49%；认为基本没影响的有552人，占25.87%；认为完全没影响的有408人，占19.12%。这说明家人态度的影响对不同性格的负责人效果不一样，绝大部分人员认为影响不大或基本没有影响。

（2）新型农业经营主体负责人周边人际关系的影响

相比家人的态度而言，周边人际关系的影响有所增加。认为影响很大的有514人，占24.09%；认为影响不大的有820人，占38.43%；认为基本没影响的有534人，占25.02%；认为完全没影响的有266人，占12.46%。这说明大部分人都不受周边人际关系的影响，也有少部分人受周边人际关系的影响很大。

（3）新型农业经营主体负责人亲戚朋友态度的影响

调查结果显示，认为亲戚朋友态度影响很大的有286人，占13.4%；认为亲戚朋友态度影响不大的有766人，占35.9%；认为亲戚朋友态度基本没影响的有708人，占33.17%；认为亲戚朋友态度完全没影响的有374人，占17.53%。以上结果说明亲戚朋友的态度对新型农业经营主体的发展影响并不大。

表4-15　　　新型农业经营主体发展人文因素和治安状况影响

项目	影响很大		影响不大		基本没影响		完全没影响	
	数量（人）	占比（%）	数量（人）	占比（%）	数量（人）	占比（%）	数量（人）	占比（%）
家人的态度对你创办新型农业经营主体的影响	438	20.52	736	34.49	552	25.87	408	19.12
周边人际关系对你创办新型农业经营主体的影响	514	24.09	820	38.43	534	25.02	266	12.46
亲戚朋友态度对你创办新型农业经营主体的影响	286	13.40	766	35.90	708	33.17	374	17.53
同行态度对你创办新型农业经营主体的影响	358	16.78	816	38.23	638	29.90	322	15.09
治安状况对你创办新型农业经营主体的影响	454	21.27	654	30.65	684	32.05	342	16.03

（4）新型农业经营主体负责人受同行态度的影响

按照心理学的原理，人大多有从众心理。因此，考察同行态度的影响非常重要。调查结果显示，认为同行态度影响很大的有 358 家，占 16.78%；认为同行态度影响不大的有 816 家，占 38.23%；认为同行的态度基本没影响的有 638 家，占 29.9%；认为同行的态度完全没影响的有 322 家，占 15.09%。调查结果进一步说明，新型农业经营主体负责人绝大部分是具有独立思想的人。

（5）新型农业经营主体负责人受社会治安状况的影响

在座谈中，有新型农业经营主体负责人谈到因社会治安，而导致难以继续经营的问题。为此，本书将社会治安作为影响新型农业经营主体发展的重要因素进行调查。结果显示，新型农业经营主体负责人认为社会治安影响很大的有 454 人，占 21.27%；认为社会治安影响不大的有 654 人，占 30.65%；认为社会治安基本没影响的有 684 人，占 32.05%；认为社会治安完全没影响的有 342 人，占 16.03%。调查结果进一步说明，社会治安问题既没有想象的那么严重，但也是一个不容忽视的问题。社会治安管理极不平衡，大部分地方管理到位，社会治安影响不大或完全没有影响，但有 21.27% 的人认为受社会治安的影响很大，说明这些地方的社会治安应当受到重视。

6. 新型农业经营主体发展的行政环境因素

审视新型农业经营主体的发展，需要同众多政府部门打交道。其中：最为密切的有工商行政部门、税务机关、农业主管部门、环保部门、质检部门等五家。为此，分别分析新型农业经营主体负责人受这五家单位的影响情况（见表 4 - 16）。

（1）工商执法部门对新型农业经营主体发展的影响

工商行政管理机关是新型农业经营主体创建的第一道关口，新型农业经营主体需要注册登记。座谈中，部分新型农业经营主体负责人反映，个别地方工商机关在新型农业经营主体登记中，以各种理由消极阻挠新型农业经营主体登记。那么，这种现象是个别问题，还是普遍问题呢？调查结果显示，认为工商执法部门在新型农业经营主体发展中是真心支持的有 890 家，占 41.71%；认为是口头支持的有 1130 家，占 52.95%；认为是消极阻挠的有 88 家，占 4.12%；认为是积极阻挠的有 26 家，占 1.22%。

表 4-16　　新型农业经营主体发展受行政环境因素的影响情况

项目	真心支持		口头支持		消极阻挠		积极阻挠	
	数量（家）	占比（%）	数量（家）	占比（%）	数量（家）	占比（%）	数量（家）	占比（%）
对工商执法部门在新型农业经营主体成长中的看法	890	41.71	1130	52.95	88	4.12	26	1.22
对税务执法部门在新型农业经营主体成长中的看法	892	41.80	1136	53.23	86	4.03	20	0.94
对农业主管部门在新型农业经营主体成长中的看法	1190	55.76	856	40.11	64	3.01	24	1.12
对环保部门在新型农业经营主体成长中的看法	952	44.60	1024	47.99	132	6.19	26	1.22
对质检部门在新型农业经营主体成长中的看法	940	44.05	1054	49.39	118	5.53	22	1.03

调查数据反映的情况表明，认为真心支持新型农业经营主体发展的不到一半，而超过一半的人反映工商部门只是口头支持。虽然反映不支持的只是极少数，但这种现状与党和国家的要求相差甚远。

（2）税务执法部门对新型农业经营主体发展的影响

税务机关是经常与新型农业经营主体打交道的机关，个别新型农业经营主体负责人反映，个别税务机关人员"吃拿卡要报"的行为仍然存在。调查显示，认为税务机关真心支持新型农业经营主体发展的有 892 家，占 41.8%；认为只是口头支持的有 1136 家，占 53.23%；认为是消极阻挠的有 86 家，占 4.03%；认为是积极阻挠的有 20 家，占 0.94%。这说明税务机关的作风与工商行政管理机关相似，新型农业经营主体负责人感觉真心支持的不到半数，而超过半数的人认为只是口头支持。

（3）农业主管部门对新型农业经营主体发展的影响

农业主管部门是新型农业经营主体发展的业务主管机关，对新型农业经营主体的发展具有重要责任。调查结果显示，认为农业主管部门真心支持的有1190家，占55.76%；认为只是口头支持的有856家，占40.11%；认为是消极阻挠的有64家，占3.01%；认为是积极阻挠的有24家，占1.12%。

调查的整体数据显示，新型农业经营主体负责人对农业主管部门的印象比工商行政管理部门和税务机关都好。但新型农业经营主体负责人的感受与国家对农业主管部门的要求仍然有差距，农业主管部门的作风仍然需要改进。

（4）环境保护部门对新型农业经营主体发展的影响

环境保护部门承担着绿色发展的重任，应当积极引导和支持新型农业经营主体的发展。调查数据显示，新型农业经营主体负责人认为环境保护部门真心支持其发展的有952家，占44.6%；认为只是口头支持的有1024家，占47.99%；认为是消极阻挠的有132家，占6.19%；认为是积极阻挠的有26家，占1.22%。

（5）质量监督检验检疫部门对新型农业经营主体发展的影响

质量监督检验检疫部门也是经常与新型农业经营主体打交道的国家行政执法部门，直接关系到新型农业经营主体的顺利健康发展。调查结果显示，新型农业经营主体负责人认为质量监督检验检疫部门真心支持其发展的有940家，占44.05%；认为只是口头支持的有1054家，占49.39%；认为是消极阻挠的有118家，占5.53%；认为是积极阻挠的有22家，占1.03%。

比较新型农业经营主体负责人对5家行政执法机关的感受，最好的是农业主管部门，其次是环境保护部门和质量监督检验检疫部门，最差的是工商执法部门和税务执法部门。这些数据充分反映了行政执法机关的作风建设永远在路上，国家监察委员会必须加强对行政执法机关的监督和检查，促进这些执法机关改进作风，真心实意地支持新型农业经营主体发展。

7. 新型农业经营主体发展的政策因素

新型农业经营主体发展的政策既涉及中央政策，也涉及地方政策，以及金融系统支持新型农业经营主体的做法。特别是国家土地流转政策和农业扶持款的落实情况，对新型农业经营主体的发展有重要影响。为此，本书从中央政策、地方政策、银行的扶持政策、国家土地流转政策和农业扶持款的落实情况五方面进行考察（见表4-17、表4-18）。

表4-17　　　　　　新型农业经营主体对地方扶持政策的感受

项目	非常认可		认可		不认可		非常不认可	
	数量（人）	占比（%）	数量（人）	占比（%）	数量（人）	占比（%）	数量（人）	占比（%）
对国家扶持新型农业经营主体的政策	922	43.21	1114	52.2	90	4.22	8	0.37
对地方政府扶持新型农业经营主体的做法	562	26.34	1168	54.72	336	15.75	68	3.19
对银行扶持新型农业经营主体的做法	378	17.71	1044	48.92	562	26.34	150	7.03

表4-18　　　　　　对土地流转和国家扶持款落实的感受

项目	反对流转经营权		反对流转承包权		非常赞成流转经营权		非常赞成流转承包权	
	数量（人）	占比（%）	数量（人）	占比（%）	数量（人）	占比（%）	数量（人）	占比（%）
对农村土地流转的看法	22	1.04	174	8.15	1350	63.26	588	27.55
项目	完全落实		基本落实		基本被盘剥了		完全被盘剥了	
	数量（人）	占比（%）	数量（人）	占比（%）	数量（人）	占比（%）	数量（人）	占比（%）
对国家扶持农业款落实的看法	306	14.34	1036	48.54	616	28.87	176	8.25

（1）新型农业经营主体负责人对国家扶持政策的感受

新型农业经营主体负责人对国家政策认可度越高，发展新型农业经营主体的热情就会越高。调查结果显示，新型农业经营主体负责人对国家扶持政策非常认可的有922人，占43.21%；认可的有1114人，占52.2%；不认可的有90人，占4.22%；非常不认可的有8人，占0.37%。这一组数据说明国家扶持新型农业经营主体的政策深得民心，绝大多数新型农业经营主体负责人都认可国家的扶持政策。

（2）新型农业经营主体负责人对地方政府扶持政策的感受

地方政府扶持新型农业经营主体的政策不仅与各地领导的认识有关，也与农业的地位、地方政府的财力等诸多因素有关。调查结果显示，新型农业经营主体负责人对地方政府扶持政策非常认可的有562人，占26.34%；认可的有1168人，占54.72%；不认可的有336人，占15.75%；非常不认可的有68人，占3.19%。这一组数据说明地方政府在扶持新型农业经营主体发展上做得较好，但与中央的扶持政策相比较仍然有差距。

（3）新型农业经营主体负责人对银行扶持做法的感受

新型农业经营主体的发展离不开银行的支持，除农业发展银行作为政策性银行支持新型农业经营主体外，很大程度上要靠商业银行的支持。那么，商业银行的做法是否得到新型农业经营主体负责人的认可呢？调查结果显示，非常认可商业银行做法的378人，占17.71%；认可商业银行做法的1044人，占48.92%；不认可商业银行做法的562人，占26.34%；非常不认可商业银行做法的150人，占7.03%。调查数据说明，商业银行的做法得到了近半数新型农业经营主体负责人的认可，但不认可的人数也占到了33.37%。这一结果显示，商业银行在服务新型农业经营主体发展上，还有很大的提升空间。

（4）新型农业经营主体负责人对国家土地流转政策的态度

在维持土地家庭承包的条件下，土地流转是实现规模化经营的必然举措，培育新型农业经营主体必须实行土地流转，针对土地流转问题，无论是学术界还是各级政府都持支持和肯定的态度。但对于土地流转的性质，是流转经营权还是流转承包权，一直存在不同的看法。那么，这些新型农业经营主体负责人又持什么态度呢？

调查结果显示，非常赞成流转经营权的有1350人，占63.26%。这一观点和时下中央的要求和大多数地方的做法一致；但也有学者从有利于土地长期规模化经营出发，主张流转土地承包权，持这种观点的有 588 人，占 27.55%；当然，也有人认为农村应当作为城市就业的"蓄水池"，尽可能保留农民的土地承包权，如果城市工业发展遇到困难，就业出现问题时，农民还可以回到农村经营承包的土地，从而保持社会的稳定，持这种观点的有 174 人，占 8.15%；当然，也有极个别人员反对流转经营权，这类人员有 22 人，占 1.04%。

（5）新型农业经营主体负责人对国家扶持农业款项落实的看法

在支持发展现代农业方面，国家对新型农业经营主体投入了大量的资金。但是对于这些款项的使用，是否全部落实到了新型农业经营主体呢？新型农业经营主体负责人的看法如何？这也是需要关心和关注的问题。

调查结果显示，认为完全落实的有 306 人，占 14.34%；认为基本落实的有 1036 人，占 48.54%；认为基本被盘剥了的有 616 人，占 28.87%；认为完全被盘剥了的有 176 人，占 8.25%。这些虽然只是新型农业经营主体负责人的感觉，但也从一定程度上说明，国家扶持新型农业经营主体的款项在基层落实得并不好，可能确实存在资金被挪作他用的"跑冒滴漏"问题，以及资金分配不透明的问题。

四　新型农业经营主体的效应及影响因素

（一）新型农业经营主体的经济效应及影响因素

1. 研究假设及理性判断

新型农业经营主体能否带动农户共同发展，取决于双方是否能发挥各自的优势，且是否能从合作中获得收益。但新型农业经营主体是否具有带动能力，既取决于新型农业经营主体负责人的特征，又取决于新型农业经营主体的类型、投入、收益，以及周边的环境。为此，根据经济管理的知识，提出如下假设：

假设 1：新型农业经营主体负责人的特点对带动农户的数量、收益和提供的服务有正向影响

新型农业经营主体负责人的特点包括性别、年龄、文化程度、打工经历等。依据常理，男性、年轻人、文化程度越高的人，以及有过打工经历

的人比女性、年龄大的人、文化程度低的人和没有打工经历的人开拓精神更强，其带动农户创业的效应也就更大。同时，通过新型农业经营主体的帮助农户获得的收益也越高，服务的能力也越强。

假设2：新型农业经营主体的类型和实力对其带动农户的数量、收益和提供的服务有正向影响

新型农业经营主体的类型包括农业产业化龙头公司、农民专业合作社、家庭农场、专业大户，从理论上讲农业经营主体的层次越高，其带动农户的数量就越多，带动的效应就越大；新型农业经营主体实力越强，为农户提供的帮助就越大，农户获得的收益也就越大。

假设3：新型农业经营主体负责人对行政环境的感知对新型农业经营主体的带动效应、带动能力有正向影响

行政环境是影响新型农业经营主体成长的重要因素，行政环境包括治安状况、工商行政服务状况、税务机关服务状况、环保部门服务状况，以及质监部门服务状况。这些直接影响到新型农业经营主体的成长壮大。行政环境越好，新型农业经营主体发展越好，带动能力就会越强。

2. 研究变量及赋值说明

（1）因变量

在新型农业经营主体经济效应研究中，选择的因变量有4个。即新型农业经营主体带动农户的数量、新型农业经营主体带动农户的收益、新型农业经营主体服务农户的数量、新型农业经营主体帮助销售的农户数量。

（2）自变量

以新型农业经营主体负责人的特点、新型农业经营主体的类型及实力、新型农业经营主体负责人对行政环境的感知3大类20个指标为自变量。

（3）变量赋值

根据Logistic模型研究的方法，对具体变量予以赋值，具体变量和赋值见表4－19。

表4-19　　　　　　　　　　　　变量选择及赋值

变量	变量含义及赋值	平均值	标准差
因变量			
带动农户的数量 Y1	1—10 户 = 0, 11—30 户 = 1, 31—50 户 = 2, 50 户以上 = 3	0.718	1.052
带动农户的收益 Y2	3 万元以下 = 0, 3 万—5 万元 = 1, 5 万元以上—8 万元 = 2, 8 万元以上 = 3	0.938	0.958
服务农户的数量 Y3	1—10 户 = 0, 11—30 户 = 1, 31—50 户 = 2, 50 户以上 = 3	0.818	1.118
帮助销售农户数量 Y4	1—10 户 = 0, 11—30 户 = 1, 31—50 户 = 2, 50 户以上 = 3	0.906	1.160
自变量			
新型农业经营主体负责人的特点			
性别 X1	女 = 0, 男 = 1	0.403	0.491
年龄 X2	30 岁及以下 = 0, 31—40 岁 = 1, 41—50 岁 = 2, 51 岁及以上 = 3	1.453	0.886
文化程度 X3	小学及以下 = 0, 初中 = 1, 高中（中专）= 2, 大专 = 3, 本科及以上 = 4	1.842	0.848
家庭年收入 X4	5 万元以下 = 0, 5 万（含）—10 万元 = 1, 10 万（含）—15 万元 = 2, 15 万元以上 = 3	1.704	1.021
打工经历 X5	没有 = 0, 有 = 1	0.709	0.454
新型农业经营主体类型及实力			
农业企业经营类型 X6	专业大户 = 0, 家庭农场 = 1, 专业合作社 = 2, 农业产业化龙头公司 = 3	1.127	0.959
农业经营产业 X7	种植业 = 0, 养殖业 = 1, 加工业 = 2, 立体农业 = 3, 综合 = 4	1.199	1.378
土地承包面积 X8	10 亩及以下 = 0, 11—50 亩 = 1, 51—100 亩 = 2, 100 亩以上 = 3	1.450	1.103
土地流转面积 X9	10 亩及以下 = 0, 11—50 亩 = 1, 51—100 亩 = 2, 100 亩以上 = 3	1.358	1.189
固定资产投资 X10	10 万元以下 = 0, 10 万（含）—30 万元 = 1, 30 万（含）—50 万元 = 2, 50 万元及以上 = 3	1.369	1.143

续表

变量	变量含义及赋值	平均值	标准差
流动资金投资 X11	10 万元以下 = 0，10 万（含）—30 万元 = 1，30 万（含）—50 万元 = 2，50 万元及以上 = 3	1. 142	1. 104
年产值 X12	500 万元以下 = 0，500 万（含）—800 万元 = 1，800 万（含）—1500 万元 = 2，1500 万元及以上 = 3	0. 216	0. 650
年收益 X13	100 万元以下 = 0，100 万（含）—300 万元 = 1，300 万（含）—500 万元 = 2，500 万元及以上 = 3	0. 198	0. 551
行政环境			
治安状况对创办农业主体的影响 X14	完全没影响 = 0，基本没影响 = 1，影响不大 = 2，影响很大 = 3	1. 572	0. 996
工商部门的态度 X15	积极阻挠 = 0，消极阻挠 = 1，口头支持 = 2，真心支持 = 3	2. 351	0. 619
税务部门的态度 X16	积极阻挠 = 0，消极阻挠 = 1，口头支持 = 2，真心支持 = 3	2. 359	0. 606
农业主管部门的态度 X17	积极阻挠 = 0，消极阻挠 = 1，口头支持 = 2，真心支持 = 3	2. 505	0. 615
环保部门的态度 X18	积极阻挠 = 0，消极阻挠 = 1，口头支持 = 2，真心支持 = 3	2. 360	0. 654
质检部门的态度 X19	积极阻挠 = 0，消极阻挠 = 1，口头支持 = 2，真心支持 = 3	2. 365	0. 636
对国家扶持农业款落实的看法 X20	完全被盘剥了 = 0，基本被盘剥了 = 1，基本落实 = 2，完全落实 = 3	1. 690	0. 816

注：调查对象年龄在 18 岁至 52 岁之间。

3. 计量结果及分析

（1）计量模型回归结果

本书应用 Stata15. 0 软件，回归结果如表 4 – 20 所示。从模型拟合优度检验指标看，模型（1）的 LR X^2 为 716. 19，显著性水平为 0. 0000，Pseudo R^2 = 0. 1578。模型（2）的 LR X^2 为 274. 11，显著性水平为 0. 0000，Pseudo R^2 = 0. 0520。模型（3）的 LR X^2 为 484. 89，显著性水平为 0. 0000，Pseudo R^2 = 0. 1010。模型（4）的 LR X^2 为 558. 25，显著性水平为 0. 0000，

Pseudo $R^2 = 0.1117$。从模型拟合优度检验指标可以看出，模型的变量选择和控制较为合理，模型整体有效。拟合优度不够大，表明解释能力偏小，但因为模型中的变量以虚拟变量为主，因此拟合优度仍然较为合理。

表 4 – 20　　　　　　　　　　有序 Logistic 模型回归结果

变量	模型（1）	模型（2）	模型（3）	模型（4）
性别 X1	− 0. 346 *** （0. 099）	0. 433 *** （0. 084）	− 0. 395 *** （0. 094）	− 0. 277 *** （0. 092）
年龄 X2	0. 229 *** （0. 059）	− 0. 073 （0. 050）	0. 084 （0. 055）	0. 110 ** （0. 055）
文化程度 X3	0. 183 *** （0. 060）	− 0. 892 * （0. 052）	0. 075 （0. 056）	0. 049 （0. 056）
家庭收入 X4	− 0. 058 （0. 051）	0. 168 *** （0. 045）	− 0. 060 （0. 048）	− 0. 093 * （0. 048）
打工经历 X5	0. 025 （0. 109）	− 0. 029 （0. 095）	0. 086 （0. 104）	0. 083 （0. 104）
农业企业经营类型 X6	0. 416 *** （0. 054）	0. 107 ** （0. 046）	0. 359 *** （0. 051）	0. 413 *** （0. 051）
农业经营产业 X7	− 0. 055 （0. 034）	0. 046 （0. 030）	0. 020 （0. 033）	0. 018 （0. 032）
土地承包面积 X8	0. 061 （0. 045）	0. 094 ** （0. 040）	0. 065 （0. 043）	0. 053 （0. 043）
土地流转面积 X9	0. 227 *** （0. 042）	− 0. 009 （0. 038）	0. 178 *** （0. 040）	0. 250 *** （0. 040）
固定资产投资 X10	0. 366 **** （0. 056）	0. 127 ** （0. 050）	0. 249 *** （0. 053）	0. 379 *** （0. 053）
流动资金投资 X11	0. 211 *** （0. 057）	0. 156 *** （0. 052）	0. 261 *** （0. 055）	0. 180 *** （0. 055）
年产值 X12	0. 395 *** （0. 083）	0. 242 *** （0. 079）	0. 195 ** （0. 080）	0. 240 *** （0. 081）
年收益 X13	0. 361 *** （0. 093）	0. 345 *** （0. 089）	0. 227 ** （0. 091）	0. 135 （0. 092）
治安状况对创办农业主体的 影响 X14	0. 053 （0. 047）	− 0. 053 （0. 042）	0. 062 （0. 045）	0. 053 （0. 045）

续表

变量	模型（1）	模型（2）	模型（3）	模型（4）
工商部门的态度 X15	-0.145 (0.099)	-0.199** (0.088)	-0.084 (0.095)	-0.130 (0.096)
税务部门的态度 X16	0.354*** (0.111)	0.031 (0.094)	0.166 (0.103)	0.283*** (0.104)
农业主管部门的态度 X17	0.145 (0.1060)	-0.063 (0.093)	0.171* (0.099)	0.015 (0.098)
环保部门的态度 X18	0.359*** (0.117)	0.119 (0.096)	0.087 (0.107)	0.137 (0.107)
质检部门的态度 X19	-0.269** (0.115)	0.086 (0.098)	-0.183* (0.106)	-0.124 (0.108)
对国家扶持农业款落实的 看法 X20	0.061 (0.063)	-0.044 (0.053)	0.136** (0.060)	0.105* (0.059)
临界值1	3.883 (0.343)	0.232 (0.279)	2.603 (0.315)	2.617 (0.312)
临界值2	5.268 (0.353)	1.996 (0.283)	3.654 (0.321)	3.622 (0.318)
临界值3	5.843 (0.357)	3.147 (0.2890)	4.273 (0.324)	4.284 (0.321)
LR X^2	716.19	274.11	484.89	558.25
Prob > R^2	0.0000	0.0000	0.0000	0.0000
Pseudo R^2	0.1578	0.0520	0.1010	0.1117

注：表中 * 、 ** 、 *** 分别表示检验的显著水平为10%、5%、1%，括号中的数字为标准差。

（2）回归结果分析

应用 Stata15.0 软件分别对 20 个自变量与 4 个因变量进行回归，回归的结果见表 4-20。根据座谈调查和相关理论，分别对 4 个模型显示的结果进行分析。

第一，对模型（1）的分析。

一是关于新型农业经营主体负责人特点的影响分析。新型农业经营主体负责人自身特点对于带动农户数量的影响有正有负。不同的因素影响的结果不同。具体分析如下：

性别对带动农户数量的影响：性别对于带动农户的数量在1%的水平上显著为负。说明新型农业经营主体负责人带动农户与性别密切相关，女性负责人一般亲和力比较强，和男人相比较带动能力更强。

年龄对带动农户数量的影响：新型农业经营主体负责人的年龄对于带动农户的数量在1%的水平上呈显著正相关。这说明年龄相对大的负责人更能受到农户的信赖，带动农户的数量更多。

文化程度对带动农户数量的影响：新型农业经营主体文化程度对于带动农户的数量在1%的水平上呈显著正相关。这说明新型农业经营主体负责人文化程度对于其带动能力有很大影响，文化程度高的人更能受到农户的信赖，更能说服农户一起开展农业创业事业。

回归结果和假设1相比，家庭收入、打工经历不显著。这种结果和假设不一致，分析其原因可能是新型农业经营主体负责人的家庭收入并没有和新型农业经营主体本身挂钩，打工的经历也没有增加新型农业经营主体负责人的能力，因此，其带动农户的数量并不显著。

二是关于新型农业经营主体类型及实力的影响分析。新型农业经营主体类型及实力带动农户数量总体上呈正向影响，与假设一致，但不同因素影响的显著程度完全不一样。

农业企业经营类型对带动农户数量的影响：新型农业经营主体类型对带动农户数量在1%的水平上呈显著正相关。这说明在新型农业经营主体中，种植、养殖大户一般只能自己发展，带动能力比较弱。而农民专业合作社、农业产业化龙头公司和农户之间形成了紧密的合作关系，实现了种苗供应、技术服务、产品销售、品牌打造等多方面的统一。因此，显示出了强大的带动能力，带动农户数量较多。

土地流转面积对带动农户数量的影响：新型农业经营主体土地流转面积对带动农户数量在1%的水平上呈显著正相关。说明要带动普通农户一起实行规模化经营，必须要有土地规模。同时，流转土地越多，也说明新型农业经营主体的实力越强，越具有带动能力。

固定资产和流动资金投资对带动农户数量的影响：新型农业经营主体固定资产和流转资金投入量对带动农户数量在1%的水平上呈显著正向影响。固定资产和流动资金是企业发展必不可少的投资，新型农业经营主体作为农业企业也离不开资金的支撑，资金投入越大，自身发展就会越好，带动农户一起发展的能力就会越强。

年产值和年收益对带动农户数量的影响：新型农业经营主体的年产值和年收益对带动农户数量在1%的水平上呈显著正向影响。年产值和年收益是新型农业经营主体综合实力的体现，带动农户必然要有强大的综合实力。新型农业经营主体综合实力越强，则带动农户的数量越多。

回归结果和假设基本一致，只是农业企业经营类型对于带动农户的数量影响不显著。因为新型农业经营主体能够经营的产业，应当都是利润明显的产业，有些新型的产业理论上应当比传统产业更加优越，利润应当更高。但检验结果并没有显示出来，说明新型产业可能刚刚起步，还需要一段时间的发展。

三是新型农业经营主体所处行政环境的影响分析。行政环境直接影响到新型农业经营主体的发展，也必然会影响到新型农业经营主体带动农户的数量。从理论上分析，行政环境越好，行政机关支持新型农业经营主体发展的程度越高，新型农业经营主体带动农户的数量就会越多。

税务部门和环保部门态度的影响：税务部门和环保部门的态度对新型农业经营主体带动农户的数量在1%的显著水平上呈正向影响。随着新型农业经营主体的快速发展，他们与税务机关、环保机关打交道越来越多，这些部门的服务越好，则新型农业经营主体带动农户的数量越多。

质量监督检验检疫部门态度的影响：质量监督检验检疫部门的态度与新型农业经营主体带动农户的数量在5%的水平上呈显著负相关。这一结果充分说明，我国新型农业经营主体生产的产品尚处在初级阶段，大部分农户习惯于粗放式生产经营。质监部门越是认真服务，对农产品的检测抽查就越严格，而一些农户对有机、绿色生产还不适应，可能远离了新型农业经营主体的带动。因此，质量监督检验检疫部门的态度与新型农业经营主体带动农户的数量呈负相关。

第二，对模型（2）的分析。

一是关于新型农业经营主体负责人特点的影响分析。新型农业经营主体带动农户的收益，从理论上讲应当与新型农业经营主体负责人的能力有关，这种能力可能表现为性别、经历、家庭经济状况的差异。

新型农业经营主体带动农户的收益与性别在 1% 的水平上呈显著正相关，这应当与新型农业经营主体负责人的个人能力、人际关系有关。一般而言，女性更愿意帮助别人，而男性在帮助别人的问题上表现得能力更强。

新型农业经营主体带动农户的收益与新型农业经营主体负责人的文化程度在 10% 的水平上呈显著负相关，严格意义上讲，这是一个让人无法理解的结果。但从现实出发分析也有一定道理，因为文化程度较高的负责人，基本上是近年来毕业的大中专毕业生，这些人缺乏实践的历练，缺乏相应的人脉资源，主是凭借着对事业的热情。因此，带动农户的收益在短期内效果不佳。

新型农业经营主体带动农户的收益与新型农业经营主体负责人的家庭收入在 1% 的水平上呈显著正相关，这说明带动别人致富自己必须首先具有致富的能力，一般新型农业经营主体负责人家庭收益越高，则说明其创业能力越强，如果带着从事相同行业和产业的农民共同发展，就可以形成抱团闯市场的格局，优势发挥也就会越明显。

二是关于新型农业经营主体类型及实力的影响分析。新型农业经营主体特征表现为新型农业经营主体产业的综合程度、企业的层次，以及新型农业经营主体的发展规模和实力。一般而言，新型农业经营主体发展层次越高，实力越强，则带动农户创业的收益也会越高。

新型农业经营主体的发展层次与带动农户的收益在 5% 的水平上呈显著正相关。因为新型农业经营主体从专业大户到合作社及农业产业化龙头公司，发展层次越高，带动能力越强，自身的实力也强。因此，带动农户的收益也越高。

新型农业经营主体土地承包面积、固定资产投资与带动农户的收益在 5% 的水平上呈显著正相关。新型农业经营主体承包的土地面积越大，固定资产投资越多，则说明其实力越强，正常情况下带动农户创业必然收益越多。

新型农业经营主体流动资金投入、年产值、年收益与带动农户的收益在 1% 的水平上呈显著正相关。在生产经营活动中，流动资金在短期内对企业的收益发挥的作用更明显，新型农业经营主体的产值和收益本身也体现为新型农业经营主体的实力。因此，新型农业经营主体带动农民创业致富，必须建立在自身实力的基础上。

三是新型农业经营主体所处行政环境的影响分析。行政环境对新型农业经营主体自身的发展应当具有显著影响，那么，对于新型农业经营主体带动农户的收益是不是有显著影响，应当说是一个难以确定的问题。

研究显示，工商行政管理部门的态度对新型农业经营主体带动农户的收益在5%的水平上呈显著负相关。这说明工商部门在支持新型农业经营主体带动农民创业上，工作方法有待研究，缺乏有效的措施。特别是工商部门的措施从某种程度上起到了负面作用。

其他行政部门的工作对新型农业经营主体带动农户的收益影响都不显著。说明行政部门在帮助新型农业经营主体带动农户上缺乏必要的措施，没有显著的影响。

第三，对模型（3）的分析。

一是关于新型农业经营主体负责人特征的影响分析。新型农业经营主体负责人自身特点，对于帮助农户提供生产资料、技术服务的数量主要体现在新型农业经营主体负责人的热情程度，以及能力上，与其年龄、文化程度和打工经历是否有关，都是有待分析的问题。

研究显示，新型农业经营主体负责人的性别与服务农户的数量在1%的水平上呈显著负相关。这应当是体现了女性和男性的不同特点，女性服务他人的热情更高，更容易受到农户的信赖。在提供生产资料、技术服务上服务的农户数量就会越多。新型农业经营主体负责人的其他特征对其提供生产资料、技术服务农户数量影响不显著，说明人帮助他人的热情程度主要取决于性别，与年龄、文化程度等因素无关。

二是关于新型农业经营主体类型及实力的影响分析。新型农业经营主体的特征本身就体现了新型农业经营主体的实力水平，必然影响到服务农户的数量。

研究显示，新型农业经营主体类型、土地流转的面积、固定资产投资、流动资金投资与服务农户的数量在1%的水平上呈显著正相关。这些因素都体现了新型农业经营主体的实力，这说明实力越强，为农户提供生产资料、技术服务的能力就越强，服务农户的数量就越多。

新型农业经营主体年产值、年收益与服务农户的数量在5%的水平上呈显著正相关。年产值和年收益是新型农业经营主体的终极成果，同样体现了新型农业经营主体的实力，更体现了新型农业经营主体的经营能力。因此，新型农业经营主体实力越强、经营能力越强，为农户提供生产资料、技术服务的数量就越多。

三是新型农业经营主体所处行政环境的影响分析。农业主管部门的态度、新型农业经营主体对国家扶持农业款落实的看法，与服务农户的数量分别在1%和5%的水平上呈显著正相关。说明农业主管部门支持新型农业经营主体的态度非常重要，不仅涉及新型农业经营主体自身的发展，也涉及新型农业经营主体为农户提供生产资料、技术服务的数量。特别是新型农业经营主体对国家扶持农业款落实的看法，与服务农户的数量呈显著正相关。因此，地方政府和部门一定要把国家扶持农业的款项落实到位，并做到公开透明，让新型农业经营主体普遍感知到国家的重视和支持。

新型农业经营主体对质检部门的态度认知，与服务农户的数量在1%的水平上呈显著负相关。说明质监部门与新型农业经营主体之间还没有建立起协作支持的互信关系。

第四，对模型（4）的分析。

一是关于新型农业经营主体负责人特征的影响分析。新型农业经营主体负责人的特征体现在性别、年龄、家庭环境、个人经历上，不同情况应当有不同的影响。研究结果具体分析如下：

新型农业经营主体负责人性别与其为农户提供产品销售服务的户数在1%的水平上呈显著负相关，说明女性更愿意为农户提供销售服务，而且服务的户数更多。这应当与女性的热情、细致和服务周到的天性有关。

新型农业经营主体负责人年龄与其为农户提供产品销售服务的户数在5%的水平上呈显著正相关。说明年龄越大的负责人为农户提供销售服务的能力越强，农户也越信任。因为不同年龄的人给人的可信程度不一样，年龄越大的人越让人觉得可信，而且年龄越大的人自身的社会资源也越广泛。因此，新型农业经营主体负责人年龄越大，为农户提供产品销售服务的户数就越多。

新型农业经营主体负责人家庭收入与其提供产品销售服务的农户数量在

10%的水平上呈显著负相关。

二是关于新型农业经营主体类型及实力的影响分析。新型农业经营主体类型、流转的面积、固定资产投资、流动资金投入和产值在1%的显著性水平上，与其为农户提供产品销售的数量呈正相关。因为在新型农业经营主体中，种植、养殖大户、家庭农场、农民专业合作社和农业产业化龙头公司，其组织化程度表现为逐步提升。种养大户、家庭农场其组织化程度低，本身就停留在需要农民专业合作社、农业产业化龙头公司带动的状况，而农民专业合作社、农业产业化龙头公司组织化程度相对较高，带动能力较强。说明新型农业经营主体组织化程度越高，在帮助农民销售上能力越强。

三是农业经营主体所处行政环境的影响分析。税务部门的态度在1%的显著性水平上，与新型农业经营主体帮助农户销售产品呈正相关。因为销售农产品需要提供发票，涉及税款的减免。因此，税务部门的态度非常重要，对新型农业经营主体带动农户有显著性影响。

国家扶持农业款落实的情况，起着扶持新型农业经营主体的重要作用，彰显出地方政府和村级组织的公平正义。因此，新型农业经营主体负责人对国家扶持农业款项落实情况的看法，与其帮助农户销售农产品的数量，在10%的水平上呈显著正相关。

(二) 新型农业经营主体的社会效应及影响因素

1. 研究假设及理性判断

新型农业经营主体的安置能力，充分体现了新型农业经营主体的社会效应。在培育新型农业经营主体的过程中，需要从多方面去考察培育的政策、办法和措施。因此，分析新型农业经营主体社会效应的影响因素，对于有针对性地制定和改进培育新型农业经营主体的政策，强化相应的措施具有重要的意义。

但新型农业经营主体的安置能力受多种因素的影响，这些因素有些是新型农业经营主体及其负责人自身的因素，也可以说是内在因素；有些是由社会各界的服务、态度引起的因素，也可以说是外界因素。不同的因素产生的实际影响怎么样，既可以大胆地假设，也必须经过实证分析进行求证。为此，提出以下假设：

假设4：新型农业经营主体负责人的素质对安置农民工有正向影响。

新型农业经营主体负责人素质高低、能力大小直接关系到新型农业经营主体的成长和发展，而新型农业经营主体的成长性又直接关系到其安置农民工数量的多少，以及安置农民工从事工作的种类、劳动的报酬。一般而言，新型农业经营主体负责人文化程度越高，家庭收入越高，再加上打工经历的锻炼，自己的视野就会越开阔，从事农业生产和新型农业经营主体管理的能力就会越强，安置农民工的数量就会越多，而且发放的工资也会越高。因此，可以假设新型农业经营主体负责人的性别、文化素质、打工经历、家庭收入一定会对安置农民工产生正向影响。

假设5：新型农业经营主体的类型与安置农民工呈正相关。

新型农业经营主体有4种类型，而不同的类型又体现了新型农业经营主体不同的规模，也与新型农业经营主体经营的产业、流转的土地面积密切相关。因此，可以假设新型农业经营主体类型层次越高，流转的土地面积越大，经营的产业层次越高，综合性越强，则安置农民工的数量必然越多，发放的工资也会越大。因此，可以假设新型农业经营主体的特征与安置农民工呈正相关。

假设6：新型农业经营主体的实力与安置农民工呈正相关。

新型农业经营主体的实力体现在三个方面，一是新型农业经营主体流转土地的价格、流转的期限，流转土地价格越高、流转的期限越长，说明其经营能力越强；二是新型农业经营主体的投资，流动资金和固定资产的投资都是体现新型农业经营主体能力的重要指标，投资越大说明其经营能力越强；三是产值和收益，产值越大、收益越高，说明其经营能力越强；四是带动和帮助农户的数量，带动农户越多，帮助农户越多，说明其经营能力越强。而能力强的新型农业经营主体必然由于生产经营的需要，可以安置更多的农民工，也可以发放更高的薪酬。为此，可以假设新型农业经营主体的实力与安置农民工呈正相关。

假设7：新型农业经营主体负责人对国家政策的感受与安置农民工呈正相关。

近年来，国家对农业非常重视，对农业的各种补贴政策也越来越多。

这些措施对农业生产和新型农业经营主体产生了极大的鼓舞。但在实践中，也确实存在国家政策落实到基层被打折扣的问题。有些是国家政策本身需要调整的问题，有些是新型农业经营主体负责人对国家政策理解不到位的问题，也有国家政策在基层落实不到位的问题。因此，可以假设新型农业经营主体负责人对国家政策越理解、越赞成，对基层落实国家政策感受越好，那么，新型农业经营主体发展就越好，安置农民工的数量和发放的薪酬就会越高。因此，可以假设新型农业经营主体负责人对国家政策的感受与安置农民工呈正相关。

2. 研究变量及赋值说明

本书选择新型农业经营主体安置固定农民工的数量、薪酬，安置季节性农民工的数量和薪酬为因变量，以新型农业经营主体负责人的素质特征、新型农业经营主体的特征、新型农业经营主体的经营能力、新型农业经营主体负责人对国家政策的感受四大类 21 个指标为自变量，具体情况见表 4 – 21。

表 4 – 21　　　　　　　　　　变量选择及赋值

变量	变量含义及赋值	平均值	标准差
因变量			
安置固定农民工的数量 Y1	1—10 人 = 0，11—30 人 = 1，31—50 人 = 2，50 人以上 = 3	0.745	1.016
安置固定农民工的工资 Y2	2000 元以下 = 0，2000—3000 元 = 1，3001—3500 元 = 2，3500 元以上 = 3	0.891	0.809
安置季节性农民工的数量 Y3	1—3 人 = 0，4—7 人 = 1，8—12 人 = 2，12 人以上 = 3	1.133	1.168
安置季节性农民工的工资 Y4	2000 元以下 = 0，2000—3000 元 = 1，3001—3500 元 = 2，3500 元以上 = 3	1.009	0.939
自变量			
新型农业经营主体负责人素质特征			
性别 X1	女 = 0，男 = 1	0.403	0.491

续表

变量	变量含义及赋值	平均值	标准差
年龄 X2	30 岁及以下 =0，31—40 岁 =1，41—50 岁 =2，51 岁及以上 =3	1.453	0.886
文化程度 X3	小学及以下 =0，初中 =1，高中（中专）=2，大专 =3，本科及以上 =4	1.842	0.848
家庭年收入 X4	5 万元以下 =0，5 万（含）—10 万元以下 =1，10 万（含）—15 万元 =2，15 万元及以上 =3	1.704	1.021
打工经历 X5	没有 =0，有 =1	0.709	0.454
新型农业经营主体的特征			
农业企业经营类型 X6	专业大户 =0，家庭农场 =1，专业合作社 =2，农业产业化龙头公司 =3	1.127	0.959
农业经营产业 X7	种植业 =0，养殖业 =1，加工业 =2，立体农业 =3，综合 =4	1.199	1.378
土地承包面积 X8	10 亩及以下 =0，11—50 亩 =1，51—100 亩 =2，100 亩以上 =3	1.450	1.103
土地流转面积 X9	10 亩及以下 =0，11—50 亩 =1，51—100 亩 =2，100 亩以上 =3	1.358	1.189
新型农业经营主体经营能力			
经营土地流转价格（元/亩·年）X10	500 元及以下 =0，501—800 元 =1，801—1000 元 =2，1000 元以上 =3	0.745	0.863
经营土地流转期限 X11	10 年及以下 =0，11—15 年 =1，16—20 年 =2，20 年以上 =3	0.805	1.107
固定资产投资 X12	10 万元以下 =0，10 万（含）—30 万元 =1，30 万（含）—50 万元 =2，50 万元及以上 =3	1.369	1.143
流动资金投资 X13	10 万元以下 =0，10 万（含）—30 万元 =1，30 万（含）—50 万元 =2，50 万元及以上 =3	1.142	1.104
年产值 X14	500 万元以下 =0，500 万（含）—800 万元 =1，800 万（含）—1500 万元 =2，1500 万元及以上 =3	0.216	0.650
年收益 X15	100 万元以下 =0，100 万（含）—300 万元 =1，300 万（含）—500 万元 =2，500 万元及以上 =3	0.198	0.551

续表

变量	变量含义及赋值	平均值	标准差
提供生产资料和技术服务户数 X16	1—10 户 = 0，11—30 户 = 1，31—50 户 = 2，50 户以上 = 3	0.818	1.118
提供产品销售农户数 X17	1—10 户 = 0，11—30 户 = 1，31—50 户 = 2，50 户以上 = 3	0.906	1.160
新型农业经营主体负责人对国家政策的感受			
对国家扶持新型农业经营主体政策的看法 X18	非常不认可 = 0，不认可 = 1，认可 = 2，非常认可 = 3	2.382	0.586
对地方政府扶持新型农业经营主体的看法 X19	非常不认可 = 0，不认可 = 1，认可 = 2，非常认可 = 3	2.042	0.739
对农村土地流转的看法 X20	反对流转经营权 = 0，反对流转承包权 = 1，非常赞成流转经营权 = 2，非常赞成流转承包权 = 3	2.173	0.070
对国家扶持农业款落实的看法 X21	完全被盘剥了 = 0，基本被盘剥了 = 1，基本落实 = 2，完全落实 = 3	1.690	0.816

注：调查对象年龄在 18 岁至 52 岁之间。

3. 计量结果及分析

（1）计量模型回归结果

本书采用 Stata15.0 计量软件，回归结果如表 4 – 22 所示。从模型拟合优度检验指标看，模型（1）的 LR X^2 为 830.67，显著性水平为 0.0000，Pseudo R^2 = 0.1737。模型（2）的 LR X^2 为 384.82，显著性水平为 0.0000，Pseudo R^2 = 0.0816。模型（3）的 LR X^2 为 803.88，显著性水平为 0.0000，Pseudo R^2 = 0.1452。模型（4）的 LR X^2 为 357.45，显著性水平为 0.0000，Pseudo R^2 = 0.0682。从模型拟合优度检验指标可以看出，模型的变量选择和控制较为合理，模型整体有效。虽然拟合优度不够大，解释能力偏小，但因为模型中的变量以虚拟变量为主，因此拟合优度仍然较为合理。

表 4 – 22   有序 Logistic 模型回归结果

变量	模型（1）	模型（2）	模型（3）	模型（4）
性别 X1	0.019 (0.097)	0.372*** (0.089)	-0.405*** (0.089)	0.125 (0.086)
年龄 X2	0.054 (0.056)	-0.087 (0.054)	0.205*** (0.052)	0.089 (0.051)
文化程度 X3	0.071 (0.058)	-0.236*** (0.054)	0.036 (0.055)	-0.177*** (0.053)
家庭收入 X4	-0.004 (0.050)	0.041 (0.047)	0.157*** (0.046)	0.166*** (0.046)
打工经历 X5	-0.176 (0.107)	-0.007 (0.100)	-0.134 (0.099)	0.104 (0.097)
农业企业经营类型 X6	0.197*** (0.052)	0.102 (0.049)	0.135** (0.049)	0.043 (0.047)
农业经营产业 X7	0.046 (0.033)	0.027 (0.032)	-0.024 (0.032)	0.027 (0.031)
土地承包面积 X8	0.123** (0.044)	0.163*** (0.042)	0.181*** (0.042)	0.107* (0.040)
土地流转面积 X9	0.142*** (0.041)	0.134*** (0.040)	0.218*** (0.039)	0.169*** (0.038)
经营土地流转价格（元/亩·年）X10	0.075 (0.054)	0.048 (0.052)	-0.006 (0.051)	0.071 (0.050)
经营土地流转期限 X11	0.192*** (0.043)	-0.017 (0.041)	0.127** (0.040)	-0.021 (0.040)
固定资产投资 X12	0.272*** (0.055)	0.144* (0.052)	0.324*** (0.051)	0.142** (0.051)
流动资金投资 X13	0.186*** (0.057)	0.266*** (0.056)	0.171*** (0.054)	0.243*** (0.053)
年产值 X14	0.335*** (0.085)	0.259*** (0.079)	0.269*** (0.084)	0.179 (0.076)
年收益 X15	0.755*** (0.104)	-0.086 (0.092)	0.110 (0.099)	-0.177 (0.090)

续表

变量	模型（1）	模型（2）	模型（3）	模型（4）
提供生产资料和技术服务户数 X16	0.037 (0.070)	0.012 (0.068)	0.138 (0.065)	0.084 (0.067)
提供产品销售农户数 X17	0.344*** (0.068)	0.245*** (0.067)	0.252*** (0.064)	0.157 (0.064)
对国家扶持新型农业经营主体政策的看法 X18	−0.163 (0.089)	0.121 (0.082)	0.107 (0.080)	0.151 (0.078)
对地方政府扶持新型农业经营主体的看法 X19	0.117 (0.076)	−0.093 (0.068)	−0.141 (0.067)	−0.285*** (0.065)
对农村土地流转的看法 X20	−0.070 (0.078)	−0.020 (0.073)	0.022 (0.073)	−0.061 (0.071)
对国家扶持农业款落实的看法 X21	−0.001 (0.062)	−0.058 (0.057)	−0.015 (0.057)	−0.062 (0.055)
临界值1	2.005 (0.315)	0.144 (0.297)	1.656 (0.297)	0.130 (0.286)
临界值2	3.573 (0.324)	2.909 (0.305)	3.069 (0.303)	2.296 (0.291)
临界值3	4.509 (0.331)	4.066 (0.313)	3.888 (0.307)	3.320 (0.296)
LR X^2	830.67	384.82	803.88	357.45
Prob > R^2	0.0000	0.0000	0.0000	0.0000
Pseudo R^2	0.1737	0.0816	0.1452	0.0682

注：***、**、*分别表示在1%、5%和10%的水平上显著。

（2）结果分析

应用Stata15.0计量软件分别对21个自变量与4个因变量进行回归，回归的结果见表4-22。根据座谈调查和相关理论，分别对4个模型显示的结果进行分析。

第一，对模型（1）的分析。

一是关于新型农业经营主体负责人特征的影响分析。新型农业经营主体负责人自身特点对于安置固定农民工没有显著性影响，结果与假设并不一致。因为安置多少固定农民工并不完全取决于新型农业经营主体负责人的思想品德，而是取决于新型农业经营主体发展的需要。因此，新型农业经营主体负责人各个特征对安置固定农民工影响并不显著。

二是关于新型农业经营主体特征的影响分析。新型农业经营主体特征对安置固定农民工的数量有正向影响，与原假设一致。但不同因素影响的显著程度有区别；土地承包面积和土地流转面积与安置固定农民工，分别在5%和1%的水平上呈显著正相关。因为土地面积体现的是新型农业经营主体的规模和实力，一般规模越大，安置固定农民工越多。

三是关于新型农业经营主体经营能力的影响分析。新型农业经营主体经营土地流转期限、固定资产投资、流动资金投资、年产值、年收益、提供产品销售农户数分别在1%的显著水平上，与安置固定农民工的数量呈显著正相关。因为这些因素都体现的是新型农业经营主体的规模，说明经营规模越大，安置农民工的能力越强。

四是新型农业经营主体所处行政环境的影响分析。计量结果显示，新型农业经营主体负责人对行政环境的感知对安置固定农民工的影响并不显著。因为行政环境影响到新型农业经营主体的发展，但并不决定新型农业经营主体安置农民工的数量。因此，新型农业经营主体负责人对行政环境的感知并不影响安置农民工的数量。

第二，对模型（2）的分析。

一是关于新型农业经营主体负责人特征的影响分析。新型农业经营主体负责人个人特征多项因素对固定农民工工资发放有显著影响，但影响的显著性和方向各不相同。

新型农业经营主体负责人性别与安置固定农民工的工资在1%的显著水平上呈正相关，说明在发放工资上男性比女性更大气；新型农业经营主体负责人的文化程度与安置固定农民工的工资在1%的显著水平上呈负相关，说明文化程度越高的人越看重智力劳动，而忽视体力劳动。

二是关于新型农业经营主体特征的影响分析。新型农业经营主体土地承包面积、土地流转面积与安置固定农民工的工资在1%的水平上呈显著正相关。这说明工资水平的高低与新型农业经营主体的经营规模和实力正相关，实力越大，发放的工资越高。

三是关于新型农业经营主体经营能力的影响分析。新型农业经营主体固定资产投资与安置农民工的工资在10%的水平上呈显著正相关。新型农业经营主体流动资金投资、年产值、提供产品销售农户数量分别在1%的水平上，与安置固定农民工的工资呈显著正相关。这仍然说明新型农业经营主体的规模越大，安置固定农民工发放的工资水平越高。

四是新型农业经营主体所处行政环境的影响分析。计量结果显示，新型农业经营主体负责人对行政环境的感知对安置固定农民工的工资影响并不显著。因为固定农民工的工资主要取决于新型农业经营主体的经营业绩，与行政环境的关系，只能是间接关系，而没有直接关系。因此，新型农业经营主体负责人对行政环境的感知对固定农民工工资的影响不显著。

第三，对模型（3）的分析。

一是关于新型农业经营主体负责人特征的影响分析。新型农业经营主体负责人性别与其安置季节性农民工的数量在1%的水平上呈显著负相关，而新型农业经营主体负责人的年龄、家庭收入与新型农业经营主体安置季节性农民工的数量在1%的水平上呈显著正相关。这一结果说明三个问题：从性别上讲，男性负责人更偏向于使用现代工具，而减少劳动力的使用数量；从年龄特征上讲，年轻的人更倾向于使用现代工具，年龄大的人更倾向于使用劳动力；新型农业经营主体负责人家庭收入越高，使用季节性劳动力越多。

二是关于新型农业经营主体特征的影响分析。新型农业经营主体几个主要特征对安置季节性农民工的数量有正向影响，与原假设一致。主要表现为新型农业经营主体的类型、土地承包面积和土地流转面积与安置固定农民工，分别在1%的水平上呈显著正相关。说明新型农业经营主体的规模和实力是安置农民工的基础，而且这种结果与安置固定农民工类似。

三是关于新型农业经营主体经营能力的影响分析。新型农业经营主体土地流转期限、固定资产投资、流动资金投资、年产值、提供产品销售农户数量分别在1%的水平上，与安置季节性农民工的数量呈显著正相关。这进一步说明新型农业经营主体的规模和实力是安置季节性农民工数量的基础，规模越大、实力越强，安置农民工数量越多。

四是新型农业经营主体所处行政环境的影响分析。计量结果显示，新型农业经营主体负责人对行政环境的感知对安置季节性农民工的数量没有显著影响。说明在安置农民工数量上，用工需要是真正的影响因素。而用工的需要量完全取决于新型农业经营主体的规模，在机械化水平一定的情况下，新型农业经营主体规模越大，用工数量必然越多。因此，新型农业经营主体在安置农民工的数量上与其负责人对国家政策的感知无关。

第四，对模型（4）的分析。

一是关于新型农业经营主体负责人特征的影响分析。新型农业经营主体负责人文化程度与新型农业经营主体向季节性农民工发放的工资，在1%的水平上呈显著负相关；新型农业经营主体负责人家庭收入与新型农业经营主体向季节性农民工发放的工资，在1%的水平上呈显著正相关。这一结果显示，文化程度越高的人越看重脑力劳动的分量，越不看重体力劳动的分量。由于季节性农民工从事的主要是体力劳动，所以随着新型农业经营主体负责人文化程度的提升，对季节性农民工发放的工资会降低。而家庭收入体现了新型农业经营主体的实力，实力越强，则发放给季节性农民工的工资越高。

二是关于新型农业经营主体特征的影响分析。新型农业经营主体土地承包面积和土地流转面积，分别在10%和1%的水平上，与发放的季节性农民工的工资呈显著正相关。究其原因可能是面积越大，新型农业经营主体的经营规模越大，劳动量可能也越大。因此，新型农业经营主体发放的工资也越高。

三是关于新型农业经营主体经营能力的影响分析。新型农业经营主体固定资产投资、流动资金投入，分别在5%和1%的水平上，与发放给季节性农民工的工资呈显著正相关。因为投入量从某种层面上也反映了新型农业经营主体的实力，实力越强，发放给季节性农民工的工资越高。

四是农业经营主体所处行政环境的影响分析。新型农业经营主体负责人对地方政府扶持新型农业经营主体的看法与发放的季节性农民工的工资，在1%的水平上呈显著负相关。究其原因，可能是地方政府扶持新型农业经营主体发展越好，新型农业经营主体越注重资金积累。因此，在发放给季节性农民工的工资上越注重节约，并希望节约资金乘势而上，把新型农业经营主体做大做强。

五　新型农业经营主体扩大规模和承包地上市交易影响因素

（一）研究变量与赋值说明

1. 因变量

本书的因变量有两个：关于扩大经营规模的态度 Y1、关于是否希望土地经营权上市交易的态度 Y2。

扩大经营规模是实现农业现代化的重要手段，应当如何扩大？想不想扩大经营规模受哪些因素影响？都是制定农业政策的重要依据。那么，新型农业经营主体负责人是否愿意让土地上市交易呢？这种意愿又受哪些因素影响呢？

2. 自变量

人的态度既受内因的影响，也受外因的影响。那么，新型农业经营主体负责人是否愿意扩大规模，以及是否愿意土地上市交易，也必然受到内因和外因的双重影响。分析新型农业经营主体发展的现实情况，影响因素可以分为五类：新型农业经营主体负责人素质特征、新型农业经营主体的特征、周边人文环境的影响因素、行政环境的影响因素、新型农业经营主体负责人对国家政策感知的影响因素。为此，本书以这五类因素为自变量。

3. 变量赋值说明

本书选择新型农业经营主体负责人是否希望扩大经营规模、是否希望农村土地经营权上市交易为因变量，以新型农业经营主体负责人的素质特点、新型农业经营主体的特点、新型农业经营主体负责人周边人文环境的影响因素、新型农业经营主体周边行政环境的影响因素、新型农业经营主体负责人对国家政策的感知五大类 24 个指标为自变量，具体情况见表 4 - 23。

表 4 - 23　　　　　　　　　变量选择及赋值

变量	变量含义及赋值	平均值	标准差
因变量			
是否希望扩大经营规模 Y1	不希望 = 0，希望 = 1	0.964	0.185
是否希望农村土地经营权上市交易 Y2	不希望 = 0，希望 = 1	0.798	0.402

续表

变量	变量含义及赋值	平均值	标准差
自变量			
新型农业经营主体负责人素质特点			
性别 X1	女 = 0，男 = 1	0.403	0.491
年龄 X2	30 岁及以下 = 0，31—40 岁 = 1，41—50 岁 = 2，51 岁及以上 = 3	1.453	0.886
文化程度 X3	小学及以下 = 0，初中 = 1，高中（中专）= 2，大专 = 3，本科及以上 = 4	1.842	0.848
家庭年收入 X4	5 万元以下 = 0，5 万—10 万元以下 = 1，11 万—15 万元 = 2，15 万元以上 = 3	1.704	1.021
打工经历 X5	没有 = 0，有 = 1	0.709	0.454
新型农业经营主体的特点			
农业企业经营类型 X6	专业大户 = 0，家庭农场 = 1，专业合作社 = 2，农业产业化龙头公司 = 3	1.127	0.959
农业经营产业 X7	种植业 = 0，养殖业 = 1，加工业 = 2，立体农业 = 3，综合 = 4	1.199	1.378
土地承包面积 X8	10 亩及以下 = 0，11—50 亩 = 1，51—100 亩 = 2，100 亩以上 = 3	1.450	1.103
土地流转面积 X9	10 亩及以下 = 0，11—50 亩 = 1，51—100 亩 = 2，100 亩以上 = 3	1.358	1.189
新型农业经营主体负责人周边人文环境的影响因素			
家人的态度对你创办农业经营主体的影响 X10	完全没影响 = 0，基本没影响 = 1，有影响但不大 = 2，很大 = 3	1.564	1.019
周边人脉关系对你创办新型农业经营主体的影响 X11	完全没影响 = 0，基本没影响 = 1，有影响但不大 = 2，很大 = 3	1.741	0.961
亲戚朋友农业创业对你创办新型农业经营主体的影响 X12	完全没影响 = 0，基本没影响 = 1，有影响但不大 = 2，很大 = 3	1.452	0.931
同行对你创办新型农业经营主体的影响 X13	完全没影响 = 0，基本没影响 = 1，有影响但不大 = 2，很大 = 3	1.567	0.940
新型农业经营主体负责人周边行政环境的影响因素			

变量	变量含义及赋值	平均值	标准差
治安状况对创办农业经营主体的影响 X14	完全没影响 = 0，基本没影响 = 1，有影响但不大 = 2，很大 = 3	1.572	0.996
工商部门的态度 X15	积极阻挠 = 0，消极阻挠 = 1，口头支持 = 2，真心支持 = 3	2.351	0.619
税务部门的态度 X16	积极阻挠 = 0，消极阻挠 = 1，口头支持 = 2，真心支持 = 3	2.359	0.606
农业主管部门的态度 X17	积极阻挠 = 0，消极阻挠 = 1，口头支持 = 2，真心支持 = 3	2.505	0.615
环保部门的态度 X18	积极阻挠 = 0，消极阻挠 = 1，口头支持 = 2，真心支持 = 3	2.360	0.654
质检部门的态度 X19	积极阻挠 = 0，消极阻挠 = 1，口头支持 = 2，真心支持 = 3	2.365	0.636
新型农业经营主体负责人对国家政策感知的影响因素			
对国家扶持新型农业经营主体政策的看法 X20	非常不认可 = 0，不认可 = 1，认可 = 2，非常认可 = 3	2.042	0.739
对地方政府扶持新型农业经营主体的看法 X21	非常不认可 = 0，不认可 = 1，认可 = 2，非常认可 = 3	2.173	0.607
对农村土地流转的看法 X22	反对流转经营权 = 0，反对流转承包权 = 1，非常赞同流转经营权 = 2，非常赞同流转承包权 = 3	1.690	0.816
对国家扶持农业款落实的看法 X23	完全被盘剥了 = 0，基本被盘剥了 = 1，基本落实 = 2，完全落实 = 3	2.382	0.586

（二）研究假设及理性判断

假设8：新型农业经营主体内因对新型农业经营主体扩大规模和土地上市交易呈正向影响

因为新型农业经营主体负责人的素质，新型农业经营主体的经营状况和类型，都是决定他们是否愿意扩大规模的重要因素，而扩大规模的方式又必须靠土地流转，土地流转的市场化机制就是上市交易。因此，这些内因对因变量应当是正向影响。

假设9：新型农业经营主体成长的周边人文环境对新型农业经营主体

扩大规模和土地上市交易呈正向影响

因为人都是社会的产物，人都会受到周边环境的影响。特别是家庭、亲戚和朋友态度和观点的影响，一般而言，周边人的态度会产生正向影响。

假设 10：新型农业经营主体成长的行政环境对新型农业经营主体扩大规模和土地上市交易呈正向影响

因为行政环境越好，国家和地方行政机关对创办新型农业经营主体越支持，新型农业经营主体负责人则越愿意扩大规模，越想扩大规模则越愿意土地上市交易。

假设 11：新型农业经营主体负责人对国家政策的感知对其扩大规模和土地上市交易呈正向影响

因为新型农业经营主体负责人对国家扶持新型农业经营主体的政策越认同，对地方支持新型农业经营主体的做法越认可，对农村土地流转的看法越认可，对国家扶持农业的款项认为越落实，则越愿意扩大生产经营规模，越愿意土地上市交易。

(三) 模型检验及分析

1. 模型检验结果

是否希望扩大规模、是否希望土地承包权上市交易都是一个二元选项。因此，运用 Stata 15.0 软件进行二元 Logistic 模型的处理，得到模型的估计结果。具体如表 4 – 24 所示。模型 (1) 的 Pseudo R^2 为 0.0906，LR chi^2 为 59.48，其 P 值为 0.0000，说明模型的拟合优度和整体显著性都较好。同时可知有 6 个自变量的影响显著。模型 (2) 的 Pseudo R^2 为 0.0423，LR chi^2 为 90.88，其 P 值为 0.0000，说明模型的拟合优度和整体显著性都较好。同时可知有 7 个自变量的影响显著。

表 4 – 24 二元 Logistic 模型估计结果

变量	模型 (1)			模型 (2)		
	系数	标准差	P 值	系数	标准差	P 值
性别 X1	− 0.030	0.249	0.602	0.400 ***	0.114	0.000
年龄 X2	− 0.163	0.149	0.273	0.108	0.069	0.116

续表

变量	模型（1）			模型（2）		
	系数	标准差	P 值	系数	标准差	P 值
文化程度 X3	-0.415***	0.150	0.006	-0.014	0.072	0.848
家庭收入 X4	-0.102	0.126	0.417	0.091	0.057	0.109
打工经历 X5	-0.431	0.313	0.168	-0.234*	0.135	0.083
农业企业经营类型 X6	0.088	0.133	0.507	0.071	0.062	0.251
农业经营产业 X7	-0.057	0.083	0.491	0.061	0.043	0.153
土地承包面积 X8	-0.036	0.119	0.761	0.098*	0.055	0.077
土地流转面积 X9	-0.227**	0.109	0.037	0.019	0.051	0.716
家人的态度对你创办农业经营主体的影响 X10	0.017	0.150	0.908	-0.007	0.067	0.917
周边人际关系对你创办新型农业经营主体的影响 X11	0.304*	0.180	0.091	-0.143*	0.082	0.081
亲戚朋友农业创业对你创办新型农业经营主体的影响 X12	-0.522***	0.198	0.008	0.037	0.085	0.661
同行对你创办新型农业经营主体的影响 X13	0.180	0.165	0.275	0.110	0.076	0.151
治安状况对创办新型农业经营主体的影响 X14	-0.257*	0.138	0.063	0.093	0.064	0.145
工商部门的态度 X15	0.734***	0.219	0.001	-0.390***	0.127	0.002
税务部门的态度 X16	-0.390	0.271	0.150	0.350***	0.128	0.006
农业主管部门的态度 X17	0.117	0.252	0.641	-0.034	0.123	0.785
环保部门的态度 X18	-0.854	0.262	0.001	-0.045	0.130	0.727
质检部门的态度 X19	0.866	0.245	0.000	-0.047	0.134	0.726
对国家扶持新型农业经营主体政策的看法 X20	0.053	0.159	0.741	0.003	0.075	0.970
对地方政府扶持新型农业经营主体的看法 X21	0.325	0.230	0.158	0.005	0.107	0.963
对农村土地流转的看法 X22	-0.168	0.213	0.432	0.020	0.090	0.826
对国家扶持农业款落实的看法 X23	-0.261	0.200	0.190	0.608***	0.094	0.000
C	4.767	1.027	0.000	0.074	0.442	0.867

续表

变量	模型（1）			模型（2）		
	系数	标准差	P 值	系数	标准差	P 值
	LR chi^2（23）=59.48			LR chi^2（23）=90.88		
	Prob > chi^2 = 0.0000			Prob > chi^2 = 0.0000		
	Pseudo R^2 = 0.0906			Pseudo R^2 = 0.0423		
	Log likelihood = -298.3525			Log likelihood = -1029.5901		

注：*、**、***分别表示10%、5%、1%的显著性水平。

2. 检验结果分析

（1）对模型（1）的分析。

模型（1）是关于新型农业经营主体负责人是否愿意扩大规模的分析，根据检验结果，具体分析如下：

第一，新型农业经营主体负责人的文化程度对其扩大规模经营的意愿在1%的水平下具有显著负向影响。假设其他因素不变的条件下，文化程度越高的人越不愿意扩大经营规模。究其原因，文化程度越高的人理性思维越强，越追求稳妥。扩大经营规模的机会收益虽然高，但扩大规模经营规模的机会成本和风险也相对较大。因此，文化程度越高的负责人扩大土地经营规模意愿的概率会降低。

第二，新型农业经营主体土地流转面积对其扩大规模的意愿具有负向影响，且在1%的水平下显著。假设其他因素不变的条件下，新型农业经营主体已经流转的土地面积与其扩大规模的意愿呈负相关。因为新型农业经营主体已经流转过土地，对农业经营的风险有较好的认识，经营规模越大，承担的风险和压力就会越大。因此，就不愿意扩大经营规模。

第三，新型农业经营主体负责人周边人际关系对其扩大规模的意愿在10%的水平上具有显著正向影响。假设其他因素不变的条件下，新型农业经营主体负责人人际关系越好，能够获得周边支持的力度就越大。因此，就越愿意扩大生产经营规模。

第四，新型农业经营主体负责人亲戚朋友农业创业对其扩大规模的意愿在1%的水平上具有显著负向影响。假设其他因素不变的条件下，新型农业经营主体负责人亲戚朋友自己的创业经历对新型农业经营主体扩大规模有负向影响。因此，亲戚朋友有过创业经历，必然遭遇过很多困难和打击；对新型农业经营主体负责人必然产生影响，这种影响具有负向性。

第五，社会治安重要性对新型农业经营主体扩大规模的意愿在10%的水平上具有显著负向影响。因为新型农业经营主体负责人认为社会治安对自己影响越大，则越不愿意扩大经营规模。这说明农村的社会治安状况已经成为严重威胁新型农业经营主体发展的因素。

第六，工商行政管理部门的态度对新型农业经营主体扩大规模在1%的水平上有显著正向影响。因为在国家行政机关中，新型农业经营主体生产经营与工商行政管理部门打交道最多，工商部门的态度至关重要，工商部门越支持，则新型农业经营主体越愿意扩大规模。

（2）对模型（2）的分析。

模型（2）是关于新型农业经营主体负责人是否愿意承包土地上市交易的分析，根据检验结果，具体分析如下：

第一，新型农业经营主体负责人性别和打工经历对是否愿意承包土地上市交易有显著性影响。性别在1%的水平上呈显著正向影响，打工经历在10%的水平上呈负向影响。因为男人处理问题喜欢干脆，所以越是男性越愿意土地承包权上市交易；打工经历既锻炼人的综合能力，也从许多方面使人受教育。因此，有打工经历的人比没有打工经历的人看问题可能更复杂，就不愿意土地承包权上市交易。

第二，土地承包面积对是否愿意承包土地上市交易在10%的水平上有显著正向影响。因为农村种地收益已经非常微薄，稍有不慎还可能亏损。因此，土地承包面积小的人不太在意是否上市交易，而土地承包面积大的人土地是否上市交易对其影响就大，因此，更愿意承包土地上市交易。

第三，周边人际关系对是否愿意承包土地上市交易在10%的水平上有显著负向影响。说明越受周边影响的人越不愿意承包土地上市交易，承包土地是农民的根本，很多人把承包土地作为最后生活的基本保障，因此，不主张土地承包权上市交易。

第四，工商部门和税务部门的态度分别对是否愿意承包土地上市交易在1%的水平上呈负向和正向相关。工商部门越是真心支持，新型农业经营主体负责人越不愿意将承包土地上市交易，究其原因，主要与新型农业经营主体负责人缺乏对工商部门领导的信任有关。税务部门越是真心支持，新型农业经营主体负责人越愿意将承包土地上市交易，究其原因主要是取消农业税以后，税务部门的形象得到彻底改变，新型农业经营主体负责人对税务部门信任度比较高。

第五，国家扶持政策落实情况与是否愿意承包土地上市交易在 1% 的水平上呈正相关。因为国家对农业给予了大量的支持，扶持的款项也逐年增加。国家扶持款项落实越好，人们越能看到农业的希望，因此，越愿意承包土地上市交易。

六　本章小结

（一）主要研究内容

本章基于新型农业经营主体负责人 2134 份有效问卷调查表，通过 Logistic 模型，分析了新型农业经营主体发展的三个热点问题。

一是新型农业经营主体的经济效应及影响因素，分别以新型农业经营主体带动农户的数量、新型农业经营主体带动农户的收益、新型农业经营主体服务农户的数量、新型农业经营主体帮助销售的农户数量为因变量，以新型农业经营主体负责人的特点、新型农业经营主体的类型及实力、新型农业经营主体负责人对行政环境的感知 3 大类 20 个指标为自变量，用有序 Logistic 模型进行了相关性分析。

二是新型农业经营主体的社会效应及影响因素，分别以新型农业经营主体安置固定农民工的数量、薪酬，安置季节性农民工的数量和薪酬为因变量，以新型农业经营主体负责人的素质特征、新型农业经营主体的特征、新型农业经营主体的经营能力、新型农业经营主体负责人对国家政策的感受四大类 21 个指标为自变量，用有序 Logistic 模型进行了相关性分析。

三是新型农业经营主体扩大规模和承包地上市交易的意愿及影响因素。分别以新型农业经营主体负责人是否愿意扩大规模、是否愿意将承包土地上市交易为因变量，以新型农业经营主体负责人的素质特征、新型农业经营主体的特征、新型农业经营主体负责人周边人文环境的影响因素、新型农业经营主体周边行政环境的影响因素、新型农业经营主体负责人对国家政策的感知五大类 24 个指标为自变量，用二元 Logistic 模型进行了相关性分析。

（二）主要研究结论

通过有序 Logistic 模型和二元 Logistic 模型进行了相关性分析，分别得出了以下主要结论：

1. 关于带动农户数量的影响因素

（1）新型农业经营主体负责人特征的影响。性别有显著负向影响，年龄特征和文化程度有显著正向影响。

（2）新型农业经营主体特征的影响。新型农业经营主体类型层次越高，投入资金越大，流转土地面积越大，带动能力越强。

（3）行政环境的影响。税务部门和环保部门越支持，新型农业经营主体带动能力越强；产品质量监督检验检疫部门越支持，新型农业经营主体带动能力越弱。

2. 关于带动农户收益的影响因素

（1）新型农业经营主体负责人特征的影响。新型农业经营主体负责人性别、家庭收入有显著正向影响，新型农业经营主体负责人文化程度有显著负向影响。

（2）新型农业经营主体特征的影响。新型农业经营主体层次类型、经营规模、资金投入有显著正向影响。

（3）行政环境的影响。工商部门有显著负向影响，其他部门影响不显著。

3. 关于服务农户数量的影响因素

（1）新型农业经营主体负责人特征的影响。性别有显著负向影响，其他特征影响不显著。

（2）新型农业经营主体特征的影响。新型农业经营主体层次类型、经营规模、资金投入有显著正向影响。

（3）行政环境的影响。农业主管部门有显著正向影响，质监部门有显著负向影响。

4. 关于为农户提供销售的影响因素

（1）新型农业经营主体负责人特征的影响。性别有显著负向影响，年龄、家庭收入有显著正向影响。

（2）新型农业经营主体特征的影响。新型农业经营主体层次类型、经营规模、资金投入对为农户提供销售有显著正向影响。

（3）行政环境的影响。税务部门的态度在1%的显著性水平上，与新型农业经营主体帮助农户销售产品呈正相关。其他行政部门态度影响不显著。

5. 关于安置固定农民工数量的影响因素

（1）新型农业经营主体负责人特征没有显著影响。

（2）新型农业经营主体特征和经营能力的影响。新型农业经营主体层次、实力、规模和经营能力对安置固定农民工的数量有显著正向影响。

（3）行政环境对安置固定农民工的数量没有显著影响。

6. 关于给固定农民工发放工资的影响因素

（1）新型农业经营主体负责人特征的影响。新型农业经营主体负责人性别有显著正向影响，文化程度有显著负向影响。

（2）新型农业经营主体特征和经营能力的影响。新型农业经营主体层次、实力、规模和经营能力对发放固定农民工的工资有显著正向影响。

（3）行政环境对给固定农民工发放工资没有显著影响。

7. 关于安置季节性农民工数量的影响因素

（1）新型农业经营主体负责人特征的影响。新型农业经营主体负责人性别有显著负向影响，家庭收入有显著正向影响。

（2）新型农业经营主体特征和经营能力的影响。新型农业经营主体层次、实力、规模和经营能力对安置季节性农民工的数量有显著正向影响。

（3）行政环境对安置季节性农民工的数量没有显著影响。

8. 关于给季节性农民工发放工资的影响因素

（1）新型农业经营主体负责人特征的影响。新型农业经营主体负责人文化程度有显著负向影响，新型农业经营主体负责人家庭收入有显著正向影响。

（2）新型农业经营主体特征和经营能力的影响。新型农业经营主体层次、实力、规模和经营能力对发放季节性农民工的工资有显著正向影响。

（3）行政环境对给季节性农民工发放工资的影响。新型农业经营主体对地方政府扶持的看法有显著负向影响。

9. 关于是否愿意扩大经营规模的影响因素

（1）新型农业经营主体负责人文化程度和流转面积对扩大经营规模有负向影响。

（2）新型农业经营主体负责人人际关系、亲戚朋友创业经历、社会治安影响力对于扩大经营规模有负向影响。

（3）工商部门的态度对于扩大经营规模有正向影响。

10. 关于承包土地是否愿意上市交易的影响因素

（1）新型农业经营主体负责人性别对是否愿意将承包土地上市交易有正向影响，而新型农业经营主体负责人的打工经历对是否愿意将承包土地上市交易有负向影响。

（2）新型农业经营主体承包土地的面积对是否愿意将承包土地上市交易有正向影响，而新型农业经营主体负责人受周边人际关系的影响对是否愿意将承包土地上市交易有负向影响。

（3）工商部门的态度对是否愿意将承包土地上市交易有负向影响，税务部门的态度对是否愿意将承包土地上市交易有正向影响，国家扶持农业政策落实对是否愿意将承包土地上市交易有正向影响。

第五章 新型农业经营主体成长面临的困境

伴随着城乡一体化的快速推进，农村劳动力向城镇转移的规模不断扩大，新型农业经营主体在国家各项农业政策的引导和扶持下，得到了快速成长。新型农业经营主体，特别是农民专业合作社和家庭农场发展进入新的阶段，已经成为我国未来农业发展的标杆，发挥出了良好的辐射带动作用。这些课题是众多学者关注和研究的，也成了大众媒体宣传的主要观点。然而，在现实中，新型农业经营主体的成长面临着众多来自基层行政环境、农民自我经济意识、国家农业政策等自身难以克服的矛盾和困境。研究新型农业经营主体成长面临的矛盾和困境，提出切合实际的建议，有利于改善农村新型农业经营主体发展的环境，促进其健康成长。

一 新型农业经营主体成长面临困境问题的提出

党的十八大报告指出："培育新型经营主体，发展多种形式规模经营，构建集约化、专业化、组织化、社会化相结合的新型农业经营体系。"这既为未来农业体制机制创新和现代农业的发展指明了方向，又给各级政府农村工作提出了要求。从经济效益的层面讲，新型农业经营主体可以实现规模化经营，获取规模经济效益。这就是农民发展新型农业经营主体的内在动力。从政治任务的层面讲，培育新型农业经营主体是各级政府农村工作的任务和责任。各级政府及其工作部门应当主动改善工作方式，服务新型农业经营主体的成长。

观察农村的现实情况，很多支农政策仍然停留在文件上，并没有真正落到实处。加上政策顶层设计不够，导致政出多门，各项政策之间缺乏整合性和衔接性。同时,部分扶持政策缺乏必要的灵活性,与新型农业经营主体的实际需求不相匹配。[①] 特别是农业项目资金补贴政策,过多过乱,缺乏必要的发放标准和程序,要到达新型农业经营主体手中,需要经过太多的中间环节,基层政府和村民委员会难以避免地会利用这种权力去寻租,导致国家扶持资金"跑冒滴漏"不同程度地存在。而且由于农村土地承包政策落实不彻底,部分地方仍然存在按照人口增减调整土地政策,影响了农民对土地的长期预期。加上农村集体经济缺失后,承包地事实上成了农民的唯一资产,加上农民也分不清承包权和所有权的区别,对保护农民承包权的法律相对缺乏,不少农民对土地流转心存疑虑,特别是要将土地长期流转难免存在诸多担忧,极大地制约了新型农业经营主体的发展。[②] 随着新型农业经营主体规模的扩大,迫切需要配套的生产建设用地,在保护基本农田的政策下,审批建设用地基本上化为泡影。新型农业经营主体使用的农机具只能堆放在露天,特别是粮食和农业生产资料的储藏仓库成为制约新型农业经营主体健康运行的新瓶颈。[③] 加上农业的自然风险大,目前农业保险政策不完善,存在法律上的缺位,不仅保险覆盖面窄,而且保障水平低,特别是农业保险覆盖面窄,难以起到支持新型农业经营主体发展的作用。

类似问题还有很多,已经严重地阻碍了新型农业经营主体的成长,系统地剖析阻碍新型农业经营主体成长的因素,提出切实可行的解决办法,对于从制度上保障新型农业经营主体健康顺利成长,具有重要的现实意义。

二 新型农业经营主体成长面临的矛盾

新型农业经营主体成长面临的众多矛盾,既有来自农业体制、机制不顺的问题,也有来自地方政府及其部门为了小团体利益而形成的阻碍因素。概括起来主要有以下矛盾。

---

① 黄祖辉、俞宁:《新型农业经营主体:现状、约束与发展思路》,《中国农村经济》2010年第10期。

② 张照新、赵海:《新型农业经营主体的困境摆脱及其体制机制创新》,《改革》2013年第2期。

③ 钱克明、彭廷军:《关于现代农业经营主体的调研报告》,《农业经济问题》2013年第6期。

1. 地方政府既希望其发展又雁过拔毛扶持款，导致其发展缓慢

地方政府是国家各项政策的实施者，也是新型农业经营主体成长的主要影响者。地方政府无论在思想上还是行动上，都存在两面性。一方面，它们希望新型农业经营主体成长发展得好。如果新型农业经营主体成长发展得好，地方政府既顺应了群众的意愿，造福了人民群众，也造就了政绩工程。与此同时，地方政府又是新型农业经营主体成长发展的阻碍因素。因为，自2006年农业税取消以后，地方财政收入急骤下降。而地方政府的开支并没有减少，领导及其工作人员对获取福利、奖金的欲望并没有下降。因此，陷入到经费难以为继的困境。

面对经费窘迫的困境，地方政府看到了国家对新型农业经营主体的扶持政策，看到了丰厚的农业扶持款。为此，许多地方政府把手伸向了国家对新型农业经营主体的扶持款。一方面它们及时通知新型农业经营主体撰写项目申请书，积极帮助新型农业经营主体争取国家经费扶持；另一方面它们对争取到的经费又大肆弄虚作假，进行雁过拔毛式的盘剥。在调查中，一些新型农业经营主体的创办者反映，只要自己的企业有了一点规模，各个部门都热情地找上门，提供国家项目支持信息，对发展场地进行拍照等。待国家资金拨款到达地方政府及其部门后，就会拿着领款单据要求新型农业经营主体负责人签字，而真正拨到新型农业经营主体的款项一般只占签名款项的20%。但如果新型农业经营主体负责人拒绝签字，则意味着国家的扶持款项完全拿不到。因此，只能被迫签字。地方政府既希望新型农业经营主体发展又雁过拔毛扶持款的矛盾，导致新型农业经营主体只能凭着自身的积累缓慢发展。

2. 地方政府既鼓励其发展又硬卡软剥乱收费，导致其被动发展

国家大力鼓励发展新型农业经营主体，制定了一系列扶持政策，但这些政策需要地方政府予以贯彻执行。虽然地方政府也表示要鼓励大力发展新型农业经营主体，但在实践中，有些地方政府的表现却大相径庭。笔者调查了解到，一些农民专业合作社、家庭农场在发展中，必然需要建一些简单的房屋用于堆放农机具，堆放种子、化肥、农药。但是有些主管部门不予批准的，这是"硬卡"。有些主管部门则要求缴纳一定的管理工作费用，这就是"软剥"。

部分新型农业经营主体负责人迫于地方政府的这种压力,不得不缴纳本不愿缴纳的费用。也有一些新型农业经营主体负责人对主管部门这种行为表现出极大的反感,不愿缴纳费用,只能在极其艰难的环境中维持生存。从而导致新型农业经营主体的发展处于被动的状态之中。

3. 农民既愿意流转其土地,又不愿放弃补贴款,导致其不敢发展

由于我国人多地少,家庭承包土地面积十分有限,完全依靠承包土地难以维持全家人的生计。因此,外出打工已经成为我国中青年农民的必然选择。那么,外出打工后,家里承包的土地又该如何处理呢?如果家里有妇女、老人的,一般由妇女和老人负责耕种。但如果家里没有老人和妇女的,就愿意流转给他人耕种,自己坐收租金。这种方式既是农村现实的需要,也是国家政策允许和鼓励的方式。但是,问题在于不少农民对流转土地心存疑虑,只愿意做短期流转,长期流转的意愿不强,成为制约新型农业经营主体发展的障碍①。

国家为了鼓励人们科学种地,实行按承包土地面积进行补贴的政策,打工的人虽然将土地流转给了他人,但绝对不会放弃国家的补贴款。一方面仍然领着国家的补贴款,另一方面又拿着土地的流转款。而从他人手中流转到土地,真正种地的人却拿不到国家的补贴款。这样就出现了种地的人拿不到补贴款,而流转土地不种地的人又不愿放弃补贴款的矛盾。从而增加了新型农业经营主体的经营成本,导致初露头角的新型农业经营主体因流转土地成本太高,而不敢大力发展。

4. 市场机制既有利其市场主体竞争,但又使其遭遇市场被垄断的状况,导致其无力发展

市场机制原本是最公平的经济运行机制,最有利于开展市场竞争,实行优胜劣汰。新型农业经营主体因为有规模效应,在公平的市场机制条件下,理论上应当具有竞争优势,可以越做越大;但市场机制如果离开了法制化的运行环境,离开了法律的保护,则市场机制的规律就必然会被打破。

---

① 张照新、赵海:《新型农业经营主体的困境摆脱及其体制机制创新》,《改革》2013 年第 2 期。

在现实经济生活中，充分完全的竞争机制并没有形成，市场处于半竞争半垄断的状况。从宏观上看，农产品市场已经完全放开，各类市场主体处于完全竞争状况。从微观上看，成建制的行政事业单位的消费市场并没有完全放开，而是处于少数或个别权力人员的掌控之下，成为个人谋取私利的资本。如媒体报道的"宁买贵的不买对的"，正是这种行政事业单位消费市场被垄断的写照。如机关食堂、学校食堂等都被有权人员垄断，而这种垄断又缺乏法律及其执法机关的监督管理，因而，局部垄断逐渐形成。在此背景下，新型农业经营主体的产品虽然有一定的价格竞争优势，但根本无法打入其中。面对市场机制既有利其竞争但又遭遇市场被垄断的矛盾，大部分实力不强的新型农业经营主体处于无力发展的状态。

5. 自主经营虽有利其发展但可能遭遇灾害的状况，导致其带着风险发展

国家鼓励新型农业经营主体自主经营，为新型农业经营主体的成长创造了良好的发展环境。经营者可以根据自己的资源优势、人脉优势、知识优势等，选择经营的具体产业、种类、品种、模式等，充分发挥自身优势的作用。但农业不同于其他产业，既面临着市场风险，又面临着自然风险。面临市场风险经营者可以通过自己的知识和能力进行判断，尽可能地避免，而且面临市场风险也是市场经济的必然规律和选择，正是优胜劣汰机制的体现。而自然风险却不同，自然风险是经营者难以预测和避免的，自然风险给经营者造成的损失也可能是致命的。不仅如此，自然风险还可能造成优质企业被淘汰。

每个国家对农业自然风险所采取的保护政策不一样。发达国家一般都拥有完善的农业保险体系，美国形成了由联邦农作物保险公司、私营保险公司、保险代理人和保险查勘人构成的完善的农业保险体系。[①] 而且美国风险保障水平由以产量为基础向以收入为基础转变，美国政府通过广泛覆盖的、支持农业发展的保险政策，维持和保障农业稳定发展、减少贫困人口、创造就业机会、增加经济运行稳定性以及促进粮食安全，美国的农业

---

① 卫志明、李忠昶、关园:《美国农业金融体系的基本架构、特征及启示》,《经济纵横》2014 年第 9 期。

保险政策只是支持农业发展的政策之一，与其他支持农业发展的政策相互补充。[①]但我国缺乏农业保险对新型农业经营主体成长的政策支持，如果遇到严重的自然灾害，新型农业经营主体将会面临灭顶之灾。因此，新型农业经营主体既身处自主经营的有利发展环境之下，又面临着遭遇严重自然灾害而无保险的矛盾，只能在风险之中求发展。

三 新型农业经营主体成长面临的部门障碍

新型农业经营主体是农民创业的载体，是实现农业现代化、城乡一体化的重要措施。但新型农业经营主体的成长需要综合性扶持，成长的结果既是自身综合管理能力的体现，也是各项政策和扶持措施综合作用的结果；既是对新型农业经营主体创业能力、应变能力、协调能力等的考验，也是对政府相关部门是否真心支持和扶持农业的考验，更是对地方政府及其部门作风是否真实转变的检验。调查新型农业经营主体成长面临的软环境困境，有针对性地提出化解这种困境的建议和措施，具有重要意义。

（一）问题的提出

国家鼓励和扶持新型农业经营主体发展，这不仅是因为新型农业经营主体能很好地解决谁来种地的问题，而新型农业经营主体又促进农业集约化经营和城乡一体化发展。但新型农业经营主体的发展也面临着地方软环境的制约，国家不少的支农政策从中央政府经过地方政府层层代理，最后到达农户，虽不敢说层层盘剥，但中间存在"寻租"问题是不容置疑的，不仅政策到达农户具有时滞性，而且政策效率也会大打折扣。[②]同时，新型农业经营主体的成长也面临着公共服务的不足，传统的公共服务体系很难满足新型农业经营主体从事现代农业生产经营所需要的个性化、全程化和综合性服务。[③]特别是来自地方政府及其部门的态度、行为直接影响甚

---

① 赵长保、李伟毅：《美国农业保险政策新动向及其启示》，《农业经济问题》2014年第6期。

② 黄祖辉、俞宁：《新型农业经营主体：现状、约束与发展思路》，《中国农村经济》2010年第10期。

③ 钱克明、彭廷军：《关于现代农业经营主体的调研报告》，《农业经济问题》2013年第6期。

至阻碍着新型农业经营主体的成长。新型农业经营主体的负责人把政府服务与相关制度环境的优劣作为创业选择的重要决策因素，[①]虽然国家出台了一系列鼓励新型农业经营主体成长的政策，但这些政策往往因政府部门具体工作人员的行为而大打折扣，在实际工作中，地方政府及其部门工作人员并非代表个人，而是国家的代表、政府的代表，新型农业经营主体负责人对国家政策的认知往往直接通过对地方政府部门具体工作人员的态度进行感知，而他们对周围环境的认知对他们的创业产生显著正向作用。[②]调查新型农业经营主体成长的软环境，特别是地方政府行政执法机关对新型农业经营主体负面干扰，对于准确掌握新型农业经营主体成长面临的困难，强化对地方政府及其部门工作的监督，促进新型农业经营主体健康成长，具有重要意义。

（二）来自部门障碍的问卷调查

1. 数据来源与调查方法

2013 年 11 月至 2014 年 1 月，在湖北省 8 个农业创业培训基地，随机分别抽取新型农业经营主体负责人培训班，对参加培训的当期新型农业经营主体负责人进行调查。调查采取无记名问卷调查方法，调查内容分 3 类。第一类为基本信息，包括新型农业经营主体负责人的基本信息、主办新型农业经营主体的类型等，这些为单项选择项；第二类为新型农业经营主体经营困难的来源、新型农业经营主体办理行政许可所需时间、费用情况，为单项选择项；第三类为新型农业经营主体遭遇行政机关刁难情况、新型农业经营主体成长过程中被迫送礼的情况。接受调查的学员为当期参加农业创业培训的学员，共 683 人。8 个培训基地参加学习的新型农业经营主体负责人数量分别是：三峡职业技术学院培训基地 92 人，长江大学培训基地 81 人，湖北孝感生物工程学校 101 人，湖北武汉东西湖农广校培训基地 98 人，湖北十堰市农校培训基地 102 人，湖北咸宁生物机电学校培训基地 99 人，湖北黄冈职业技术学院培训基地 62 人，湖北襄阳职业技

---

① 罗明忠：《个体特征、资源获取与农民创业》，《中国农村观察》2012 年第 2 期。

② 彭艳玲、孔荣：《农民创业意愿活跃程度及其影响因素研究》，《经济与管理研究》2013 年第 4 期。

术学院培训基地48人。调查结果按培训基地和所问问题分别进行人数和百分比统计，得到统计汇总表。利用 Microsoft Excel 软件对每组数据进行统计处理，并分别计算各种状况所占比例。

2. 样本特征描述

（1）样本基本信息

从所调查学员的性别来看，男性518人，占75.53%；女性165人，占24.48%。各个培训点男女所占比例不同，男性占比最大的为92.1%，最小的为57.6%，中位值为78.8%，标准差为11.04%。女性占比最大的为42.4%，占比最小的为7.9%，中位值为21.2%，标准差为11.04%。从所调查对象的年龄来看，30岁及以下的132人，占18.73%；31—40岁的274人，占39.9%；41—50岁的227人，占33.16%；51—60岁的50人，占8.21%。从不同年龄段人员所占比例的中位值分析，参加培训的主要是31—50岁的中年人（见表5-1）。

表5-1　　　　各培训基地新型农业经营主体负责人的基本特征

项目		频数（人）	平均比例（%）	占比最大值（%）	占比最小值（%）	占比中位值（%）	占比标准差（%）
性别	男	518	75.53	92.1	57.6	78.8	11.04
	女	165	24.48	42.4	7.9	21.2	11.04
年龄（岁）	30及以下	132	18.73	47.8	7.4	16.45	13.08
	31—40	274	39.9	61.4	28.3	37.4	11.07
	41—50	227	33.16	50.0	14.8	33.9	12.97
	51—60	50	8.21	24.2	2.0	5.1	7.91

（2）样本文化程度

从所调查学员的文化程度来看，初中及以下文化程度的有255人，占39.33%；高中或中专文化程度的311人，占44.71%；大专文化程度的106人，占14.51%；本科及以上文化程度的11人，占1.45%。这说明所调查新型农业经营主体负责人以高中或中专文化程度为主，其次是初中及以下人员，大专生也占有一定比例，本科及以上学历人员很少（见表5-2）。

表5-2　　　　　　　　各培训基地新型农业经营主体负责人的文化特征

项目	频数 （人）	平均比例 （%）	占比 最大值 （%）	占比 最小值 （%）	占比 中位值 （%）	占比 标准差 （%）
初中及以下	255	39.33	72.9	13.6	38.75	20.02
高中或中专	311	44.71	64.2	27.1	42.05	13.02
大专	106	14.51	33.3	0	15.15	10.79
本科及以上	11	1.45	6.1	0	0.5	2.13

（3）样本的农业经营主体类型

新型农业经营主体以农民专业合作社为主，有316家，占43.96%，培训基地中这类新型农业经营主体占比最多的达到92.2%，最少的也占18.7%；其次是家庭农场，有235家，占36.88%，最多的占66.7%，最少的只有2.9%；再就是专业大户，98家，占14.58%；农业产业化龙头公司很少，仅34家，占4.59%（见表5-3）。

表5-3　　　　　　　　　　样本的农业经营主体类型

项目	频数 （个）	平均比例 （%）	占比 最大值 （%）	占比 最小值 （%）	占比 中位值 （%）	占比 标准差 （%）
农民专业合作社	316	43.96	92.2	18.7	39.55	25.52
家庭农场	235	36.88	66.7	2.9	36.2	17.78
农业产业化龙头公司	34	4.59	14.3	1.6	2.35	4.35
专业大户	98	14.58	45.6	1.0	8.75	15.41

3. 数据统计与数据分析

新型农业经营主体在发展过程中和政府部门打交道最多的是工商行政管理局、地方税务局、国家税务局、质量监督检验检疫局、公安局。据此，课题组根据座谈会上新型农业经营主体负责人反映政府机关办事难的情况，针对这些行政执法部门的办事作风设计了问卷调查表，统计结果分析如下。

（1）新型农业经营主体发展最大困难的来源分析

调查显示，新型农业经营主体在发展过程中最大困难来源主要是发展资金，选择此项的人数为 516 人，占 76.38%，在最高的地方达到 97.9%，就是最低的地方也达到 52.5%；其次是政府部门，选择此项的人数为 95 人，达到 13.38%，严重的地方达到 44.5%；治安环境和土地流转在个别地方，对于个别主体也仍然是发展面临的最大困难（见表 5 - 4）。

表 5 - 4　　　　　　新型农业经营主体发展最大困难的来源

项目	频数 （人）	平均比例 （%）	占比 最大值 （%）	占比 最小值 （%）	占比 中位值 （%）	占比 标准差 （%）
政府部门	95	13.38	44.5	0	5.2	14.9
资金困难	516	76.38	97.9	52.5	79.2	14.45
治安环境	18	2.46	7.1	1.0	2.1	2.0
土地流转	54	7.79	14.8	0	7.45	5.49

（2）到工商行政管理局办事所需次数和缴费数量分析

①办理营业执照收费情况

成立新型农业经营主体必须办理营业执照，也就是必须和工商行政管理部门打交道，按照国家相关法律法规的规定，对于办理新型农业经营主体营业执照是免收登记费的，然而，调查结果显示，实际上不少地方工商局不仅不免，而且收费还不低。收取 1000 元以下的占 73.49%，收取 1000—3000 元的地方达到 18.05%，高的地方达到 47.5%，最低的地方也达到 3.9%，收取 3000 元以上的是个别地方，达到 5.98%。有 2.49% 的没有办理工商营业执照（见表 5 - 5）。

表 5 - 5　　　　　对新型农业经营主体办理营业执照收费情况

项目	频数	平均比例 （%）	占比 最大值 （%）	占比 最小值 （%）	占比 中位值 （%）	占比 标准差 （%）
1000 元以下	499	73.49	94.1	45.6	73.5	14.0
1000—3000 元	128	18.05	47.5	3.9	14.6	12.9
3000 元以上	43	5.98	16.3	0	5.9	5.11
没办执照	13	2.49	11.3	0	0	4.06

②注册商标收费情况

注册商标是新型农业经营主体创立品牌的重要手段，然而，在座谈中有新型农业经营主体负责人反映，个别地方工商局工作人员为了个人利益，以代理费的名义收取高额的商标注册代理费。正常情况下，国家注册一件商标收取注册费800元，市场上代理注册商标一件收取代理费1000元，共计1800元。但在实际中，各地工商部门收取代理费的差别很大，个别地方收到5000元以上。如果申请的商标重复一次不能注册，第二次注册还需再交5000元，也就是说注册一件商标可能要花费上万元（见表5-6）。

表5-6　　　　　　　对新型农业经营主体注册商标收费情况

项目	频数（个）	平均比例（%）	占比最大值（%）	占比最小值（%）	占比中位值（%）	占比标准差（%）
1800元以下	463	68.73	85.4	49.5	73.15	12.17
1800—3000元	153	21.18	44.6	6.3	16.75	14.12
3001—5000元	40	5.46	15.3	0	4.85	4.67
5000元以上	13	1.79	3.9	0	1.8	1.47
没注册商标	14	2.85	11.3	0	0	4.5

③新型农业经营主体到工商部门成功办理一件事所需次数

新型农业经营主体在发展过程中，要经常和工商部门打交道，而且想办成一件事往往需要跑多次。调查显示，大部分跑3次及以下就能办成，这种正常的占61.98%，需要跑4—10次才能办成的占33.76%，需要跑11—20次才能办成的占3.68%，个别还需跑20次以上才能办成，这种极端情况占0.59%（见表5-7）。

表5-7　　　新型农业经营主体到工商部门成功办理一件事所需次数

项目	频数（件）	平均比例（%）	占比最大值（%）	占比最小值（%）	占比中位值（%）	占比标准差（%）
3次及以下	412	61.98	89.6	33.7	63.6	16.88
4—10次	241	33.76	54.1	10.4	34.15	13.8

续表

项目	频数 (件)	平均比例 (%)	占比 最大值 (%)	占比 最小值 (%)	占比 中位值 (%)	占比 标准差 (%)
11—20 次	26	3.68	11.2	0	2.75	3.59
20 次以上	4	0.59	1.6	0	0.5	0.66

（3）新型农业经营主体到地税局办事所需次数分析

地税局承担着为地方财政收税的任务，虽然新型农业经营主体所出产的农产品为免税产品，但也无法避免和地税局打交道。如果新型农业经营主体不给税务人员送礼，一些地方税务人员会设置多种障碍，想办成一件事也必须反复跑腿，并不是税务局所宣传的"一口清"。调查显示，跑3次及以下能办成的只占66.53%，需要跑4—10次才能办成的占28.01%，少数地方还要跑上11—20次才能办成，这类只占4.46%，极个别地方要跑上20次以上才能办成（见表5-8）。

表5-8   新型农业经营主体到地税局办理一件事需跑腿情况

项目	频数 (件)	平均比例 (%)	占比 最大值 (%)	占比 最小值 (%)	占比 中位值 (%)	占比 标准差 (%)
3 次及以下	447	66.53	91.7	33.7	66.7	18.22
4—10 次	200	28.01	59.2	6.2	28.85	16.05
11—20 次	30	4.46	9.7	1.1	3.95	2.79
20 次以上	6	1.0	4.8	0	0	1.73

（4）新型农业经营主体到国税局办事所需次数分析

国税局原本是承担中央财政税收的专门行政执法机构，但新型农业经营主体也要和这个机构打交道。有些生产农产品的新型农业经营主体需要到国税局办理税务登记，并办理一些免税手续。但到国税局办事和到地税局办事所需跑腿的情形基本相同，能在3次及以下办好的占65.43%，需要跑4—10次才能办好的占28.8%，个别地方需要跑11—20次才能办好，占4.79%，极个别地方要跑20次以上，占0.99%（见表5-9）。

表5-9　　　　　　新型农业经营主体到国税局办理一件事需跑腿情况

项目	频数 （件）	平均比例 （%）	占比 最大值 （%）	占比 最小值 （%）	占比 中位值 （%）	占比 标准差 （%）
3次及以下	444	65.43	83.3	50.0	62.65	12.98
4—10次	200	28.8	40.6	11.8	33.15	11.27
11—20次	32	4.79	9.7	0	5.4	3.18
20次以上	7	0.99	2.2	0	1.0	0.93

（5）新型农业经营主体到质量监督检验检疫局办事所需次数分析

质量监督检验检疫局和新型农业经营主体的关系更密切，涉及产品质量认证、检测等事宜。调查显示，新型农业经营主体到质量监督检验检疫局办事比在工商局办事容易，但和在国税局、地税局办事基本一样，能在3次及以下办成的有67.54%，需要经过4—10次才能办成的占26.44%，需要经过11—20次才能办成的占4.76%，需要经过20次以上才能办成的占1.26%（见表5-10）。

表5-10　　　　新型农业经营主体到质量监督检验检疫局办理一件事需跑腿情况

项目	频数 （件）	平均比例 （%）	占比 最大值 （%）	占比 最小值 （%）	占比 中位值 （%）	占比 标准差 （%）
3次及以下	462	67.54	84.3	45.5	70.55	15.1
4—10次	181	26.44	52.5	11.7	23.85	15.09
11—20次	31	4.76	8.2	1.1	4.65	2.9
20次以上	9	1.26	3.1	0	1.4	1.18

（6）新型农业经营主体到公安局办事所需次数分析

公安局承担着维护社会治安的重任，新型农业经营主体也需要公安局的保护，免不了要与之打交道。调查显示，新型农业经营主体负责人对公安局的评价要好于其他行政执法机关，跑公安局3次及以下能办好的占71.61%，比最差的工商局高出9.63个百分点，比相对较好的产品质量监督检验检疫局高出4.07个百分点。但是要跑20次以上才能办好的比例比其他机关都高。这说明公安局的作风普遍比其他机关好（见表5-11）。

表5-11　　新型农业经营主体到公安局办理一件事需跑腿情况

项目	频数（件）	平均比例（%）	占比最大值（%）	占比最小值（%）	占比中位值（%）	占比标准差（%）
3次及以下	488	71.61	83.3	45.5	76.0	13.54
4—10次	158	22.93	52.5	8.2	18.75	14.59
11—20次	23	3.43	6.1	2.0	3.45	1.4
20次以上	14	2.04	4.3	0	2.55	1.81

（7）新型农业经营主体发展中受到政府部门刁难及被迫送礼情况分析

坚决制止和杜绝行政执法机关"吃拿卡要报"的行为，已经提出了20多年，但在实践中到底怎么样呢？调查显示，就整体状况而言，新型农业经营主体被迫向政府部门送礼最为严重的是工商局，达到59.49%；其次是公安局，为36.38%；再次是地税局和产品质量监督检验检疫局，分别为32.15%和24.61%；相对较好的是国税局，为16.24%。但各个地方的情况差异很大，差异最大的是地税局，严重的地方送礼达到80.2%，轻的地方只有10.8%；而工商局问题普遍严重，严重的地方送过礼的达到71.4%，轻的地方也有40.3%（见表5-12）。

表5-12　　新型农业经营主体被迫向政府部门送礼的情况（多选项）

被迫送礼的部门	频数（件）	平均比例（%）	占比最大值（%）	占比最小值（%）	占比中位值（%）	占比标准差（%）
公安局	261	36.38	60.4	11.2	32.45	19.33
工商局	400	59.49	71.4	40.3	64.85	11.96
质监局	181	24.61	45.7	0	23.6	15.4
国税局	115	16.24	24.8	6.5	14.95	6.92
地税局	238	32.15	80.2	10.8	22.1	24.05

（三）几点启示

1. 整顿行政执法机关作风刻不容缓

行政机关作风直接关系到人民群众对党和政府的看法，当前政府行政执法部门的一些行为已严重阻碍了经济建设的发展，如何进一步提升政府机关的服务质量和办事效率，增强人民群众的满意度，增强社会对行政执法机关的公信力，成为改进政府部门工作作风的重要话题，① 也是新型农业经营主体发展面临的问题。培育新型农业经营主体，政府行政机构必须真正做到优质、高效、务实，这才是新型农业经营主体顺利成长的行政保障。为此，必须严格执行《中华人民共和国公务员法》的相关规定，整顿行政执法机关的作风，真心实意地优化行政服务软环境，为新型农业经营主体的成长，及整个经济的发展创造一个良好的环境。

2. 加强对行政机关的监督任重而道远

新型农业经营主体的成长离不开国家行政机关，而国家行政机关的行政权力涉及面广，自由裁量空间大，加上由国家强制力保证实施，对公民和组织的影响不可小觑。因此，监督和约束行政机关的行政权力，真正把权力关进笼子成为重要问题。必须防止行政权力部门化、部门权力个人化、个人权力利益化现象的出现。② 加之，农民文化程度普遍不高，法治观念淡薄，利用法律维权的能力低，在发展新型农业经营主体的过程中难以有效依法维权，非常需要国家对行政执法机关实施有效监督。针对人民群众极为不满和反感的行政服务中推诿、扯皮、刁难的行政作风，必须通过加强对行政执法机关的监督，实行承诺服务及阳光操作，把方便给予民众，把烦琐留给政府，③ 以期切实改善行政服务软环境，以促进新型农业经营主体健康成长。

3. 优化行政机关人员是根本的出路

我国行政执法机关人员来源复杂，素质不高，虽然公务员招录考试已

---

① 中国行政管理学会课题组：《政府效能建设研究报告》，《中国行政管理》2012 年第 2 期。
② 同上。
③ 徐刚：《纵横优化模式下行政服务流程的逆向度选择》，《华南师范大学学报》（社会科学版）2011 年第 3 期。

经实行了多年，但招录中的各种舞弊现象时有发生，仍然影响着整个公务员队伍的素质。特别是现在是只能进不能出，缺乏有效的淘汰机制。由此导致一些执法人员素质低下，对法律缺乏敬畏之心，而为了个人利益或小团体利益乱收费、乱罚款、乱检查时有发生。执法人员随意罚款、利益驱动执法等问题仍然在不同地方不同程度地存在。[①] 加上基层司法机关和行政执法机关之间存在千丝万缕的联系，导致一些行政违法行为得不到及时纠正和惩处，人民群众的期盼落空，政府公信力下降。只有严格实行公务员退出机制，不断优化行政执法队伍，优良的行政服务软环境才有可能实现。

四　本章小结

首先，从感性认识上提出了新型农业经营主体成长面临的问题。通过文献资料收集整理，提出了新型农业经营主体成长面临的一系列困难和矛盾，需要认真研究。

其次，从逻辑上分析了新型农业经营主体成长面临的矛盾。通过走访座谈，了解了新型农业经营主体成长面临的各种困难，并从理论上分析了这些困难和矛盾。

最后，对新型农业经营主体负责人进行问卷调查并分析。通过湖北省新型农业经营主体负责人的问卷调查，分析了与新型农业经营主体发展密切相关的主要行政执法机关及新型农业经营主体发展困难的来源，并在此基础上提出了几点启示。

---

① 河北省人民政府法制研究中心课题组：《依法行政视角下改善发展环境研究》，《河北法学》2013 年第 11 期。

第六章　新型农业经营主体科技来源和子女继承及影响因素

随着城镇化的快速推进，农村人口正在逐年向城镇转移。这种转移既推动了城镇化的发展，加速了城乡一体化的进程，但同时也增加了人们的一些忧虑：未来谁来种地？怎么种？从理性的认识上，未来种田应当是依靠新型农业经营主体，实行规模化种植和经营。怎么种？最核心的是要依靠科学技术。那么，在现有体制下，农业科技供给的渠道是否能满足新型农业经营主体发展的需要呢？这些渠道又受哪些因素影响呢？

要科学地回答这些问题，必须进行广泛的调查，充分听取新型农业经营主体负责人的意见，了解他们获取农业科技的途径，准确了解农业科技供给与新型农业经营主体发展需要的契合性及其影响因素，以及新型农业经营主体负责人对子女继承农业事业的真实想法。因此，研究农业科技供给与新型农业经营主体科技需求契合性及子女继承的影响因素，对于改善新型农业经营主体成长的环境，促进农业科学技术在新型农业经营主体中的应用，培育新型职业农民具有重要的意义。

一　研究背景和意义

（一）问题提出

在现代农业经济发展的大背景下，农业面临的最大问题是"谁来种地？""怎么种地？"的问题。纵观学界研究，主要有三种不同的观点。

一是依靠新型农业经营主体，实行规模化经营。这派观点主要是基于规模化经营成本低，效益高，适用于机械化操作。因为随着城镇化的推进和人口老龄化的到来，农村留守人员不可能承担起发展现代农业的重任，必须充分依靠农业机械化。农业机械化以农业土地适度规模经营为前提，改变了农业劳动密集型的现状，可以把农民从繁重的体力劳动中解放出来，有利于促进农业生产由分散小规模向集约规模经营转变。①

二是根据农村资源禀赋条件，实行不同规模经营。我国农村情况复杂，应当实事求是地根据不同地区农村资源禀赋状况、土地规模化条件，依据土地规模化经营的经济分析，保证土地经营规模处于规模经济阶段，开展土地规模化经营。② 分析我国不同地区的特点，东北地区土地辽阔，应借鉴美国的农业发展模式，推动土地的集中，推广大规模的机械化生产；西南地区地形崎岖，可以借鉴日本的农业发展模式，在适当的土地规模下，以生物技术推动特色农业的发展，辅之以小型机械进行精耕细作，提高土地生产率。③

三是坚持以小农经济为主，不断改进经营模式。中国是一个农业国家，农村人口占总人口的47%左右，在实现农业现代化的过程中，如何解决好农民的问题是农业现代化的关键问题。正是小农经济为农民家庭提供了收入来源和就业保障，并为他们提供了进城失败的返乡退路。如果盲目推动农村人口转移，就可能出现因城市就业困难造成社会问题。因此，未来相当长的一个时期内，农民仍然处于"半工半耕"的状况，以小规模经营为特点的中国小农经济还有长期存在的合理性。④

以上三种观点，各自研究的视角不同，应当说都具有充分的合理性。那么，未来地到底应当怎么种？只能依靠科学技术。但农业科学技术的供给与新型农业经营主体需求的契合度到底如何？又受哪些因素影响呢？未来到底应当由谁来种地？这些都是必须通过广泛调查才能回答的问题。

关于农业科学技术的供给与新型农业经营主体需求的契合度，人们的感性认识很多，但并没有具体的数量分析。为此，调查研究并科学地回答

---

① 江泽林：《机械化在农业供给侧结构性改革中的作用》，《农业经济问题》2018 年第 3 期。
② 黄凌翔、郝建民、卢静：《农村土地规模化经营的模式、困境与路径》，《地域研究与开发》2016 年第 5 期。
③ 温涛、王汉杰、王小华：《发达国家农民增收经济政策的经验比较及启示》，《江西财经大学学报》2015 年第 6 期。
④ 贺雪峰：《保护小农的农业现代化道路探索》，《思想战线》2017 年第 2 期。

这一问题具有重要的意义。

关于"未来地由谁来种"的问题，学界的三种观点具有高度的统一性。要适应现代农业发展的需要，种地就必须从以传统农户分散经营为主，逐步向以新型农业经营主体规模经营为主转变。因为新型农业经营主体实行规模化经营，有利于提高标准化生产程度，有利于各种生产要素的集约利用，可以有效地提高劳动生产率和土地产出率。[①] 最终，可以打破农业发展的瓶颈，提高农业的国际竞争力，提高农业经营的经济效益。

可以说这些观点只是出于农业经济研究人员的理论分析，也体现了学界的良好愿望。然而，新型农业经营主体负责人是否愿意让自己的子女继承农业生产和经营这一行业呢？这种继承的意愿又受哪些因素的影响？从现有的文献来看，人们少有研究，而更多的只是一种感叹和担忧。研究这一问题，对于未来国家制定农业政策具有重要意义。

(二) 研究背景

中央农村工作会议指出，农业农村农民问题是关系国计民生的根本性问题。没有农业农村的现代化，就没有国家的现代化。[②] 党中央把实现农业农村现代化的重要性，提到了关系国家现代化的高度，彰显了农业农村现代化的重要性。实现农业农村现代化，关键是要大力培育新型农业经营主体，把分散经营的传统农户和规模化经营的现代农业发展有机衔接起来，全面促进现代农业技术的应用和普及，推动农村一、二、三产业的深度融合，实现美丽乡村振兴战略。要实现这一目标，必须准确掌握新型农业经营主体发展获取农业科技的途径，以及与新型农业经营主体发展的契合性及其影响因素，了解新型农业经营主体负责人子女继承农业事业的意愿。因此，研究这一问题对于提升新型农业经营主体成长的环境质量，促进农业科学技术在新型农业经营主体中的应用具有重要的意义。

[①] 孙中华：《我国现代农业发展面临的形势和任务》，《东岳论丛》2016 年第 2 期。

[②] 新华社：《中央农村工作会议在北京举行 习近平作重要讲话》，中华人民共和国中央人民政府网站，http://www.gov.cn/xinwen/2017 – 12/29/content_ 5251611. htm。

（三）研究意义

1. 研究农业科技供给与新型农业经营主体需求的契合程度，有利于健全农业科技供给体系

众所周知，科学技术是第一生产力。在农业供给侧结构性改革的大背景下，推动传统农业向现代农业转变，更需要依靠农业科学技术。但我国农村土地实行家庭承包经营以来，公益性的农业技术推广体系，已经从事业单位改革成了非营利性社会组织，农业经营的主体和经营的方式都发生了深刻的变化。那么，农业科技的供给到底还能不能满足新型农业经营主体发展的需要呢？农业科技供给与需求的契合程度又如何呢？这种契合程度又受哪些因素影响呢？弄清这些问题，对于健全农业科技供给体系，满足新型农业经营主体发展的需要具有重要意义。

2. 研究农业科技供给与新型农业经营主体需求的影响因素，有利于改善农业经营及政策环境

农业科技供给与新型农业经营主体需求契合程度受多种因素的影响，既受新型农业经营主体负责人素质的影响，也受新型农业经营主体特征的影响，更受国家农业政策、地方政府对新型农业经营主体扶持政策，以及社会环境的影响。不同的因素影响的显著程度和方向显然不会相同。科学地分析不同因素的影响，对于完善国家和地方扶持新型农业经营主体的政策，改善新型农业经营主体发展的环境，具有重要意义。

3. 研究新型农业经营主体负责人子女继承农业事业的意愿，有利于为国家制定农业政策提供参考

新型农业经营主体是我国农业实现规模化、集约化经营的重要载体，新型农业经营主体负责人是否愿意让自己的后代继承农业事业，直接关系到未来谁来种地的问题。从理论上讲，未来从事农业生产经营应当依靠职业农民。那么，职业农民从哪里来？理性告诉我们，只能从涉农高等院校培养而来。在高等院校招生中，涉农专业是冷门专业，不仅招生难，而且留住学生更难。因此，真正报考涉农专业的学生仍然是来自农村的农家子弟。客观地掌握新型农业经营主体负责人的真实意愿，对于解答人们对未来农业的疑惑，做好城镇化与农业现代化协调发展具有重要意义。

新型农业经营主体的发展总体呈现多元、动态特征，这是必须正视的客观事实。[①] 新型农业经营主体负责人的真实意愿及其影响因素，是国家制定农业政策的重要依据。客观地调查新型农业经营主体负责人的意愿，分析影响他们意愿的各种因素，有针对性地提出建议，对于国家制定农业政策具有重要的意义。同时，分析不同因素对新型农业经营主体负责人意愿的影响，有利于改进地方政府的政策，改善行政执法机关的管理，在引导新型农业经营主体自主发展的同时，多管齐下、综合解决种地难等问题。[②] 对于促进地方政府和相关部门在指导思想上做到与国家战略协调一致，在具体措施上与国家政策协调统一，全心支持新型农业经营主体发展具有重要意义。

二　文献综述

随着现代科学技术的快速发展，现代农业技术的传播发生了深刻的变化，人们对农业的认识和感情也发生了深刻的变化。梳理近年来关于农业技术推广体系改革和培育职业农民的研究成果，主要集中在四个方面：

（一）关于传统农业技术推广体系和新型农业经营主体发展要求的研究

研究普遍认为我国传统农业技术推广体系已经不适应新的要求，应当优化推广体系和机制。我国公益性农业技术推广体系基本上是建立在计划经济年代，虽然众多地方实行了市场化改革，只是改掉了农业科技人员的身份，并没有建立起与市场经济相适应的体系，已经完全不适应新型农业经营主体发展的需要，处于组织涣散、人员老化、效益低下的状况。[③] 特别是直接与新型农业经营主体打交道的乡镇农业技术推广站，缺乏明晰的职能定位，人员长期得不到更新和充实，农业技术推广人员知识和技术陈旧且单一，与农户的现实需求逐渐偏离，导致农业技术推广体系的功能弱

---

①　董欢：《中国农业经营主体分化历史与未来》，《中州学刊》2017 年第 3 期。

②　刘灿、黄城：《新型农村土地股份合作社的形成及治理机制》，《四川师范大学学报》（社会科学版）2017 年第 2 期。

③　袁伟民、陶佩君：《我国政府公益性农技推广组织架构优化分析》，《科技管理研究》2017 年第 22 期。

化。① 虽然许多地方坚持多方努力，保留了农业科技人员的财政编制，但在对农业科技人员的管理上，仍然采取大锅饭的办法，缺乏激励机制，降低了政府农技部门对专业人员的吸引力。② 究其原因，主要是我国农业技术推广制度不科学，《中华人民共和国农业技术推广法》虽然规定了公益性的农业技术推广机构的性质和功能，但在技术力量的配置上，与市场严重脱节，缺乏与产业发展的结合，加上新型农业经营主体自身推广的随意性，③ 缺乏系统性和战略性设计，制约了农业技术推广的实际效果。因此，应当构建以科技创新与农业产业化良性互动为核心的农业技术推广政策，建立现代农业科技创新体系，推进现代农业发展。④

（二）关于新技术支撑条件下农业技术推广变化研究

学者普遍认为城乡一体化滋生出农业科技供需新特征，应当完善农业科技服务体系和供需耦合机制。在城乡一体化的背景下，农业需求发生了重大转变，由以单纯生产需求转变为生产、生活和生态多元需求，以技术需求向生产、经营和管理需求转变，需求主体由传统农户向新型农业经营主体转变。⑤ 随着新型农业经营主体需求的转变，传统的公益性农业技术推广体系，无论是技术水平还是技术的推广手段，都已经完全不能满足新型农业经营主体发展的需要，必须构建以公益性农业技术推广组织为主体，以社会推广机构、科研院所、高校推广机构为补充的"一主多元"推广体系。⑥ 在农业技术推广中，要依据合作的动力作用原理和传导过程，协调好系统内各种主体及要素相互关系，明确协作效应和合作实现过程

---

① 王宇、左停：《农业技术推广机构职能弱化现象研究》，《中国科技论坛》2015 年第 9 期。
② 胡瑞法、孙艺夺：《农业技术推广体系的困境摆脱与策应》，《改革》2018 年第 2 期。
③ 张能坤：《农业推广服务模式及创新》，《农村经济》2012 年第 4 期。
④ 张娜：《科技创新与农业产业化良性互动发展的重大政策问题研究》，《科学管理研究》2017 年第 3 期。
⑤ 虞洪：《城乡一体化发展背景下四川"三农"科技供需新特征及其耦合机制建构》，《农村经济》2017 年第 2 期。
⑥ 汪发元、刘在洲：《新型农业经营主体背景下基层多元化农技推广体系构建》，《农村经济》2015 年第 9 期。

及方式,[①] 找到协作组织之间的结合点，建立起高效、协调的网络联盟，构建起互惠互利的合作协同机制。[②] 特别是"互联网＋"的广泛应用，催生了一批农业服务平台，促进了现代农业服务业和经济发展形态由低层次到高层次的过渡。[③] 从理论上讲，以移动互联网为主的新一代信息技术的发展缩短了农业服务业供需双方之间的距离，有效地推动了农业科技服务行业的创新发展[④]。但事实上，新技术在农村的推广和想象中的差距很大。因为随着新型农业经营主体的发展，农业生产的规模化程度得到显著提高，采用新的农业科技的风险也随之增大。为了规避风险，农户在生产决策上，由于选择技术时态度十分谨慎，往往偏离利润最大化目标。[⑤]

（三）关于新型农业经营主体农业科技选择偏好与耦合性研究

在信息化时代，农业科学技术的透明度显著提高，新型农业经营主体受资源禀赋、负责人个人特征等多种因素的影响，在选择农业科学技术上，对不同属性技术的选择具有明显偏向。[⑥] 从主观上分析，这种偏好与新型农业经营主体的规模、兼业农民和职业农民有显著关系。从客观上分析，农业资讯的畅通性和技术获取的难易度也是影响农户技术采纳行为的重要因素。[⑦] 虽然现代通信技术已经比较发达，但基层农技推广部门和合作社之间的技术供需对接情况仍然不容乐观，农技推广"最后一公里"问

①　Brenner, N., "The Limits to Scale? Methodological Reflections on Scalar Structuration", *Progress in Human Geography*, 2001 (15): 525 – 548.

②　高启杰、姚云浩、马力:《多元农业技术推广组织合作的动力机制》,《华南农业大学学报》（社会科学版）2015 年第 1 期。

③　马晨、李瑾:《"互联网＋"时代我国现代农业服务业的新内涵、新特征及动力机制研究》,《科技管理研究》2018 年第 2 期。

④　李瑾、郭美荣:《互联网环境下农业服务业的创新发展》,《华南农业大学学报》（社会科学版）2018 年第 2 期。

⑤　毛慧、周力、应瑞瑶:《风险偏好与农户技术采纳行为分析》,《中国农村经济》2018 年第 4 期。

⑥　郑旭媛、王芳、应瑞瑶:《农户禀赋约束、技术属性与农业技术选择偏向》,《中国农村经济》2018 年第 3 期。

⑦　许佳贤、郑逸芳、林沙:《农户农业新技术采纳行为的影响机理分析》,《干旱区资源与环境》2018 年第 2 期。

题依然突出。① 也就是说农业科学技术的供给与需求的耦合性并不高，这种状况的产生受多种因素的影响，公益性推广机构动力不足，合作方式不够紧密等，都是导致新型农业经营主体科学技术难以满足的重要因素。②

（四）关于"未来谁来种地"以及培养职业农民的研究

近年来，国家大力培育新型农业经营主体，推动城镇化和城乡一体化建设。这本是"四化"同步发展的重要内容，但各界人士对此持有不同的观点。有人担心农民都转移到了城镇，而且转移的都是农村的青年人，那么，未来谁来种地？因此，有学者主张进一步缩小城乡基础设施、公共服务差距，吸引青壮年人口回流农村。③ 问题的关键是回流农村的人员仍然是传统的农民，能支撑起现代农业吗？在市场经济的条件下，学者们清楚地看到，单家独户的小农在大市场里是无法生存的，必须培育发展竞争能力强的农业经营主体。④ 因此，学者们更多地主张通过培训，提高家庭农场主及农业工人的整体素质，培养一批有追求、懂技术、善经营的职业农民作为家庭农场的主力。⑤ 家庭农场的诞生需要土地的适度规模经营，需要将农村人口向城镇转移，提高城镇化率。问题的关键是既要推动城镇化建设，促进城乡一体化。同时，也要积极培育新型农业经营主体，培育职业农民。为此，学者们主张让城乡资源更加自由地流动，将城市丰富的资本、人力资源与农村土地资源结合起来，充分利用农村资源，加快农业现代化转型。⑥

以上研究极大地丰富了农业技术推广的理论，总结了农业技术推广的成果，为提高新形势下农业技术推广的效益奠定了良好的基础。但新型农

---

① 董杰、张社梅、王亚萍：《基层农技推广机构与农民专业合作社技术供需比对》，《科技管理研究》2017 年第 3 期。

② 张社梅、曾文俊：《农民专业合作社技术需求满足程度影响因素分析》，《科技管理研究》2015 年第 13 期。

③ 王文龙：《中国农业经营主体培育政策反思及其调整建议》，《经济学家》2017 年第 1 期。

④ 赵晓峰、赵祥云：《新型农业主体发展与中国农村基本经营制度变革》，《贵州社会科学》2018 年第 4 期。

⑤ 张广辉、方达：《农村土地"三权分置"与新型农业经营主体培育》，《经济学家》2018 年第 2 期。

⑥ 王文龙：《中国农业经营主体培育政策反思及其调整建议》，《经济学家》2017 年第 1 期。

业经营主体快速成长，他们获取农业科学技术的情况与其需求的契合性到底有多高？是否能满足新型农业经营主体的发展？从现有研究成果来看，这些问题涉及尚少。本书通过大量的问卷调查，获取第一手资料，通过 Logistic 模型实证分析包括新型农业经营主体负责人特征、新型农业经营主体特点，特别是他们所感知的国家农业政策、地方政府的工作和服务，以及村干部工作的情况等多种因素对新型农业经营主体技术需求的契合性及影响，填补了现有研究大多停留在感性认识上的不足，对于正确认识国家各项农业政策的落实情况、地方政府的工作和服务水平，以及村干部工作情况对新型农业经营主体发展的影响，有针对性地改善各项服务，促进新型农业经营主体的健康发展具有重要意义。

三　理论分析和假设

（一）理论分析

1. 农业科技扩散传播理论

农业科技的获取和采用都必须通过技术创新扩散来实现，扩散传播是技术采用的必然条件。研究技术传播的规律，任何一项技术的传播都随着时间的变化在形态上表现为一条 S 形曲线。[①] 一般而言，新技术应用会快速上升，随着技术的推广和普及，新的技术会取代原有技术，原有技术的应用就会下降，而表现为 S 形曲线，但技术的应用范围与传播的手段密切相关。在市场经济条件下，新型农业经营主体获取农业科技与其负责人的文化、理念密切相关。文化程度相对较高的人，对科技的重要性认识越深刻，越愿意获得农业科技。但同时，新型农业经营主体负责人文化程度越高，获取农业科技的手段也会越多。在信息化背景下，互联网已成为中国农村传播科技信息、普及科技知识、推广科技成果的重要手段。[②] 而且科技传播与科技创新和农业产业结构发展相互影响，相互促进。科技传播有利于科技成果的及时应用，新型农业经营主体可以通过多种传播渠道获取新的科技成果，并应用于生产经营管理实践，从而促进产业升级和集聚，

---

① ［美］沃纳·J. 赛佛林、［美］詹姆斯·W. 坦卡德：《传播理论：起源、方法与应用》，中国传媒大学出版社 2006 年版。

② 肖鲁仁：《农业技术创新扩散的媒介传播效果分析》，《湖南社会科学》2017 年第 4 期。

产业集聚又反过来为农业科技进步提供主体条件和创新平台。①

2. 西美尔信任理论

西美尔认为互动形成了人们之间的复杂关系，每一次互动就是一次交换，而互动的条件是信任。人们的信任与媒介传播的形式有显著关系，媒介的"形式"重于媒介的"质料"或者"内容"，媒介要产生效果关键在于传播的形式。② 从西美尔的理论出发，农业科技的传播与吸收和传播的形式有显著关系。在大众媒体快速普及的时代，农业科技信息往往嵌入网络之中，能有效减少信息缺失造成的效率损失，并成为影响新型农业经营主体发展的重要形式。③ 但由于网络的虚假性和不可触摸性，同样导致信任危机。主体之间的信任必须通过长期的交往才能形成，通过交往形成稳定的网络结构，逐步形成信任关系，当信任累积到网络成员普遍认可时，就形成了具有普遍约束力的社会规范，④ 从而发挥网络传播的影响效应。在市场经济条件下，信任的建立与供需双方的熟悉程度有关，已有研究证明，农业生产集聚及技术支撑通过网络传播能够激发社会的网络学习效应，促进新技术和各类信息知识的传播与扩散，但由于同村人员的熟悉和信任程度高，农户采纳技术行为和掌握技术水平在农村表现出明显的地域空间特征。⑤ 在相互不熟悉并缺乏信任的条件下，需要强有力的法制环境。因此，新型农业经营主体获取农业科技知识的路径与新型农业经营主体负责人对国家法制环境的认可度等外部因素有直接关系。

3. 社会化服务理论

马克思认为随着生产社会化的到来，必然形成生产的集中化和企业规

---

① 曹博、赵芝俊：《基于产业结构升级的现代农业科技创新体系研究》，《农村经济》2017年第1期。

② 张昱辰：《论西美尔的媒介思想及其当代启示》，《现代传播》2018年第5期。

③ Bian Yanjie, *Urban Occupational Mobility and Employment Institutions: Hierarchy, Market and Networks in a Mixed System in Creating Wealth and Poverty in China*, Stanford: Stanford University Press, 2008.

④ Putnam, R., "Social Capital: Measurement and Consequences", *Canadian Journal of Policy Research*, 2001 (2).

⑤ 李博伟、徐翔：《农业生产集聚、技术支撑主体嵌入对农户采纳新技术行为的空间影响》，《南京农业大学学报》（社会科学版）2018年第1期。

模的大型化，并促进社会分工。① 新型农业经营主体的发展，带来了农业生产规模的显著提升，农业技术在供给与获取的形式上虽然已经市场化，且仍然保留了政府公益性农业技术推广体系，但实质上已经市场化。现代服务业已经深度渗透到农业生产经营之中，与农业形成紧密合作，不断丰富和拓展各自的产业内涵和空间。这种特征是农业生产发展到高级阶段的产物，现代服务业与农业的结合，相得益彰。服务业在服务中延伸产业链条，农业在服务业的扶持下，提高了农业的附加值，提升了农业的竞争力，形成了现代服务业与农业全产业链的耦合发展②。新型农业经营主体在发展过程中，既依赖于公益性农业技术推广体系的服务，更依赖于社会服务组织。社会服务组织包括农业生产资料企业和新型农业经营主体。各类农业科技的供给与新型农业经营主体农业科技需求的契合性，决定了新型农业经营主体发展和成长的速度。这种契合性不仅取决于农业科技组织的服务水平和能力，更取决于新型农业经营主体自身的特点，以及所处人文环境的特征。

4. 社会分工理论

新型农业经营主体负责人是否愿意让自己的子女继承农业事业呢？这需要认真调查才能回答。那么，是什么因素影响他们的选择呢？社会分工体现了人与人之间、人与自然之间的关系，是社会选择的结果。社会分工的动力源于生产力的发展，任何新的生产力，都会引起分工的进一步发展。③ 因此，社会分工的本质是不同种类劳动比较效益的结果，人们选择不同行业或领域作为自己的工作，体现的是工作方式的不同、工作环境的不同、工作报酬的不同，是不同生产方式比较的外在表现。人们的选择也不是一成不变，会随着社会的发展而不断发生变化。④ 因此，新型农业经营主体负责人无论是选择让子女继承农业事业，或不继承农业事业，并不是思想问题，而是农业的比较效益问题。

---

① 参见《资本论》第 1 卷，人民出版社 1975 年版，第 389—390 页。

② 赵英霞、陈佳馨：《现代服务业与现代农业耦合发展路径研究》，《经济问题》2018 年第 5 期。

③ 参见《马克思恩格斯文集》第一卷，人民出版社 2009 年版，第 520 页。

④ 许崇正：《论分工与人的全面发展》，《学术月刊》2006 年第 10 期。

（二）研究假设

一切研究都是从假设开始的，对于新型农业经营主体发展的问题，我们可以大胆地假设。基于相关理论分析，本书提出以下4点假设：

假设1：聘用农业技术人员与新型农业经营主体负责人及新型农业经营主体的特征呈正相关。

因为新型农业经营主体负责人文化程度越高、见识越广，应当越重视农业科技。同时，新型农业经营主体类型越先进、规模层次越高、对社会化服务越了解、对国家政策越满意，则应当越愿意聘请农业科技人员。

假设2：选择与技术单位的技术合作与新型农业经营主体负责人及新型农业经营主体的特征呈正相关。

因为新型农业经营主体负责人文化程度越高、见识越广，应当越愿意与科技部门合作。同时，新型农业经营主体类型越先进、规模层次越高、对社会化服务越了解、对国家政策越满意，则应当越愿意与科技部门合作。

假设3：现有技术与新型农业经营主体需求的契合度与新型农业经营主体负责人及新型农业经营主体的特征呈正相关。

因为新型农业经营主体负责人文化程度越高、见识越广，社会资源越丰富，技术应当越能满足企业的需要。同时，新型农业经营主体类型和规模层次越高、对社会化服务越了解、对国家政策越满意，则说明企业的社会交往面越广，技术的供给与企业的需求契合度越高，即技术越能满足企业的需要。

假设4：新型农业经营主体子女继承农业事业的意愿与新型农业经营主体负责人及新型农业经营主体的特征呈正相关。

因为新型农业经营主体负责人文化程度越高、新型农业经营主体发展越好、对社会化服务越了解、对国家政策越满意，则说明其对自己的事业越满意，应当越愿意让子女继承农业事业。

四　调查与实证检验

（一）数据来源、内容与模型构建

1. 数据来源

本书课题组成员大多担任湖北省新型职业农民培训任务，根据座谈调查，设计了《新型农业经营主体科技需求契合度及影响因素》问卷调查表。课题组成员于 2016 年 11 月至 2018 年 1 月，分别向参加湖北省新型职业农民培训的学员发放无记名问卷调查表，并当场填写回收。学员来自湖北省及周边省市，覆盖面较广，代表性较强。

2. 问卷内容

根据课题研究的需要，问卷内容分为因变量、自变量两部分：

（1）因变量分为 4 个问题：Y1：是否聘用现代化农业生产技术人员？Y2：是否与技术单位有相关技术合作？Y3：技术运用能否满足企业需求？Y4：是否准备让子女继承农业事业？

这些问题既说明社会农业科技供给与新型农业经营主体需求的契合度，也影响到"未来谁来种地"的问题，是涉及农业现代化的热点问题。因此，拟作为本书的因变量。

（2）自变量分为：基本情况、经营情况、对环境的感受情况 3 方面的内容。

基本情况：主要是新型农业经营主体负责人的基本信息。因为不同文化程度、不同家庭和不同经历的人，对农业科技服务的感受、对未来子女工作的设想可能有所不同。

经营情况：新型农业经营主体基本信息。新型农业经营主体负责人在经营管理新型农业经营主体的过程中，对农业生产经营有着切身的感受和体会。因此，农业科技供给与企业需求是否契合，未来是否准备让子女继承农业事业，一定会有自己的想法。

对环境的感受情况：包括新型职业农民对国家政策、地方政策、基层的做法的满意情况。环境条件是决定人的思想和意识的重要外在影响因素，无论是国家政策还是地方政策，无论是主管部门的态度还是相关部门的做法，都会在新型农业经营主体负责人心中打下深深的烙印，并影响到他们的决策。

3. 模型构建

根据上述理论分析和假设，本书采用选择模型分析农业科技供给与新型农业经营主体需求的契合性及影响因素，新型农业经营主体负责人让子女继承农业事业的意愿及影响因素。本书设有 4 个因变量：新型农业经营主体是否聘用现代化农业生产技术人员？答案有"聘用"和"没聘用"两种；新型农业经营主体是否与技术单位有相关技术合作？答案有"有"和"没有"两种；技术运用能否满足企业需求？答案有"能"和"不能"两种；是否准备让子女继承农业事业？答案有"准备"和"不准备"两种。分析其特点，都属于二元选择问题。因此，本书采用二元 Logistic 模型分析农业科技供给与新型农业经营主体需求的契合性及影响因素，新型农业经营主体负责人让子女继承农业事业的意愿及影响因素。其模型的一般形式如下：

$$p_i = F（Z_i）= F（\alpha + \beta X）= \frac{1}{1 + e^{-(\alpha + \beta X)}} \qquad (6-1)$$

$$Ln\left[\frac{p（Y=1）}{1 - p（Y=1）}\right] = \alpha + \beta X + v \qquad (6-2)$$

式（6-1）表示新型农业经营主体聘请现代化农业生产技术人员、与技术单位有相关技术合作、技术运用能满足需要、准备让子女继承农业事业的概率（p_i）函数；式（6-2）表示新型农业经营主体聘请农业生产技术人员与不聘请农业生产技术人员、与技术单位有相关技术合作与没合作、技术能满足企业需要与不能满足企业需要、准备让子女继承农业事业与不准备让子女继承农业事业的概率比值的对数。其中，α 为常数项，X 为包括新型农业经营主体负责人对农业政策的评价变量以及其家庭及经营特征的影响因素向量，是自变量 α 的组合，β 是自变量回归系数向量，v 是随机扰动项。

（二）样本特征

1. 因变量的特征

（1）是否聘用现代化农业生产技术人员？调查结果显示，聘用的有

579 家，占 25.94%；没聘用的有 1653 家，占 74.06%。从统计数据上初步分析，只有少数新型农业经营主体聘用了现代农业技术人员，大部分都没有聘用。

（2）是否与技术单位有相关技术合作？调查结果显示，与技术单位有合作的有 810 家，占 36.29%；没有合作的有 1422 家，占 63.71%。从统计数据上初步分析，与技术单位有合作的已经占到相当大程度，但多数新型农业经营主体都没有与技术单位进行合作。

表 6-1　　　　　　　　　　新型农业经营主体的选择结果

项目	二级指标	数量（家）	占比（%）
是否聘用现代化农业生产技术人员	是	579	25.94
	否	1653	74.06
是否与技术单位有相关技术合作	是	810	36.29
	否	1422	63.71
技术运用能否满足企业需求	是	738	33.06
	否	1494	66.94
是否准备让子女继承农业事业	准备	792	35.48
	不准备	1440	64.52

（3）技术运用能否满足企业需求？调查结果显示，技术能满足需求的有 738 家，占 33.06%；不能满足需求的有 1494 家，占 66.94%。这说明技术供给与需求的契合度还不高，现有农业技术推广体系仍然不能满足新型农业经营主体发展的需要。

（4）是否准备让子女继承农业事业？调查结果显示，只有 792 家新型农业经营主体的负责人愿意让子女继承农业事业，占 35.48%；不愿意让子女继承农业事业的有 1440 家，占 64.52%。这说明我国的农业确实还没有成为一项有吸引力的职业，离习近平总书记要求的"让农业成为一项体面的职业"还有很大差距。

2. 自变量的特征

（1）新型农业经营主体负责人的基本特征

新型农业经营主体代表了我国农业生产经营的未来和希望，既是我国农业生产经营的核心，也是我国农业生产经营发展的骨干。那么，他们是否愿意聘请科技人员或与科技部门合作呢？其答案应当是多种因素影响的结果，但一定会与新型农业经营主体负责人的特征有密切关系。为此，本书将新型农业经营主体负责人性别、年龄、文化程度、是否为村干部加以统计，并进行调查。

①性别特征。新型农业经营主体负责人以男性为主，女性为辅。男性2232人，占83.06%；女性378人，占16.94%。

②年龄构成。具体表现为：30岁及以下的有417人，占18.68%；31—40岁的有843人，占37.77%；41—50岁的有798人，占35.75%；51岁及以上的有174人，占7.80%。

表6-2　　　　　　　　　新型农业经营主体负责人特征

调查项目	具体性状	数量（人）	占比（%）
性别	男	2232	83.06
	女	378	16.94
年龄	30岁及以下	417	18.68
	31—40岁	843	37.77
	41—50岁	798	35.75
	51岁及以上	174	7.80
文化程度	小学及以下	21	0.94
	初中	759	34.01
	高中（中专）	1011	45.30
	大专	321	14.38
	本科及以上	120	5.37
是否担任村干部	是	201	9.01
	否	2031	90.99

③文化程度。新型农业经营主体负责人以初中和高中文化程度的人为主，小学及以下、本科及以上人员很少，大专文化程度的人占比增加。具体表现为：小学及以下21人，占0.94%；初中759人，占34.01%；高中及中专1011人，占45.30%；大专321人，占14.38%；本科及以上120人，占5.37%。

④担任村干部情况。在村里担任村民委员会领导的有201人，占9.01%；没有担任过村领导的有2031人，占90.99%。

（2）新型农业经营主体负责人家庭特征

①新型农业经营主体负责人家庭人口。按照现代家庭组成，有些是夫妻2人，大部分由夫妻和1—2个子女组成，有些带1—2个老人。因此，确定了家庭人口构成指标分类。具体调查结果为：3人以下的家庭有84个，占3.76%；3人的家庭有555个，占24.87%；4人的家庭有657个，占29.43%；5人的家庭有489个，占21.91%；5人以上的家庭有447个，占20.03%。

②新型农业经营主体负责人家庭收入。根据与新型农业经营主体负责人的座谈交流，新型农业经营主体负责人大部分家庭收入颇丰，也有少数新型农业经营主体家庭贫困，可以说新型农业经营主体负责人家庭收入悬殊。为此，本书将新型农业经营主体负责人家庭收入分为4个区间。调查结果显示，新型农业经营主体负责人家庭收入主要集中在5万元至15万元之间，占62.77%。具体结果为：5万元以下的有222个，占9.95%；5万元至10万元以下的有759个，占34.01%；10万元（含）至15万元的有642个，占28.76%；15万元及以上的有609个，占27.28%。

表6-3　　　　　　　　新型农业经营主体负责人家庭状况

调查项目	具体特征	数量（家）	占比（%）
家庭人口	3人以下	84	3.76
	3人	555	24.87
	4人	657	29.43
	5人	489	21.91
	5人以上	447	20.03
家庭年收入	5万以下	222	9.95
	5万—10万元	759	34.01
	10万（含）—15万元	642	28.76
	15万元及以上	609	27.28

（3）新型农业经营主体状况

①新型农业经营主体注册状况。根据大量走访调查、座谈调查，新型

农业经营主体的登记注册有三种情况：

一是在工商部门注册，领取营业执照。这一类新型农业经营主体负责人文化程度相对较高，对国家政策和形势发展把握较准。这种类型的新型农业经营主体是少数，属于登记注册较为规范的类型，而且真正具备市场主体资格，可以畅通无阻地参与市场经济。

二是在农村经营管理局登记，而没有到工商部门登记注册。这类也不少，一般都是业务量不大、开办时间不长的新型农业经营主体。这类新型农业经营主体的负责人对国家政策了解不全，认为成立新型农业经营主体就可以获得国家补贴款。

表6-4 新型农业经营主体登记注册状况

项目	数量（家）	占比（%）
已登记注册	831	37.23
未登记注册	1401	62.77

三是自己开设而并没有到任何地方登记。这类新型农业经营主体规模小，真正进行规范化的市场交易不多，负责人根本不明白为什么要进行登记，而且这类新型农业经营主体在实践中占的分量很大。据此，调查分为登记注册和没登记注册两类。已登记注册的有831家，占37.23%；没有登记注册的有1401家，占62.77%。

②新型农业经营主体的产业状况。根据座谈调查，新型农业经营主体主要从事种植业、养殖业、种养结合，以及种养结合加农业旅游4种类型，以种养结合为主。调查结果显示，从事单一种植业的有396家，占17.7%；从事单一养殖业的有609家，占27.3%；从事种养结合的有1041家，46.7%；从事种植业、养殖业和乡村旅游结合的有186家，占8.3%。

表6-5 新型农业经营主体产业结构

产业类型	数量（家）	占比（%）
种植业	396	17.7
养殖业	609	27.3

续表

产业类型	数量（家）	占比（%）
种养结合	1041	46.7
种养和乡村旅游结合	186	8.3

③新型农业经营主体土地流转状况。土地流转是新型农业经营主体规模化经营的重要手段，但土地流转的价格成为影响土地流转的重要因素，也产生一些土地流转的纠纷。调查结果总体显示，认为土地流转价格过高的有174家，占7.8%；认为土地流转价格较高的有1551家，占69.49%；认为土地流转价格较低的有417家，占18.68%；认为土地流转价格很低的有90家，占4.03%。

表6-6　　　　　　　　　　土地流转情况

项目	二级指标	数量（家）	占比（%）
你认为土地流转价格	很低	90	4.03
	较低	417	18.68
	较高	1551	69.49
	过高	174	7.80
是否存在土地流转纠纷	是	654	29.3
	否	1578	70.7

④土地流转纠纷状况。农村土地流转纠纷并非个别案例，在一定范围内还较为普遍地存在。调查结果显示，有654家存在土地流转纠纷，占29.3%；有1578家不存在土地流转纠纷，占70.7%。

⑤品牌打造情况。新型农业经营主体大部分都没有自己的品牌，拥有自己品牌的有303家，占13.58%；没有品牌的有1929家，占86.42%。

⑥农产品营销渠道。主要包括企业收购、网上电子平台、集贸市场、合作社统一销售和直接销售，拥有1种销售渠道的有1995家，占89.67%；拥有2种销售渠道的有186家，占8.3%；拥有3种销售渠道的有45家，占2.0%；拥有4家销售渠道的有6家，占0.03%；拥有5种销售渠道的为0。

表6-7　　　　　　　　　　　品牌与农产品营销

项目	二级指标	数量（家）	占比（%）
是否拥有自己的品牌	有	303	13.58
	无	1929	86.42
农产品主要的销售渠道：企业收购、网上电子平台、集贸市场、合作社统一销售、直接销售	拥有1种销售渠道	1995	89.67
	拥有2种销售渠道	186	8.3
	拥有3种销售渠道	45	2.0
	拥有4种销售渠道	6	0.03
	拥有5种销售渠道	0	0

（4）获得社会服务的情况

获得社会服务包括：获得银行贷款的情况、对国家农业保险政策的了解以及参加农业保险的情况、获得社会化服务的情况。

①银行贷款的方式。在座谈调查中，新型农业经营主体负责人纷纷反映，银行贷款已经成为制约新型农业经营主体发展的重要因素。为此，本课题设计问卷调查表，专门就此问题进行了调查。调查显示，有1262家新型农业经营主体靠担保获得银行贷款，占56.54%；有970家靠抵押获得银行贷款，占43.46%。

②农业保险的情况。农业保险是降低农业生产经营风险的重要保障措施，但在实践中，很多新型农业经营主体负责人并不了解农业保险政策，更没有参加农业保险。因此，专门设计了这一问题。调查结果显示，了解农业保险的有723家，占32.93%；不了解农业保险的有1509家，占67.61%。参与了农业保险的有540家，占21.79%；没有参与农业保险的有1692家，占75.81%。

表6-8　　　　　　　　　对贷款和农业保险的认知

项目	二级指标	数量（家）	占比（%）
如果采用借贷方式筹集资金，是担保还是抵押	担保	1262	56.54
	抵押	970	43.46
是否了解农业保险	了解	723	32.93
	不了解	1509	67.61

续表

项目	二级指标	数量（家）	占比（%）
是否参加了农业保险	是	540	21.79
	否	1692	75.81

③获得社会化服务的情况。将获得社会服务分为农产品的市场信息、农机服务、农村信用贷款、农产品销售、农业技术培训、病虫害防治6项。调查显示，能获得1项服务的有1614家，占72.31%；能获得2项服务的有309家，占13.84%；能获得3项服务的有174家，占7.8%；能获得4项及以上服务的有135家，占6.05%。

表6-9　　　　　　　　　获得社会化服务情况

项目	二级指标	数量（家）	占比（%）
当前能够得到农业社会化服务主要有哪些？农产品的市场信息、农机服务、农村信用贷款、农产品销售、农业技术培训、病虫害防治	获得1项	1614	72.31
	获得2项	309	13.84
	获得3项	174	7.80
	获得4项及以上	135	6.05

（5）对国家政策和地方政府服务和治安的满意度

①对国家政策的满意情况。对国家政策很满意和较满意的是绝大多数，共2001家，占89.65%；不满意的是极少数，共231家，占10.35%。

②对地方政府及其服务工作的满意情况。满意和很满意的共759家，占34%；较满意的708家，占31.73%；不满意的765家，占34.27%。

③对村干部工作的满意情况。很满意和满意的共807家，占36.16%；较满意的有627家，占28.09%；不满意的有798家，占35.75%。

④对农村社会治安的满意情况。很满意和满意的987家，占44.22%；较满意的有861家，占38.58%；不满意的有384家，占17.2%。

表6-10 对国家政策、地方政府服务和治安的满意度

项目	二级指标	数量（家）	占比（%）
对国家政策是否满意	很满意	336	15.05
	满意	783	35.08
	较满意	882	39.52
	不满意	231	10.35
对地方政府及其服务工作是否满意	很满意	105	4.70
	满意	654	29.30
	较满意	708	31.73
	不满意	765	34.27
对村干部工作是否满意	很满意	150	6.72
	满意	657	29.44
	较满意	627	28.09
	不满意	798	35.75
你对农村社会治安是否满意	很满意	162	7.26
	满意	825	36.96
	较满意	861	38.58
	不满意	384	17.20

（三）变量含义和赋值

本书设置了4个因变量，即Y1：是否聘用现代化农业生产的技术人员？Y2：是否与技术单位有相关技术合作？Y3：技术运用能否满足企业需求？Y4：是否准备让子女继承农业事业？自变量从X1到X17，具体赋值情况见表6-11。

表6-11 变量含义及赋值

变量	变量含义及赋值	平均值	标准差
因变量			
Y1	是=1，否=0	0.259	0.438
Y2	有=1，无=0	0.363	0.481
Y3	能=1，不能=0	0.331	0.471

续表

变量	变量含义及赋值	平均值	标准差
Y4	是 =1，否 =0	0.355	0.479
自变量			
性别 X1	女 =0，男 =1	0.831	0.375
年龄 X2	30 岁及以下 =0，31—40 岁 =1，41—50 岁 =2，51 岁及以上 =3	1.327	0.866
文化程度 X3	小学及以下 =0，初中 =1，高中（中专）=2，大专 =3，本科及以上 =4	1.892	0.852
是否担任村干部 X4	否 =0，是 =1	0.090	0.286
农业企业经营类型 X5	专业大户 =0，家庭农场 =1，专业合作社 =2，农业产业化龙头公司 =3	1.022	0.884
新型农业经营主体是否注册 X6	是 =1，否 =0	0.372	0.484
是否拥有自己的品牌 X7	有 =1，无 =0	0.136	0.343
是否了解农业保险 X8	是 =1，否 =0	0.324	0.468
是否参加了农业保险 X9	是 =1，否 =0	0.242	0.428
如果采用借贷方式筹集资金，是担保还是抵押 X10	担保 =0，抵押 =1	0.435	0.496
您认为土地流转价格 X11	很低 =0，较低 =1，较高 =2，过高 =3	1.810	0.625
是否存在土地流转的纠纷 X12	是 =1，否 =0	0.293	0.455
对国家农业政策是否满意 X13	不满意 =0，较满意 =1，满意 =2，很满意 =3	1.452	0.870
你创业的治安环境怎么样 X14	很不好 =0，不好 =1，较好 =2，很好 =3	1.899	0.707
对地方政府及其服务工作是否满意 X15	不满意 =0，较满意 =1，满意 =2，很满意 =3	1.044	0.907
对村干部工作是否满意 X16	不满意 =0，较满意 =1，满意 =2，很满意 =3	1.071	0.957
你对农村社会治安是否满意 X17	不满意 =0，较满意 =1，满意 =2，很满意 =3	1.343	0.845

注：调查对象年龄在 20 岁至 55 岁。

（四）实证结果及分析

运用 Stata 15.0 软件得到的模型估计结果如表 6 – 12 所示。可知，模型（1）Pseudo R^2 为 0.1525，LR chi^2（17）为 389.57，其 P 值为 0.0000；模型（2）Pseudo R^2 为 0.1610，LR chi^2（17）为 470.84，其 P 值为 0.0000；模型（3）Pseudo R^2 为 0.0774，LR chi^2（17）为 219.30，其 P 值为 0.0000；模型（4）Pseudo R^2 为 0.0698，LR chi^2（17）为 202.67，其 P 值为 0.0000，模型拟合优度检验指标显示，模型的变量选择和控制较为合理，模型整体有效。拟合优度不够大，表明解释能力偏小，但因为模型中的变量以虚拟变量为主，因此拟合优度仍然合理有效。由于本书为虚拟变量，因此，不需要做边际效应分析，可以直接用二元 Logistic 模型进行分析。

表 6 – 12　　　　　　　　　　二元 Logistic 模型估计结果

变量	模型（1）	模型（2）	模型（3）	模型（4）
性别 X1	− 0.251 * (0.142)	− 0.022 (0.133)	− 0.216 * (0.127)	0.221 * (0.129)
年龄 X2	− 0.261 *** (0.066)	− 0.054 (0.060)	0.091 (0.058)	− 0.447 *** (0.058)
文化程度 X3	0.147 ** (0.067)	0.351 *** (0.062)	0.161 *** (0.060)	0.037 (0.059)
是否担任村干部 X4	0.052 (0.182)	− 0.295 * (0.173)	− 0.102 (0.166)	− 0.449 *** (0.170)
农业企业经营类型 X5	0.433 *** (0.066)	0.341 *** (0.061)	0.127 ** (0.059)	0.124 ** (0.057)
新型农业经营主体是否注册 X6	0.421 *** (0.118)	0.602 *** (0.109)	0.190 * (0.109)	0.533 *** (0.107)
当前是否拥有自己的品牌 X7	1.369 *** (0.144)	0.943 *** (0.146)	0.392 *** (0.137)	0.335 ** (0.137)
您是否了解农业保险 X8	0.435 *** (0.139)	0.613 *** (0.129)	0.595 *** (0.124)	− 0.062 (0.125)

续表

变量	模型（1）	模型（2）	模型（3）	模型（4）
你是否参加了农业保险 X9	0.390 *** (0.148)	0.002 (0.141)	− 0.169 (0.135)	0.031 (0.135)
如果您采用借贷方式筹集资金，是担保还是抵押 X10	− 0.092 (0.110)	− 0.307 *** (0.101)	− 0.246 ** (0.097)	0.190 ** (0.095)
您认为土地流转价格 X11	0.011 (0.086)	− 0.234 *** (0.080)	− 0.051 (0.077)	0.007 (0.076)
是否存在土地流转的纠纷 X12	0.067 (0.120)	0.333 *** (0.111)	0.019 (0.108)	0.165 (0.105)
你对国家农业政策是否满意 X13	− 0.005 (0.073)	0.098 (0.068)	0.147 ** (0.065)	0.219 *** (0.063)
你创业的治安环境怎么样 X14	0.048 (0.090)	0.159 * (0.084)	0.022 (0.080)	0.322 *** (0.080)
你对地方政府及其服务工作是否满意 X15	0.375 *** (0.092)	0.426 *** (0.084)	0.307 *** (0.078)	− 0.052 (0.077)
你对村干部工作是否满意 X16	− 0.093 (0.087)	0.170 ** (0.081)	0.181 ** (0.075)	0.088 (0.074)
你对农村社会治安是否满意 X17	− 0.176 * (0.090)	− 0.301 *** (0.084)	− 0.053 (0.079)	0.061 (0.077)
临界值	2.129 (0.305)	2.329 (0.287)	1.928 (0.275)	1.829 (0.271)
LR chi^2 (17)	389.57	470.84	219.30	202.67
Prob > chi^2	0.0000	0.0000	0.0000	0.0000
Pseudo R^2	0.1525	0.1610	0.0774	0.0698

根据模型估计结果，分别对 4 个模型做具体分析。

1. 对模型（1）的具体分析

模型（1）分析的是新型农业经营主体是否聘用现代化农业技术人员的影响因素，结果显示，在 17 个自变量中有 10 个指标具有显著性影响，系数和影响的方向各不相同，具体分析如下：

（1）新型农业经营主体负责人的性别和年龄对聘请农业技术人员具有负向影响，影响的显著程度分别在 10% 和 1% 。该结果否定了原假设，究其原因可能有两个方面，一是农业技术人员缺乏真正实用的技术。因为新型农业经营主体负责人男性比女性更加理性，年龄大的人比年龄小的人理性，所以理性使他们不愿意聘请技术人员；二是农业科学技术具有不推而广的特点，只要亲朋好友中的任何一个人掌握了这种技术，很快就会在圈内传播开，因此，不需要聘请专门技术人员。

（2）新型农业经营主体负责人文化程度、企业类型和注册情况对聘请农业科技人员具有正向影响，影响的显著程度分别在5%、1%和1%。该结果支持了原假设，分析其原因，因为文化程度越高的人越相信科学技术，企业类型越高的新型农业经营主体越相信科学技术的作用，而且也越需要科学技术的支持，企业注册意味着企业具有了相应的规模，企业负责人有了认真经营管理企业的想法，所以新型农业经营主体负责人文化程度、企业类型和注册情况对聘请农业科技人员具有正向影响。

（3）新型农业经营主体负责人了解农业保险、参加农业保险对聘请农业科技人员有正向影响，影响程度分别在1%的水平上显著。该结果支持原假设，究其原因只要是了解和参加农业保险的企业，说明其负责人具有较高的文化和政策敏锐性，企业也具有相应的规模。规模越大受灾害的影响就越大，因而越愿意去了解并参加农业保险。这一结论从实证上揭示了新型农业经营主体与农业保险之间的内在关系，弥补了人们大多从感性角度认识的不足。

（4）新型农业经营主体负责人对地方政府及其服务工作的满意度和对农村社会治安的满意度分别与聘请农业科技人员正相关和负相关。该结果与原假设基本一致，小有出入，因为新型农业经营主体负责人对地方政府及其服务工作越满意，则对事业越充满信心，越希望把企业做大做强，越愿意聘请农业技术人员。而农村社会治安是影响农业企业发展的重要因素，治安状况不好，则新型农业经营主体负责人对做好事业信心不足。因此，不愿意聘请农业技术人员，就表现为显著负向影响。这一结果明确揭示了农村社会治安与培育新型农业经营主体的关系，并指出了做好农村社会治安工作的重要性。

2. 对模型（2）的具体分析

模型（2）分析的是新型农业经营主体是否与技术单位有相关技术合

作。结果显示，在 17 个自变量中有 13 个指标具有显著性影响，系数和影响的方向各不相同，具体分析如下：

（1）新型农业经营主体负责人文化程度和是否担任村干部分别与是否与技术单位有相关技术合作呈正相关和负相关，分别在 1% 和 10% 的水平上显著。该结果与原假设略有不同。究其原因可能是新型农业经营主体负责人文化程度越高，人脉资源越广，合作的渠道就越充分；而文化程度相对低的人则人脉资源相对贫乏。村干部可能与科技部门打交道多，产生的纠纷就相对多，不愿意与之进行技术合作。

（2）新型农业经营主体企业类型、是否注册和拥有品牌与是否与技术单位有相关技术合作，分别在 1% 的水平上呈显著正相关。因为这些指标都是新型农业经营主体规模和水平的象征，新型农业经营主体规模越大，则意味着其管理水平越高，越需要科技部门的支持，越愿意与科技部门合作。该观点揭示了新型农业经营主体与科技部门合作的内在机理。

（3）新型农业经营主体负责人对保险的了解、土地流转纠纷的存在、对农村社会治安的评价与是否与技术单位有相关技术合作，分别在 1%、1% 和 10% 的水平上呈显著正相关。因为越了解农业保险、越是存在土地流转纠纷，更需要科技部门的支持，就更愿意与科技部门合作。同时，对农村治安越满意，新型农业经营主体越愿意发展，就越愿意与科技部门合作。

（4）新型农业经营主体借贷筹资方式、对土地流转价格的看法与是否与科技部门有相关技术合作，都在 1% 的水平上呈显著负相关。因为新型农业经营主体在发展中，借贷需要抵押就限制了新型农业经营主体的发展，因此，他们难以发展，既不需要也不愿意与科技部门合作。同时，新型农业经营主体认为土地流转价格高，就不愿意再发展，只是维持现状。因此，不需要与科技部门合作。

（5）新型农业经营主体负责人对地方政府满意度、对村干部工作的满意度与是否与技术单位有相关技术合作，分别在 1% 和 5% 的水平上呈显著正相关。因为地方政府和村干部是直接与新型农业经营主体打交道的部门和人员，这些人的态度直接决定新型农业经营主体发展的信心，这些单位和人员让新型农业经营主体越有信心，他们就越有发展的信心，就越愿意与科技部门合作。这一结论进一步证实了地方政府和村干部在培育新型农业经营主体中的重要性。而新型农业经营主体负责人对农村治安状况的看法与是否与技术单位有相关技术合作，在 1% 的水平上呈显著负相关。因为治安状况越差的地方，越需要科技部门的支持。

3. 对模型（3）的具体分析

模型（3）分析的是新型农业经营主体在技术运用方面是否能满足企业需求。结果显示，在 17 个自变量中有 10 个指标具有显著性影响，系数和影响的方向各不相同，具体分析如下：

（1）新型农业经营主体负责人的性别、文化程度与因变量有显著相关性，分别在 10% 的水平上呈负相关和 1% 的水平上呈正相关。因为女性在技术应用上更容易满足，而男性更不容易满足，所以性别与因变量呈负相关；而新型农业经营主体负责人文化程度不同，对技术的理解和要求也不同，文化程度越高的人对技术理解力更强，因此更能满足需要。

（2）新型农业经营主体企业类型、是否注册和拥有品牌与其技术需求的契合性有显著相关性，分别在 5% 、10% 和 1% 的水平上呈正相关。企业类型越高，越注重和科技部门的合作，科技越能满足企业发展的需要。而且企业注册登记本身就体现了企业的实力和企业负责人办好企业的决心。同样，只有相应规模的企业才能拥有自己的品牌。所以，企业类型、企业注册登记和品牌与企业技术的满足度呈正相关。而贷款抵押与其技术需求的契合性在 5% 的水平上呈显著负相关，说明新型农业经营主体贷款抵押已经成为影响新型农业经营主体发展的重要阻碍因素。

（3）新型农业经营主体对农业保险的了解、对国家农业政策的满意度、对地方政府工作和服务的满意度、对村干部工作的满意度与其技术需求的契合性呈显著正相关。这充分说明国家政策、地方政府的服务和村干部的服务并非只是单纯的行政问题，而是包含了提供农业保险服务、技术服务在内的综合影响。

4. 对模型（4）的具体分析

模型（4）分析的是新型农业经营主体负责人是否准备让子女继承农业事业的影响因素。

（1）新型农业经营主体负责人性别、年龄和是否担任村干部与是否准备让子女继承农业事业有显著相关性。性别在 10% 的显著性水平上表现为正相关，而年龄和是否担任村干部分别在 1% 的显著性水平上表现为负相关。这说明男性对问题看法具有开拓性，女性更具保守性。所以男性更愿意让子女继承农业事业，女性更不愿意让子女继承农业事业。年龄越大的人对农业的体会和感受更深刻，越不愿意让子女继承农业事业，担任村干部的人体会到从事农业的不易，越不愿意让子女继承农业事业。

（2）新型农业经营主体的类型、是否注册和拥有品牌与是否准备让子女继承农业事业有正相关性，分别在 5%、1% 和 5% 的水平上显著。说明农业企业经营得越成功，事业做得越大，负责人对农业越充满信心，就越愿意让子女继承农业事业。这是社会学马太效应的典型表现。

（3）贷款抵押、对国家政策的满意度、创业治安环境好坏与是否准备让子女继承农业事业有显著正相关性，分别在 5%、1% 和 1% 的水平上显著。说明这些贷款抵押的主体都是经营做得成功的主体，在事业上比较顺利，所以愿意让子女继承农业事业。新型农业经营主体负责人对国家政策越满意，对社会治安感觉越好，越愿意让子女继承农业事业。因此，"未来谁来种地"并不是一个问题，虽然准备让子女继承农业事业的只有 35.48%，并不是多数，但这正好符合发展现代农业、实行规模化经营的要求。

五　本章小结

（一）研究的基本结论

通过二元 Logistic 模型量化分析，可以得出以下基本结论：

1. 农业科技供给与新型农业经营主体科技需求的契合性不高

调查数据显示，只有 33.06% 的新型农业经营主体认为农业科技供给能够满足其需要。这说明农业科技支撑力度与振兴乡村发展的内在需求还有不小的差距，科技资源向农业农村流动的体制机制障碍依然存在。[1] 而且农民获取农业科技的途径窄，主要依靠大众媒体的传播，只有 24.6% 的人能获得有效指导。[2] 这一结论通过定量分析，科学地证明了人们的感性判断。

---

① 虞洪：《城乡一体化发展背景下四川"三农"科技供需新特征及其耦合机制建构》，《农村经济》2017 年第 2 期。
② 王伟然：《农民获取和使用科技影响因素实证分析》，《山东社会科学》2011 年第 12 期。

2. 新型农业经营主体负责人性别、素质与新型农业经营主体对科技需求的契合性呈显著相关

从性别上看，性别呈显著负相关，说明女性负责人比男性负责人更加依赖和愿意与科技部门合作；从文化程度上看，文化程度越高的人越愿意聘请农业技术人员，越愿意与科技部门合作。从已有研究来看，这个问题较少涉及，本书揭示了不同性别、不同文化程度负责人对待农业科技的态度。

3. 新型农业经营主体的特征与新型农业经营主体科技需求的契合性呈显著正相关

无论是聘请农业技术人员、与科技部门合作，还是对科技需求的契合性，新型农业经营主体发展类型越高、注册登记越规范、品牌打造越好、对农业保险越了解，则农业科技供需的契合性越高。这一结论进一步说明，在培育新型农业经营主体上，必须实行规范化管理，促进新型农业经营主体在规模和质量上提档升级。

4. 新型农业经营主体筹资的抵押、土地流转的价格与其和科技部门合作，及科技需求的契合性呈显著负相关

这说明新型农业经营主体在资金筹措上确实遇到困难，金融机构筹款的抵押要求影响了新型农业经营主体的发展意愿，而且土地流转价格过高阻碍了新型农业经营主体发展意愿。这一结论本身并不是新观点，但以往的研究都是通过感性认识而得出，本书从实证上证明了人们的感性认识。

5. 政策和社会环境对新型农业经营主体科技需求的契合性呈显著正相关

国家农业政策、地方政府的工作、村干部的工作及治安环境，构成了新型农业经营主体发展的政策和社会环境，从某种程度上影响着新型农业经营主体的发展，决定着它们对农业科技的需求。政策和社会环境越好，新型农业经营主体越愿意发展，就越需要科技的支持。反之，就会打击新型农业经营主体发展的积极性。这一结论进一步证实了培育新型农业经营主体，必须抓紧抓好国家政策在地方的落实，必须严厉打击农村村匪村霸等黑恶势力，维持农村良好的社会治安。

6. 农民对国家农业政策的满意度，地方社会治安的好坏直接影响到农民子女继承农业事业的意愿

农业是个弱势产业，也是一个风险很大的产业。在发展新型农业经

营主体中，短期内人们可能具有浓厚的兴趣，但随着时间的推移，有些新型农业经营主体会经历多方面的考验，对于人们是否愿意让子女继承农业事业必然产生深刻的影响。是否从事农业事业并非完全取决于个人的意愿，而是受多种因素影响。我国是一个发展中国家，人们职业的选择首先是谋生的手段，在生存的前提下才是人们的兴趣爱好。因此，培育新型农业经营主体需要国家多方面的政策扶持，需要创造良好的社会治安环境。

（二）研究的启示

根据以上结论，对于制定政策加强管理有以下几点启示：

1. 强化科技传播途径和方式，提高农业科技供需契合度

国家农业和农村部应当加快推进农业农村信息服务普及[1]，提高公益性推广的有效性。同时，可以组织相关专家，精心做好公益性农业科技知识讲座，通过电视、微信等多种渠道向全国进行传播。讲座可以分不同的产业、不同的专业，聘请不同领域的专家，特别是要注重从成功创业的新型农业经营主体负责人中挑选专家，注重技术的操作与应用，做到让农民听得懂、学得会、用得上。通过一系列的改革措施，提高农业科技供给和需求的契合性。

2. 鼓励大学毕业生服务农业，改善农业企业管理层素质

乡村振兴战略是国家的重要战略，实施乡村振兴战略的关键在于人才，既需要管理人才、营销人才，也离不开科技人才。离开了这些人才，美丽乡村的建设将难以想象。[2] 当然，这种人才不是普通的人才，必须爱农业、懂技术、善经营，而且要有精英意识，敢闯敢试、敢为天下先。[3] 这样的人才不可能在现有农村留守人员中产生，应当主要来自高等院校。因此，应当动员鼓励有志于农业生产经营的大学毕业生走向农村，加入或领衔创办新型农业经营主体，从而改善新型农业经营主体管理层的素质，提高

---

[1]　方向明、刘成：《以信息化为先导　推动农业现代化建设：挑战和应对策略》，《新疆师范大学学报》（哲学社会科学版）2018年第4期。

[2]　常纪文：《乡村振兴既要产业生态化　又要生态产业化》，《中国经济导报》2018年7月5日。

[3]　张红宇：《中国现代农业经营体系的制度特征与发展取向》，《中国农村经济》2018年第1期。

新型农业经营主体科学管理水平，真正使农业成为体面有前途的职业。

3. 提升农业类主体管理水平，推动现代农业供给侧结构性改革

必须认清我国农业面临的机遇和挑战，坚持推进农业生产从数量增长向质量提升转变。为此，应当引导新型农业经营主体实施规范化管理，积极推广高效生态循环农业模式，[①] 走有机农业、绿色农业的发展道路。在生产经营中，全力打造企业品牌、产品品牌，推动农业供给侧结构性改革，提升农产品国际竞争力。

4. 优化农业发展配套措施，提升服务农业现代化水平

农业既面临着自然灾害的风险，又面临着市场竞争的风险，需要各项服务措施精心扶持。要探索适合平原、山区、丘陵不同地区的规模化经营制度，引导农业从家庭分散经营走向规模化经营。要推动农业保险创新，引入农业供应链金融，开展农业无息贷款，[②] 扩大农业政策保险的承保范围和赔偿比例，引导商业保险进入农村和农业领域，为农业现代化做好配套服务。

5. 加强对农业政策落实巡视，优化现代农业发展的环境

国家农业政策的落实是鼓励和扶持新型农业经营主体发展的因素，必须认真组织官员和专家相结合的农业巡视组深入农村，巡视国家农业政策的落实情况，召集新型农业经营主体负责人座谈会，了解地方政府、乡镇部门和村委会在支持新型农业经营主体发展上的举措，查处阳奉阴违、弄虚作假，损害新型农业经营主体合法权益的行为，纠正基层的一切不当行为和举措。

6. 强化农村社会治安管理，保持法治公正的社会环境

畅通对农村社会治安的举报途径，严格依法解决农村农民的矛盾和纠纷，防止出现以强凌弱、以势欺人现象的发生。国家在坚持领导巡视的同时，应当派出专家、学者深入农村调查，畅通专家、学者反映问题的渠道。对群众反映强烈的存在社会治安问题的地区，应当督促做好对农村黑恶势力的打击，营造现代农业发展的治安环境。

---

① 廖茂林、杜亭亭、伍世代：《要素结构、技术效率与乡村振兴》，《福建论坛》（人文社会科学版）2018 年第 4 期。

② 陈莫凡、黄建华：《政府补贴下生态农业技术创新扩散机制》，《科技管理研究》2018 年第 4 期。

第七章 新型农业经营主体发展的模式及机制

党的十九大报告谋划出了我国农业现代化发展的路径，即"构建现代农业产业体系、生产体系、经营体系，完善农业支持保护制度，发展多种形式适度规模经营，培育新型农业经营主体，健全农业社会化服务体系，实现小农户和现代农业发展有机衔接"。那么，如何实现中央提出的这一伟大战略呢？关键在于遵循现代农业发展的规律，"培育新型农业经营主体"，同时，又面对我国千百年来的小农经济的现实，"实现小农户和现代农业发展有机衔接"。为此，研究新型农业经营主体发展的模式及机制，具有重要的意义。

一 发展新型农业经营主体的紧迫性

（一）实施乡村振兴战略的迫切需要

1. 新型农业经营主体是乡村振兴战略的载体

党的十九大报告描绘出了乡村振兴战略的宏伟蓝图，并提出"要坚持农业农村优先发展，按照产业兴旺、生态宜居、乡风文明、治理有效、生活富裕的总要求，建立健全城乡融合发展体制机制和政策体系，加快推进农业农村现代化"。① 农业现代化是"四化"同步发展的重要内容，是实现乡村振兴战略的必然选择。那么，如何实现乡村振兴战略呢？在现有农村土地家庭承包的基础上，必须找到适合中国国情的适度规模经营之路。

---

① 习近平：《决胜全面建成小康社会　夺取新时代中国特色社会主义伟大胜利——在中国共产党第十九次全国代表大会上的报告》，https://baike.so.com/doc/26977428 - 28349341。

现有以家庭为单位的土地分散经营体制，确实解决了全国人民的温饱问题。但农业需要进一步发展，需要满足农民从温饱走向富裕的要求，必须实现规模化经营。在维持农村土地家庭承包经营的前提下，只有通过新型农业经营主体才能把土地集中起来，实现适度规模经营；也只有实现适度规模经营，才能"构建现代农业产业体系、生产体系、经营体系，完善农业支持保护制度，发展多种形式适度规模经营，培育新型农业经营主体，健全农业社会化服务体系，实现小农户和现代农业发展有机衔接"①，农业生产的机械化、科学化、集约化才能实现。在农村土地家庭承包的条件下，离开了新型农业经营主体，农业的现代化将无从谈起，可以说新型农业经营主体是实现乡村振兴战略的载体，培育新型农业经营主体是实现乡村振兴战略的重要举措。

2. 新型农业经营主体是壮大集体经济的形式

乡村振兴必须依靠集体经济的发展。党的十九大报告指出，深化农村集体产权制度改革，保障农民财产权益，壮大集体经济。那么，如何壮大集体经济呢？在计划经济年代，曾出现过"三级所有，队为基础"的模式。这种模式的构建因为违反了产权理论或现代经济组织的法律规则，被戏称为"吃大锅饭"遭受了无情的批判②。那么，在农村土地家庭承包经营的形式下，农村集体的土地已经由农户分别承包经营，村集体已经没有任何资产。其结果导致极端利己主义盛行，美丽乡村建设难以落到实处。特别是虚置的集体土地所有权、空壳的集体经济根本无力支撑农村的公共产品和公共服务供给，无力提供农民普遍持续增收的动力③。为此，中央多次提出要大力发展农村集体经济。

那么，农村应当如何实现集体经济呢？中共中央、国务院在《关于稳步推进农村集体产权制度改革的意见》中明确指出，因地制宜探索农村集体经济有效实现形式。新型农业经营主体既包含可以整村联合的农民专业合

---

① 习近平：《决胜全面建成小康社会　夺取新时代中国特色社会主义伟大胜利——在中国共产党第十九次全国代表大会上的报告》，https://baike.so.com/doc/26977428-28349341。

② 杨一介：《我们需要什么样的农村集体经济组织》，《中国农村观察》2015年第5期。

③ 许中缘、崔雪炜：《"三权分置"视域下的农村集体经济组织法人》，《当代法学》2018年第1期。

作社、农业产业化龙头公司，也包含可以小规模或中等规模的产业联合、行业联合、就近联合。具有形式多样、机制灵活的组织形式和特点。而且所有新型农业经营主体都以农村土地家庭承包为基础，通过集体经济的组织形式，开展产业联合、生产联合、经营联合，既坚持了农村土地集体所有制的原则，防止出现极端私有化；同时，在不改变家庭承包经营形式的前提下，又能组织农户走上集体经营的道路，适应现代经济发展和市场竞争的需要。需要进一步指出的是，这种集体形式既不是传统的"大锅饭"形式，也不是土地私有化的形式。新型农业经营主体以合作为基础，以股份为拓展手段，属于《中华人民共和国民法总则》中规定的"特别法人"组织。因此，新型农业经营主体是壮大集体经济的重要组织形式。

3. 新型农业经营主体是美丽乡村建设的条件

早在 2013 年习近平总书记在考察城乡一体化建设时就指示，"实现城乡一体化，建设美丽乡村，是要给乡亲们造福，不要把钱花在不必要的事情上，不能大拆大建"①。美丽乡村建设带动农村风气的好转，提升农村精神文明建设的水平，带动乡村旅游和特色农业的发展。美丽乡村建设已经成为推动农村经济发展的重要抓手，成为新农村建设的重要内容。2017 年12 月召开的中央农村工作会议强调："遵循乡村发展规律，扎实推进美丽宜居乡村建设。"② 推进美丽乡村建设，必须做好农村"统"与"分"的结合，习近平总书记"统"的思想集中体现在以共同富裕为目标，走更高质量、更有效益、更加公平、更可持续且符合市场经济要求的农村新型集体化、集约化发展道路。③

那么，传统的家庭经营以分散经营为特点，确实能充分调动家庭的生产积极性，但难以实现集约经营，难以实现美丽乡村建设。通过新型农业经营主体的培育和运作，可以促进分散经营的土地向家庭农场适度集中，既便于农田水利设施的建设，也便于机械化操作和规模化种植。同时也为

---

① 习近平：《建设美丽乡村　撸起袖子加油干》，央视网，2017 年 2 月 28 日。
② 新华社：《中央农村工作会议在北京举行，习近平作重要讲话》，中国共产党新闻网，ht-tp：//cpc. people. com. cn/n1/2017/12/29/c64094 - 29737103. html。
③ 张杨、程恩富：《壮大集体经济、实施乡村振兴战略的原则与路径》，《现代哲学》2018年第 1 期。

农村特色小镇建设创造了条件。特色小镇既不同于传统的城镇，也不同于传统的农村。特色小镇没有传统城镇的规模，但可以吸收传统城镇的优点。特色小镇可以集乡村社区、教育、医疗、养老、居住于一体。如果没有以新型农业经营主体为载体的规模化经营，就不可能有特色小镇的建设。

（二）城乡一体化统筹发展的迫切需要

1. 城乡统筹发展需要新型农业经营主体做载体

长期以来，我国实行的是城乡分割的二元体制。在计划经济年代，由于物资的匮乏，农村和城市之间就像横着一道不可逾越的鸿沟。改革开放以来，随着我国物质资料的不断丰富，城市工业化突飞猛进，对劳动力的需求增大，因此，城镇化更多地表现为土地城镇化与劳动力城镇化①，而农村实现土地家庭承包，广大农民从土地中解脱出来，纷纷奔向生产效率更高的城市。由于我国实行城乡二元体制，我国就业保障制度并没有覆盖到全体农民，致使多数进城农民虽然在城市就业，但工作极不稳定②，成为一种特殊的群体——农民工。因此，2007 年党的十七大报告提出了建立城乡社会经济发展一体化的新格局，立刻引起广大学者的关注，成为国家发展的重大战略。2008 年党的十七届三中全会进一步提出了要解决城乡二元结构带来的一系列问题。为此，城乡一体化的具体战略开始推行。

那么，城乡一体化怎么发展呢？首先是打破城市和农村的身份界限，改革户籍制度，统一实行居民户口。这种改革已经完成，如果仅仅停留在这个层面，并不能实现真正的城乡一体化，还需要统筹城乡的资源分布，建立城乡统一的公共福利制度，形成统一的劳动力市场。为此，农村富余人员必然要从离土不离乡的农民工转变为城镇居民，已经承包的土地要经过流转等办法实行规模化。因此，需要大力发展新型农业经营主体，使之成为土地受让的载体，同时，需要新型农业经营主体承担起农产品供应的责任和任务。

---

① 许经勇：《城乡一体化视野下的小城镇发展战略研究》，《东南学术》2018 年第 2 期。
② 吴业苗：《城乡二元结构的存续与转换》，《浙江社会科学》2018 年第 4 期。

2. 城乡统筹发展需要相对集中统一的意志做支撑

城乡一体化既需要政策的引导，更需要人民群众的支持。在农村土地分散经营的状况下，人们形成了以自我利益为中心的极端思想。在城乡一体化的大背景下，既要通过政策将进城务工的农民转变为城市居民，又要解决农村出现人口、土地、产业、服务等空心化的现象。[1] 因此，需要广大农民有相对集中统一的意志做支撑，无论是农村土地的规模化经营还是城乡统筹规划，都必须形成集中统一的意志，也就是必须通过一定的组织形式把分散的农民组织起来。而新型农业经营主体因为经营的规模性、企业的组织性、内部管理的统一性，正是把分散的农民联结成为一个整体的合适的经济组织形式。这种组织形式既保留了家庭对集体土地享有的承包权，又克服了完全分散经营的许多弊端。因此，城乡统筹发展必须以新型农业经营主体为载体，才能实行乡村振兴战略。只有通过大力发展新型农业经营主体，才能实现城乡统筹布局，实现农村人口逐步有序地向城镇转移，从而促进城乡一体化的实现。

3. 城乡统筹发展需要相对雄厚的集体经济做配套

在大力发展城镇化的大背景下，我国农村劳动力大量进城。随着年轻人离村进城，传统的村庄正在逐步空心化并失去活力，传统的农民与村庄渐行渐远，传统村落正面临着在中国行政版图上消失的趋势[2]，取而代之的必然是以特色小镇为载体的乡村社区。建设特色小镇将成为城乡统筹发展的必然选择，特色小镇必然成为我国行政管理组织的重要组成部分。建设特色小镇需要对农村的居住重新布局规划，让农民就地市民化。这应当是城乡统筹发展的核心要义，也是实现农业现代化的必由之路。

城乡统筹发展需要大力发展乡村特色小镇，建立乡村社区，重新设计乡村社区的组织机构，培育乡村公务员和新型职业农民。同时，要加大农田水利基础设施建设，为现代农业的发展提供条件。这些既需要国家转移支付资金的扶持，也需要强大的集体经济做配套。在农村集体土地家庭承

---

① 易文彬：《马克思主义城乡观及其对我国农村空心化治理的启示》，《河南大学学报》（社会科学版）2018 年第 1 期。

② 伍嘉冀、杨君：《走向"终结"抑或迈向转型：传统"小农"的现代转向》，《西北农林科技大学学报》（社会科学版）2018 年第 1 期。

包经营形式下，新型农业经营主体是集体经济组织的最佳表现形式，能有效地壮大集体经济。因此，必须大力培育新型农业经营主体。

（三）农业供给侧结构性改革的迫切需要

1. 农业供给侧结构性改革需要统一谋划

农业历来是比较效益较低的产业，但近年来，国家采取了以工补农、以城带乡的扶持农业政策，促进了农业的增产和农民的增收。但自 2016 年以来，我国农业生产出现了粮食产量、库存量和进口量"三量齐增"，财政支农负担加重，农业结构亟待调整的状况。[①] 为此，习近平总书记敏锐地洞察到了这一问题，提出了农业供给侧结构性改革的英明论断。农业供给侧结构性改革思想的核心要义在于，根据我国不同区域农业资源禀赋的特点，划分农业生产功能区，不同的功能区生产不同的作物。这样，就可以充分利用农业资源禀赋。为此，就必须调整农业产业结构，提高农产品品质，实现有机绿色发展。实现这一目标，需要统筹安排，统一谋划。

农业生产功能区为新型农业经营主体的成长创造了条件，为实现规模化经营提供了可能。但是，要把农业生产功能区建设好、发展好，并充分发挥农业生产功能区的作用，必然要培育大批新型农业经营主体。培育新型农业经营主体，成为实现农业现代化不可跨越的重要环节。

2. 农业供给侧结构性改革需要统筹调整

农业供给侧结构性改革的关键在于农业生产必须提质增效，农产品品质必须向有机、绿色迈进。实现提质增效必须调整农业生产经营管理的思路，从提高产品品质开始，实现产品销售的优质优价。但在人们对提高农产品品质的紧迫性普遍缺乏认识的情况下，实现农业供给侧结构性改革的目标，需要通过制定政策统筹调整人们的思路和行为。

需要调整农产品政府补贴政策。农产品数量大而质量不高已经成为人们的共识，究其原因可能有很多。如何引导农业生产者从重视数量向重视质量转变，需要国家调整政策，引导生产者调整生产思路。决定生产者行

---

① 潘世磊：《农业供给侧结构性改革与财政支农能促进农民增收吗?》，《经济问题探索》2018 年第 2 期。

为的直接因素是经济利益，为此，国家应当调整对农产品的政府补贴政策，将对一般生产者的补贴调整到对优质农产品生产者的补贴。

需要调整农产品价格指导政策。长期以来，国家为了保护广大农民的生产积极性，对农产品实行最低保护收购价。这样，虽然保护了农民的生产积极性，但也刺激了农民的生产偏好，导致农产品供给失衡。为此，应当放开对普通农产品的价格保护，而实行对优质农产品的最低收购价保护。基于此，如果面对单家独户的分散经营主体，保护优质农产品价格的政策就难以实施。因此，需要大力培育新型农业经营主体，推行规模化经营模式，以便对农产品生产经营主体进行监督考察，从而保证保护优质农产品价格政策的实施。

需要调整国家农业金融扶持政策。众所周知，农业生产面临着巨大的生产经营风险，需要国家金融政策的扶持。实施金融扶持政策，不可能面向分散经营的千家万户，国家需要统筹考虑，鼓励真正的优质农产品生产经营。因此，只能面向新型农业经营主体。为此，大力培育新型农业经营主体，是促进农业供给侧结构性改革的需要。

3. 农业供给侧结构性改革需要品牌引领

驰名和著名的农产品品牌，是扩大农产品市场占有率，实行农业供给侧结构性改革的重要影响因素。但打造农产品品牌既需要相应的规模，也需要相应的市场营运措施。只有实行规模化经营，按照标准化的生产流程生产，才能保证农产品质量的稳定，才有可能把农产品打造成品牌。通过品牌引领，才能实现农业供给侧结构性改革。而品牌的打造，既需要相应的时间，也需要经营主体有相应的规模和经济实力，而这些必备的条件是分散经营的农户不可能达到的。因此，在实施农业供给侧结构性改革中，打造农产品品牌，必须培育新型农业经营主体，充分发挥新型农业经营主体的骨干作用。

（四）适应农业机械化生产的迫切需要

1. 农村劳动力发生了显著变化

改革开放以来，我国农民的生产力得到极大的解放，农村劳动力大量向城镇转移，第一产业占比快速下降。2002 年，全国第一产业从业人员占比 50%，第二产业从业人员占比 21.4%，第三产业从业人员占比 28.6%。随着改革的深入推进，我国第一产业从业人员占比逐年下降，第二产业从业人员占比略有上升，第三产业从业人员占比大幅度上升。到 2016 年，第一产业从业人员占比 27.7%，比 2002 年下降了 22.3 个百分点，第二产业从业人员占比 28.8%，比 2002 年上升了 7.4 个百分点，第三产业从业人员占比 43.5%，比 2002 年上升了 14.9 个百分点。[①]

我国三次产业从业人员分布的变化，主要是农民工大量进城的结果。自 2008 年起，国家开始统计农民工数量。从农民工数量的变化可以管窥农村留守人员的状况。2008 年全国有劳动就业人员 77480 万人，其中有农民工 22542 万人，农民工占全国就业人数的 29.1%。农民工中有外出农民工 14041 万人，占农民工总数的 62.3%[②]。也就是说农民大量外出务工，已经成为长年居住在城市里的产业工人，而且这种状况仍在继续并会加大转移量。2016 年农民工达到 28171 万人，占劳动就业人员总数的 34.9%，农民工中有外出农民工 16934 万人，占农民工总数的 60.1%。

从中可以看出，我国农村劳动力转移正在加速，而外出务工的农民工数量仍然变化不大。这表明，农业现代化与"四化"同步发展的要求还有相当大的差距。第一产业就业人口大量减少应当说是社会的进步，是科学技术发展的重要表现。但问题总是有两个方面：一方面，第一产业就业人数的减少为实现农业现代化创造了条件，另一方面，留在农村从事农业生产的人员素质快速下降。在留在农村从事农业生产的人员主要是妇女、老人，在这种情况下，农业生产应依靠新型农业经营主体来完成。因此，必须大力培育新型农业经营主体。

2. 农业生产方式发生根本改变

在以家庭为生产经营单位的条件下，传统的农业生产方式主要依靠人力、畜力。随着农村劳动力大量转移，一些人又发出了"今后谁来种地"的疑问。观察农村的现状，青壮年劳动力确实在减少。那么，我们是不是就怀疑农村劳动力的转移的正确性呢？其实，随着农村劳动力的减少，农

---

① 根据 2002—2016 年度《人力资源和社会保障事业发展统计公报》整理。
② 根据 2008 年度《人力资源和社会保障事业发展统计公报》整理。

业生产配套服务正在形成和完善，新型农业经营主体，特别是农民专业合作社已经承担起了农田耕种、育苗、栽种、植保、收割和加工等一系列服务。2016 年，我国农作物耕作、播种、收割综合机械化率达到 65.2%，农业科技进步贡献率达到 56.2%，农产品加工转化率达到 65%。① 只不过，当前的配套服务尚需进一步完善。

城镇化已经成为不可逆转的发展趋势，农村人口应当进一步转移。纵观发达国家农业人口的情况，一般不超过总人口的 5%，考虑到我国人口众多的特殊性，农业人口也应当逐步控制在 15% 以下。农业生产依靠现代农业技术和手段，实行规模化经营，既能降低生产成本，提高经济效益，又能发挥机械化的作用。实现机械化是现代农业发展的必然要求，是农业生产规模化经营和连片种植模式的必然选择。只有实行农业机械化，大量农村劳动力才能从繁重的农业劳动中解放出来，并从第一产业向第二产业、第三产业转移，从乡村向城镇转移，从而有力地推动城镇化发展的进程。② 规模经营是现代农业的必然产物，传统的家庭经营不可能承担规模经营的重任。因此，必须培育新型农业经营主体。

3. 农业效益提升需要现代手段

我国农产品国际竞争力不强，主要原因是缺乏价格优势，虽然国家已经投入了大量农业补贴，但并没有发挥出提升国际竞争力的应有作用。那么，影响我国农产品国际竞争力的主要因素是什么呢？理性地分析我国农业的现状，分散经营的形式和传统经营的手段对我国农产品的国际竞争力造成了许多负面影响。要解决这一问题，只能在农业生产上增强现代化手段，实行农业生产和农村经营体制的改革。在经营体制上，逐步从以家庭生产经营为主转变为以新型农业经营主体为主；在经营方式上，逐步以分散经营为主转变为以规模化连片经营为主；在经营理念上，逐步从靠数量取胜转变为靠质量取胜；在生产方式上，逐步从各自为政的生产转变为标准化生产。而实现这些转变，必须依靠新型农业经营主体。因此，培育新

---

① 中华人民共和国国家统计局：《2017 年农业农村发展再上新台阶，基础活力明显增强——党的十八大以来我国经济社会发展成就系列之三》，http：//www.stats.gov.cn/tjsj/sjjd/201706/t20170622_1506090.html。

② 江泽林：《机械化在农业供给侧结构性改革中的作用》，《农业经济问题》2018 年第 3 期。

型农业经营主体是一项紧迫的任务。

（五）提高农产品标准化的迫切需要

1. 未来市场需要标准化的农产品

近年来，连续几个中央一号文件都明确提出，要全面提升农产品质量和食品安全水平。因为我国农产品早已走向世界，成为农产品出口大国。特别是近年来，农产品出口数量快速增长。2002 年我国农产品出口量只有180. 2 亿美元,[1] 2017 年我国农产品出口达到751. 36 亿美元,[2] 按人民币折算为5080 亿元，占我国出口总额的3. 3%[3]。虽然农产品出口的份额占整个出口产品贸易的份额还很小，但和2002 年相比有了大幅度的增长，增幅达到316. 96%，平均每年增长21. 1%。虽然我国粮食出口远远大于粮食进口，但中国的农业国际竞争力仍然不强，不仅生产成本居高不下，而且农产品品质不高。[4] 2006—2015 年中国出口农产品被世界发达国家通报1450 余次，其中95% 以上来自美国、欧盟和日本。[5] 分析农产品被通报的原因，主要是农产品缺乏标准化的生产，产品质量不合格，每年中国农产品出口因质量问题损失40 亿—90 亿美元。[6] 要提高我国农产品质量，必须走标准化的生产道路。因此，必须大力培育新型农业经营主体，促进规模化经营，才能稳定提升农产品质量。

2. 品牌打造需要标准化的生产

习近平总书记提出了农业供给侧结构性改革的重要战略，推行农业供给侧结构性改革，重在改善农产品质量，提高农产品的市场竞争力，打造农产品驰名商标和品牌。而农产品品牌的打造需要长期的质量稳定，需要足够大的市场占有率，同时需要强大的市场竞争力，这些目标的实现必须

---

① 中华人民共和国商务部：《中国对外贸易形势报告》，http：//wms. mofcom. gov. cn/。

② 根据中华人民共和国海关总署发布数据整理。

③ 中华人民共和国商务部：《中国对外贸易形势报告》，http：//www. mofcom. gov. cn/。

④ 魏后凯、韩磊、胡冰川：《粮食供需关系变化新形势下转变农业生产方式研究》，《河北学刊》2018 年第 1 期。

⑤ 王纪元、肖海峰：《中国出口农产品质量及国际比较》，《农业技术经济》2018 年第 3 期。

⑥ 杨路、胡小品：《我国出口农产品农药残留超标的原因及策略选择》，《对外经贸实务》2016 年第 10 期。

依靠规模化的经营方式。

自实行以家庭为单位的土地承包经营模式以来，我国农业规模化经营就已经成为一个相对概念，在新时期成为追求的新目标。在生产规模和效益的研究上，有学者通过计量经济学进行分析，证实只有玉米、小麦、棉花等显现出一定的规模效应，其他农产品生产的规模效益不明显。小农化、分散化仍然是我国绝大部分农产品采取的生产方式。① 因此，农业机械化程度低，生产的标准化差。

要成功地打造农产品品牌，必须实行标准化生产，必须大力培育新型农业经营主体。只有以新型农业经营主体作为农业生产的组织形式，才可能实现规模经营，从而促进农产品的标准化生产。

3. 规模经营是实现标准化的路径

实现农产品生产的标准化，就是要用工业生产的理念来指导农业生产。工业生产的最大特点就是规模化经营。那么，农业生产的规模经营，就是要从绝对分散经营中逐步提高统一的成分。我国农产品生产主要依靠大自然，缺乏统一的标准。如果没有相应的经营规模，生产者必然各行其是，就不可能有标准化的生产和标准化的产品。为此，在新的形势下，农业生产的供给必须从提高数量转向提高质量，建立起以规模化、集约化、绿色化、工业化和社会化为特征的新型现代农业生产方式;② 也只有实现了规模经营，才可能保证实现标准化生产，从而提高农产品品质。

二　发展新型农业经营主体的平原模式机制

我国平原地区是重要的商品粮棉油生产基地，具有连片生产经营的天然条件，走联合发展的道路已经成为人们的共识。但在家庭承包经营的体制下，每家每户都已经成为独立的利益主体，而联合必须使分散的农户成为共同利益主体。那么，如何才能走向联合呢？中央提出了培育新型农业经营主体的发展战略，经过几年的实践，我国新型农业经营主体正蓬勃

---

① 喻美辞、王增栩：《中国农产品出口的本地市场效应研究》，《华中农业大学学报》（社会科学版）2018 年第 3 期。

② 魏后凯、韩磊、胡冰川：《粮食供需关系变化新形势下转变农业生产方式研究》，《河北学刊》2018 年第 1 期。

发展，成为提升我国农产品市场竞争力，推进现代农业标准化生产的主力军。①

但新型农业经营主体必须依赖于连片的土地，才能实现规模化经营。而我国实行的是农村集体土地，农民分户承包经营的模式。农民专业合作社如何实现规模化经营呢？由于承包土地细碎，难以实现成片经营。因此，广大农民群众充分发挥自己的聪明才智，创造出了多种联合的方式，而且每种联合方式体现出不同的特点和适用条件。湖北省公安县在发展现代农业的改革中，探索出了土地股份合作社模式，为新型农业经营主体的成长提供土地条件。

（一）农户联合农民专业合作社经营模式

1. 农户联合经营的方式

在家庭承包经营条件下，农户之间相互成为独立的利益主体，无论是生产、经营都分散操作。因此，生产经营成本高，资源不能共享。为此，人们经过探索，找到了最简单的联合经营办法，就是成立农民专业合作社。

农民专业合作社就是相同行业的生产经营者，采取生产经营部分联合的方式，实行生产经营上的互助协作，共享生产经营资源，节约生产经营成本，扩大市场话语权，发挥抱团闯市场的优势。我国普遍实行的农民专业合作社就是这种类型，这在家庭承包经营的基础上应当说是一大进步，对于克服分散经营的缺陷起到了一定的作用。

成立农民专业合作社的方法：5个及以上同行业生产经营者发起人，联合周边农民、农业生产资料公司、农业技术推广人员等，登记注册。

2. 农户联合经营的机理

农户联合成立农民专业合作社，在经营上具有明显的优势，可以获得分散经营情况下难以获得的利润，其经营机理在于实行统一经营分户管理的模式。

（1）统一生产规格。合作社社员统一生产规格，比如将经营的土地划分为若干块，统一每块土地的形状、面积，以便实行分户生产经营和管

---

① 聂媛媛等：《六次产业论下生态农业标准体系构建》，《中国科技论坛》2018年第3期。

理。这样做有利于实行统一管理，包括管理的责任制定、利益分配的考核审查、农业机械的生产操作等，能够做到标准化、规范化，从而节约生产成本，形成规模效应。

（2）统一种苗供应。农作物的种子苗木不仅决定农作物品质的好坏，而且决定农作物产量的高低。农民专业合作社通过统一种苗供应，为促进合作社社员实行生产流程的标准化、产品质量的标准化、品牌打造的统一化奠定基础。

（3）统一技术指导。农民专业合作社对社员实行统一的技术指导，既可以做到生产的标准化，促进产品品质的提升，也可以节约技术指导资金，降低生产成本。

（4）统一生产资料。农民专业合作社作为一个集体出现在市场上，在生产资料的购买上，以合作社作为一个单位与供应商洽谈生产资料供应，既避免了社员分别与供应商谈购买价格、相互竞争的尴尬，又享有购买数量上的优势，从而可以在谈判上掌握主动权，最终以较低的价格购买到相应的生产资料。

（5）统一商品品牌。商品品牌的形成既需要高质量的产品，也需要一定数量的市场占有率。农民专业合作社统一注册商标，统一策划广告宣传，统一商品销售价格，统一策划市场开拓，可以做到有计划、有目的地扩大市场占有率，提高商品的知名度，从而将合作社和商品打造成知名企业、知名商品、著名商标，甚至驰名商标。

（6）统一市场营销。农民专业合作社统一建立市场营销体系，所有社员的产品由合作社统一对外销售，既避免了合作社社员相互之间的竞争，又可以形成市场竞争的合力，节省市场开拓的费用。

3. 农户联合经营的条件

《中华人民共和国农民专业合作社法》（简称《农民专业合作社法》）第二条明确指出，农民专业合作社是指在农村家庭承包经营基础上，农产品的生产经营者或者农业生产经营服务的提供者、利用者，自愿联合、民主管理的互助性经济组织。解读这一定义，就可以清楚地知道，农户联合经营必须具备三个条件：

（1）相同或关联产业。相同产业的农民联合经营，就可以实现农民专业合作社生产、经营环节的管理统一，真正发挥农民专业合作社的作用。促进农产品溢出效应的产生和发挥。关联产业联合，可以发挥不同产业在不同环节的优势，实行产业链向前和向后的延伸，发挥同一产业链中不同产业环节相互补充的整体效应，减少中间环节的盘剥，把利润最大限度地留在合作社内，实行合作社成员利益的共享。

（2）自愿形成联合体。依照《农民专业合作社法》的规定，农民专业合作社必须是农民之间的自愿联合，所有成员一律平等，自愿加入合作社这个组织，共同经营，共享收益，依据贡献大小分配收益。

（3）能统筹经营管理。依照《农民专业合作社法》的规定，农民专业合作社必须实行民主管理，也就是说合作社要充分发挥社员的作用，合作社的事情由社员共同协商决策。

[**典型实例**] 国家级示范合作社——湖北省公安健明蔬菜种植专业合作社的联合发展之路

（1）农民专业合作社成立的缘起

合作社理事长周明长期经商，2009年从海南回到家乡，参加镇政府召开的一个回乡创业人员大会。经过外出考察，以每年每亩800元的价格在城郊高强村流转了70亩土地，签订了15年的流转合同。周明联合5个朋友作为发起人，成立了公安县健明蔬菜种植专业合作社。合作社投资100万元建起了60个农业种植大棚，建起了配套的办公室、养猪场。合作社一方面统一规划果蔬生产，另一方面谋划实行产供销一条龙的服务。合作社统一建起了果蔬配送中心，注册"健民绿农"特色商标。

（2）农民专业合作社发展的模式

2011年合作社申请无公害认证，经过土样、水样、空气化验等一系列的检测，合作社果蔬通过无公害认证。为了满足市场需要，降低生产成本，经合作社理事会商量，决定扩大种植规模。通过社员带土地入社、由合作社统一经营分户管理的办法，新增加社员40户，统一建成200亩大棚基地，分户承包管理。每亩（习惯亩1000平方米）每年按600多元承包，社员根据能力大小自愿承包大棚。合作社统一技术指导，统一销售，统一购置种子肥料，统一品牌。合作社社员每亩毛利润可以达到1万元，是原来传统棉花种植的4—5倍。2011年下半年，合作社分别在公安县杨场镇、斗湖堤镇高建村建立合作社分社,新吸纳一批社员,到 2012 年,合作社成员发展到 200 多户社员,土地 2000 多亩。

(3) 农民专业合作社管理的模式

合作社管理模式可以概括为:综合生产、统一经营、分户管理、统筹营销。

综合生产即形成了蔬菜、水果、粮食、农作物种植,蔬菜、水果种苗繁育、销售,畜禽、水产品养殖及其种畜禽繁育生产基地。

统一经营即社员的产品由合作社统一组织收购、净选、分装、加工、销售,社员所需农业生产资料由合作社统一采购,为成员提供农业机械化作业服务。同时,合作社统一安排技术人员对社员进行技术指导,并组织社员开展合作社生产经营、农产品种养殖繁育加工经营及农业机械化作业服务有关的技术交流,提供信息咨询服务。

分户管理即农民带自己承包的土地加入合作社,合作社统一设计蔬菜大棚,统一组织大棚安装,再承包给农户分户负责管理。

统筹营销即合作社在荆州市城区、公安县城建立了多个城市社区配送站,将社员的产品统一收购起来,由配送站根据社区居民的需要,分送到社区居民家中。合作社实行了生产配送一体化、产供销服务一条龙的统一营销模式。

(二) 土地股份合作社模式

1. 土地股份合作社的由来

农民专业合作社是实现规模经营的一种选择和路径,但由于许多村庄在划分承包经营土地时,为了让各家各户承包的土地肥瘦一样,离自己的住房远近一样,将村里的每块土地都细分为若干小块,分别承包给不同的农户,这样就形成了生产经营的土地细碎化、条块化现状。在发展农民专业合作社的过程中,任何一户农民不加入专业合作社,合作社经营的土地就很难连接成片。如果这个问题不克服,农民专业合作社就难以成长壮大。如何克服这一问题呢?湖北省公安县委、县政府主要领导带头下乡调查,广泛征求群众意见,根据农村土地问题的实际,探索出了土地股份合作社的模式。县里组织相关专家集中讨论,制定土地股份合作社的通用章程模板、股东会决议模板，供全县各个村在推行土地股份合作社时参考。

2. 土地股份合作社的运作模式

（1）成立土地股份合作社组织

由村两委召开全村村民会议，宣传农村土地股份合作社的性质、做法、必要性等。在宣传学习的基础上，开展广泛的讨论。在讨论的基础上，动员全体村民签订土地流转合同。对于部分在外打工的人员，将合同寄至打工地，由本人签字后寄回村里，作为土地流转的依据。

土地流转合同签订后，由全体村民推举土地股份合作社理事会成员、监事会成员，一般由村委会领导兼任，实行村社合一的管理体制。土地股份合作社理事会负责土地的具体流转、对外承包、收益分配等事宜。

（2）实行土地收益保底分红制

成立土地股份合作社后，如何保证社员的收益？根据本地农业生产经营的实际，采取保底收益加分红的办法，确保每户农民的收益有保障。按照湖北省江汉平原的收益水平，采取每平方米每年1元钱的收益进行确定。由合作社负责人和每户农民签订合同，一般标准亩每亩每年确保收益不低于600元，习惯亩（每亩1000平方米）每亩每年不低于1000元。

合同签订后，农民就变成了社员，社员既可以安心外出打工，收益又能得到保障。不外出而留在村里的社员，根据自己的技术能力和身体状况，本着自愿的原则，由村里统一联系可以在合作社就地打工。

（3）组织好合作社土地的经营安排

土地股份合作社成立后，首先要考虑的是保证社员的收益。为此，土地股份合作社理事会，根据当地的情况，或自己组织生产经营，或与市场主体对接，签订承包经营合同，由市场主体负责经营，合作社负责提供基础设施建设协调、劳务工派遣等配套服务。

（4）组织做好富余劳动力的安置工作

为了保证合作社有充足的劳动力，同时，为留在村里有工作意愿的社员联系工作，村里同时成立劳务合作社。合作社成立以村主要负责人为主的理事会，建立劳务派遣平台。有打工意愿的社员，在劳务合作社登记。当市场主体有用工需要时，由劳务合作社负责向市场主体派遣，并直接向从事劳务的社员支付报酬。

3. 土地股份合作社的运作机理

(1) 家庭承包土地确定权益不确定地块

从农村土地的产权属性上分析，农村属于集体所有权。在不同的经营形式下，每家每户体现其享受集体所有权的方式不同。在计划经济年代，享受的是平均主义，土地资源本身与每个人的总收入并不挂钩，而是以记工分的形式，每个人通过劳动获取报酬。其优点是每个人平均享有土地的收益权，缺点是每个人的主观能动性难以发挥。

实行家庭联产承包责任制，确实放活了农村劳动力，每家每户都可以发挥自己的聪明才智，经营形式、内容都灵活多样。但在土地承包过程中，人们追求极端平均主义，导致整片的土地被人为地分割成条块状，不利于机械化操作，与现代农业的发展理念格格不入。

那么，有没有什么办法既可以打破平均主义，又可以实现现代农业的规模化经营？专家们经过研究，通过国家法律的确认，诞生了农民专业合作社、家庭农场等新型农业经营主体。这些主体在经营管理上，具有产权明晰、机制灵活、适应市场经济特点的优点。但这些主体在农村土地细碎化的状况下，如何才能成长起来、如何才能实现规模化经营又成了难题。分析问题的关键，主要在于土地的经营权问题。在广大农村，同一地块不同部位的土地分别承包到了不同的家庭，这样就出现了规模化经营的需要与分割化承包的矛盾。

土地股份合作社承认每家每户承包经营权，但将具体的地块抽象出来，变成统一的土地承包权，这就是采取确定权益不确定地块，简称为确权不确地的办法。从而既保证了每家每户享有的土地承包权，又打破了土地分割的症结，为新型农业经营主体的发展壮大提供了土地制度保障。

(2) 土地流转形成新的集体经济形式

中央提出了壮大集体经济，如何落实中央的这一指示精神？农村土地股份合作社将分散承包的土地集中起来，形成土地规模经营的条件。一方面可以为新型农业经营主体成长壮大提供成规模的土地条件，另一方面为村级集体经济的发展壮大创造了条件。

在分散经营的情况下，村里的土地基本上全部承包出去，既没有可供发展集体经济的土地资源，也没有实际经营的企业。那么，如何发展集体经济呢？土地股份合作社是新形势下农村集体经济发展的新形式。在保底分红的前提下，土地股份合作社可以根据经营绩效提取公积金、公益金，发展壮大村级集体经济，增强集体组织的凝聚力。

（3）打破土地条块分割，实现规模经营

通过土地股份合作社，可以根据村庄的大小，或实行全村土地股份合作，或以村民小组为单位实行土地股份合作，或几个村联合起来实行土地股份合作。每家每户以承包的土地面积折算股份，只要有利于生产经营管理，村的界线可以打破，可以结合乡村振兴战略，形成新的集体经济组织。同时，可以随着科技水平的进步和生产力的发展，或合并土地股份合作社，形成更大的规模，或拆分土地股份合作社，使之变得与科技水平和生产力发展相适应，更加适合经营管理。

（三）土地股份合作社的经营模式

1. 土地股份合作社直接经营模式

（1）直接经营的方式

土地股份合作社成立后，如果土地股份合作社理事会有能力经营，就依照土地股份合作社的章程直接经营该土地股份合作社。包括负责生产经营种类确定、品种选用、生产用工、营销模式的确立、营销策略的制定和运作。年底由土地股份合作社理事会按照与社员签订的合同兑现每家每户的土地收益。

（2）直接经营的机理

土地股份合作社理事会直接经营模式是一种新的集体经济管理模式，理事会相当于公司的董事会和经理层，受社员大会的委托行使经营权，既是合作社的决策机构，又是合作社的执行机构。理事会对全体社员负责，理事会的行为受合作社监事会的监督。

（3）直接经营的条件

土地股份合作社直接经营，必须具备三个条件：

一是土地股份合作社理事会有足够的经营能力。在采取土地流转措施成立土地股份合作社的过程中，合作社和社员签订了每平方米 1 元的保底价格，有兑现合同的需要，土地股份合作社必须保证经营的收益。在现有条件下，要保证相应的收益水平，理事会必须有相应的经营能力。

二是所在村必须由相应的集体经济作后盾。农业受自然条件的影响大，具有收益不稳定的特点。土地股份合作社理事会直接经营，无论经营能力如何，都面临着亏损的风险。如果没有相应的集体经济作后盾，一旦出现亏损，与社员的合同就难以兑现，势必引发信用危机，甚至社会问题。如果有强大的集体经济作后盾，一旦出现亏损，就可以用集体经济的其他收益弥补亏损，保证向社员兑现。

三是土地股份合作社必须有健全的监督机制。土地股份合作社理事会负责生产经营，手中就掌握了相应的权利，权利一旦失去监督就会产生腐败。在土地股份合作社经营中，如果缺乏健全的监督机制，理事会有没有利用职权谋取私利，就成为引发理事会成员和普通社员矛盾的导火索。建立起健全的监督机制，就可以减少或杜绝理事会成员损害土地股份合作社社员的行为发生。

[**典型实例**] 湖北省公安县埠河镇群联土地股份合作社

（1）土地股份合作社成立的条件

该土地股份合作社位于江汉平原的湖北省公安县埠河镇群联村，现有一个村民小组，有土地191亩（习惯亩，每亩1000平方米），适合种植小麦、油菜、水稻、黄豆等传统粮食、油料。合作社成立之前，土地分别由26个农户承包，平均每户土地7.35标准亩。在土地承包中，由于人们为了追求土地的肥瘦均匀、离家远近均衡等，每户分别有6—10个地块，表现为土地的细碎化。这种土地只适合人工耕种，完全不适合农业机械化作业。

（2）土地股份合作社成立的缘起

党的十八大以来，公安县委、县政府认真分析农村土地经营现状，提出了土地股份合作社的概念，并在县党校举办了部分村党支部书记培训班。该村党支部书记余习松通过学习，深刻感受到了土地细碎化与农业现代化的矛盾，在县精准扶贫工作组的指导下，致力于土地股份合作社的试点。2017年4月1日注册土地股份合作社，注册资本100万元。

（3）土地股份合作社的运作模式

该土地股份合作社的范围涵盖一个村民小组，在工作组的帮助下，大家思想认识比较一致。由合作社社员推选出了由村党支部书记挂帅的 3 人理事会。同时，推选出了 3 名监事会成员。合作社由理事会直接经营、管理。

合作社理事会与原有的每个土地承包户签订合同，实行收入保底加分红。每亩保底收益 500 元，另外有收入则实行按土地面积分红。分红的具体办法是依据入社的土地面积，对纯收益进行分配。具体办法：收益除去保底、减去成本，提取 20% 公积金，留在合作社弥补亏损、增加注册资本金，提取 20% 公益金上交村委会，发展集体经济。

（4）土地股份合作社的经营状况

公安县埠河镇群联土地股份合作社实行一年两季种植模式。2017 年春季种植富硒水稻，销售收入达到 17 万元；冬季种植小麦，销售收入 10 万元。全年开支 31.5 万元，总体亏损 4.5 万元。村委会为了兑现与村民的合同，由村书记兼土地股份合作社理事长出面，借款 8 万元，兑现了向出让土地的合作社社员承诺的保底收入。那么，为什么会出现亏损呢？究其原因，有两点：一是人们对富硒产品尚缺乏认识，对大米的需求尚未达到应有的高度。销售价格并没有达到预期的效果；二是基础设施一次性投入过大，一次性投入基础设施建设 15 万元。初步估计可以使用 10 年以上，在计算中，按当年摊销，加大了生产成本。如果按 10 年摊销，每年 1.5 万元，则理论上可以获取利润 9 万元。

（5）土地股份合作社直接经营获得成功的关键

一是有强有力的理事会或理事长。土地股份合作社直接经营，理事会班子成员必须懂经营、善管理，能牢固树立全心全意为社员服务的思想。同时，必须有强有力的组织能力、领导能力，指挥有方、调度有力、协调有效。

二是有适合当地生产经营的项目。公安县埠河镇原本非常适合种植水稻套养小龙虾，那样可能比传统的水稻种植、小麦种植利润更高。那么，该土地合作社为什么没有选择效益更高的经营项目呢？关键是平原地方人多地少，人们的思想觉悟难以把控。如果稻田被人投上农药等有毒物质，就会绝收。因此，水稻套养小龙虾存在较大的投资风险。

三是全体成员能够做到齐心协力。团结一心干事业是成功的关键因素之一，从理论上讲，土地股份合作社直接经营，经营绩效与每位社员的利益息息相关，团结应当不是问题。但剖析该村的现状，2017年该村与邻村合并，实行了小村并大村的改革。为此，个别因为多种原因从村干部位置上下来的人员，由于不满现状，时不时会在社员中散布一些流言，由于信息不对称的原因，部分社员并不明白其中的缘由，全体社员团结一致，齐心协力，成为土地股份合作社直接经营成功的重要因素。

2. 市场主体租赁土地经营模式

（1）市场主体租赁经营的方式

基于土地分散经营难以适应机械化操作，而且经济效益低下，加上真正在农村从事种田的人员大多年龄偏大、文化程度偏低，体力和智力都出现困难的实际情况，由村民委员会出面动员全体村民以一定的价格将土地集中流转到村委会，由村委会统一将土地租赁给市场主体。这种经营方式，既可以为新型农业经营主体提供规模化经营所需要的土地，又能为有打工意愿的农民提供从事劳务服务的机会。土地流转给市场经营主体后，农民可以抽出时间从事劳务工作，保证了收益稳定。同时，土地承包给市场经营主体后，农业受自然条件影响的风险、受市场变化的风险全部转嫁给了市场经营主体，实现了收益的稳定。不仅如此，市场经营主体又给农民提供了就地打工、外出打工或在家休息的多种选择。

（2）市场主体租赁经营的机理

面对农村的土地状况，确实有地力肥瘦、地势高低、离住房远近的区别。正是存在这种区别，在土地承包的过程中，才有了将整片土地分割成条块状，分别由不同的家庭承包的做法。这种做法的实质是维护每家每户的公平权益，保证每家每户承包的土地无论在地力上、地势上、远近上都没有显著差异。

分析农民在土地承包和经营上的要求，就是保持绝对公平公正。那么，在市场主体租赁经营的条件下，是否也可以做到让农民每家每户的利益都能受到公平对待呢？其实通过土地股份合作社的方式完全可以做到。成立土地股份合作社，在分配上并不需要考虑土地离家远近的情况，因为全部流转给市场主体经营，而市场主体实现的是全机械化的规模化经营。同时，经过几十年的承包经营，我国农村土地全面出现富营养化，也没有必要考虑土地的肥瘦。每家每户的土地形成了一个整体，按照面积大小实行保底分红，保证了绝对的公平公正。

（3）市场主体租赁经营的条件

新型农业经营主体作为市场主体，有创业项目选择准确、组织管理能力较强、适应市场的特点。新型农业经营主体成长壮大需要有能从事规模经营的土地，但在土地家庭承包的条件下，新型农业经营主体要通过土地流转实现规模化租赁经营，必须满足相应的条件。

一是村委会有强大的组织能力，能说服动员农户将土地集中起来。土地承包到家庭经营后，一些农村村委会的组织能力、领导能力有所下降。如果要组建农村土地股份合作社，村委会必须从国家"四化"同步发展的大局出发，从世界农业发展的趋势出发，组织动员全体村民学习相关知识，讲清各种道理，让村民自觉自愿地参与到农村土地股份合作社中来。

二是市场主体有抗风险的能力，能保证土地承包户最基本的收益。新型农业经营主体是近年来成长起来的市场主体，表现出成长的良好势头，但其成长壮大也需要相应的条件和环境。在流转土地从事规模化经营中，也承担着巨大的风险，既面临自然灾害不可预测的风险，也面临市场中难以控制的风险。那么，在推行土地股份合作社和新型农业经营主体对接的过程中，市场主体必须具备相应的抗风险能力。如果各种可能发生的灾害一旦出现，土地股份合作社的社员最关心的就是自己的基本利益是否能够得到保障。如果市场主体能够以企业的积累保证农户的基本收益，则可以继续经营；如果基本利益得不到保证，则就会出现农民要求收回土地的情形。而作为市场主体的新型农业经营主体又付出了巨额的投资，希望能在未来的投资中得到回报。那么，在市场主体难以承受风险的情况下，双方的希望就会破灭并产生矛盾，导致纠纷的发生。

三是参与土地流转的各方主体，能在履约行为中做到最大的诚信。在培育新型农业经营主体的过程中，参与土地流转的各方主体都必须诚信。试想，流出土地的农户如果不诚信，作为新型农业经营主体的市场主体刚刚把规模化经营做起来，就有农户提出毁约，那么，规模化经营将难以进行；如果作为市场主体的新型农业经营主体不诚信，在经营中侵害了土地股份合作社或农户的利益，则土地股份合作社必然难以继续，等等。

[典型实例] 钟祥市绿邦生态农业发展有限公司

（1）公司的基本情况

该公司位于湖北省钟祥市柴湖镇黎明村，由3个自然人股东和钟祥市绿邦种植专业合作社入股组成。其中3个自然人股东分别占股50%、20%、20%，合作社占股10%。公司注册资本2000万元，投资4700万元，固定设施投资2600多万元。公司经营土地面积达到5900亩，涉及6个基层村。2015年村委会统一进行宣传发动，动员村民以土地入股，成立土地股份合作社。由土地股份合作社将土地租赁给公司经营，自2015年开始经营，经营期限13年。公司每年年初，以每亩每年1000元的价格将土地流转费交付村土地股份合作社。

（2）公司的经营管理

公司的经营管理模式：公司下设4个经营主体。即钟祥绿邦生态农业发展有限公司市场营销部、钟祥市绿邦种植专业合作社、钟祥市绿邦养殖专业合作社、钟祥市绿邦农机专业合作社。公司由5名股东和40名专职管理人员组成管理工作专班，形成了严谨的管理模式。公司实行股东会领导下的经理负责制，经理全面负责生产经营。副经理作为主管兼任合作社理事长，每个主管配有若干个副管，每个副管分管多个小组，每个小组长带15个职业农民工人。

公司的薪酬管理模式：公司骨干管理人员实行年薪制，按月付工资。公司用工实行就近原则，周边村庄里愿意在公司打工的职业农民到公司登记，由公司随时调遣。工人分为技术工和杂工，技术工每天150元，杂工每天60元，实行按月支付。每年用工达7万人次以上，公司为此支付劳务费600万元左右。

（3）公司的产业生物链

公司极力推行生态农业发展模式，整个产业由养殖业、种植业构成，包括肉牛养殖、肉鹅养殖、蚯蚓养殖、淡水鱼养殖和蔬菜种植。公司投资50万元，安装了200个蔬菜种植大棚，实行责任管理。在蔬菜种植上，按照农业供给侧结构性改革的精神，本着有机绿色发展的原则，实行有机种植，以微生物肥为主，适量加入化肥、有机肥，经过3年调试，已通过国家绿色认证和有机认证。

（4）公司的市场营销

公司每年产值在 2000 万—3000 万元。为了保证产品的销售，公司在广州、北京、上海、深圳、郑州等城市设立了多个批发档口，已经形成了产销两旺的局面，既满足了城市人民对有机绿色蔬菜的需求，也实现了公司的生产目标。在具体运作上，成品蔬菜由公司统一安排大型挂车运往设立销售档口的城市，由公司按照一级批发价进行销售，形成了产供销一条龙的市场营销模式。

（5）公司的经营绩效

公司坚持走有机绿色的生态农业发展道路，产品质量过硬，市场口碑优秀，产品基本不愁销售，形成了产销两旺的良好局面。但由于农业面临着很多不确定的天气情况，受自然灾害的影响很大：2016 年一场大暴雨，公司损失 900 多万元；2017 年冬天一场雪灾，公司损失 600 多万元。

农业是弱势产业，蔬菜种植面临着巨大的自然灾害风险。在风调雨顺的正常情况下，每亩蔬菜能获取 800—1000 元的利润。

（6）公司的政策需求

真正从事农业生产经营的新型农业经营主体面临着巨大的压力，需要国家从政策上予以支持。基本的压力有三点：

一是投机商人占用资源过乱，导致补贴难到位的压力。少数投机商人，占用农村土地资源，在缺乏实体投资的情况下，利用各种社会关系，套取国家关于土地流转的各种补贴款和项目资金。既浪费了国家资源，又对诚信投资人产生不公平竞争。

二是产品进入市场门槛过低，导致优质难优价的压力。由于农产品进入市场的门槛过低，国家对农产品的安全检测、质量检测还不全面，大量低质或劣质农产品充斥市场，在人们难以肉眼区分的情况下，优质农产品很难获得相应的优良价格。这种现象不仅浪费了国家的农业资源，而且给优质农产品的生产者造成巨大的竞争压力。

三是农业政策保险制度缺失，导致灾害难控制的压力。在现有条件下，我国农业政策保险尚未建立，农业生产完全依赖商业保险。由于农业生产面临的灾害具有极大的不确定性，商业保险机构大都不愿进入。即使少数商业保险机构进入，不仅保险费用高，而且赔偿比例很低。基本上难以起到保险的作用，从而导致新型农业经营主体面临灾害不确定、收益无保障的压力。

3. 土地合作社与市场主体联合经营模式

（1）联合经营的方式

联合经营即由农村土地股份合作社与市场经营主体采取联合的办法，开展生产经营活动，实行收益保底、风险共担、利益共享、壮大集体经济的原则。操作的具体办法可以总结为"1个集中、2个保证、3个受益"。1个集中，就是土地集中起来规模化经营。由村民委员会成立土地股份合作社，将分散在全村各家各户承包经营的土地，采取土地股份合作制的办法集中起来，统一经营。2个保证，就是保证农户的基本收益，保证市场经营主体的自主经营权。保证农户每平方米土地每年不少于1元的收益，由市场经营主体和农村土地股份合作社签订合同。保证市场主体的自主经营权，市场主体在与土地股份合作社签订土地流转合同后，自主按照市场需求，确定生产农作物、品种、方式、用工等。3个受益，即农户受益、市场经营主体受益、集体经济受益。作为享有土地承包经营权的农户，将土地流转出去后，可以避免自然灾害导致的生产风险。生产经营权全部由市场经营主体负责，农户可以避免市场风险的影响，直接享受承包土地带来的收益。市场经营主体通过与农村土地股份合作社签订土地流转合同，获得了土地经营权，可以发挥自己熟悉市场、会经营、善管理的优势，从中获得管理收益。村集体通过组织成立土地股份合作社，将土地流转给市场经营主体，并协助市场经营主体开展生产经营，通过提取公积金、公益金，发展壮大村级集体经济。

（2）联合经营的机理

一是保证农户的公平权益。农村土地集中规模化经营体现了农户分权不分地的特点。农村土地本质上为集体所有，在改革开放初期采取分散经营的方式，是为了发挥农民各自的聪明才智，调动广大农民的生产积极性。为了保证绝对公平，采取每块土地家家户户都可以分一块的办法，导致了土地的细碎化。这种方法保证了每家每户承包的土地无论是肥力、地势都具有均匀性。那么，在通过土地股份合作社实行规模化经营的条件下，农户的承包经营权是否公平呢？

答案是肯定的。因为每家每户的土地在分配时是按远近、肥瘦搭配保证均匀，现在按面积所占比例进行分配收益，同样保证了土地收益的均匀。即每家每户都分配到了相应的权益，而每个村的土地仍然是一个整体，这样，既保证了每家每户的权益，又保证了规模经营的实现。

二是顺应规模经营的发展趋势。纵观世界发达国家农业经营的现状，以规模化经营、专业化经营、机械化经营为特点。无论是土地宽阔的美国、法国，还是土地资源相对紧缺的日本、韩国，每个家庭农场都建立在规模化经营的基础之上。只有规模化经营才能减少农业生产人员成本，实行机械化操作，从而提高生产效率。也只有实现规模化经营，才能降低生产成本，提高产品的竞争力。我国要实现农业现代化，必须走规模化经营的道路。

在现有土地由千家万户承包经营的形式下，实现农业现代化，面临着两个必须解决的难题。第一是既实现规模化经营，又不破坏家庭承包的格局。只有土地股份合作社才能实现这种农村土地集中规模化经营，同时家庭承包经营的格局还能得到很好的体现。第二是既实现规模化经营，又必须保证经营主体具有充分的市场活力。那么，必须培育新型农业经营主体，这些主体在经营实践中成长起来，既有适应激烈市场竞争的能力，又能与规模化的土地股份合作社对接，在合作经营中各得其所。

三是实现经营管理的知识价值。企业家的价值在于经营管理，而经营管理的价值应当体现在经济收益上。那么，新型农业经营主体负责人的价值又如何体现呢？农村土地流转后敢于保底分红体现了经营者的胆略。农村土地流转后能做到保底分红体现了经营者的经营管理的知识价值。经营管理者通过自己的经营管理，创造出比农户分散经营更高的利润，从而保证兑现合同约定。

（3）联合经营的条件

一是村委会有强大的组织能力，能动员农户实行土地的集中。家庭承包经营责权利明确，确实能调动生产积极性，但难以形成规模经营。组建农村土地股份合作社是实现规模经营的必然选择，但村委会必须有强大的组织能力，能让村民自觉自愿地将承包的土地融入农村土地股份合作社中，由合作社统筹打理。

二是市场主体有成熟的创业项目，能保证强大的市场竞争力。在联合经营中，土地股份合作社必须与新型农业经营主体合作。合作的条件就是新型农业经营主体必须有成熟的创业项目，能保证稳定的收益。

三是市场主体有较强的经营管理能力，能创造经营管理的价值。农业属于弱势产业，在规模经营的条件下，虽然可以节约成本，但正常的利润仍然有限。那么，作为新型农业经营主体的市场主体必须具备较强的经营管理能力，能创造出比一般市场主体更高的价值，从而保证市场主体自身的利益和土地股份合作社的利益，进而保证土地股份合作社社员的利益。

[**典型实例**] 公安县祥鄂土地股份合作社

（1）土地股份合作社的现状

该合作社位于湖北省公安县麻豪口镇沙河村，全村以所有土地为资本成立了公安县祥鄂土地股份合作社。全村10个小组378户即全体社员，共计5791亩，其中：村里开挖"四荒地"300亩，为村集体所有。合作社采取与市场主体对接合作发展的方式进行生产经营。公安县祥鄂土地股份合作社与公安县明珠家庭农场签订了合作协议，合作期限10年。整个合作社的土地交由明珠家庭农场经营，以每平方米1元的价格作为社员的保底收入，除去保底分红部分外，减去生产经营成本后，提取10%的公益金用于村公共事业建设，提取10%的公积金用于合作社弥补亏损等，剩余利润由市场主体和合作社分成。分成比例为：社员55%，明珠家庭农场45%。

（2）土地股份合作社的经营状况

2017年正式实行股份合作社经营模式。在经营管理上，公安县祥鄂土地股份合作社与公安县明珠家庭农场实行明确的分工。投入土地的公安县祥鄂土地股份合作社负责日常接待、村环境整治，承担抗旱协作费；负责生产经营的市场主体公安县明珠家庭农场负责生产用种子、化肥、农药、人工工资、机械投入等。2017年年终结算，社员除分得保底的每亩667元外，另外每亩获得股份收益127元。

2017年土地股份合作社取得成效后，周边开始了并村活动，小村并入大村，2村并一村。并村后，公安县沙场村与周场村合并取名沙场村，全村22个小组1022户，12834亩土地。由于土地股份合作社取得成功，又有 27 个农户申请加入土地股份合作社。

（3）土地股份合作社合作经营模式的困难

土地股份合作社合作经营模式虽然取得了显著成效，但也仍然面临着许多困难。主要表现在以下三个方面：

一是承担经营管理的市场经营主体——家庭农场生产设施不足，难以支撑复杂多变的气候条件。连片种植是现代农业的必然选择，其特点是种植面积大、机械化操作比例提升。因此，需要配套的生产加工机械，在水稻种植上，除了一般的生产用机械外，特别是收割时可能遭遇阴雨天气，需要大功率的水稻烘干设备，而这种设备不仅费用高，而且需要较大的场所，需要有配套的场地、资金和变压器。因此，并非一般市场主体所能承担，也并非村委会和市场主体所能解决。

二是市场变化难以预测，合作经营的利润不确定。合作经营的压力主要压在与之合作的市场经营主体，即新型农业经营主体负责人的身上。由于市场变幻莫测，而且管理工作非常辛苦，除做好项目选择和市场判断外，更担心时不时可能遭受人为的破坏。因此，承担经营管理的市场经营主体负责人需要承担巨大的压力。从 2017 年的实践看，作为承担经营管理的市场经营主体，在正常年景下，每亩能获得 200 元左右的利润就是很不错的结果了。如果碰到自然灾害和骤然的市场变化，稍有处置不力，就面临着亏损的压力。

三是市场主体用工不固定，为劳务合作社员工购买保险成为难题。作为负责生产经营的新型农业经营主体，每年有大量的用工，这些用工大部分会随着农时季节的变化而变化，大部分为临时用工。那么，这部分人的各类保险应当由谁来负责购买并承担费用呢？显然，作为土地股份合作社并没有资金来解决这个问题，而作为实际用工的新型农业经营主体，也没有资金能力解决这个问题。这就成了一道难以克服的难题。

4. 劳动力、资金合作配套模式

（1）劳动力合作的方式

合作的背景：新型农业经营主体与土地股份合作社对接后，负责生产经营的新型农业经营主体可以采取机械化进行生产，但仍然需要大量的劳务用工。而把承包土地流转出去后的农户，有大量的剩余劳动力。两者如何实现对接呢？较为有效的办法就是成立劳务合作社。

合作的办法：村民委员会可以将农村剩余劳动力组织起来，成立劳务合作社。劳务合作社负责和新型农业经营主体对接，一方面为新型农业经营主体提供劳务用工服务，另一方面为农村剩余劳动力找到就近就地务工的机会。成立劳务合作社后，农村的剩余劳动力就由无组织的单独个体变成了有组织的经营主体，从而解决了新型农业经营主体用工难以找寻的难题。

合作的关键：村民委员会领导必须有奉献精神，全面掌握全村剩余劳动力的联系方式、劳动特长、就业意愿。同时，愿意为村民服务。

（2）资金合作的方式

合作的背景：新型农业经营主体和土地股份合作社合作后，打破了家庭式分散经营的瓶颈，实现了规模化经营。但面临的另一个难题就是资金紧缺。观察农村经济发展的状况，不少农民积攒下资金，难以找到投资的去处。如何让这些农村沉积的闲散资金发挥作用呢？可以由村委会出面成立农村金融合作社。

合作的办法：由农村金融合作社将农民闲散的资金集中起来，与经营土地股份合作社土地的新型农业经营主体做好衔接，将资金有偿提供给新型农业经营主体作为流动资金使用。

合作的关键：必须严格限制农村金融合作社资金的去向，这些资金只能供与之开展合作的新型农业经营主体用于农业生产经营，而不能将资金用于之外的企业、组织或个人。同时，对新型农业经营主体资金的使用应该实行严格的限制，防止资金被挪作他用。否则，既可能成为非法集资的帮凶，也可能因为资金外流而缺乏保障引发社会问题。

[典型实例] 湖北省公安县齐民劳务合作社

湖北省公安县麻豪口镇沙河村，以全村所有土地为资本成立了公安县祥鄂土地股份合作社，整体由市场主体的家庭农场负责经营。因此，很多职业农民成了坐享土地收益的老板，自己成了剩余劳动力。而负责生产经营的公安县明珠家庭农场也需要负责生产经营的工作人员。据此，沙河村委会组织成立了公安县齐民劳务合作社，全村378户人家，其中306户有剩余劳动力自然就成了社员。劳务合作社负责人由村主要负责人兼任，负责与承担经营管理的公安县明珠家庭农场对接，提供劳务平台，有劳动能力的职业农民不出门就可以在村里打工。2017 年用工 4000 多人次，劳务收益 40 余万元。

三　发展新型农业经营主体的山区模式机制

新型农业经营主体的成长既有自身的规律，也必须适应当地的特点。我国幅员辽阔，有平原、丘陵和山区等地形，山区和丘陵占国土面积的 40% 以上，培育新型农业经营主体不能离开山区。我国不仅地理位置差异很大，气候条件完全不一样，而且平原、丘陵和山区，资源禀赋差异很大，特点各不相同，在培育新型农业经营主体、发展农业经济的过程中，必须根据资源禀赋的特点，选择不同的模式和机制。

（一）山区资源禀赋的特点

1. 林木丰富茂盛，具有发展绿色经济的优势

我国地形地貌复杂，培育新型农业经营主体，山区存在交通不便的劣势，但山区不仅具有丰富多彩的林木资源，也具有丰富多彩的矿产资源和水资源，一般都是新能源资源富集区，不仅是发展特种种植、特种养殖和旅游的天然场所，而且是城市人避暑、旅游、休闲的理想去处[1]，具有绿色发展的巨大潜力和优势。

2. 山水奇石林立，具有发展旅游的优势

习近平总书记明确指出，"宁要绿水青山不要金山银山，绿水青山就是金山银山"。我国山区大多在国家生态功能区划中，被确定为水源涵养和生物多样性保护生态功能区，实现集中连片生产经营非常困难。[2] 但山区沟壑纵横，山水奇石林立，可以顺应山区的自然特点，盯住山水旅游项目，实行错位发展。既可以发挥山区的优势，又可以满足现代人休闲观光的需要。

---

① 邱添、周忠发、李昌来等：《农业资源短缺下喀斯特山区都市农业发展区划探讨》，《中国农业资源与区划》2015 年第 2 期。

② 林小如、黄亚平、李海东：《中部欠发达山区县域城镇化的问题及其解决方略》，《城市问题》2014 年第 2 期。

3. 农业资源丰富，具有发展特色农业的优势

从山区的资源种类来看，山区具有丰富的农业资源，不仅有丰富的森林资源、山地资源、生物资源，而且还有气候资源、水文资源、景观资源、人文资源等。[①] 这些资源是平原地区无法比拟的，这些资源正是发展山区新型农业经营主体，实行山区生态富民的重要基础。从山区农业资源的类型来看，根据山区不同的海拔高度，动植物的种类有所不同，但都非常丰富。从青藏高原的青稞，到东北的人参，西北的水果、奶业，南方的茶叶、菌类等，是发展有机农业、绿色农业的大本营[②]。从中南地区的山区资源来看，有猕猴桃、百合、杜仲、青蒿、茶叶等丰富且具有特色的生物资源。这些都为培育新型农业经营主体、发展特色农业提供了优势条件。

当然，山区由于自然条件的限制，也有发展现代农业的不利因素，主要表现为三个方面：

一是山高沟深，不适宜运用大型机械的产业。山区不仅土壤层浅薄，不适宜发展常规的种植农业，而且由于沟壑纵横，山坡陡峭，需要运用大型机械进行操作的产业难以发展。二是道路曲折，不适宜对交通要求很高的产业。山区道路高低不平，弯道陡坡相连，甚至随时面临着山洪和泥石流的威胁，难以适应对道路交通要求很高的产业。三是山多地稀，不适宜发展劳动密集型产业。山区真正适合种植的土地一般都很少，主要是适合植树造林的山地。加上山区青壮年劳动力大都外出打工，真正留在山里农村的人很少。因此，不适合发展劳动密集型的产业。

（二）山区发展的模式机制

山区应当发挥山区的特点，大力培育新型农业经营主体。培育新型农业经营主体需要政策、措施等外在条件，更需要有适合的产业作为内在条件。因此，许多地方政府提出了"三乡活动"，即产业兴乡、能人回乡、

[①]　黄祖辉、顾益康、米松华：《我国山区转型发展与绿色发展论要》，《农业经济问题》2015年第2期。

[②]　明庆忠：《走出中国资源环境困局的新思维：山—海战略》，《云南师范大学学报》（哲学社会科学版）2011年第3期。

城市人下乡。就是寻找适合于本地发展的产业振兴乡村经济，动员当地能人回乡创办新型农业经营主体，吸引城市人下乡领办新型农业经营主体。

1. 龙头企业带动发展模式

（1）龙头企业带动发展的模式

村委会是支持新型农业经营主体发展的关键，新型农业经营主体发展需要有与其项目相适应的山崖、水沟等规模化的面积，而这些全部分散在农户之中。因此，必须通过村委会把新型农业经营主体发展所需的山崖、水沟、林地集中起来，由村委会出面与龙头企业签订合同，实行经营场地的流转，由龙头企业成立新型农业经营主体负责经营。这样就可以避免龙头企业面对众多分散的农户，避开不必要的纠纷，集中精力开展生产经营。

龙头企业可以根据资源禀赋的特点、企业经营的特长，选择自己所擅长的创业项目。根据山区的特点，一般有三个方向的项目可以选择。一是选择休闲观光旅游业。可以以旅游业为主体，打造旅游、休闲、观光于一体的综合旅游项目进行开发经营。通过综合旅游项目的开发，带动餐饮、住宿、养老、土特产品加工、销售行业的发展。二是选择特种种植业。可以繁育种植特种林木、中药材，如野生红豆杉、木瓜、杜仲等，实现规模化生产经营，进行商品化开发。三是选择养殖业。可以养殖特种动物，如毒蛇、野猪等。

（2）龙头企业带动发展的条件

村委会的担当：龙头企业进山发展特色农业，所在地的村委会必须坚强有力，既要有敢于开拓支持新型农业经营主体发展的胸怀，又要有动员山区农户把分散的承包地集中起来统一流转给龙头企业的能力。

龙头企业的实力：龙头企业必须具有强大的经济实力，能够出资打造适合山区发展的项目。一般开发一个旅游综合项目，资金起码在5000万元以上。同时，龙头企业负责人还要具备选择经营项目的独到眼光，管理经营项目的个人能力；开发特种种植项目和养殖项目，资金起码也需要1000万元以上。

地理环境的要求：新型农业经营主体创业发展的地方，必须是交通便利、四通八达的地方。发展旅游业必须有适合发展旅游的条件，最好是地处城郊，有险峻的山崖，有泉水或河沟；发展种植业，起码要有适合特种植物生长的气候条件，产品能运出山外；发展特种养殖业，必须要有适合所养动物生长的气候条件，产品能运出山外。

（3）龙头企业带动发展的效益

乡村旅游的带动效益：乡村旅游景区在建设的过程中，可以拉动建筑业的发展，并促进与之有关的建筑材料的销售。乡村旅游景区建设开业后，可以带动餐饮行业、农家旅馆住宿业、土特产加工业、土特产销售业，以及地方文化产业的发展，可以安置农村富余劳动力就地打工。

特种种植业的带动效益：特种种植业可以带动整个产业链的发展，包括特种植物种植、加工、销售，以及出口贸易，特别是中药材的生产，还可以推动药材市场的建设和发展。

特种养殖业的带动效益：特种养殖业可以带动养殖业、食品加工业、外贸出口的发展。龙头企业的带动作用具有倍增效应，一个龙头企业可以发展衍生出多个产业链。

[**典型实例**] 湖北省宜昌市夷陵区黄花镇上洋村的发展

村子的概况：湖北省宜昌市夷陵区黄花镇上洋村是一个城郊村，该村是2011年由刘家坪村、白洋坪村合并组建而成立。全村6个村民小组，716户人家，2155人。全村占地54平方公里，有耕地4164亩，山林76037亩。全村90%以上的农户住上了小楼房，家家户户通公路，自来水实现了全覆盖。

村委会致力于美丽乡村建设，大力引进能人回乡创办新型农业经营主体，带动山里的村民致富。同时，成立了宜昌市夷陵区上洋股份合作社，将村里的自然资源资产股份化到农户，保证了自然资源资产的保值增值。全村有集体山林4万亩，水塘55口面积80亩，有2个水库，集体总资产1124.7万元。为了保证村集体资产保值增值，壮大集体经济，经过村民代表大会讨论通过，由村委会牵头对这些资产进行了股份化处置。按当地拆迁补偿标准折价，每股1000元，共31304股。村集体股占19.1%，人口股占50.8%，劳龄股占30.1%①。2017年人均纯收入达到15021元。

---

① 人口股按户籍人头每人7股，劳龄股按1984—2003年农村税费改革时期的劳动年限计算，18—60岁的人员每劳年0.35股。

新型农业经营主体的状况：全村按照不同产业类别，成立了 14 家农民专业合作社，其中：以种植为主的花卉苗木专业合作社 2 家，以养殖为主的专业合作社 4 家，以劳务服务为主的专业合作社 1 家，社员达到 100 人；以旅游服务为主的合作社 7 家，社员达到 500 户。同时，还建立了农家乐专业合作社，拥有 5 家民俗旅游客栈，社员达到 71 户，全村 30% 的农户都参加了农民专业合作社。

龙头企业的状况：村里引进 2 名能人回乡带动新型农业经营主体发展和美丽乡村建设。

湖北省宜昌弘扬集团股份有限公司，是当地村民外出打工赚钱后创办的一家大型民营企业，旗下有港口物流、弘扬建材、弘扬地产、服务产业、辅助产业 5 大产业，实体企业达到 18 家。该公司总经理程鹏回乡后，投资 35000 元为青树垭村修村级公路 1 条、组级公路 2 条，修天河水窖 33 口，解决了 45 户农民人畜饮水问题。公司与村里签订合同，帮助村里进行功能区规划，并流转土地 500 亩，组建了苗木合作社，每亩每年租金 700 元，既美化绿化了乡村环境，又带动了乡村农民致富。

湖北绿果园生态农业开发有限公司总经理刘祖海是上洋村人，回乡后投资 5000 多万元建成了三峡奇潭生态观光园，共流转公山 7000 亩，流转土地 500 亩，每亩每年 700 元租金，建成了万亩花园式的生态观光园。为了促进企业的发展，夷陵区政府采取特事特办的措施，对龙头企业生产经营占用的土地，实行分类管理，固定资产投资用地，由政府征收后出让龙头企业使用，一般用地通过村委会向承包农户流转。

龙头企业的带动效应：一是安置效应。三峡奇潭生态观光园安置当地村民 110 人，每人每月根据工种不同发放 2000—2500 元的工资，还提供一顿午餐。二是直接效应。2017 年接待游客 12 万人，获得巨大的经济效益。三是拉动效应。拉动了 71 家农家乐、5 家民俗客栈的发展，当地的农副产品价格翻番，一个南瓜过去送人都没人要，现在一个南瓜可以卖到 5 元，而且都是就地销售。

2. 龙头企业引领发展模式

（1）龙头企业引领发展的方式

地方政府高度重视新型农业经营主体培育，通过政策宣传、招商引资，号召龙头企业下乡投资，政府协助流转土地，由龙头企业因地制宜地选择创业项目，建立实体经济。实体经济在建设过程中，招聘当地农村劳动力，进行简单培训后，安排到生产经营第一线，根据各个特长分类安排不同的工作。既解决了龙头企业用工问题，又为当地发展培养了生产经营人才，同时解决了农村劳动力外出打工的难题。通过龙头企业的引领发展，农村变成了集镇，实现了就地城镇化，带动了当地经济的发展。

（2）龙头企业引领发展的条件

龙头企业引领发展，地方政府需要做好三件事。一是统筹城乡规划。政府必须对山区农村发展进行统筹规划，根据当地的资源禀赋，划分不同的功能区。既要做好产业发展规划，规划不同产业引导龙头企业投资落户，又要做好集中居住点的发展规划，通过政策引导农村集中居住点的建设。二是协助办理土地征用流转。地方政府能从农业现代化的大局出发，实行土地分类处理，对固定资产投资实行征收出让，对一般生产经营用地实行村委会统一流转。在办理过程中，政府部门全力协助龙头企业办理各种手续。三是做好基础设施建设。对于发展生产经营必备的基础设施，如水、电、路、气的建设，政府要优先统筹规划，在资金上倾斜投入，为龙头企业的发展创造条件。

（3）龙头企业引领发展的效益

山区土地经过流转，由龙头企业经营后，可以产生三方面的效益。

一是土地流转效益。通过土地流转，把农民分散承包的山地集中起来，提高了土地的利用价值。山区农民的山地利用率很低，难以产生经济效益。通过流转后，由龙头企业生产经营，流转出去的每亩山地承包户可以获得每年700元左右的收益。同时，提高了整个土地的经济价值，龙头企业也从中获得了收益。

二是对周边的带动效益。土地流转由龙头企业经营后，经营的产业可以产生集聚效应，相关或相近的产业会在周边集聚，产生集聚效应。产业集聚的结果是带动整个产业链的发展，周边农民生产的土特产品也会随之身价倍增，销路大开。从而带动区域经济的整体发展。

三是对美丽乡村的促进效益。农业产业化龙头企业在投资的过程中，一方面会促进地方政府对基础设施的投入和建设，另一方面会促进地方政府加强美丽乡村的整体规划，在农业产业实业发展的过程中，还会带动周边配套产业的发展，聘用当地人员到实业部门工作，有效地提供农村剩余劳动力就业。

[**典型实例**] 宜昌市富裕山生态旅游有限公司的发展

富裕山生态旅游景区的概况：富裕山生态旅游景区位于宜昌市夷陵区黄花镇杨家河村，由宜昌市富裕山生态旅游有限公司投资开发，2012年6月开始建设。富裕山生态旅游景区生态区占地1100习惯亩，流转的土地涉及191户农户，由村委会统一流转后再流转给公司，价格根据地形地貌不同，每亩每年价格不等，基本上在200—1000元，每5年付一次土地流转费，5年后每亩上涨80元。

公司投资6000多万元初步建成了富裕山生态旅游景区，景区修复了三峡古兵寨、三峡古长城，供游客参观游览。为了满足游客的生活需要，景区开设了住宿区、餐饮区、果树种植区、蔬菜种植区、动物养殖区。住宿区全部是仿古建筑，每天可安排300人住宿；餐饮区加工用的食材全部来自景区自己栽培的水果、蔬菜和养殖的家禽家畜，每天可接待1000人以上客人进餐；果树种植区有20多个品种500亩的果树林，保证一年四季有成熟的水果供应；种植区占地50亩，主要种植供游客进餐用的蔬菜，全部采用农家肥生产有机蔬菜；动物养殖区主要养殖生态土黑猪和生态土鸡，保证游客美食的需要。

富裕山生态旅游景区的效益：一是直接经济效益。景区建成后，穷山变成了富裕山，每年收入估计在百万元以上。每年可以接待游客7000多人，门票每人68元，每年门票收入就可达到47.6万元以上，加上综合服务收益应当不少于百万元。二是带动效益。景区的旅游对外开放后，促进当地土特产的销售。当地盛产绿茶，村里开办有茶场，茶叶又是极好的旅游纪念品，通过景区可以提高茶叶的知名度，促进茶叶的销售。当地的熏制土猪肉称为鄂西一绝，只是缺乏品牌、包装和销售渠道。景区可以有效地提升熏制土猪肉品牌、包装，促进熏制土猪肉的销售。三是人员安置效益。景区可安置80名固定工人，月平均工资3000元，是当地农民收入的2倍。同时，还可以安置一些季节性农民工，解决当地农村剩余劳力的就业问题。

（三）山区发展的制度保障

1. 地方政府的制度保障

在培育新型农业经营主体的过程中，地方政府必须高度重视现代农业的发展，树立起真心培育新型农业经营主体的信心和决心，通过制度保证新型农业经营主体投资和发展的稳定性。在制定培育和扶持新型农业经营主体时，制定出土地出让和土地流转的稳定制度，保证新型农业经营主体负责人能大胆投资，并可以获得长期的经营和基本的投资回报。

2. 乡村发展的规划保障

乡村振兴战略是国家的重大发展战略，在美丽乡村建设中，必须做好乡村发展规划。乡村规划是一项非常严肃的工作，必须认真并严格依程序完成。在乡村发展规划制定中，必须立足科学和长远，把新型农业经营主体发展所需要的山地、水沟等空间留足，从而为新型农业经营主体的发展提供规划上的保障。

3. 村民委员会合同保障

村民委员会是农村的基层组织，虽然级别不高，但直接影响到新型农业经营主体成长的培育和成长。在山区发展新型农业经营主体的过程中，村民委员会有 2 个合同必须严格遵守。一是村民委员会必须做好与村民土地流转的合同，通过合同保障新型农业经营主体发展的权益，保证山地承包户的利益；二是村民委员会必须做好与龙头企业之间的合同，通过合同明确双方的责权利。只有具备完整的合同约定，才能保证为新型农业经营主体成长提供宽松的环境。应当说完整清晰的合同，是培育新型农业经营主体的重要保障。

四　发展新型农业经营主体的配套措施

（一）政府引导，实行土地股份合作

1. 强化宣传工作，广泛动员民众

新型农业经营主体的培育和发展，需要具备规模经营的土地条件。虽然我国实行的是农村集体土地政策，但在农村土地家庭承包经营的条件下，如何才能使分散细碎化的土地成片成块，是农业现代化不可回避的一个重要问题。中央提出了土地流转的规模化经营方法，为新型农业经营主体的成长发展，提供了土地规模经营的思路。但因为在土地流转的过程中，涉及的农户太多，往往一个农户思想不通可能导致土地规模经营的受阻。因此，实践证明，土地股份合作制是将家庭承包的细碎化的土地变成规模土地的可行路径。

实行土地股份合作社涉及全体村民，必须广泛动员和发动群众。县市党委、政府主要领导必须高度重视，亲自部署安排，并做好计划。同时要组织县市相关部门组成工作队深入相关农村，面对面地向群众做好宣传动员工作。讲清实行土地股份合作社的意义、性质，以及土地规模化经营对现代农业的影响。让广大人民群众自觉地参与和支持成立土地股份合作社。

2. 精心试点探索，做好典型引路

农村土地股份合作社是一项全新的工作，做好了可能是农村规模化经营方式的重大突破。如果在具体实施的过程中，方法过于简单，一项全新的创意就会因为具体实施而夭折。因此，必须选择村两委班子能力强的村庄进行试点，在试点中摸索经验、完善做法、培育典型，为全面推行做好思想、组织和操作方法上的准备。

在试点中，必须确保试点成功，培育好典型。因此，每一步工作都必须精心谋划，仔细运作，把各项工作做细做实。试点成功后，应当及时总结经验，树立典型，不仅要从理论上进行总结，还应当提炼出可供借鉴和学习的操作方法。

3. 组织部门协作，开展配套服务

农村土地股份合作社是新型农业经营主体规模经营的重要条件，但要实施农村土地股份合作社也是一件非常复杂的工作。地方县市相关部门必须高度重视，全面做好各方面的协调工作，切实把配套服务做到位。农村经营管理局要对土地流转做好登记备案，工商行政管理局在农村土地股份合作社登记上目前还缺乏明确的法律依据，可以比照农民专业合作社登记。农业项目资金应当向与农村土地股份合作社合作的新型农业经营主体倾斜。

（二）村组主导，实行集体经济同步

1. 核算经济收益，科学确定基数

在筹备成立农村土地股份合作社的过程中，关键的是动员农民以承包的土地加入土地股份合作社。但村委会必须与承包户签订收益分配合同，农民的保底收益到底应当定多少？这是一道难题。村委会必须认真测算当地农民平均年收益，确定好保底分红的基数，既要让承包经营户收入不减，又要支持新型农业经营主体有正常的收益。

2. 找准发展方式，实行法治管理

农村土地股份合作社成立以后，到底是由合作社自己经营，还是承包给新型农业经营主体经营，与新型农业经营主体之间签订什么样的合同，包括保底分红基数、分红比例等，都应当充分协商并依法签订合同，实行合同管理。为了新型农业经营主体和土地股份合作社的长远发展，一切管理都应当纳入法治化的轨道，包括依法签订合同，依法经营管理，依法解决纠纷。

3. 明确村委权责，壮大集体经济

在实行农村土地股份合作社的过程中，村委会是非常重要的一级组织，直接关系到土地股份合作社是否能成立，与新型农业经营主体的合作是否能成功。应当明确村委会的权力、责任，既不能包办代替，也不能放任不管，要在县市工作组的指导下，充分发挥农村自治组织的作用。在与新型农业经营主体合作的过程中，要明确公积金、公益金的提成比例，不断壮大集体经济。

（三）市场机制，实行多种形式联合

1. 分析资源禀赋，确立经济发展方式

农村土地股份合作社并不是农业现代化本身，只是为新型农业经营主体规模经营提供条件。因此，实行农业现代化仍然需要市场主体准确分析当地的资源禀赋，确立生产经营的产品、生产经营的方式。可以选择以农业生产为主，也可以选择一、二、三产业融合发展。可以选择以特种种植、养殖为主，也可以选择以乡村旅游为主，带动其他产业发展的模式。

当然，资源禀赋不同，经济发展的方式也应当有所不同。

2. 建立联合机制，科学确定联合形式

新型农业经营主体市场信息灵敏、经营管理能力较强，而且可能拥有较为丰富资金的优势。但联合经营一定是大家都有利可图，也就是说新型农业经营主体必然要和土地股份合作社共享收益。那么，土地股份合作社到底是应该独立经营，还是和新型农业经营主体联合经营呢？必须认真考虑。既要充分尊重市场规律，调动市场经营主体的积极性，也要准确掂量土地股份合作社自身的经营管理能力，合理确定联合形式，充分调动各方积极性。

3. 制定现代制度，共享合作经济成果

新型农业经营主体在经营管理中，必须严格依照现代企业制度进行经营管理，做到产权明晰，责权明确，管理科学。特别是在与农村土地股份合作社的联合经营中，必须严格财务管理，做到账目清楚，收支分明，结算准确及时。双方的成果共享上严格依照契约分配，在日常管理上既要坚持原则，又要做到分工协作。从而使协作有效，促进联合溢出效应的提升，最终达到共享共赢的目的。

（四）劳务合作，实行劳务人员统筹

1. 建立劳务合作平台，统筹安排农村剩余劳动力

农村土地股份合作社成立以后，如果由新型农业经营主体负责经营，那么，生产经营的用工就成为一个现实问题。为此，村委会应当把有劳动意愿的农村剩余劳动力组织起来，成立劳务合作社，建立用工平台，与负责生产经营的新型农业经营主体对接，统筹安排劳动用工。劳务合作社与新型农业经营主体的关系，从法律上分析，属于劳务派遣性质。因此，劳务合作社应当统一提取适当比例的费用，为用工者办理各类保险，以完善用工制度。

2. 适应农业产业特点，实行弹性用工工资制度

农业生产不同于工业和服务业，工作的种类繁多，技术性相差很大。农业生产经营的劳动强度、工种的技术性都随生产经营的产业不同、劳动种类的不同、劳动季节的不同而有很大的差异。因此，在劳动报酬上必须

实行弹性用工制度，根据不同的阶段具体与农民工协商确定，但总的原则应当是保证劳动技术、劳动强度与劳动报酬相符，体现劳动的知识性和价值性。

3. 培养新型职业农工，促进城乡一体协调发展

随着农业现代化的发展，新型农业经营主体所从事的生产经营已经不同于传统的家庭生产经营，劳动者必须具备相应的技能。因此，劳务合作社不仅仅是负责通知劳动者，还应当组织劳动者进行相应的劳动技能培训。培训工作可以和新型职业农民培训机构联合，每年根据不同工种进行培训，侧重于操作技能培训。通过劳务合作社的培训和统筹安排，把传统的农民培养成具有现代知识和技能的现代农民，从而促进城乡一体协调发展。

（五）资金联合，实行资金内部运行

1. 探索集体内部筹资，实行资金有偿使用

新型农业经营主体经营的另一个困难在于创业资金不足，有些人希望国家增加扶持款，这种想法虽然并不错，但也并不现实。国家扶持款项具有补助性，创业的关键必须依靠新型农业经营主体自身的发展。民间借贷成为新型农业经营主体解决资金困难的普遍做法，对满足农民日常生活和小规模生产活动的资金需求起着重要的作用。[1] 但民间借贷风险大，容易产生纠纷。纵观世界发达国家的经验，成立合作银行，实行内部筹资应当说是一种成功的经验。美国农场也存在资金问题，为解决这一问题，美国采取由每个需要贷款的农场入股成立联邦土地银行的办法，为农场办理长期不动产抵押贷款。为了解决农场缺乏抵押的困难，美国还成立了合作性的农村金融机构，专门向农户或农户合作社发放贷款。[2]

我国也可以借鉴美国的做法，实行土地股份合作社内部资金入股，成立农村金融合作社，把土地股份合作社成员的闲散资金集中起来，为与之合作的新型农业经营主体提供有偿短期使用。既可以解决新型农业经营主

---

① 阚立娜、李录堂、文龙娇：《金融支持对农地产权流转效率影响的实证研究》，《华东经济管理》2015 年第 8 期。

② 卫志民、李忠昶、关园：《美国农业金融体系的基本架构、特征及启示》，《经济纵横》2014 年第 9 期。

体资金的困难，又能克服民间借贷的不规范性和风险性难题。

2. 严格资金封闭运行，强化资金使用监督

农村金融合作社国内尚无先例，如果运作和管理不规范，很容易发展成非法集资行为。因此，必须坚持农村金融发展"低门槛，严监管"的原则，[1] 对农村金融合作社的资金实行严格管理，从资金来源上严格约束，从资金使用上严格监督。就资金来源而言，只能限于农村土地股份合作社社员的资金，就资金使用而言，应该严格限定与之合作的新型农业经营主体的短期周转。

为了强化农村金融合作社的管理，可以实行委托农商银行代管的办法。由农村金融合作社委托当地农商银行代收社员闲散资金，并接受农村金融合作社的委托，向与之合作的新型农业经营主体发放资金，并监督资金的使用。

3. 杜绝资金使用外流，实行农业保险兜底

在实行农商银行代为管理农村金融合作社资金的基础上，绝对杜绝农村金融合作社的资金外流，保证资金的封闭运行，提高资金的安全性。同时，由于新型农业经营主体容易受自然灾害和市场变化的影响，应当加强农业保险。强化农业保险与农业信贷的联动，对于农业信贷达到一定规模的新型农业经营主体，必须强制其用部分贷款购买保险，当灾害发生后，农业保险公司直接把赔偿款给付给农村金融合作社，[2] 作为偿还贷款的最后兜底。为了鼓励新型农业经营主体参保，可以学习美国的做法，实行双轨制的农业保险制度，国家对农业保险实现差异化财政补贴[3]，向购买保险的新型农业经营主体倾斜。

五　本章小结

首先，分析了发展新型农业经营主体的紧迫性。从实施乡村振兴战略的迫切需要、城乡一体化统筹发展的迫切需要、农业供给侧结构性改革的

---

① 陈放：《乡村振兴进程中农村金融体制改革面临的问题与制度构建》，《探索》2018 年第 3 期。

② 刘素春、智迪迪：《农业保险与农业信贷耦合协调发展研究》，《保险研究》2017 年第 2 期。

③ 郑军、张航：《美国农业保险的利益相关者分析与成功经验》，《华中农业大学学报》（社会科学版）2018 年第 2 期。

迫切需要、适应农业机械化生产的迫切需要、提高农产品标准化的迫切需要五个方面分析了发展新型农业经营主体的紧迫性。

其次，剖析了发展新型农业经营主体的平原模式机制。通过调查和案例分析，剖析了平原地区发展新型农业经营主体的三种模式和机制，即农户联合农民专业合作社经营模式、土地股份合作社模式、土地股份合作社经营模式。

再次，剖析了发展新型农业经营主体的山区模式机制。通过调查和案例分析，分析了山区资源禀赋的特点；剖析了山区发展新型农业经营主体的两种模式和机制，即龙头企业带动发展模式、龙头企业引领发展模式；提出了山区发展新型农业经营主体的制度保障。

最后，提出了发展新型农业经营主体的配套措施。从政府的行为、村组的作为、市场的机制、劳务的配套和资金的联合五个方面，提出了发展新型农业经营主体的配套措施。

第八章　新型农业经营主体成长背景下的
农业技术推广体系

　　培育新型农业经营主体，需要各种国家政策的综合作用。其中，农业技术推广体系的支持和配套服务，对新型农业经营主体的成长具有重要的作用。分析我国农业和农村经济发展的特点，我国已经建立起了由市场机制调控的市场经营体制，呈现出经济发展的多元化特点。这种多元化发展体系打破了计划经济单一和僵化的局面，表现出巨大的市场活力。因此，新型农业经营主体的成长也需要有配套的多元化的农业技术推广体系的支持。那么，多元化农业技术推广体系的构成应当是什么样，应当如何建立？

一　多元化农业技术推广体系构建问题的提出

　　在国家各种政策的大力鼓励下，我国新型农业经营主体得到了快速成长，家庭农场、农民专业合作社和专业大户在数量上快速增长，农业产业化龙头企业立足农业，服务农民，在发展质量上有显著提升。然而，为我国农业和农村经济服务的农业技术推广体系虽然经过了改革，但仍然停留在半计划半市场的状态，表现出与农业和农村的经济发展不相适应。许多有识之士已经认识到了这个问题，并着力研究新形势下农业技术推广体系改革。并强调指出，必须高度重视基层农业技术推广体系建设，配备足够数量的高素质农业技术人员；通过政策调控，使优秀农业科技人员安心于农业技术推广工作，并能全身心投入到农业科技工作中。① 那么，到底应

---

① 钱克明、彭廷军：《关于现代农业经营主体的调研报告》，《农业经济问题》2013 年第 6 期。

当建立什么样的农业科技研发和推广体系呢？

　　分析我国现代农业发展的实际，在新型农业经营主体成长背景下，应当建立与之相适应的多元化农业技术推广体系。那么，这种体系到底应当如何构建，这是众多学者关注的热点问题。研究我国农业技术推广体系改革，探索一条与新型农业经营主体发展相适应的多元化农业技术推广体系，具有重要的现实意义。为此，必须考察我国农业技术推广体系的变化规律，科学分析我国新型农业经营主体发展的特点和对农业科技的需求。

　　（一）我国农业技术推广体系适应农业生产体系的发展变化

　　我国农业技术推广形成了纵横交错的推广体系。从纵向上讲，由国家农业部领衔，由省（区市）农业厅为骨干，由市（州）农业局为核心，由县（市）农业局及其相应的农业技术推广中心为基础，组成了上下配合的完整体系。从横向上讲，形成了以政府农业技术推广机构为主体，以农业生产资料企业为补充，以新型农业经营主体为辐射的多元农业技术推广体系。回顾我国农业技术推广体系的发展，可以划分为五个阶段，即"形成构建阶段""群众运动阶段""科学发展阶段""调整改革阶段""放任自流阶段"。每个阶段农业技术推广体系都有不同的特点，但每个阶段的特点都是为了适应当时农业生产和经济发展的需要。

　　1. 农业技术推广体系形成构建阶段与农业生产经营的适应性

　　1950—1965年，是农业技术推广体系的形成构建阶段。这一阶段，正是新中国刚刚成立的阶段，全国各项事业百废待举。特别是面临着严重的物资匮乏、资金不足的突出矛盾。因此，满足全国人民的基本生活需要成为党和国家执政的首要任务。此时，农村生产体制由中华人民共和国成立初期的家庭单干，逐步发展到互助组、合作社。这一阶段，劳动的分工非常明确，农民以农业生产为职业，农业生产表现为高度的集中性劳动。为此，需要与之相适应的农业技术推广体系。国家高度重视农业和农业科技事业，投入了相应的财力组建农业技术推广体系。全国各省（区市）农业厅、局逐步设立了农业技术推广处、室，建立起了国营农场并设立了农业技术推广科、股。1951年12月，中共中央做出了《关于农业生产互助合作的决议（草案）》，要求在继承传统农业技术的基础上，大力应用农业新技术，不断改良农业生产的方式方法。并陆续在一些地方开展农业技术推广站的试点工作，不断总结经验。

经过几年的实践，农业技术推广的做法逐步成熟，1954年农业部正式颁布了《农业技术推广站工作条例》，对农业技术推广站的职能性质、任务、组织领导、工作方法、工作制度、人员配备、经费、设备等都做了具体规定。1956年农业部发出《关于建立畜牧兽医工作站的通知》，要求各省份将原来县一级的畜牧兽医事业机构改建为县畜牧兽医站，并建立了一批新站。经过几年的实践和推广，到20世纪50年代末，初步形成了中央、省（自治区）、县、区四级农业技术推广体系。这种完全由国家组建的纵向一体化的农业技术推广体系，正好与高度集中的农业生产体系相适应，较好地服务农业生产。

2. 农业技术推广体系群众运动阶段与农业生产经营的适应性

1966—1977年，为农业技术推广体系群众运动阶段。1966年，爆发了"文化大革命"，毛主席建立平等社会的思想得到广泛宣传。如何建立平等社会呢？毛主席认为，中国各族人民不仅要政治上翻身，获得政治上的平等，而且要缩小工农差别、城乡差别、体力劳动与脑力劳动差别。在这一思想的指导下，大批农科专业的大、中专毕业生被分配到县以下农业技术推广站。同时，一部分农村回乡知识青年快速成长为农业技术推广能手，被充实到基层农业技术推广队伍中。

这一阶段，国家实行高度的计划经济体制，农村实行的是人民公社、生产大队、生产小队的三级管理体制，农业生产实行高度的集中生产经营管理。虽然我国农业技术的水平不高，推广的成效也不尽如人意，但在农业生产中，集体组织可以通过行政命令，使农业技术快速地传播到生产实际中去。因为当时的农业技术推广体系与高度的计划经济体制完全适应，无论技术的成熟性和科学性如何，但每一项新技术出来后，都可以得到快速的推广。

特别是湖南省华容县率先创办了"四级农业科学试验网"，简称"四级农科网"，即县办农科所、公社办农科站、大队办农科队、小队办实验小组。1974年，经国务院批准，农林部和中国科学院在华容召开现场会，会议拟定了《关于建立健全四级农业科学实验网的意见》。自此，全国各地逐步形成了遍布农村的 4 级农科网，为农业科学技术在农村的传播发挥了重要的桥梁作用。

3. 农业技术推广体系科学发展阶段与农业生产经营的适应性

1978—1985 年，为农业技术推广体系科学发展阶段。随着党的十一届三中全会的召开，我国各项事业进入到科学有序的发展阶段。特别是 1978 年全国科学大会召开，标志着科学技术的发展步入正轨，我国农业技术推广体系进入到科学发展阶段。农业技术推广体系在原来"四级农科网"的基础上，按照种植业、畜牧业、水产业、农机化、经营管理等系统建立起了从中央到乡镇的五级推广机构。

当时，我国农业科学技术还比较落后，优良品种、优质化肥的普及率还不高。人们对新品种的栽培技术还缺乏应有的掌握。为此，1979 年农业部召开建立农业科技试验、推广、培训中心试点县座谈会，要求在全国逐步建立县农业技术推广中心，统一领导全县的试验示范、技术培训和技术推广工作。随后，全国先后在县级行政区建立起了农业技术推广中心，中心把各专业站结合在一起，将试验示范、技术培训和技术推广融为一体，形成了与当时农业生产力水平相对较低的发展现状相适应的农业技术推广体系。

4. 农业技术推广体系调整改革阶段与农业生产经营的适应性

1986—2005 年，为农业技术推广体系调整改革阶段。这一阶段，全国农村基本上实现了以家庭为主体的联产承包责任制，农业技术员由过去对生产队的指导转变成了对千家万户的指导。我国的经济体制逐步由计划经济转变成了有计划的商品经济，再到市场经济。而且种子、化肥、农药等农业生产资料，由过去生产队统一购买变成了由千家万户分散购买。因此，农业技术人员的工作变得更加复杂。国务院适时发布了《关于依靠科技进步振兴农业　加强农业科技成果推广工作的决定》，允许农技推广单位从事技术和物资相结合的系列化服务，在这种大的政策背景下，基层农业技术推广单位均成立了自己的农业生产资料销售部门，从事农业生产资料的经营工作。农业技术员的工作由单纯的技术指导，转变成了既承担技术指导，又承担生产资料经营的半事业半经营性质的工作。

随着经济体制改革的不断深化，1987 年 5 月，国务院发布《关于深化科技体制改革若干问题的决定》，指出必须从社会主义初级阶段实际出发，适应有计划商品经济的需要，以推行各种形式的承包经营责任制为重点，深化科技体制改革；鼓励科研机构结合科研发展实体、发展多种形式的科技推广、经营服务实体；改革农技推广工作的运行机制，开展全方位服务。随着基层农业技术推广体系进一步实体化，一些地方政府开始给农技部门"断奶"，基层农技部门农业技术推广的手段主要是推销良种、化肥和农药，并提供相应的技术指导。农业技术推广的这种方式，正好与农村家庭联产承包责任制相适应。

5. 农业技术推广体系放任自流阶段与农业生产经营的适应性

2006 年至今，为农业技术推广体系放任自流阶段。自 1982 年正式实行家庭联产承包责任制以来，农业科学技术得到了快速的普及。与此同时，由于农业比较效益低下，经过 20 多年的实践，家庭联产承包责任制的红利已释放殆尽。在此阶段，各地出现不同程度的农地抛荒。

2006 年，国务院下发了《关于深化改革加强基层农业技术推广体系建设的意见》，要求各地全面推进改革。受财政资金有限的影响，全国各地对基层农业技术人员进行了大量减员式改革。2006 年，国家取消了农业税，农业又焕发出新的活力。同年，国家颁发了《中华人民共和国农民专业合作社法》，农业生产开始从一家一户走向联合。为此，全国各地出现了多种多样的基层农业技术推广体系改革。湖北省采取了"以钱养事，以事养人"的改革办法。① 这一办法的初衷是坚持农业技术推广的市场取向，然而，由于基层农业技术人员知识老化，缺乏可应用于实践的新知识。而常规的农业知识农民可能比农业技术员掌握得更好，农业技术员既无新的知识可以推广，又要面对千家万户的服务对象。那么，拿什么来推广以及怎么推广成为农业技术推广工作的焦点和难点问题。实际上基层农业技术员处于拿着少量的国家薪酬，经营着自己的农业生产资料生意的状况。

那么，是不是基层就不需要农业技术员了呢？显然不是。农产品质量问题，区域性的农业病虫害问题、农业污染问题等，已经成为社会关

① 黄季焜、胡瑞法、智华勇：《基层农业技术推广体系 30 年发展与改革：政策评估和建议》，《农业技术经济》2009 年第 1 期。

注的热点问题，成为影响社会稳定的重要问题，亟须国家权威部门依法管理。

（二）我国农业技术推广体系存在的问题和矛盾剖析

《中华人民共和国农业技术推广法》（以下简称《农业技术推广法》）第十条明确指出，"农业技术推广，实行国家农业技术推广机构与农业科研单位、有关学校、农民专业合作社、涉农企业、群众性科技组织、农民技术人员等相结合的推广体系"。虽然我国农业技术推广体系由多层次、多形式、多种性质的农业技术推广机构组成，但根据其追求的目标不同，整个农业技术推广体系可以分为公益性、社会性和自助性三大类。由于这三类机构各自追求目标不同，运行机制不同，导致各类组织的发展定位不明确，内部结构不合理，严重影响了整个国家农业技术推广组织体系的运行效率[①]。分析农业技术推广体系的现状，仍然存在着许多难以克服的矛盾。

1. 公益性农业技术推广体系存在的问题和矛盾

（1）新型农业经营主体品牌的培育性与农业技术推广主体知识的局限性相矛盾，导致新型农业经营主体市场竞争力提升难

改革开放以来，党和国家对农业给予了极大的关心和支持。20世纪80年代我国的改革率先从农村开始，结合中国农村的实际，改革人民公社的大集体经营体制，实行家庭联产承包责任制，极大地调动了广大农民的生产积极性；2006年，国家根据世界农业发展的新形势，为提高我国农业的竞争力，果断地取消农业税并逐步实现工业反哺农业，给我国农业注入了新的活力和生机；党的十八大以习近平同志为核心的党中央做出了培育新型农业经营主体的重大决策，我国农业生产经营从单家独户的经营，进入联合协作发展的新阶段。在党和国家各项农业政策的极大鼓舞下，我国农业生产经营获得了显著的进步，农产品获得了极大的丰收。

但在丰收的情况下，又出现了农产品丰产难销售、增产难增收的新矛盾。为此，党中央做出了供给侧结构性改革的重大战略部署。那么，作为新型农业经营主体的农民专业合作社、家庭农场如何按照党中央的部署，

---

① 高启杰：《多元化农业推广组织发展研究》，《技术经济与管理研究》2010年第5期。

落实供给侧结构性改革呢？那就是必须认真做好农业生产经营从理念到行动的转变，即从追求农产品产量向提升农产品质量转变，从追求农业的丰产向追求农业的丰收转变，从生产经营普通农产品向培育农产品品牌转变。

做好这些转变需要把传统的兼业农民转变为现代职业农民，整个转变的过程就是对农民进行培养教育的过程。如何完成这一过程，培养出一代新型职业农民呢？这需要多方面的协作和努力。各级农业技术推广机构承担着普及农业科技知识，培育一代新型职业农民的责任。纵观农业技术推广体系现状，现有农业科技人员大多是 20 世纪 80 年代的大中专毕业生，不仅存在人员年龄老化，而且知识结构陈旧单一，基本上只具有传统的农业种植、养殖知识，对培育农产品品牌所需要的经济学知识、管理学知识、法律知识基本不具备，根本难以承担起指导新型农业经营主体培育农产品品牌的职责。为此，这就产生了新型农业经营主体品牌的培育性与农业技术推广主体知识的局限性的矛盾。而农产品品牌是新型农业经营主体提升市场竞争力的重要载体，是农产品走向国际市场必须具备的要素。缺乏知名品牌的农产品的市场竞争力就难以提升。

（2）新型农业经营主体产品的绿色性与农业技术推广主体职责的模糊性相矛盾，导致新型农业经营主体对环境的需要性满足难

随着科学技术的发展，世界从植物时代进入矿物时代，传统的农家肥、生物农药逐年减少，代之而起的是新型的化肥、农药和激素。这些先进的生产要素和生产技术确实对农业生产的发展发挥了重要作用，大幅度提升了农产品的产量，减少了农业劳动的强度。随着农民工大量涌入城市，农村劳动力快速减少，迫切需要农业机械化的补充，而我国实行的是以家庭为单位的联产承包责任制，土地细碎化严重限制了农业机械的使用。因此，人们受劳动力的限制和传统观念的影响，仍然习惯于大量使用化肥、农药和除草剂等化学生产资料，以减轻劳动负担。但随之而来的却是环境的污染、农产品质量的下降，甚至农产品对人类的安全挑战。为此，保证农产品安全，提高农产品品质，成为全社会关注的热点。

新型农业经营主体是农业生产的主力军，对周边农户具有榜样的作用，影响着周边一大批农户。因此，新型农业经营主体的生产经营行为迫

切需要用国家法律法规进行规范。党的十八大确立了全面推进依法治国的战略，我国法律法规进一步完善，行政执法行为更加规范。那么，应当由谁来履行对农户经营行为的教育、引导和监督的职责呢？我国法律法规的相关规定都没有做出明确的界定。那么，我国各级农业技术推广机构是否应当履行这种职责呢？公益性农业技术推广机构应当承担什么样的职责呢？

2012 年 8 月 31 日，第十一届全国人民代表大会常务委员会第二十八次会议通过了《关于修改中华人民共和国〈农业技术推广法〉的决定》，修改后的《农业技术推广法》第十一条明确规定了国家农业技术推广机构的公共服务性质，明确了公益性职责。公益性农业技术推广机构职责可以概括为三类：一是技术推广类。即新技术的引进、试验、示范，植物病虫害、动物疫病及农业灾害的监测、预报和预防等。二是行政执法类。即农产品质量检测、农业资源安全检测、水资源管理和水旱灾害服务等。三是信息服务类。即信息宣传、农民培训等。

但现有公益性农业技术推广机构并没有行政执法权，无法行使对农民教育、监督、执法的职责，导致农业生产经营环境恶化，农产品品质下降，农产品安全性受到极大的威胁和挑战。虽然党和国家提出了绿色发展的理念，市场上消费主体对农产品质量也提出了绿色有机的要求，但在激烈的市场竞争和博弈中，人们仍然习惯于大量使用化肥、农药和除草剂等化学用品。不仅农产品品质难以得到保证，而且农业生产环境遭受破坏，土地、水源富营养化增加，造成农业生产的恶性循环。新型农业经营主体想要提升产品品质，打造有机绿色的农产品品牌，既缺乏相应的竞争环境激励，也缺乏相应的生产环境支持，更缺乏执法环境约束。

（3）新型农业经营主体需求的刚性与农业技术推广主体约束的柔软性相矛盾，导致新型农业经营主体发展支持点连接难

新型农业经营主体是适应现代农业发展需要而发展起来的一种农业经营形式，其发展的制度和机制，都需要在实践中不断完善。为此，新型农业经营主体的发展需要各方面的指导、支持和探索。既需要从法律上指导其组建成立，也需要从政策上扶持其发展壮大，更需要从技术和管理上帮助其培育核心竞争力。而且这种需求是一种刚性的需求，需要具有专业知

识的人员的具体帮助和指导，需要将培育核心竞争力的每一个步骤落实到实践中。那么，现有农业技术推广体系是否能适应呢？

农业技术推广体系的现状与新型农业经营主体成长的需要之间存在三个不适应。

一是体制机制僵化。现有农业技术推广采取的是无约束的自由式推广，农业技术人员处于无人管理的状况，完全依赖利益的驱使和凭借个人兴趣从事着相关的农业生产资料经营。虽然在农业生产资料经营的过程中，也包含了农业技术推广的工作，但这种推广与新型农业经营主体成长所需要的推广基本上不在同一个体系，也不是公益性农业技术推广的范畴。那么，农业技术人员的推广属于什么性质的推广呢？农业技术人员的推广属于传统的农业生产资料的推销，属于售后服务的范畴，可以划入商业性质的社会农业技术推广。新型农业经营主体成长所需要的推广是包含了国家法律法规应用、国家政策落实、企业品牌打造和新兴技术应用的现代农业技术推广。

二是人员素质不高。现行农业技术推广体系的人员构成，基本上是20世纪80年代末90年代初招录进入的大中专毕业生，个别地方还存在高中毕业生和初中毕业生的情形。这些人曾经为农业现代化的发展做出过贡献，但随着科学技术日新月异的发展，这些人已经知识老化，仍然停留在传统的种植、养殖技术层面。这些技术表现为种类上的单一性、应用价值上的低廉性、操作上的粗放性，具有不推而广的特点。而现代农业发展更多地需要依法管理的制度，独具特色的经营技巧，立于不败之地的核心竞争力。为此，现有农业技术人员所拥有的技术与现代农业发展所需要的技术至少相差了一个时代，远远不能适应新型农业经营主体发展的需要。

三是法定职权模糊。《农业技术推广法》第四章虽然提到了农业技术推广的资金保障、场所提供和知识更新等，但并没有赋予公益性农业技术推广机构相应的行政执法权，对推广职责履行不力的也没有相应的罚责。因此，《农业技术推广法》确定的公益性农业技术推广机构的职责看似很全面，但由于其模糊性强，与基层实际情况的差距大，很难适应新型农业经营主体成长的需要。纵观公益性农业技术推广体系的实际，在土地承包经营的大背景下，缺乏应有的试验示范基地，各级人民政府确定的关键农业技术的引进、试验、示范如何落实？在市场机制的导向下，农业技术推广机构的精力大都盯在经济效益上，植物病虫害、动物疫病及农业灾害的监测、预报和预防更多集中在省级、国家级层面，在市级和以下层面很难落实。在国家对农产品市场监督宽松的环境下，农产品检验、检测、监测主要集中在市一级农产品检测中心，以生产者自愿检测为主，加上缺乏行政监督的职能，对于普遍提升农产品质量的作用非常有限。由于基层农业技术推广机构人员知识老化，加上在农业分散经营条件下，对技术推广人员难以考核，其他职能也很难发挥。

2. 社会性农业技术推广体系存在的问题和矛盾

在农业技术推广体系中，社会推广机构可以分为三类：第一类是农业科研单位和涉农高等院校；第二类是农业生产资料经营企业；第三类是农业生产专业服务机构。深入分析每一类社会性农业技术推广机构，在农业技术推广工作中，都存在难以克服的局限性。

（1）涉农高等院校：试验的功利性与生产的现实性相矛盾，导致推广技术受限

我国涉农高等院校主要职责是培养农业技术人才，部分人员同时承担着科学研究工作。农业技术推广与部分教师承担的科研工作密切相关，但高校教师的科研工作重在理论研究，其理论要想变成可应用于实践的技术，仍需要经过许多阶段的工作，而且很多技术落后于生产实际。因此，涉农高等院校研究的技术与直接进入推广领域的农业技术尚有差距。加上在现有条件下，对高校科研成果的鉴定和验收仍然停留在表面上，农业高校和科研院所的试验、示范大多带有极强的功利性，即完全为了自己的课题结题。因此，许多课题的试验、示范局限在已有新型农业经营主体生产场所"插旗帜、挂牌子"，虽然形式上热闹受看，但实际上扎扎实实的科研试验、示范工作开展得很少，真正能用于生产实际的研究成果不多。

那么，地方农业科研机构的情况又如何呢？分析市、县两级农业科研机构，大多处于十分尴尬的境地。作为基层农业科研机构，若做真正的科研工作，水平和设备都非常有限；若做技术推广又缺乏应有的推广网络和推广人员，基本上处于寻找经费发工资的状况。因此，涉农高等院校和农

业科研院所的农业技术推广工作受到众多局限，实际开展的推广工作和成效非常有限。

（2）农资经营企业：推广的单一性与需求的综合性相矛盾，导致推广成效受限

我国农业生产资料企业已经成为农业技术推广的重要力量，这些企业在营销农业生产资料的过程中，一般都安排有专门技术人员开展跟踪服务，但所推广的技术仅限于自己公司销售产品的应用。这种推广无论是技术还是产品，都具有单一性特征。

那么，新型农业经营主体成长需要什么样的技术呢？新型农业经营主体成长不仅需要种子、栽培、植保、肥料等单一性技术，更需要合作社运行和管理的法律法规知识和农业企业经营管理知识。虽然一些新型农业经营主体负责人可能平时看不到管理的重要性，但往往遇到问题时，就会倍感管理知识不足。或因管理不规范引发新型农业经营主体的内部矛盾，或因管理不善导致新型农业经营主体缺乏成长性和吸引力，导致推广成效十分有限。

（3）专业服务机构：服务的规模性与土地的细碎性相矛盾，导致发展成长受限

农业专业服务机构主要是指机耕服务公司、植物保护公司、土地耕整公司等。这些机构是农业生产经营再分工的结果，充分体现了生产经营分工的专业性和合作性。但这些机构在激烈的市场竞争中，同样追求经济效益，而经济效益的产生离不开规模效应。那么，农业专业服务机构面对的服务对象状况又如何呢？他们面对的是分散经营的农户，土地细碎化程度高，具体产业并不集中。这种农户经营土地的细碎性不利于农业专门服务机构追求规模效益，从而导致农业专门服务机构成长受限。

3. 自助性农业技术推广体系存在的问题和矛盾

自助性农业技术推广体系是指农民专业合作社、家庭农场、农业产业化龙头企业内部的技术推广体系。由于这些组织发展时间还不长，组织内部的各种机制尚不健全，仍然存在着一些矛盾和问题。

（1）合作组织的机制缺乏性与资源的共享性相矛盾，导致资源共享不到位

新型农业经营主体的组织形式主要表现为家庭农场、农民专业合作

社、农业产业化龙头公司，以及种植、养殖大户。但在生产和经营中具有联合功能，能从事农业技术推广的主要是农民专业合作社和农业产业化龙头公司。那么，分析农民专业合作社和农业产业化龙头公司的经营状况，部分实力雄厚的合作社和公司真正实现了品种、品牌、技术、管理、价格和销售的联合。由于中国农民的传统心理是崇尚单打独斗，不喜欢也不习惯合作共赢，[①] 大部分仅限于成立了合作社和公司，整个生产经营也就限于少数发起人，离真正的联合尚有较大差距。

国家大力培育新型农业经营主体，其宗旨在于促进新型农业经营主体的真正联合。这种联合应当表现为生产经营的全过程。从农业生产经营的核心看，至少在六个方面应当联合，即在生产中，能实行统一品种供应，保证优质品种的使用；在经营中，能统一商品品牌，打造知名商标、驰名商标，通过市场机制，实行商品经营上的优质优价；在技术应用上，能实行统一技术要求和规范，提高生产效益；在经营管理上，能实行统一管理模式和管理流程，提高管理的科学性；在商品价格上，能依照统一的商品品牌实行统一定价；在商品销售上，能实行统一销售渠道和销售策略[②]。只有通过这六个方面的联合，才能实现供给侧结构性改革的初衷。但由于新型农业经营主体缺乏应有的运行机制，真正的技术和资源只是掌握在少数发起人的手上。因此，在技术和资源的享受上具有任意性，完全由发起人说了算，从而导致联合机制的缺乏性和资源的共享性相矛盾，导致资源共享不到位，联合的效果十分有限。

（2）合作组织的内部竞争性与合作的整体性相矛盾，导致竞争能力不到位

在新型农业经营主体内部，应当形成统一的管理制度、合理的分工合作、共同的利益追求。但由于合作组织缺乏真正的合作机制，本该具备的"品种、品牌、技术、管理、价格和销售"六种联合并不具备，而在这些需要联合的事项中，仍然表现出激烈的相互竞争，从而降低了合作组织成员的对外竞争能力。这种现象违背了合作的初衷，影响了农业技术推广的

---

① 宋亚平：《"分田到户"改革的辩证性反思》，《华中师范大学学报》（人文社会科学版）2016 年第 5 期。

② 汪发元、罗昆、陈钧：《农业创业理论与实践研究》，科学出版社 2015 年版。

效果。

放眼发达国家的农业合作,既有微观层面的合作社内部成员间的合作,更有统筹全国农业合作社合作机制和政策的专门协会。比如:从合作组织的内部结构上看,澳大利亚的农业经营组织以大型农场为主,组织结构呈现出高度专业化、社会化的特点。[1] 这种高度专业化、社会化的经营方式,不仅体现了明确的联合和分工特点,而且有利于减少合作者内部的竞争,提高对外竞争力。从协调合作组织的宏观管理层面上看,法国成立有农业合作社联盟,专门负责促进和协调农业合作社成员之间的交流和互动,向成员合作社提供最新农业信息,吸收愿意加入的新成员,监督成员合作社的规范运行,代表合作组织成员与政府沟通和交流,争取扶持政策,维护成员利益等。[2] 正是有了农业合作社联盟,才可以有效地促进农业合作社成员之间的良性互动,协调农业合作社成员的行为,提高合作的效力。

(3)合作组织的利益分散性与合作的关联性相矛盾,导致服务分工不到位

新型农业经营主体发展的关键在于提高规模经济效益,在我国农业人口难以突然大规模减少的情况下,规模效益的提升就在于新型农业经营主体内部和外部的联合。虽然我国农业人口众多,而土地资源相对规模小且呈细碎化特点,如何走好联合化的道路尚需在实践中探索。分析亚洲农业现代化的特点,以日本为例。日本同样是在小农生产基础上发展起现代农业的,日本农业合作组织的产生和发展均处于国家的主导之下,成立了具有权威性的农协组织。不仅承担着指导合作组织内部联合行为的职责,还担负着经济和政治的功能,影响着农业政策的制定。[3] 在人均土地资源相对丰富的美国,同样是由农场主组建农业合作组织,在竞

---

[1] 矫健、陈伟忠、穆钰等:《澳大利亚西北部地区农业合作前景展望》,《世界农业》2014年第12期。

[2] 黄福江、高志刚:《法国农业合作组织的发展及其对中国的启示》,《世界农业》2016年第3期。

[3] 李汉卿:《多元主义抑或法团主义:美日农业合作组织与政府间关系比较》,《世界农业》2015年第3期。

争上实行抱团对外，统一行动，引领美国农业的现代化的发展。① 发达国家农业现代化的特点显示，现代农业必须实行真正意义上的联合，而我国已经走上联合发展的新型农业经营主体，大部分尚处于形式上的联合而实质上处于分散状态。这就是我国新型农业经营主体在成长过程中，技术推广及经营发展面临的困难和需要解决的问题。

（三）必须建立与新型农业经营主体成长相适应的农业技术推广体系

农业属于比较效益相对较低的产业，在"四化"同步发展背景下，如何提高农业的效益，成为"四化"同步发展是否能实现的关键。为此，党中央和国务院提出了培育新型农业经营主体的命题，其宗旨就是为了提高农业的经济效益。提高农业经济效益的路径在哪里呢？关键在于实行农业供给侧结构性改革，提高农业规模化经营的程度。回顾我国农业改革的历程，我国从以人民公社和生产大队为基础的大集体经营形式，改革为以家庭为单位的双重承包经营体制，为搞活农村经济发挥了巨大的作用。

但由于双重承包经营体制的建设是一项十分复杂的工作，基层干部习惯于简单从事。在实践中，双重承包经营体制仅落实了家庭承包一重，而本该以村或村民小组为单位该统的部分并没有统起来，形成了"分"有余而"统"不足，甚至只有"分"而没有"统"的现象，从而导致本该是以"统分结合、双层经营"为主要内涵的基本经营制度建设出现了越来越大的缺陷与偏差。②

这和中央当初农村经济体制改革的初衷形成了巨大的差距。1982 年的中央一号文件，即《全国农村工作会议纪要》明确要求："家庭联产承包经营责任制，必须与当时当地的生产需要相适应，宜统则统，宜分则分，通过承包把统和分协调起来，有统有分。"由于该统的部分并没有统起来，而采取了简单的分田到户，其弊端随着时间的推移逐渐显露出来。随着中央农业政策红利的逐渐释放，农民从事农业的积极性也慢慢消退。家庭承

---

① 李汉卿：《多元主义抑或法团主义：美日农业合作组织与政府间关系比较》，《世界农业》2015 年第 3 期。

② 宋亚平：《"分田到户"改革的辩证性反思》，《华中师范大学学报》（人文社会科学版）2016 年第 5 期。

包经营体制表现出来的经营规模小、土地分散、缺乏规模效益的弊端暴露得越来越充分。为此，农村大量青壮年劳动力转移，导致我国传统家庭承包经营户逐渐衰退。[①]

那么，"未来谁来种地"呢？这一问题引起了社会各界的广泛关注与担忧，成为中央关注的焦点。走中国特色的农业现代化道路，创新农业经营体制和组织形式的一个基本点是在农业中要不断巩固完善和发展社会主义的生产关系，[②] 核心是要培育新型职业农民，支持发展新型农业经营主体，促成多种形式的适度规模经营……不断提高土地的规模效益。[③] 在大力发展新型农业经营主体的背景下，我国公益性农业技术推广的体制却仍然停留在传统的层面上，以国家投入为主，坚持计划经济条件下的行政推广体制。虽然农业生产资料企业也在进行着农业技术推广工作，但和国家公益性推广机构缺乏有效的协调、分工，导致简单的投资重复，以致影响到农业技术推广应用的成效。因此，正确认识我国农业经济面临的新形势，建立与新型农业经营主体成长相适应的基层多元农业技术推广体系，是适应和服务现代农业的必然举措。

二 我国多元化农业技术推广体系构建的基本原则

（一）有利于适应农业经济发展体制的原则

在农村土地家庭承包的背景下，我国农业呈现多元化市场经济发展态势。既有传统的小规模家庭分散经营，也有相对规模化的新型农业经营主体形式。在多元化的农业经营体制下，不同的经营形式有不同的优势，对农业技术的推广有不同的需求。

传统的家庭承包经营势单力薄，先进技术缺乏，经营信息缺失，对国家公益性农业技术推广有较强的依赖性，迫切需要有效的农业技术配套体系；家庭农场是新发展起来的一种农业经营形式，一般都有较强的经营能力，有成熟的农业生产技术，可能和农业产业化龙头公司、农业生产资料

---

① 张晓山：《创新发育农业生产经营主体》，《中国国情国力》2013 年第 3 期。

② 陈晓华：《现代农业发展与农业经营体制机制创新》，《农业经济问题》2012 年第 11 期。

③ 汪发元、刘在洲：《农业技术人员数量与农业 GDP 关系分析》，《科技进步与对策》2012 年第 24 期。

公司有着密切的联系，对社会组织的农业技术推广相对依赖性较强；农民专业合作社核心成员一般都是农村的能人，部分合作社还吸纳了农业生产资料公司、农业开发公司作为社员，有购买农业生产资料的团体优势，有吸纳农业新技术、新模式的能力。因此，农民专业合作社和社会组织、科研院所、农业院校有广泛密切的联系，他们所掌握的技术、信息和经营模式甚至比公益性农业技术推广组织掌握的还要先进。因此，农民专业合作社自身在农业技术的推广中发挥着重要的作用。

农业经营体制的多元化，需要与之配套的多元化农业技术推广体系，使不同的农业技术推广组织能够各自发挥自己的优势，为相关的对象做好技术、信息服务。只有建立多元化的农业技术推广体系，发挥各种推广技术服务组织的优势和特点，农业技术推广体制改革才能获得成功，农业经济才能健康发展。因此，构建新的农业技术推广体系，必须遵循有利于适应农业经济发展体制的原则。

（二）有利于促进农业科技成果转化的原则

农业科技成果的转化既是现代农业的发展依靠，也是农业技术推广工作的重要任务。因此，构建新的农业技术推广体系时，必须遵循有利于促进农业科技成果转化的原则。不同的农业科技成果适应不同的农业经营主体，而不同的农业技术推广机构和不同的农业经营主体有着密切的联系。多元化农业技术推广体系有利于知识信息的流动，有利于科研和实践问题的无缝对接，有利于科技成果突破"最后一公里"，直接应用于农业经营主体。多元农业技术推广体系中各种推广组织有各自的优势，可以相互补充，有效合作，产生优势叠加的协同作用，从而提高农业技术推广服务的效率。因此，只有构建多元化农业技术推广体系，才有利于促进和加速农业科技成果的转化工作。

（三）有利于促进现代农业经济发展的原则

发展现代农业已经成为全社会的共识，而发展现代农业必须依靠农业技术的推广和普及。农业科技成果的推广应用是科技进步活动的出发点和归宿，不断加强农业技术推广工作，提高农业生产的科技水平，是发展现代农业的本质要求。而农业技术推广体系在科技成果传播中发挥着重要的纽带作用，虽然农业科技成果的传播途径越来越多元化，但农业技术推广体系仍然发挥着不可或缺的重要作用。众所周知，提高农民素质是实现农业现代化的必备条件，而农业技术推广体系在提高农民素质上发挥着不可替代的作用。因此，构建新的农业技术推广体系，必须遵循有利于促进现代农业经济发展的原则。

三　我国基层农业技术推广体系构建的基本思路

《农业技术推广法》第十条明确规定，"农业技术推广，实行国家农业技术推广机构与农业科研单位、有关学校、农民专业合作社、涉农企业、群众性科技组织、农民技术人员等相结合的推广体系"。依据国家《农业技术推广法》的规定，针对我国农业经济体制的多元化特征，必须建立与之相适应的农业技术推广体系。这种体系就是以公益性农业技术推广组织为主体，以社会推广机构、科研院所和高校推广机构为补充的"一主多元"推广体系。

（一）我国基层农业技术推广体系的构成

1. 公益性农业技术推广机构

公益性农业技术推广机构是农业技术推广的主体，应当承担其他农业技术推广组织难以承担的任务。其职责应当有三点：一是全局性农业技术推广。就是涉及整个区域的农业技术，需要整个县或整个市应用的品种、技术和经营模式的推广等。二是动植物病虫害防控。植物病虫害具有迁徙性、传播性，如不实行联防联治，就达不到防治的效果，因此，公益性农业技术推广机构应当承担需要联防联治的农业病虫害的预报、集中防治的组织工作。三是农产品质量安全监管。农产品质量安全已经成为全社会关注的热点和焦点，甚至引发了人们的安全危机，加强对农产品质量安全的监管已刻不容缓。而这种监管工作必须由国家公共管理机构来实施，只有公益性农业技术推广机构才能承担这一重任。

2. 社会农业技术推广机构

社会农业技术推广机构由三部分组成：第一部分是涉农高校和科研院

所。这些机构因为自身科研项目研究的需要，主动和农户、新型农业经营主体建立联系，成为农业技术推广的重要成员。它们的职责有两方面：一方面是科研成果的试验示范，这是出于科研项目研究、鉴定的需要。二是科研成果的推广，这是科研院所和高校提高社会影响的需要。在这两种内在动力的作用下，科研院所和高校在农业技术推广中发挥着重要作用。第二部分是农业生产资料公司。农业生产资料公司通过农业生产资料的销售，实行跟踪技术指导。如新品种的种植方式、关键技术的应用，新肥料、新农药的应用等。第三部分为专门服务机构。这些机构在市场需求的引导下，通过提供生产经营服务，促进新理念、新技术的应用，从而实现了农业技术的推广。

3. 自助性农业技术推广机构

自助性农业技术推广机构主要由农民专业合作社、农业加工龙头公司组成。农民专业合作社通过与成员的联系，统一品种、统一经营模式、统一技术指导、统一销售等，把新的经营理念、经营模式推广到成员中。农业加工龙头公司一般也是农民专业合作社的核心成员，通过订单农业的方式，安排专门技术人员，把标准化农业生产推广到广大农户中，从而有效地促进农业加工龙头公司旗下成员实现品种、品牌、技术、管理、价格和销售等生产要素和生产环节的统一。

（二）我国基层农业技术推广体系的构建

1. 公益性农业技术推广体系的构建

政府公益性农业技术推广体系，多年来一直是我国农业技术推广的主要力量，并且应当作为我国农业技术推广体系的主体，对其改革和完善是一项非常重要的工作。

（1）明确公益性农业技术推广人员管理体制

农业在我国国民经济中占有重要的基础地位，在农业经营主体多元化的形势下，要把我国从农业大国变成农业强国，必须稳定基层农业技术推广队伍。通过修改《农业技术推广法》，严格区分公益性农技推广队伍和经营性农技推广队伍。明确公益性农业技术推广人员的素质要求、录用办法、工作职责、管理规定、辞退标准和程序。① 从而将公益性农业技术推广人员纳入法制化管理轨道。具体可依法明确农业技术推广人员的身份，恢复其公务员或事业编制身份，乡镇农技推广机构划归县（市）农业局管理，定位于农业局派出机构。在此基础上，通过公开招考等方式，吸收一些近年来毕业的农业类专业大学毕业生充实基层，从而提高农业技术推广人员整体素质，优化农业技术推广队伍。② 并且，应当依法明确农业技术推广人员的上升通道，保障其经济待遇、工作经费。所有经费都应纳入财政预算和实行国家补贴，由农业局统一管理。最终从根本上解决基层公益性农技员工作不稳定、报酬无保障的问题，进一步提高基层公益性农技推广队伍整体素质，激发其工作积极性。③

（2）加强农业技术推广手段的建设

我国是一个农业大国，农业在国民经济中占有重要地位。基层农技推广队伍在农业经济发展中起着重要的支撑作用，特别是在农业新技术、新模式普及和推广中，起着指导、咨询、维护的重要作用。国家应当加大农业技术推广体系建设，保证必要的推广资金，建设必要的办公场所，添置必备的设备和设施，加强其履职尽责的监督考核，提高农业技术推广的有效性，强化对农产品市场的监管效果，加快新技术、新模式的推广应用。

（3）加强基层农技人员的技术培训和技能培训

农业要发展，经济要提高，离不开一支高素质的农业科技队伍。不仅要能说，而且要能做、会做。因此，一是要加强对农技人员知识更新培训，鼓励其率先进行现代农业实践，提高现代农业示范和服务技能。二是要在培训方式上进行改革，实行理论讲授与实践相结合，提高农技人员服务现代农业的能力，从而加快农业新理念、新技术、新模式的推广普及。三是要积极吸纳农业科技人才到基层为"三农"服务，不仅要切实保障基层人才的编制、经费，更要解决好他们的上升通道，以适应人才的合理流

---

① 汪发元：《中外新型农业经营主体发展现状比较及政策建议》，《农业经济问题》2014 年第 10 期。

② 汪发元、刘在洲：《基层农业技术员工作报酬的边际效应分析》，《农业技术经济》2011 年第 5 期。

③ 汪发元：《中外新型农业经营主体发展现状比较及政策建议》，《农业经济问题》2014 年第 10 期。

动，保持农技推广队伍的活力。在此基础上，通过公开招考，选拔优秀人员进入国家农业技术推广体系工作。

2. 社会化农业技术推广体系的构建

（1）明确科研院所和涉农高等院校服务社会的职责

应当以一定的形式明确赋予科研院所和涉农高等院校服务社会的法定职责。改变现有农科类教授、专家只懂理论不懂实践，农业科研成果只供评奖不能应用于生产实践的现状，使国家的科研经费使用效率更高、科研院所和涉农高等院校的科研成果应用价值更大。

同时，科研院所和涉农高等院校是农业科技研究和教育的中心，具有学科融合、人才集聚等特点，应当成为服务农业现代化的重要基地。我国已经进入了终身接受教育的时代，因此，开展农业创业培训应当成为科研院所和涉农高等院校不二的职责。科研院所和涉农高等院校应当走出所谓的象牙塔，走向农业生产一线，为培养新型职业农民，发挥更加重要的作用。做好新型职业农民培训工作，不仅有利于教学科研人员了解社会需要，掌握社会动态，而且有利于科研院所和涉农高等院校选择社会急需的科研项目。科研院所和涉农高等院校走农科教相结合之路，是将潜在的农业科学技术转化为现实生产力的必然选择，也是加强科技成果转化工作的重要形式。国家应当通过适当方式，明确科研院所和涉农高等院校开展农民教育培训的功能，使其农业技术推广工作更加富有成效。

科研院所和涉农高等院校还承担着农业科技成果的研发工作，研发的成果必须经过实践的检验，但在现实中，在农业科技成果的试验示范中，还不同程度地存在着弄虚作假的情形。国家应当加强对科研院所和涉农高等院校成果试验示范的监管力度，提高成果的可用价值，促进农业技术推广工作的成效。

（2）明确农业生产资料公司的推广义务

随着科学技术的进步，农业生产资料非常丰富，就连专业技术人员也不一定熟悉一些新品种、新肥料、新农药的使用方法。农业生产资料公司是农业生产资料营销的利益获得者，在农业生产资料的使用上具有不可推卸的责任。因此，可以通过修改《农业技术推广法》，明确农业生产资料公司在销售农业生产资料中的职责和推广义务，使农业生产资料公司的推广工作更加规范、有效。

（3）明确农业专门服务机构的职责

随着社会分工的进一步明确，一大批农业育秧公司、农业机耕公司、农业植保公司应运而生。这些公司承担着农业生产诸环节中很多专门环节的任务。每个环节都离不开农业技术的应用，承载着推广农业科学技术的职责。这些职责是在服务广大农户的过程中形成的合同约束，也是服务机构诚信形象建设的需要。因此，国家应当进一步加强对这些机构服务诚信的管理，加强对服务工作中可能发生纠纷的处理，促进农业生产分工的进一步分化，真正形成专业的人做专业的事的格局。从而推动农业生产技术进步，提高农业生产每个环节的效益，进一步降低生产成本。

3. 自助性农业技术推广机构的构建

（1）明确新型农业经营主体的推广责任

新型农业经营主体是联结千家万户成员的纽带，负有向成员提供农业科技服务的义务，但目前服务工作尚不规范，甚至有名无实，可以通过规范新型农业经营主体内部的管理，规范其内部服务行为，提高其服务水平。在实践中，一些经营性农业技术推广组织，本身就是新型农业经营主体的成员单位，可以通过放活经营性农业技术推广，鼓励经营性农技推广组织利用经营农业生产资料的有利条件，把农业技术推广到农民中去，从而和公益性农业技术推广体系形成相互促进、共同发展的良好局面。[1]

（2）明确农产品加工龙头公司的推广义务

农产品加工龙头公司在实施订单农业的过程中，一般都提供种子、化肥、农药和标准化生产模式，这些正是一种农业技术推广工作，而且在实践中也在实施。只是由于缺乏法制规范，还存在着违约和工作不到位的现象。因此，可以赋予公益性农业技术推广机构一定的监督权，促进其服务工作规范化。

（3）加强新型农业经营主体联合的指导

公益性农技推广机构不仅要自身做好农技推广工作，而且应当承担起

---

[1] 汪发元：《中外新型农业经营主体发展现状比较及政策建议》，《农业经济问题》2014年第10期。

指导新型农业经营主体开展联合的责任。利用集中培训、现场指导等机会，指导新型农业经营主体走向更大的联合，从而更好地应用新技术、新理论、新模式，特别是组建农民专业联合社，扩大市场上的话语权，增强市场竞争能力。

（三）我国基层农业技术推广体系的运行机制

1. 公益性农业技术推广体系的运行机制

（1）公益性农业技术推广体系运行的依据

公益性农业技术推广体系依照《农业技术推广法》赋予的职责、权限开展工作，主要职责是负责全局性农业技术推广、动植物病虫害防控、农产品质量安全监管。这三大职责是法定的，任何单位和个人不能改变，这也是对公益性农业技术推广机构进行考核的依据（见图8-2）。

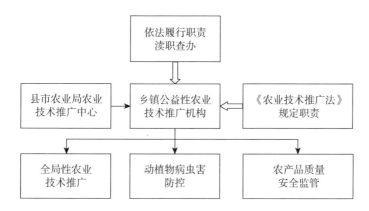

图8-2 公益性农业技术推广体系的运行机制

（2）公益性农业技术推广机构的构成

公益性农业技术推广机构由县市农业局农业技术推广中心领导，依法履行自己的职责，不受任何单位或个人的非法干扰。其工作职责、经费来源、工作绩效考核、人员招录、淘汰、晋升等都由《农业技术推广法》规定。严格控制基层农业技术员数量，实行事业编制管理，将基层农业技术推广机构和人员划入县市农业局管理，并通过严格招考程序充实农科类大学毕业生进入基层农技推广系统工作，对于工作成效显著的可以依《公务员法》提拔到乡镇机关工作①。

（3）公益性农业技术推广体系运行的职责履行

独立依法履行三大职责。按照县市农业局的安排做好涉及全局性的农业技术推广工作，主要是新品种、新农药、新肥料的引进、试验示范；做好辖区动植物病虫害防控，包括预测预报工作，及时向县市农业局上报动植物病虫害监测数据；依法做好辖区农产品质量安全监管工作，行使监督权、检查权、处罚权。

2. 社会化农业技术推广体系的运行机制

社会化农业技术推广体系由农业生产资料公司、农产品加工龙头公司和新型农业经营主体组成，具体的推广运行机制各不相同，主要依据订单、合同和章程（见图 8 - 3）。

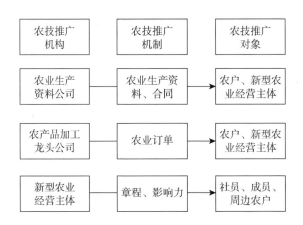

图 8 - 3 社会化农业技术推广体系运行机制

（1）农业生产资料公司以农业生产资料为纽带，依靠市场机制销售自己的化肥、农药等生产资料。在销售过程中，依据合同、产品说明书等，安排农业技术人员对购买户进行跟踪服务，从而达到农业技术推广的目的。那么，有什么可以制约农业生产资料公司的违约行为呢？主要依靠合同的约束力，产品说明书也是合同的一种，如果农业生产资料公司违

---

① 汪发元、刘在洲：《基层农技推广机构工作现状及改革分析》，《长江大学学报》（自然科学版）2010 年第 4 期。

约，农户可以向工商局举报，以《消费者权益保护法》为依据，获得法律救济。

（2）农产品加工龙头公司以与农户或新型农业经营主体签订的订单为纽带，向签订订单的对象推广农业技术、经营规范、经营模式。在订单履行的过程中，订单的双方都应当自觉履行自己的义务，行使自己的权利。如果有一方违约，守约方可以依据订单要求对方履行义务，也可以依据订单追究违约方的违约责任。

（3）新型农业经营主体依据参与合作组织的成员订立的章程，履行农业技术推广义务。同时，依据经济利益开展合作生产经营，新的经营理念、经营模式、新品种、化肥、农药就在这种合作中推广开来。

3. 科研院所和高校农业技术推广体系的运行机制

科研院所和农业高校的科研项目必须通过试验和示范才能通过验收，因此，在此动机的作用下，项目主持人或通过地方政府，或直接联系新型农业经营主体或农户，开展项目的试验示范，获得数据，通过项目验收结题。在此基础上，科研院所和农业高校的科研项目要想申报政府各类奖项，必须有三年的试验示范效益。在这一条件的要求下，科研院所和农业高校产生科研成果试验示范应用的动机，必须通过各种办法，在新型农业经营主体或农户田间进行试验示范。

在这个过程中，科研院所和农业高校获得申报奖项的条件，而承担试验示范的新型农业经营主体或农户获得先进的农业技术和先进的科研成果。同时，这些承担具体任务的农民提高了科学素质。

因此，科研院所和农业高校的试验、示范离不开农村，无论是主观上还是客观上，在科研成果的试验示范中，科研成果必然为农民接受和掌握。从这种意义上讲，科研院所和农业高校参与了农业技术推广工作，提高了农民的素质；而地方政府拥有广泛的行政资源，也为科研院所和农业高校科研工作提供了便利条件。以科研院所和农业高校为依托的农业技术推广体系，就是采取围绕地方主导产业，同地方农业技术推广部门、农民专业合作社以及与主导产业相关的企业紧密合作的形式（见图8-4）。

这种"一主多元"的农业技术推广模式，有助于农业科技创新的各个部门能在一个平台上交流和沟通，克服了现行科技创新部门化、分割化的

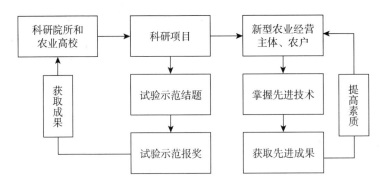

图 8 - 4 科研院所和农业高校农业技术推广体系的运行机制

过程，形成了农业技术推广的协同合作关系。这种"一主多元"的农业技术推广模式有利于不同农业技术推广主体发挥各自优势并且互补；有利于整体合作的多元化推广体系，能有效地提高成果转化率，对于科技成果的转化和推广有着积极的作用。

四 基层农业技术推广体系改革的保障措施

为了确保农民收入持续稳定增长和消费水平不断提高，提高农民创业能力，帮助农民战胜创业挑战就显得非常必要。[1] 为此，必须建立"一主多元"的农业技术推广模式。但这种模式的建立和正常运行离不开国家和社会的支持。我国农产品不仅面临着国内竞争的压力，更面临着国际市场的竞争和压力，无论是国家对农业的支持政策，还是农业科学技术普及应用的程度，我国与世界发达国家相比都存在着很大的差距。在世界经济一体化的条件下，我国农产品必须走向国际市场，除了不断完善国家补贴政策外，必须切实改革和完善农业技术推广体系，优化农业经营和科技服务环境[2]。

---

[1] 汪发元、罗昆、熊娜：《农民创业对其收入和支出的影响及政策建议》，《广西民族大学学报》（哲学社会科学版）2014 年第 2 期。

[2] 汪发元、刘在洲：《基层农技推广机构工作现状及改革分析》，《长江大学学报》（自然科学版）2010 年第 4 期。

（一）基层农业技术推广体系改革的法律措施

依法治国是我国的基本国策，农业技术推广体制的改革，必须在法律的框架下进行。因此，加强法制建设，完善相关法律制度，支持农业技术推广体系改革，也是培育新型农业经营主体的重要内容。特别是要修改完善《农业技术推广法》，从法治层面强化农业技术推广体系建设，建立适应新型农业经营主体发展需要的推广体系，促进农业科研成果的转化，推动传统农业向现代农业转变。

1. 依法定位农业技术推广机构

新修改的《农业技术推广法》，应当准确界定推广机构的性质，明确人员编制数量和素质条件、推广经费来源和标准、工作职责和渎职责任。建议将推广机构定位为公务人员或事业编制，因为只有公务员或事业编制人员才能取得执法资格，享有行政执法权，从而履行对农产品质量的监督职责。在依法界定农业技术推广机构的性质和工作职责后，可以做到农业技术推广人员少而精；将推广人员素质定位在大学本科相关专业，实行公开招考、择优录用的办法。

对公益性农业技术推广机构只有依法管理，才有可能避免人为干扰，真正做到对农业技术推广机构依法管理、依法运行、依法考核，真正发挥公益性农业技术推广体系的管理和监督职能。

2. 依法监督农业技术推广工作

国家监察机构或者各级人大常委会法工委应当对有关农业技术推广法律在全国范围内的实施情况进行监督，特别是对各地农业技术推广机构工作运行情况进行监督，防止推广经费被挪用，推广人员吃空饷。对于地方政府领导挪用推广经费、破坏推广体系的行为应当依法追究责任。对于检查中发现相关法律、法规不完善的，可以及时完善，从而健全法律约束机制，真正做到有法必依。

3. 依法明确多元化推广主体的地位

我国《农业技术推广法》侧重于对政府主导的农业技术推广体系的规定，对事实上已经出现的多元化农业技术推广体系中其他推广机构的职能和作用缺乏应有的规定，需要通过修改完善法律，清晰地界定涉农高等院校和农业科研院所在农业技术推广中的法定地位、法定职责。同时，国家在加强对新型农业经营主体负责人培训，满足新型农业经营主体发展壮大的需要，为新型农业经营主体的发展提供智力保障的同时,① 要明确新型农业经营主体在农业技术推广中的职责，使之与《农民专业合作社法》的相关规定相匹配。只有这样，才能推进"一主多元"农业技术推广体系和模式的健康发展。

(二) 基层农业技术推广体系改革的行政措施

1. 制定有利于多元化推广体系的发展资金投入方案

政府主导着多元化农业技术推广体系改革，直接决定着多元化农业技术推广体系的发展进程，政府的各项政策和措施直接影响着多元化农业技术推广体系的协调和效率。② 为此，政府直接管理的公益性农业技术推广机构职能的履行，必须保证必要的运行经费。建议中央和省级政府从财政预算中拨出专款，建立农业技术推广专项资金，供农业技术推广体系建设、农业技术推广重大项目的实施、农业科技人员知识更新培训专用。地方政府可参照中央和省级政府的做法建立农业发展专项基金，用于奖励成功的农业技术推广项目。地方政府特别是基层政府部门要继续强化对农业技术推广工作的重视程度，把农业技术推广作为一项重要的工作，加强对农业技术推广体系每一个环节的投入力度③。

2. 制定鼓励与约束相结合的农业技术推广机构考核方案

没有鼓励和约束机制，一切法律、法规的规定都难以落实。政府应当本着实事求是的原则，制定对各级农业技术推广机构的考核方案并付诸实施，从而引导农业技术推广机构履行工作职责。公益性农业技术推广机构依照法定职责，应当承担公益性职能。首先是承担起基层农业行政执法，做好农产品生产过程的质量安全检测、监测和强制检疫，承担起农业生态

① 汪发元：《平原和山区新型农业经营主体成长的困难及愿望比较分析》,《学术论坛》2014年第7期。

② 张淑云、张永升、袁伟民等：《基于超循环理论的多元化农业推广组织协同运行模式研究》,《科技管理研究》2013年第17期。

③ 朱烨、吴贤荣、张俊飚：《基层农技人员对农业科技入户工程的价值认同及其影响因素分析》,《科技管理研究》2014年第18期。

环境与农业资源的监测，检查农业标准的实施落实，加强农产品质量监督；其次是农业领域重大和关键技术的引进推广；再次是区域性动植物病虫害及灾情的监测、预报和防治组织；最后是提供农业公共信息服务，培育新型职业农民等。公益性农业技术推广机构重点推广社会力量难以参与和不愿参与的公益性农业技术，特别是需求弹性低的大众技术等。严格限制在岗在职农业技术员从事第二职业，必须全身心地投入农业技术推广工作；① 对于一些收益高、风险大、投资也相对高的农业高新技术，不能指望企业投资，应当由国家面向市场，进行研究、开发和推广。而对于一些社会力量热衷的技术则让渡给市场机制去调节，鼓励多元化推广主体参与。在保证基层农业技术人员基本工资的前提下，坚决克服大锅饭和平均主义，充分引入竞争机制，加大绩效考核的力度，切实体现工作成效与工作收入相对等的原则，调动每位基层农业技术人员的工作积极性，促进农业技术的推广和普及，促进农业经济的稳定发展。② 对于经过考核，不能正确履行工作职责的人员依法淘汰。

3. 制定有利于基层农业技术推广工作的行政领导办法

可以在乡镇建立区域农技推广中心，通过垂直管理理顺乡镇站的管理领导机构，把简单的双重领导变为明确的依法领导。改变县乡两级对农业技术推广机构领导职责不明确，谁都插手管理但谁都没有管住的混乱局面。必须从法律上明确划分县级业务主管部门和乡镇政府对基层农技站的管理权责，调动县乡两级的积极性，共同把基层农技推广机构建设好、管理好。对公益性农业技术推广人员，应当实行执业资格准入，公开面向社会招聘，依能力和水平择优录用，统一调配。农业技术推广人员必须具有相应的学历，全日制大学本科及以上学历的专业技术人员应当成为核心和主要力量，并合理搭配好不同专业的人员比例。在人员招录中，必须加强监督，真正做到公平、公开、公正，并且要使人员更新常态化、招录工作制度化。对录用人员的考试、考核要体现时代性特点，合理安排考试内

---

① 汪发元、刘在洲：《基层农技推广机构工作现状及改革分析》，《长江大学学报》（自然科学版）2010 年第 4 期。

② 汪发元、刘在洲：《基层农业技术员工作报酬的边际效应分析》，《农业技术经济》2011年第 5 期。

容,做到理论考试与实践能力考核相结合,大力选拔有真才实学的专业技术人员进入农业技术推广队伍。

(三) 基层农业技术推广体系改革的配套措施

1. 加快推广队伍建设,提高推广人员素质

建立推广人员在职教育制度,使其知识、技能定期得到更新。通过招入考试、工作考核、竞争淘汰、进修培训等办法,提升现有农业技术推广人员素质。[①] 同时,还可根据各地不同产业布局对农业技术推广人员有计划、有针对性地进行分期、分批培训,抓紧对行政执法知识、现代化信息服务技术以及农业生产经营知识进行培训。提高农业技术推广人员对经济发展全局把握的能力;提高农业技术推广人员同农民沟通、组织农民等现代推广人员所必须具备的技能。对于在农民培训工作中效果较差、广大农民评价不好的农业技术推广机构,应采用专家授课、现场指导、农民就近参观考察等形式提高农业技术推广的效率。[②] 针对农业技术推广人员深入第一线不够的突出问题,采取健全工作考核制度,促使推广人员实实在在深入农户服务,而不是走马观花。采取激励措施,对乡镇农业技术推广人员实行浮动工资和提前定级;在技术职称评定上也要予以倾斜。

2. 加快农业协会发展,促进农业走向联合

有条件的地方农业行政主管部门应当指导新型农业经营主体成立行业协会,由有能力的企业家来承担相应的行业服务工作。这种协会可以自下而上成立,务求实效。[③] 要充分发挥农协组织的行业管理和服务优势。我国农业和农村经济发展面临着提质增效的新形势,农产品面临着从提高数量向提升质量的转变,市场竞争从国内市场转向国际市场。广大农业经营主体迫切需要以市场为导向的社会化服务,农业协会必须转向以信息服务为主导的综合化服务上来。农业协会服务成员的办法很多,至少有以下几

---

① 汪发元、刘在洲:《农业技术人员数量与农业 GDP 关系分析》,《科技进步与对策》2012年第 24 期。

② 李学婷、张俊飚、徐娟:《影响农业技术推广机构运行的主要因素及改善方向的研究》,《科学管理研究》2013 年第 4 期。

③ 汪发元:《中外新型农业经营主体发展现状比较及政策建议》,《农业经济问题》2014 年第 10 期。

点是可以尝试办理并可以办出成效的：一是组织成员实现规模购销。协会把组织优势变成经济优势，实行生产资料由协会组织出面集中购买，农产品由协会组织出面统一对外销售，减少购销环节，防止交易过程中协会成员互相倾轧，提高协会在市场中的主导协调作用。二是可以领衔兴办服务实体。协会可以发动成员筹资兴办优质种苗基地、生产资料配送基地、产品销售服务基地等实体，统一对成员进行技术培训，分户指导，促进生产规模形成，指导分户管理；统一购买生产资料，分户配送，统一产品质量标准，分类代销；统一借贷资金，按成员需求分户使用。三是可以提供统一的信息服务。农业协会可以通过各种途径把本行业关于产、供、销的信息传达给成员，为成员提供信息服务。

3. 加快教科研推广建设，促进科研院所作用的发挥

国家每年向科研院所和农业院校投入大量的科研经费，应当发挥它们在科技、信息和人才方面的优势，把它们纳入农业技术推广体系之中，建成科研、教育、推广三位一体的推广体系，缩短科研成果的转化路径，促进科技信息的集成和传播，推动传统农业向现代农业转变。高等教育主管部门应当深入推进农业科教体制改革，在项目审批上重点向农业教育与农业科研有机结合的院校倾斜，促进农科教、产学研一体化融合。[1] 要鼓励和支持农业大学按照各地不同生态区域和产业特色，在农业产业核心地带建立农业试验站，更好推动现代农业发展，促进农民增收和农村发展。[2]充分利用科研院所和农业院校的科技力量和设备设施优势，建立科技知识更新培训平台，为基层农业技术人员、新型农业经营主体科技骨干提供知识更新服务，提高基层人员的科技素质；建立稳定的农业科研项目试验示范基地，发挥项目的带动和辐射作用，提高农民科学素质，加速科研成果的扩散。

---

[1]　孙武学：《围绕区域主导产业建立试验站，探索现代农业技术推广新路径》，《农业经济问题》2013 年第 4 期。

[2]　高建梅、何得桂：《大学在美国农技推广体系中的功能及其借鉴》，《科技管理研究》2013 年第 1 期。

五 本章小结

首先，提出了多元化农业技术推广体系构建问题。梳理我国农业技术推广体系变化轨迹，剖析了我国农业技术推广体系存在的问题和矛盾，提出了必须建立与新型农业经营主体成长相适应的农业技术推广体系。

其次，提出了我国多元化农业技术推广体系构建的基本原则。从有利于适应农业经济发展体制、有利于促进农业科技成果转化、有利于促进现代农业经济发展三个方面提出了我国多元化农业技术推广体系构建的基本原则。

再次，提出了我国基层农业技术推广体系构建的基本思路。分析了我国基层农业技术推广体系的构成，解析了我国基层农业技术推广体系的构建，解剖了我国基层农业技术推广体系的运行机制。

最后，提出了基层农业技术推广体系改革的保障措施。从法律措施、行政措施和配套措施三个方面详细解析了基层农业技术推广体系改革的保障措施。

第九章 中外农业经营主体比较分析

党的十八大提出了全面建成小康社会的发展目标，制定了工业化、信息化、城镇化、农业现代化"四化"同步发展的道路。经过几年的努力，我国新型农业经营主体得到了长足的发展，对于促进农业经济的转型升级，发挥了重要作用。但要实现农业现代化仍然有很长的路要走。党的十八大报告提出要"坚持和完善农村基本经营制度……培育新型经营主体，发展多种形式规模经营，构建集约化、专业化、组织化、社会化相结合的新型农业经营体系"。为此，对我国农业经营主体和发达国家进行比较分析，从中找出存在的差距，得到一些启发和借鉴，进而提出一些政策建议，对于促进我国新型农业经营主体的成长具有重要的现实意义。

一 农业经营主体培育问题的提出

农业经营主体是承担农业生产的基本组织，是农业现代化的具体承担者。实现农业现代化，就是要建立现代农业经营体系，促进农业经营主体现代化。中国的农业经历了从中华人民共和国成立初期的分田到户，到互助组、合作社的联合，再发展到人民公社，一路从小农经济向着农业现代化的方向发展。但由于当时的生产力相对落后，人民公社这种大集体和生产经营方式又存在束缚人们生产积极性的弊端。为此，就有了以家庭为单位的联产承包责任制形式的改革。家庭联产承包责任制虽然解决了人们的温饱问题，但离农业现代化的道路却越来越远。那么，这就向我们提出了一系列的问题：向农业现代化迈进，为什么必须培育新型农业经营主体？需要培育什么样的新型农业经营主体？

（一）中国农业经营主体的演化

中华人民共和国成立以来，我国农业经营主体一直处在变化之中，大概经历了5种形态。分析农业经营主体的每一次变化，都离不开当时的生产力状况，并且是由当时生产力和生产关系的矛盾所引起。

1. 家庭单干形态

中华人民共和国成立初期，我国生产力非常落后，为了让每一个劳苦大众都不被剥削、不受压迫，我国以家庭人口作为依据，通过"土地改革"、平分土地，建立了农民所有制。[①] 在这种所有制条件下，每一个家庭成为一个农业经营主体，每家每户按照自己的方式进行种植和经营，形成了典型的小农经营方式。这种经营方式的形成是农业生产力严重落后的结果，是党和国家回馈广大农民在革命战争中做出牺牲的重要举措，也是调动广大农民生产经营积极性的必然之举。

2. 合作发展形态

在家庭单干的实践中，虽然每家每户的农民都分到了土地，但土地高度碎片化，各家各户劳动力有限，且农业的季节性强，为此，每个家庭作为一个独立的农业生产经营主体，都必须购齐生产工具。这样，既容易耽误农时，又因为重复购置生产工具需要重复投资。家庭单独占有土地的生产关系与生产力不发达的矛盾迅速表现出来。因此，实行合作发展，由家庭之间采取换工、互助等形式的生产方式迅速诞生。这种互助组、合作社的生产经营体制，对于克服农时集中与家庭单干生产力不足的矛盾发挥了重要的作用。

3. 高度集中形态

合作社虽然克服了家庭单干时劳动力不足、农业生产工具重复购置等矛盾，但农田水利基础设施薄弱，土地细碎化难以实现机械化耕种、收割的矛盾又不断表现出来。为此，国家实现了高度集中、政社合一的人民公社经营体制。每个人民公社都建立起了农业机械站、水利站、农产品加工厂等一些为农业生产服务的机构。在公社范围内，轮流安排农机到各个生

---

① 于金富：《我国农业经营主体的历史演变与发展方向》，《经济纵横》2017年第6期。

产队进行土地耕整、机械脱粒，部分地方还实现了农业机械播种、收割。每年冬季，还会集中开展农田水利设施整修。人民公社集中经营的体制，克服了分散经营时期的许多矛盾，广大农民群众得以摆脱"一盘散沙"的混乱局面，进入一个高度组织化了的新型农村社会，[①] 表现出农业现代化的雏形。

4. 家庭承包形态

人民公社体制虽然克服了家庭分散经营的许多弊端，建立起了集中耕种、集中收割、集中开展农田水利设施建设的体制，但由于国家实行的是计划经济体制，农业也不可避免地按照计划经济运行。为此，必然出现"一大二公"的低效率问题。然而，中国人从来不患寡而患不均，农业的低效率与不公平问题一下子变成了主要矛盾。在当时的历史背景下，人们对市场经济的概念还知之甚少。于是，人们采取了简单的倒退的办法，实行家庭联产承包责任制，其实质就是回到以家庭为单位的分散经营体制。家庭承包原本也可以成片承包，但由于中国农民天生地讲究极端公平性，考虑到土地之间的差异，人们不是从承包上交提留款上进行分等，而是将整片的土地分解成细碎的一小块，每块分给不同的家庭承包。在这种形态下，农户可以发挥自己的聪明才智，自主决定种植品种、安排种植结构[②]，获得不同的收益。但家庭联产承包的结果是，"一年跨越温饱线，卅年未过小康关"。随之而来的问题也诞生了，由于耕地不能连片，农业技术推广、农作物防虫治病、农业生产机械化操作、农田水利基础设施建设与维护等直接关系到农业繁荣发展的各项工作根本就没有办法进行。[③] 农业从高度集中的半机械化生产方式，回到了以家庭为单位的封闭运行体制。

5. 混合发展形态

随着世界经济一体化的快速发展，我国以家庭为单位的农业经营主

---

① 宋亚平：《"分田到户"改革的辩证性反思》，《华中师范大学学报》（人文社会科学版）2016 年第 5 期。

② 董欢：《中国农业经营主体分化历史与未来》，《中州学刊》2017 年第 3 期。

③ 宋亚平：《"分田到户"改革的辩证性反思》，《华中师范大学学报》（人文社会科学版）2016 年第 5 期。

体表现出生产成本高、产品质量差异大、农产品国际竞争力不强的弊端。为此，中央做出了大力发展新型农业经营主体的战略部署，一批家庭农场、农民专业合作社、农业产业化龙头企业和专业大户应运而生。从农业经营主体的形态看，新型农业经营主体快速发展，与此同时，大量以家庭为单位的兼业经营主体仍占主要地位。从经营特点看，连片经营属于个别现象，而土地面积较小且土地不连片，农户之间的土地呈插花分布的小农生产状况普遍存在。[①] 在农业经营主体混合发展形态下，农村水利基础设施建设仍然落后，到底该谁负责建设、谁负责维护的问题仍然没有解决。由于分散生产经营，导致农产品品牌不足，农业供给性矛盾突出。

（二）中国农业经营主体的特点

1. 经营主体个体充满活力，公共设施主体缺失

我国农业经营主体以家庭为单位，顺应了中国几千年的传统。从土地承包经营上分析，每家每户为了追求家庭利益的最大化，都会根据市场需求和个人资源禀赋精心安排自己的生产，使自己承包的土地产出最大化。由于农业产业比较效益低下，农村青壮年劳动力大量从农村转移到城市，选择比较效益更高的工业和城镇服务业，从事商业和工业工作。而真正留在农村从事农业生产的人员以妇女、老人为主。加上实行农村家庭联产承包责任制以后，绝大部分农村村级集体经济基本上为零，个别地方由于借款上交提留尚留下了一些债务，而且大部分地方在分田承包的过程中，将土地全部承包到户，既无可供调节的土地，也无集体企业，因而集体无力建设公共设施。而我国实行的是严格的城乡二元结构，国家的投入难以进入农村，即使国家投入进入农村也分解到了一家一户，难以发挥公共设施建设的作用。

农村村级虽然也有一些公共设施，主要是村委会办公室、村级道路。其所用建设经费基本上来源于国家投资。新型农业经营主体在发展过程中，需要的农田水利灌溉设施、配套的道路设施，由于涉及千家万户，基

---

① 杜鹏：《社会性小农：小农经济发展的社会基础——基于江汉平原农业发展的启示》，《农业经济问题》2017 年第 1 期。

本上没有组织和人员有能力把大家集中起来，进行统一规划和建设。

2. 自给自足经营目标明显，商品生产经营不足

在市场经济条件下，人们都会自觉选择比较效益高的行业就业。而农业生产由于比较效益低下，农村劳动力大量成为城市工厂的产业工人。留在农村的主要是妇女、老人和儿童，这就是所谓农村"留守人员"。在这些留守人员中，真正从事农业生产的大都是妇女和老人。那么，这些人生产的目的是什么呢？可以概括为三种：一是老人为了帮助儿女照顾孙辈，留在农村。老年人在照顾孙辈的同时，从事一些农业生产，以维持生活和补贴家用。中国人有勤俭持家的传统，一些老年人长期生活在农村，保持了中国农村人传统的优良美德。在农村一边帮助儿女照顾小孩，一边利用宽裕时间从事农田劳动，既不追求种田能赚多少钱，也不追求种田能有多高的产量，表现出极大的自给自足性。二是老年人年龄大了，习惯于农村生活。农村虽然和城市相比，存在着许多生活上的不方便，但农村生活环境宽松，没有严格的管制，而且农村空气清新，粮食、蔬菜自给自足，保持了传统的味道，许多老年人习惯了这种生活，愿意留在农村从事自食其力的劳动。三是追求现代农业，走新型农业经营主体的道路。部分文化程度较高的人员，看准了国家农业发展的方向，通过土地流转组建家庭农场、农民专业合作社、农业产业化龙头公司等，致力于发展商品经济，但能够发展成为专业大户或家庭农场的承包农户毕竟是少数。[1] 因此，在现有条件下，自给自足仍然是我国农业生产的主要特征。

3. 传统小农经营特征明显，现代化大农业缺乏

我国农业经营经历了从以人民公社为单位的集体经营，向以家庭为单位的承包经营的转变。这个转变带来了什么呢？回顾20世纪70年代末期农村的情形，农业生产仍然是农民的主要收入，承包经营明晰了产权关系，极大地解放了生产力，广大农民焕发出了巨大的生产积极性。同时，也开启了从规模化生产向小农生产转变的时代。特别是平原地区，由于每块土地肥瘦不同，地力地貌不同，在人们特别重视自我利益的情况下，成

---

① 董欢：《中国农业经营主体分化历史与未来》，《中州学刊》2017 年第 3 期。

规模化的土地，被分成宽度很窄的条状，农业机械无法下地作业，基本上只能靠传统的人工耕作生产。湖北省监利县网市镇三官村地处江汉大平原，11组农民闻传海按人口分了27亩地，散在9处，共19块，最大的2亩，最小的3分。① 现代农业的基本特征之一是规模化农业，只有规模化的农业才能实现机械化、科技化、土地集约化。这种七零八散的土地状况显然与现代农业的要求相去甚远。

4. 生产经营各自为政突出，标准化统筹性不足

以家庭为单位承包经营的重要特征是可以发挥每个家庭的聪明才智，激发各个经营主体的活力。这样，每个家庭作为一个经营单位，都会按照自己的意愿组织生产经营。不仅生产什么自己各有主张，而且生产成什么样的产品，也各有自己的主见，这种做法显然就是各自为政。由于在生产上，选择的农业种类不同，品种不同，生产方式不同，选择和使用的农业生产资料也不同，因而，产品的大小、形状和品质特征必然就不同。不仅农产品标准制定难，而且执行也难，从而造成农产品质量差异大、信誉差。国家工商局对2015年6—12月网上商品进行的检测结果显示：只有两成农产品为正品，农产品质量存在巨大隐患。② 而标准化生产已经成为现代农业的重要特征，标准化是检验农产品质量的重要依据，也是促进农产品贸易的重要手段。正是由于我国农产品标准化缺乏统筹性，极大地影响了农产品的市场竞争力。

5. 农产品价格高竞争力低，生产经济效率低下

在我国农产品市场上，有个很奇怪的现象。一方面我国农产品生产不赚钱，农民种植的积极性不高，销售还很困难；另一方面，我国农产品还需要大量进口，进口农产品又与国内生产的农产品争市场。这一现象引起了很多农民的不理解，认为国家不应当进口农产品。那么，真实的原因又是什么呢？陈锡文指出，我国一些主要农产品出现了阶段性的供给不足和供过于求的现象，而且这两种现象同时并存，结构性矛盾突出。这背后突显的问题是农业综合效益不高，农产品的国际竞争力不强……目前我国国

① 宋亚平：《"分田到户"改革的辩证性反思》，《华中师范大学学报》（人文社会科学版）2016年第5期。

② 温辉：《我国农村电商"互联网＋农业"创新发展策略》，《改革与战略》2017年第6期。

内的农产品价格普遍高于国际市场价格。① 虽然近年来，我国大力推动农村土地流转，但由于农地流转具有一定的临时性，不便于农田基本建设的开展。而且土地流转价格相对较高，规模化经营、品牌化经营、农业机械化经营严重不足，农业生产资料价格上涨过快，导致农产品和国际市场上同类产品相比较时，在质量并不高的情况下，价格相对过高，从而失去了国际竞争力。

由于我国农业以家庭为单位经营，经营规模相对过小，仍以传统的人工和小型农业机械生产为主，这样就严重地阻碍了农业现代化的发展，表现出生产效率低下、经济效益不高。在经济效益不高的情况下，年龄相对较轻、文化程度相对较高的人员大量外出进城务工，而留在农村从事农业生产的人员基本上以老年人为主，极大地影响了农业的现代化。

（三）中国农业经营主体存在的问题

1. 公共建设与经营主体脱节，导致公共建设困难

农业现代化不仅需要人的现代化，也需要生产经营方式的现代化。而生产经营方式的现代化离不开生产经营的条件，这种农业生产条件属于公共设施建设的范畴。在农业生产中，最基本的条件包括农村道路、农田水利设施建设、农产品加工生产等。我国现有的农村道路建设一般由村集体负责，但面对分散经营管理的农村土地，村委会根本就无力组织和管理农村道路建设。由于农村道路涉及千家万户的利益，抽象地属于每家每户，但由于农民流动性增强，人际关系愈加理性化，村民日趋原子化，村庄内聚力下降，村集体难以召集农户开会，② 为此，落实到具体问题上，谁都可以不负责任。虽然国家投入大量资金，解决了村村通公路的问题，但在实际生产中，每个村都有很多块农田，农田四周仍然需要有道路。而这些道路建设涉及村里的每一个农户，随着近年来农村土地流转的兴起，甚至还涉及土地的流入户。而这些农户缺乏具有权威的组织把他们统一起来，因此，农田周边的道路既不成形，也不通畅，严重地影响农业现代化的

---

① 陈锡文：《国内农产品价格普遍高于国际市场，但进口绝对不能全放开》，http：//www.guancha.cn/。

② 姜翔程、乔莹莹：《"三权分置"视野的农田水利设施管护模式》，《改革》2017年第2期。

发展。

农田水利设施建设的问题和农村道路建设有很多相似的地方。毛泽东同志早就说过，水利是农业的命脉。① 无论是在传统农业时代，还是在现代农业时代，农业生产都需要可灌可排、排灌自如的水利设施。但在三权分置的环境下，不同农业经营主体参与农田水利设施建设的积极性表现出巨大的差异。农民专业合作社和比较大型的家庭农场对农田水利设施需求大，参与的积极性也较高。但普通农户农业生产已经实际成为一种兼业，农田经营面积小，农业收入在家庭收入中占比减少，对水利需求变弱，既不愿意在农田水利设施建设上付出代价，更不愿意在农田水利设施管护上付出成本。② 而农田水利设施建设需要全体农田承包户的参与配合，绕开了任何一家承包户，都可能导致农田水利设施建设受阻。这种公共建设与经营主体脱节的矛盾，直接导致公共建设困难。

2. 分割承包与规模经营矛盾，导致规模经营困难

现代农业是以规模经营为特征的农业，在计划经济年代，固然缺少经济机制的灵活性，对经济效益产生了一定的负面影响。但我们也不能否认，当时通过走集体化的道路，我国农业已经实现了规模经营，无论是农业科学技术的研发与推广，还是农田水利基础设施修筑和政府主导的农业服务体系建设等一系列客观条件，都按照现代农业的要求进行着长期的准备与生产要素的渐进积累，为中国赶超先进国家的农业农村现代化奠定了坚实的基础，③ 虽然离农业现代化还有相当长的距离，但已经呈现出农业现代化的雏形。

"分田到户"政策，确实调动了广大农民的积极性，农民生产生活的自主性得到极大的满足，加上国家及时出台了对农业扶持的倾斜政策，使大家产生了一种错觉，"分田到户"使农民富起来了，而过去的贫穷根本原因在于集体化。其实，这不仅仅是一种简单的错觉，更是一种认知错误。从辩证唯物主义的观点来看，这种认识极大地夸大了人的主观能动

① 《毛泽东选集》第 1 卷，人民出版社 1991 年版，第 132 页。
② 姜翔程、乔莹莹：《"三权分置"视野的农田水利设施管护模式》，《改革》2017 年第 2 期。
③ 宋亚平：《"分田到户"改革的辩证性反思》，《华中师范大学学报》（人文社会科学版）2016 年第 5 期。

性，而忽视了事物发展的本来规律。特别是在"分田到户"的过程中，各地普遍采用了完全彻底均等化的瓜分政策。从某种程度上讲，对已经发展起来的集体经济造成了极大的破坏，最终的结果是在调动农民积极性的同时，导致了农业生产方式的大幅度倒退。一个已经具备农业现代化的雏形一夜之间回到了小农经济时代。这种分割承包的做法与现代农业的发展要求相矛盾，导致小农经济盛行，农民的极端自私思想得到强化，而代表现代农业的规模经营出现严重困难。

3. 公共资源与公共积累短缺，导致集体组织空虚

在分田到户的过程中，大部分地区将集体农田、水面和山林等全部分到了农户，村集体建设的加工厂、砖瓦厂采取拆散分完的做法。这种做法充分体现了农户家家平等、农民人人平均的思想，极大地满足了农民群众的个人主义心理。但当集体资产全部分到农户以后，农村村组两级组织就变成了一个手中没有任何资源的村民自治组织，没有资源就没有调控能力，没有资源就没有权威。当社会进入 21 世纪，国家提出大力发展集体经济时，人们才猛然发现，在市场经济机制的作用下，农民生产生活的自主性增强，农户的个人经济实力日益发展壮大，而农村集体经济组织却日趋弱化甚至"虚"化，农村集体经济组织的吸附力日益微弱的同时，农户的离心力日益加大。[1] 其具体表现为在计划经济年代最能体现集体经济组织生产、收益、分配等基础作用的生产大队即村已经名存实亡，过去的生产小队即村民小组作为具体的权利主体也已经虚化，[2] 要发展集体经济已经缺乏必要的资源。不仅如此，已经积累起来的集体资产也已经从正数变成了负数。早在 20 世纪 90 年代，不少学者就注意到了这一点，并呼吁"村级积累赤字亟待重视"。在呼吁中举例指出，北方某市的 40 个村，1984 年年底货币积累 673 万元，到 1994 年年底村级积累却是赤字 298.7 万元，10 年下降了近千万元[3]。那么，作为领导农村基层的村委会拿什么来领导和

---

① 王留鑫、何炼成：《农村集体经济组织的制度困境与治理之道》，《西北民族大学学报》（哲学社会科学版）2017 年第 3 期。

② 邓蓉：《农村土地制度改革进程中的集体经济组织主体地位重塑》，《农村经济》2017 年第 3 期。

③ 伍大申：《村级积累赤字亟待重视》，《经济问题探索》1995 年第 6 期。

组织村民呢？村集体组织的空虚，导致村集体组织权威下降，正常的运转都出现了困难，还如何谈得上发展建设公益事业呢?!①

4. 家庭谋划与品牌打造脱节，导致优质品牌缺乏

商品的品牌是商品市场占有率的基础，品牌的知名度直接决定市场占有率，只有将品牌打造成名牌才能不断提高商品的市场占有率。分析我国农业商标的现状，呈现出数量众多、品牌缺乏的总体特点。究其原因，主要是家庭谋划与品牌打造脱节所导致。在以家庭为生产经营单位的条件下，经营的主体呈现出多而散的特点，基本上是每个家庭都在注册商标，但并不是每个家庭都明白为什么要注册商标，以及注册商标有什么作用。因此，商标注册完成以后，就束之高阁了，根本就没有开展商标的培育与打造，注册商标的作用基本上没有发挥出应有的作用。

在分散经营的条件下，由于生产加工标准不同，加上每家每户生产的产品数量有限，既缺乏商标培育和打造的经济实力，也缺乏商标打造的生产条件。由于农户分散经营，既没有规范的生产程序，也没有强制性生产标准，农户在生产资料的采购和使用上，基本上是随心所欲，各取所需。由此，导致农产品存在品质差异大、安全性能不一致等许多问题。只有实现了较大规模经营的新型农业经营主体，才有经济实力和市场占有的需要，开展品牌打造。达到一定生产经营规模的新型农业经营主体，以及专门从事农产品加工或销售的服务主体，必然从自身利益最大化出发，在生产经营和服务中自觉地采取标准化生产或服务，以降低生产或服务成本，从而确保产品或服务的内在一致性，最终实现商品的品牌化效应②。然而，在我国现有的农业生产条件下，虽然经过土地流转等多种措施，但农业生产仍然表现出分散经营的传统小农特点。纵然有产品丰富多彩、相互补充的优点，但同时也存在忽视品牌打造的缺陷。

5. 技术应用与绿色环保割裂，导致环境污染严重

健康安全已经成为人们对农产品需求的新追求，只有满足人们的这

---

① 伊全胜、万兴亚：《发展完善我国村级集体经济面临的深层障碍及对策研究》，《理论探讨》2014 年第 3 期。

② 苑鹏、张瑞娟：《新型农业经营体系建设的进展、模式及建议》，《江西社会科学》2016 年第 10 期。

一现实需求，我国农产品才有可能顺利地进入国际国内市场。然而，在以家庭为单位分散经营的状况下，农产品的安全不仅难以控制而且也难以评价。虽然人们并不知道我国农产品质量安全的具体状况，但在普通消费者的心中，农产品的安全难以让人放心。近年来，不少高校科研团队开始关注农产品质量安全问题，并对农产品主产区的土壤进行取样和化验，进行了大量卓有成效的工作。有机磷（OPPs）严重威胁粮食安全，江汉平原是我国水稻和油菜的重要产区，江汉平原的情况如何呢？2015年，中国地质大学课题组在江汉平原开展土壤检测，结果显示，地表土壤中除了甲拌磷没有检测到外，其他有机磷均在土壤中检测到，表明研究区域地表土中普遍含有有机磷。地表土壤中有机磷主要成分为甲胺磷、氧化乐果、二嗪农和喹硫磷，虽然不同地表土壤中有机磷的含量不同，但平均值达到了140.05 ng·g^{-1}。根据美国土壤农药残留限量标准，除甲基对硫磷允许最大检出量12 ng·g^{-1}外，其他有机磷农药一旦被检出，则表明土壤有机磷农药残留已威胁到农产品生产安全。[1] 这一检测结果说明，我国地表土壤中残留的有机磷农药量已经严重超标，直接威胁到农产品的安全。

冀中平原是我国小麦、玉米的重要产区，小麦和玉米既是我国的主要粮食来源，也是我国食品生产的主要原料，其质量安全状况备受国人的关注。满洲里市环境保护监测站联合中国环境科学研究院对土壤中有机氯的含量进行了检测，监测结果显示，冀中典型农业区土壤里面含有机氯的主成分为剧毒农药六六六（HCHs）与滴滴涕（DDTs），每克土壤里面含有36.52—73.45纳克六六六（HCHs）与滴滴涕（DDTs），平均每克土壤里面含有六六六（HCHs）与滴滴涕（DDTs）54.40纳克。虽然这个检测结果未超过《农产品安全质量无公害蔬菜安全要求》（GB18406.1—2001）和《食品安全国家标准　食品中农药最大残留限量》（GB2763—2012），但有机氯致癌总风险相对较高，玉米和小麦中有机氯的含量均超

---

[1] 王建伟、张彩香、潘真真等：《江汉平原典型土壤环境中有机磷农药的分布特征及影响因素》，《环境科学》2017年第4期。

过了 1mg/kg（毫克/公斤），① 给我国粮食和食品安全造成了极大的隐患。同时，中国地质大学还对福建沿海地区土壤重金属含量进行了检测。结果显示，镉和铅超标率分别达到 20.7% 和 17.2%，② 同样对人民群众生命安全构成威胁。

　　究其原因，关键是与农户分散经营相适应的农产品安全管理的体制、机制尚未建立起来。分散经营的农户追求生产成本最低、农产品产量最高、卖出价格最高。而绿色环保的要求则出自国家的要求、消费者的需求。在市场经济条件下，生产者的追求并没有什么不正确，关键是如何达成自己的目标？在什么样的体制、机制下生产者能把自己的追求和国家的要求、消费者的需求结合起来，使之成为一致的追求？由于农产品生产分散于千家万户，销售渠道也千差万别，如何才能保证上市销售的农产品质量是合格的呢？在一般情况下，销售机构、购买人员是无法完成农产品质量检测的，只能依赖国家行政执法机关的监督。国家行政执法机关可以对大型农业生产企业实施监督，但要对千家万户的生产者实施监督，实在只是一种理想。虽然国家已经明令禁止使用甲胺磷、氧化乐果、二嗪农等有机磷农药，但这些农药杀虫效果好，使用起来方便，在缺乏有效监督的情况下，生产者不可能自觉禁止使用。

　　正是农业经营主体的分散性、小规模性导致农业生产技术应用与绿色环保的割裂。为此，必须实行以农业企业为主体的规模化经营，由企业统一生产操作规程，从而提高农产品生产的安全性。同时，也只有在农业企业化经营的条件下，才能减少农业经营主体数量，提高国家农业行政执法机关监督管理的有效性。

二　我国农业经营主体的国际比较

　　党的十八大报告提出要"坚持和完善农村基本经营制度……培育新型经营主体，发展多种形式规模经营，构建集约化、专业化、组织化、社会

---

　　①　马玉霞、虞敏达、唐含英等：《冀中典型农业区农作物中有机氯农药的生物富集特征与健康风险评价》，《环境污染与防治》2017 年第 2 期。

　　②　王腾云、周国华、孙彬彬等：《福建沿海地区土壤——稻谷重金属含量关系与影响因素研究》，《岩矿测试》2016 年第 3 期。

化相结合的新型农业经营体系"。要实现党中央的这一部署，必须认清我国农业经营主体的现状，比较我国农业经营主体与发达国家新型农业经营主体的差距，结合我国农村经济和人口发展变化的实际，提出培育新型农业经营主体的具体政策建议，以适应世界经济一体化发展的需要。

（一）我国农业经营主体的现状

1. 我国农业经营主体的类型

随着我国改革开放的深入，城市经济和第三产业获得了极大的发展，表现出比农业更高的附加值，从而吸引了大量农村劳动力投身工业企业和第三产业。只有年龄大、文化程度不高的老人、妇女等继续选择留在农村从事农业生产。由于农业的比较效益低下，农村家庭收入逐步从依靠农业转变成多元化，在长期的发展中，演变成了收入依靠打工，基本生活依靠农业的格局。至此，农业生产呈现出经济效益低下、农产品国际竞争力差、农田抛荒的现象。为了促进农业的稳定发展，国家根据农业生产的实际，于 2006 年 10 月颁布了《中华人民共和国农民专业合作社法》（以下简称《农民专业合作社法》），自 2007 年 1 月开始施行。《农民专业合作社法》鼓励农民由分散经营走向合作经营，并制定出台了配套的土地流转政策。至此，我国农业经营主体纷纷从分散走向联合，虽然传统家庭经营仍然占有绝大部分，但农民专业合作社、家庭农场、农业产业化龙头公司也得到快速发展。各类新型农业经营主体达到 290 万家，土地适度规模经营占比达到 40%。[①]

传统农户具有责权利明确、管理简单的优点，仍然是我国农业经营主体的主要类型。到 2017 年 8 月底，我国仍然有坚持独立经营的传统农户 26606.97 万户。随着农村生产服务的逐渐配套，种田的劳动强度已经减轻了许多，并且不需要每天劳动，甚至成为人们休闲的一种方式。因此，传统农户的生产经营基本上以老人、妇女为主，从事农业生产的目的主要是满足全家人的生活需要。当然，我们也欣喜地看到，在普通农户之中，也有一些专业大户，他们在满足自身生活需要的同时，更多地向商品生产转

---

① 农业部：《来，给你看看三农最热的六条新闻》，央视新闻，2017 年 10 月 14 日。

变。但由于各地区、各产业情况不同,这些专业大户并没有统一的标准。

自国家颁布《农民专业合作社法》以来,我国农民专业合作社受到国家的高度重视,也获得了长足的发展。特别是在发展初期,各级政府和部门投入大量资金进行扶持,因此,农民专业合作社无论数量还是质量都得到了快速提高。自 2007 年开始实施到 2010 年年底,全国依法登记的农民专业合作社达到 37.9 万家,占传统农户的 9.2%,全国平均每两个行政村只有 1 家合作社,平均每 10 户农户只有 1 户加入合作社。[1] 为了鼓励农民专业合作社的发展,国家进一步出台各项扶持政策进行引导,经过进一步的发展,到 2017 年 8 月底,全国农民专业合作社数量达到 193.3 万家,入社农户超过 1 亿户,平均每个村有 3 家合作社,入社农户占全国农户的46.8%[2]。

新型农业经营主体在数量快速增长的同时,经营水平也得到显著提升。从涉及产业来看,从单一的第一产业逐步向一二三次产业融合;从新型农业经营主体的功能看,从单一的生产向生产、供销、信用业务等多功能演变。据媒体报道,2016 年超过半数的合作社提供产加销一体化服务,服务总值 11044 亿元。[3] 在安徽、甘肃等地,还涌现出了一批农民专业联合社,全国联合社达到 7200 多家。

我国农民专业合作社在快速发展的同时,家庭农场也得到了快速发展。据农业部农村经济体制与经营管理司和中国社会科学院农村发展研究所的报告,自 2008 年中央一号文件首次提出"家庭农场"以来,我国家庭农场逐步发展起来,特别是 2013 年、2014 年连续两年的中央一号文件提出发展适度规模化家庭农场以来,家庭农场发展开始全面提速。2014 年2 月底,农业部发布了《关于促进家庭农场发展的指导意见》,全国各地家庭农场呈现快速发展势头。据农业部 2015 年出版的《中国家庭农场发展报告》显示,全国已有超过 87 万户各类家庭农场,经营耕地面积达到

---

[1] 农业部农村经营体制与经营管理司:《中国农民专业合作社发展报告 (2006—2010)》,中国农业出版社 2011 年版。

[2] 董峻、洪伟杰:《全国农民专业合作社数量达 193 万多家》,http://news.xinhuanet.com/fortune/,2017 年 9 月 4 日。

[3] 乔金亮:《全国农民专业合作社达 193 万多家 46.8% 的农户入社》,《经济日报》2017年 9 月 5 日。

1.76 亿亩，占全国承包耕地总面积的 13.4%，其中，经农业部门认定的家庭农场超过 34 万户，平均经营规模达到 150 亩左右[①]。

在农业经济发展的实践中，我国农业产业化龙头企业应运而生，这些企业建立起了自己的农产品加工基地或营销网络，通过订单、技术服务等形式指导农民开展农业生产，把农户的利益和企业的发展联系在一起，形成了"公司＋基地＋农户"的发展模式。根据国家农业部的监测和认定，有 1131 家农业产业化国家级重点龙头企业。[②] 同时，各省市也认定了一批省级龙头企业、市级龙头企业、规模龙头企业。

2. 我国农业经营主体的规模状况

我国地域辽阔，农村人口居住疏密差距很大。因此，很难确定农业经营主体的经营规模，但可以通过统计年鉴计算我国农户的平均经营规模。我国关于农村住户只统计到了 2012 年年底，统计年鉴显示，当时全国有135404 万人，其中农村人口 64222 万人，占总人口的 47.43%，农村居住户 26802.32 万户，耕地面积 18.26638 亿亩，平均每户 6.815 亩。[③] 自2012 年以后，国家就不再统计农村居住户，因此，目前我国农业经营主体经营规模只能通过推理和计算得到。按照 2008 年到 2012 年农村居住户的变动情况，5 年农村居住户增长了 4.4%，则预计到 2017 年年底，农村居住户应当为 27981.62 万户，理论上平均每户只有耕地 6.528 亩[④]。

考虑到我国各地人口密度差距很大，每个省区市每个农业经营主体负责耕种的面积都相差很大。而且每家每户的土地又不是集中在一块，而是分散在多处，土地经营面积更加细碎。如江汉平原湖北省监利县网市镇三官村地处江汉大平原，11 组农民闻传海按人口分了 27 亩地，散在 9 处，共 19 块，最大的 2 亩，最小的 3 分。中原省份农户经营土地面积更小，据

---

① 农业部农村经济体制与经营管理司、中国社会科学院农村发展研究所：《中国家庭农场发展报告（2015）》，中国社会科学出版社 2016 年版。

② 农业部：《关于公布第七次监测合格农业产业化国家重点龙头企业的通知》，农业部网站，2016 年 10 月 21 日。

③ 根据 2013 年国家统计年鉴资料计算所得。

④ 根据 2016 年国家统计年鉴资料计算所得。

抽样调查，河南省一般农户人均耕地 0.93 亩，平均经营地块 1.93 块。[①]
湖北省沙洋县黄村算得上是一个土地面积相对宽裕的村，该村共有土地面
积约 3500 亩、250 户、1065 人。人均土地面积超过 3 亩，户均土地超过
10 亩。但土地极其细碎，土地块数共 3041 块，约人均 3 块，块均 7 分
左右。[②]

从家庭农场的经营规模来看，全国也是千差万别。上海松江是发展规
模化经营比较成功的地区，每户经营规模在 100—150 亩；浙江宁波和安徽
郎溪都属于农村人多土地稀少的地区，每户经营规模在 5 亩以上；湖北武
汉属于土地流转工作做得比较好的地区，每户经营面积差距很大，一般在
15—500 亩不等；吉林延边属于东北高原地区，相对而言人口稀少，土地
广阔，因此，每户经营规模在 1275 亩，[③] 真正达到了规模经营。但我国南
北、东西差异很大，情况十分复杂，虽然少部分地区通过土地流转，达到
了规模化经营的程度，但我们不能忽视大部分地区虽然经过土地流转，仍
然停留在小规模经营、土地细碎的状况。

农业产业化龙头企业在农业经济的发展过程中，起着引领示范的重要
作用。但由于农业产业化龙头企业数量少，不同层次不同地区关于农业产
业化龙头企业的标准也不一样。我国农业产业化龙头企业可以分为两大
类，一类为加工、流通企业，一类为农产品专业批发市场。国家对农业产
业化龙头企业的规模做了严格的规定，分为总资产规模、固定资产规模、
年销售收入规模和企业带动能力。对于农产品专业批发市场，主要从年交
易规模上做了具体要求。

（二）我国农业经营主体与欧美的比较

1. 我国和法国的比较

法国的农民专业合作社的兴起离不开法国农产品市场的激烈竞争，是

---

① 闫小欢、霍学喜：《农民就业、农村社会保障和土地流转》，《农业技术经济》2013 年第
7 期。

② 杜鹏：《社会性小农：小农经济发展的社会基础》，《农业经济问题》2017 年第 1 期。

③ 王振、齐顾波、李凡：《我国家庭农场的缘起与发展》，《西北农林科技大学学报》（社会
科学版）2017 年第 2 期。

在法国农产品从以供方为主导向以需方为主导的转变过程中，逐步诞生和发展起来的，是农业经济发展的客观需求和历史必然。为此，可以将法国农民专业合作社的发展总结为市场竞争促进型。

随着第二次世界大战的结束，欧洲取得了相对和平的发展环境，同时，随着第三次科技革命的到来，欧洲的农业得到了科技革命成果的支持，农产品很快呈现出供过于求的现象。为此，市场成为决定农场主效益的关键。为了扶持农业的发展，欧盟实现了统一的农业政策，法国人抓住欧盟政策统一的机遇，应用农业科技成果使农业获得了快速的发展，很快法国农产品变得丰富有余，市场竞争更加激烈。由于家庭经营势单力薄，在市场上缺乏必要的话语权，农民深深感受到了生存和发展的压力。为此，家庭经营纷纷走向联合，新的农业经营主体——农民专业合作社应运而生，农业市场的博弈力量发生变化，农业经营主体获得了更大的市场话语权。19世纪末期，法国农业经营的各个行业或地区逐步尝试着建立农业合作社，合作社开始缓慢地发展，直到20世纪50年代，农业现代化已经发展到相当的程度，为了与之相适应，农业合作社才逐步大规模发展起来。[1]

随着法国农业合作社的普及，法国农业经营组织完全实现了从家庭经营到企业化经营的转变，农业从分散经营的小农经济转变成了规模化、集约化的现代农业经济，从而法国农民的收入得到了快速增长。近年来，虽然我国政府高度重视"三农"工作，投入了大量的农业补贴和项目扶持资金，我国和法国农民的收入相比，差距仍很大。2016年我国农村居民人均可支配收入12363元人民币，2016年法国农民平均年收入为18300欧元[2]。

我国仍然是一个传统的农业大国，依据《中华人民共和国2016年国民经济和社会发展统计公报》，截至2016年年底，按常住人口计算，我国农村人口占整个人口的42.65%。按户籍人口计算，我国农村人口占整个人口的比重更高，达到58.8%。法国农业人口占总人口的比重只有1.9%；法

---

① 郑雪飞:《法国农业合作社及其对我国的启示》,《信阳师范学院学报》(哲学社会科学版) 2013年第4期。

② Laurence Girard, "Le Revenu Moyen des Agriculteurs a Plongé de 29% en 2016", *Le Economie*, 2017 – 12 – 14.

国没有传统的农户，是一个以农民专业合作社为主的国家，专业合作社占整个农业经营主体的 43.1%。到 2016 年年底，我国只有农民专业合作社 193.3 万家，入社农户超过 1 亿户[1]，除去入社的 1 亿户，大概还有 1.68 亿户没有入社，处于单打独斗的状况，依此计算，我国农民专业合作社大概占农业经营主体总数的 1.14%。从农业开发公司的发展来看，法国农业发展各方面服务的配套性较高，农业开发公司占农业经营主体的 23.1%[2]，而我国只占 0.14%。

我国政府早已注意到了我国农业的问题，进入 21 世纪以来，我国也开始实行农民专业合作社经营，但由于我国农村人口过多，深受离土不离乡的传统的影响，农村人口的转移既不能放任自流，也不能操之过急，只能逐步推行。在促进农村人口城镇化的过程中，同步发展现代农业。

2. 我国和德国的比较

德国的农业以家庭农场为主，这构成了德国农业的实体基础。德国人口少，农业人口更少，只占总人口的 1.5% 左右。德国农业之所以走上家庭农场的道路，完全得益于政府的引导。因此，德国家庭农场的形成可以总结为政府引导型。

德国农业经济体制的形成，有其特殊的历史背景。第二次世界大战后，为了迅速摆脱战争的创伤，实现农产品自给自足，减少进口的压力，德国政府设计了提高农产品生产效益的政策和法律。20 世纪 50 年代，德国政府颁布了《农业土地转让与整治法》，允许私人土地在市场上公开进行买卖，并通过调整零星小块土地，使之形成规模化经营，从而促进了德国家庭农场规模的形成和扩大。在这一政策的驱动下，德国家庭农场数量逐步减少，生产经营规模迅速扩大，农业劳动生产率快速提升，粮食单位面积产量不断提高，很快解决了德国国内对农产品的需求。

为了解决农业规模化经营中的农民安置问题，德国政府通过宏观调控手段，鼓励农民出售土地，向城镇转移。政策规定，对从农村转移到城镇从事工业、商业的人员，实行信用贷款和经济奖励。这一政策的实施，极

---

① 乔金亮：《全国农民专业合作社达 193 万多家　46.8% 的农户入社》，《经济日报》2017 年 9 月 5 日。

② 丁声俊：《家庭农场的"五化"特色》，《人民日报》2013 年 5 月 7 日。

大地激发了农民转移的热情,有效地促进了农业用地的集中和家庭农场规模的扩大。欧盟成立以后,德国作为欧盟的主要成员国,家庭农场普遍享受到了国家对农业支持的补贴政策,农产品的国际竞争优势得到提升,从而加速了家庭农场的巩固和发展。

为了稳步推进农业现代化,20 世纪 80 年代,德国普遍建立起了农村养老保障体系。通过对农村居民的社会保障政策,鼓励中老年人放弃农业,把土地转让给年轻有能力经营的农民,从而改善了农业从业人员的年龄结构,提高了农业经营人员的文化和科技素质,促进了现代农业的形成。德国对农场的规模做了较为严格的规定,"大型"家庭农场,经营土地规模必须在 100 公顷以上,全国大型农场有 2.93 万个,占德国农业企业总数的 8.29%;"中型"家庭农场,经营土地规模必须在 30—100 公顷,全国有 10.4 万个中型农场,占德国农业企业总数的 29.77%;"小型"家庭农场,经营土地规模必须在 2—30 公顷,全国有 21.85 万个,占德国农业企业总数的 61.94%。[1] 为了提高生产经营效益,德国在家庭农场的基础上发展农民专业合作社,合作社的数量不是很多,但规模较大,平均每个专业合作社社员达到 690 人。

家庭农场对我国来说是一个舶来名词,是在专业大户的基础上经过进一步的发展而注册成立的农业个人独资企业。回顾家庭农场的发展历程,可以追溯到 2008 年党的十七届三中全会。在这次全会上,做出了《中共中央关于推进农村改革发展若干重大问题的决定》,《决定》指出:"有条件的地方可以发展专业大户、家庭农场、农民专业合作社等规模经营主体。"自此,家庭农场才在我国逐步诞生并发展起来。由于我国各地农村人口、土地差异较大,农业不同产业的规模要求也不相同,国家对家庭农场的规模、标准难以统一,因此,我国对家庭农场尚缺乏统一的法律、法规规范,其相关的规定由各地政府以行政规章的形式做出。国家为了促进新型农业经营主体的成长,对农村承包土地进行了确权登记,并希望以此推动农村土地的流转。但由于实施规模化经营所需土地流转涉及农户数量多,农户对土地流转的认识差异较大,土地流转起来非常困难。加上我国

---

① 丁声俊:《家庭农场的"五化"特色》,《人民日报》2013 年 5 月 7 日。

农业生产资料价格上涨过快，农产品生产成本较高，家庭农场的直接经济效益难以达到人们的预期。为此，我国家庭农场的发展速度仍然比人们预期的要缓慢。由于我国农民崇尚松散自主经营的传统，难以形成实质性合作，农民专业合作社发展缓慢，在整个农业经营主体中，无论从规模还是数量上看，仍然只是少数。从已有的资料来看，我国平均每个农民专业合作社社员不超过100名。从农民专业合作社人数上来讲，德国是我国的10倍左右。尤其值得关注的是我国农民专业合作社内部运作很不规范，基本上是由少数发起人控制，形成了合作社的形式，缺乏合作社应有的运行机制。合作社与普通社员之间缺乏利益联结机制和相互约束机制，大部分合作社合作的效益不明显，对普通农民还没有形成应有的吸引力。

3. 我国和美国、加拿大的比较

美国和加拿大都是拥有辽阔国土的国家，由于实现现代化的时间比较长，为农业的规模化经营奠定了良好的基础。在这种大背景下，美国和加拿大通过制定法律和政策，鼓励以家庭为单位实行土地规模化经营，也就形成了以家庭农场为主要形式的农业经营体制。纵观美国、加拿大农场的形成，得益于其国家法律和政策的宏观调控，因此，可以将美国和加拿大现代农业经营主体的形成总结为政策调控型。

美国是新生的资本主义国家，自18世纪末到19世纪初，美国政府根据美国农业人口少、农业土地富余的状况，颁布了一系列法令，确立了美国农村土地的私有性质，奠定了美国家庭农场规模化经营基础。美国政府为了充实国家资金库，又向私人抛售了部分国有土地，从而奠定了美国土地制度和家庭农场制度的基础，[①] 并加速了家庭农场的规模化，提升了家庭农场的规模效益。到20世纪70—80年代，由于美国家庭农场规模庞大，其发展遇到了资金不足的困难。对此，美国政府通过扩大农业信贷，缓解了家庭农场发展的压力，支持了美国家庭农场的发展。

美国有农业人口504万人，农业人口占总人口的1.6%左右，在美国单个劳动力承担的耕地面积达到56.51公顷，完全实现了集约化经营。美国

---

① 余元六、朱信凯、陈璇：《现代农业经营与建设主体演变的中美比较》，《农业技术经济》2012年第12期。

的农业经营体制是农场制，其中：家庭农场 186.44 万个，占 87%；合伙农场 21.43 万个，占 10%；公司制农场 6.43 万个，占 3%。

　　加拿大农业现代化有其深刻的历史原因，由于历史上长期处于英国、法国的殖民统治之下，19 世纪末期，西欧、北欧和美国的移民大量涌入加拿大，移民不仅带来了先进的农业生产技术，而且带来了先进的农业生产理念，建立起了以农场为主要形式的农业经营体系，从而奠定了农业现代化的基础。当下的加拿大已经发展成高度发达的资本主义国家，农业人口占总人口的比例保持在 2% 左右，而且农产品出口量稳居世界第三位。[①] 加拿大的农场依据经营土地面积的大小分为大型和小型。加拿大的种植业家庭农场土地经营面积平均达到 300 公顷，其中，100 公顷以下的小型农场占农场总数的 45%，经营土地面积在 500 公顷以上的大型农场占农场总数的 10%。在养殖业中，奶牛养殖规模为每个养殖场 200 头至 300 头，肉牛养殖规模每个养殖场 6000 头左右，生猪养殖规模每个养殖场 3000 头左右。[②]

　　我国本来是实行以村或村民小组为单位的集体经营方式，但传统的集体经营责权利不明确，带有浓厚的平均主义色彩，导致了效率低下。那么，应当采取什么样的方式实现集体经营呢？改革开放初期，普遍采取了家庭承包责任制，但由于土地过于分散，规模过小，影响了农业机械化的发展，在农产品供过于求的条件下，又表现为价格高、效率低。为此，国家提出了家庭农场的发展理念。

　　我国是一个传统的农业大国，农业人口极其庞大，每个农村劳动力平均拥有土地 0.22 公顷，[③] 而且在现阶段，我国农村社会养老保障体系尚不完善，正处在积极探索之中，因而农民对土地的依赖程度还很高，这样就极大地限制了家庭农场的规模，以及其他新型农业经营主体的形成。

　　我国的家庭农场起步时间短，无论数量还是经营规模都还十分有限。从家庭农场发展的总体情况来看，全国有符合统计调查条件的家庭农场

---

　　① 刘玉洁：《加拿大农业合作社发展的起源、现状及其启示》，《世界农业》2017 年第 8 期。

　　② 汪发元：《中外新型农业经营主体发展现状比较及政策建议》，《农业经济问题》2014 年第 10 期。

　　③ 马雯秋：《美国发展家庭农场的经验及对我国的启示》，《农业与技术》2013 年第 7 期。

87.7 万个，经营耕地面积达到 1.76 亿亩，占全国承包耕地面积的 13.4%。从家庭农场的劳动力构成来看，平均每个家庭农场有劳动力 6.01 人，其中家庭成员 4.33 人，长期雇工 1.68 人。从家庭农场的产业类型来看，从事种植业的有 40.95 万个，占 46.7%；从事养殖业的有 39.93 万个，占 45.5%；从事种养结合的有 5.26 万个，占 6%；从事其他行业的有 1.56 万个，占 1.8%。[1]

从家庭农场的规模上分析，家庭农场平均经营规模达到 200.2 亩，而全国承包农户平均经营耕地面积只有 7.5 亩，家庭农场的经营规模是普通农户的近 27 倍。其中，经营规模在 50 亩以下的有 48.42 万个，占家庭农场总数的 55.2%；经营规模在 50—100 亩的有 18.98 万个，占家庭农场总数的 21.6%；经营规模在 101—500 亩的有 17.07 万个，占家庭农场总数的 19.5%；经营规模在 501—1000 亩的有 1.58 万个，占家庭农场总数的 1.8%；经营规模在 1000 亩以上的有 1.65 万个，占家庭农场总数的 1.9%。[2]

我国正在推进城镇化建设，但由于农村人口基数庞大，促进农村人口向城镇转移需要一个相当长的阶段和过程。为此，中央确立了在相当长时期内，家庭经营仍然是我国农业的基本经营方式，各类经营主体同时并存。[3] 因此，我国农村土地分散经营的格局在短期内还难以彻底改变。大面积实行家庭农场经营需要实现土地的相对集中和规模经营，就必须研究推动土地集中的有效办法，这既是影响农业经营主体发展的现实问题，也正是需要认真研究和探讨的农村工作的难点和热点问题。

（三）我国与日本、韩国的比较

日本也是一个人多地少的东亚国家，用于农业生产的土地资源非常有限，而且土地零散程度高。但日本实现工业化的时间比较早，大量的农业

---

① 农业部农村经济体制与经营管理司、中国社会科学院农村发展研究所：《中国家庭农场发展报告（2015）》，中国社会科学出版社 2016 年版。

② 同上。

③ 农业部、国家发展改革委、财政部：《关于加快发展农业生产性服务业的指导意见》，中国家庭农场网，2017 年 8 月 16 日。

人口成功地实现了向城市的转移。日本农业人口占总人口的比例只有2%，[①] 日本的农业用地曾经也非常零散，1955 年户均耕地规模只有 0.76公顷，至 2015 年户均土地经营规模达到 2.54 公顷。[②] 纵观日本土地集聚的过程，大概经历了从人治到法治，从地主主导到政府主导，从国家间接调控到国家财政直接补贴支持的转变。在土地集聚过程中，日本依靠农协的协调作用，农协为"核心农户"牵线搭桥，组织土地交换。[③] 有效地改变了家庭分散经营土地的现状，克服了农业现代化道路上因为土地分散带来的障碍，促进了土地连片经营和规模化的形成，实现了农业基础设施共同建设共同受益，推动了农业集约化经营的实现。可以说日本现代农业经营主体的形成可以总结为行业协会推动型。

日本农业虽然以家庭农场为主，2016 年的家庭农场占其全部农场的比例为 97.42%，[④] 但家庭农场依靠农业合作组织的协调和联合，从而获得农产品营销、生产要素配置以及其他服务，已经成为农业现代化的世界形态。那么，日本是如何实现土地集聚的呢？日本主要通过国家经济手段的调控和引导。为了促进土地的集聚，日本规定只有学历、专业达到一定条件的人员才能被认定为农业者，只有农业者才能经营农地，从而鼓励农地向被认定的农业者集聚，达到促进农地流转，扩大农业经营规模的目标。[⑤] 同时，对农业者实施土地改良国家给予资金上的补贴，但必须经所在区域 2/3 以上的农户同意，由区域内 15 户以上的农户集体向都道府县提出申请报告，经过审核批准后才可以强制实施。[⑥] 经过长期的土地整治和改良，日本土地经营集聚化程度显著提升，农业经营主

[①]　国家统计局农村社会经济调查司：《中国农村统计年鉴（2012）》，中国统计出版社 2012年版。

[②]　刘德娟、林树文、曾玉荣：《日本土地改良事业的演变、特征及其成效》，《现代日本经济》2017 年第 5 期。

[③]　《美法日家庭农场发展的经验与启示》，《北京农业》2013 年第 8 期。

[④]　《农业构造动态调查（2006—2017 年）》，日本农林水产省网站，http://www.maff.go.jp/j/tokei/kouhyou/kensaku/bunya1.html。

[⑤]　高强、孔祥智：《日本农地制度改革背景、进程及手段的述评》，《现代日本经济》2013年第 2 期。

[⑥]　刘德娟、林树文、曾玉荣：《日本土地改良事业的演变、特征及其成效》，《现代日本经济》2017 年第 5 期。

体规模化经营比例提高，耕地面积的一半即 50.2% 由规模化经营主体
经营。

韩国是典型的人多地少的亚洲国家，韩国农业现代化水平较高，农业
人口只占总人口的 5.9%，农业以小规模家庭农场为主，韩国单个农户的
经营规模平均在 1.46 公顷，1 公顷以下的农户占 65.3%，3 公顷以上的农
户仅占 8.3%。[①] 韩国通过农业协会具体管理农业，韩国农协正式成立于
1961 年，于 1980 年与农业银行合并，自此，韩国全国农业协同组织联合会
（NACF）成立，2000 年韩国农协与韩国家畜协会联盟合并成立了新的农协
组织。[②] 由农协负责国家农业发展战略的宣传实施，负责组织农户土地流
转，引导农业经营主体开展联合经营等。为了有利于农协开展工作，2004
年韩国农林部通过了有关《土地法》的修正案，取消土地购买和租赁限
制，吸引工商资本对农业的投资，促进农场规模的扩大。同时，韩国大
力推进产业融合，推行复合的"农业第六产业化"，国家制定政策、投
入大量资金支持农业复合产业的发展，创造出了超脱于任何一种产业之
上的新的附加值。[③]

在我国与农业有关的行业协会也不少，由于没有独立存在的价值和功
能，缺乏法律上的利益保障，基本上处于仅仅存在而难以发挥多大作用的
状态。这些行业协会既缺乏上下连通的动力和机制，又缺乏健全的组织体
系，可以说基本上是依附于国家政府机关而存在，成为安置行政机关退居
二线领导人员的附属机构。因此，行业协会对行业成员的影响力和作用十
分有限。加上我国农民专业合作社起步较晚，在生产和经营等领域相互合
作、相互依赖的程度还不高，合作的紧迫性和必然性还不强烈，合作的效
益尚未真正体现出来。

为了提高农业的生产效益，促进土地的规模化经营，我国政府也出台
了鼓励土地流转的多项政策，但由于农村人口转移速度有限，对农民的社

---

① 冯献、崔凯：《日韩农地规模经营的发展及其对我国的启示》，《亚太经济》2012 年第 6 期。

② 吴菊安：《日本、韩国农业经营方式和社会化服务体系发展经验及借鉴》，《世界农业》
2016 年第 5 期。

③ 金光春、单忠纪、翟绪军等：《韩国"农业第六产业化"发展事业对中国的启示》，《世界
农业》2016 年第 3 期。

会保障措施正处在逐步完善之中，加上农民千百年来养成的生活习惯短期内还难以改变，特别是农民工进城后的工作生活处于不稳定之中。因此，农民完全放弃土地进城的动力尚不具备，年龄偏大的农村人员仍然难以摆脱养老对土地的依赖。而且我国农村土地的集体性质，以及家庭联产承包期限的限制，人们都处于对土地政策的观望之中，土地流出方都不愿意把土地做长期的流转，土地流转的主要方式仍然是短期流转，这样就严重影响了农村土地基础设施的建设和土地的规模化经营。

三　外国农业经营主体发展对我国的启示

（一）农业现代化国家的特点

通过全面分析发达国家农业经营主体的特点，并同我国农业经营主体进行比较，可以深切感受到发达国家农业经营主体有以下特点：

1. 法制建设是推动农业现代化的重要手段

通过法制建设管理农业是国外发达国家的普遍做法，美国的耕地绝大多数为私人所有，无论是使用权还是转让权都完全掌握在私人手里，这就决定了美国耕地资源配置的方式就是农地买卖和农地租赁。[①] 由于美国农业人口占比少，信息化和机械化程度非常高，从而为美国普遍实现规模化、集约化经营创造了条件[②]。这就奠定了美国农业以家庭农场为主的集约经营形式。为了保证农场主的收入，2014 年美国新农业法案将价格补贴计划转为"收入保险"类补贴，避免了超补贴引起的诉讼争端及 WTO 黄箱政策。[③]

欧美其他各国也是农村人口占比很小，而农业从业人员人均耕地面积较好的国家，再加上农村土地的私有性，这就决定了他们必然选择合作社的生产经营方式，实现农业的集约化经营。这种选择是法制化保障下的市场经济行为，并始终遵循着市场的轨迹进行不断的否定、修正和调适。德国通过制定实施《土地整治法》，规定必须将调整零星分散的小块土地连

---

① 杨浩然、刘悦、刘合光：《中美农业土地制度比较研究》，《经济社会体制比较》2013 年第 2 期。

② 陶爱祥：《中美农业发展水平对比研究》，《世界农业》2012 年第 8 期。

③ 韩一军、徐锐钊：《2014 美国农业法改革及启示》，《农业经济问题》2015 年第 4 期。

接成片，并且农业经营组织之间可以互相兼并重组，其土地、农舍等资产的买卖、转让和出租不受任何限制，[①] 从而促进了土地的规模化、集约化经营。[②] 法国为了提高农业水平，专门制定了从事农业生产经营的资格条件，而且制定了严格的农业合作社法令，法国农业生产体系主要由农业合作社组成，合作社既是最基本的组织形式，又是农业发展的主要推动力量，[③] 极大地促进了法国农业的集约化经营。可以说欧美各国新型农业经营主体的健康、有序发展，完全得益于其法制化建设的自始跟进。

亚洲国家以韩国和日本农业现代化的水平较高。韩国通过立法规定了"土地归耕者"的土地所有权制度，实行严格的土地管理和耕地保护政策，农业集约化经营程度比较高，以小规模家庭农场为主。日本虽然也是在小规模分散的土地上开展家庭经营，但日本通过对《农地法》的多次修改和完善，确立了农业生产法人制度，明确了农业法人的形式及构成要件，[④] 实现了不同于欧美的具有亚洲特点的农业集约化经营。

2. 农业人口占总人口的比重一般在 10% 以内

一个国家农业人口占总人口的比重，可以说明这个国家农业现代化的程度。农业现代化的程度越高，农业机械化、自动化的程度就会越高，农业人口占总人口的比重就会越低，进而农业的人均生产率就会越高，农产品的生产成本也会相应地下降。可以说农业人口占总人口的比重是衡量一个国家发达程度的综合指标。

综观现代发达国家农业人口占总人口的比重，一般都在 5% 以下。从发达的欧美国家的情况来看，加拿大农业人口占总人口的比例保持在 2% 左右，法国农业人口占总人口的比重只有 1.9%，美国农业人口占总人口的比例为 1.6% 左右，德国农业人口占总人口的比例更低，只有 1.5% 左右。我国仍然属于传统的农业大国，到 2017 年年底，我国农业人口比重仍

---

① 林雪梅：《德国农业法律政策的特点、经验及启示》，《社会科学战线》2012 年第 12 期。

② 逄玉静、任大鹏：《欧美农业合作社的演进及其对我国农业合作社发展的启示》，《经济问题》2005 年第 12 期。

③ 郑雪飞：《法国农业合作社及其对我国的启示》，《信阳师范学院学报》（哲学社会科学版）2013 年第 4 期。

④ 相天起：《日本农业生产法人制度借鉴及中国培育新型农业经营主体的演进思路》，《世界农业》2017 年第 8 期。

然占 48.7%；从亚洲农业现代化国家的情况来分析，韩国同样属于人多地少的亚洲国家，由于韩国的工业和服务业特别发达，农业人口占总人口的比重只有 5.9% 左右，因此，拥有高度发达的农业。日本国土面积狭小，农业耕地面积十分有限，除北海道以外的其他地方都难以形成规模效应，[①]因此，日本的农业土地细碎化现象严重。农业从业人员兼业化、老龄化成为趋势。日本政府采取了一系列的补贴政策，鼓励年轻人从事农业，稳定了农业从业队伍。但农业人口占总人口的比例同样只有 2% 左右。

由此可见，农业现代化必须大力推进工业化、城镇化，促进农村人口向城镇转移，把有限的土地资源留给有农业经验和知识的专业人员去做。从而提高农业的生产效率，使农业生产有足够的利润。

3. 农业经营主体必须保持在适度的规模

规模是效益的基础，没有适度的规模就不可能有满意的效益。只有在适度规模化的条件下，才能实现集约化经营，也只有通过集约化经营才能提高农业产量和效益。综观发达国家农业经济发展的特点，一般都以适合本国国情的方式，组建农业经营主体，由农业经营主体承担起主要的农业生产和经营。

每个国家由于土地所有制性质不同，实现土地适度规模的方式也不同。土地私有制的国家，一般都是国家通过法律规定进行调整或通过宏观政策进行调控，促进农业土地的买卖、租赁等流转方式，使农业生产用地向适宜的农业经济组织转移，从而达成适度经营规模的目的。规模的具体大小，一般根据本国农业土地面积的宽余程度和农业人口的数量决定。德国农业人口相对较多，而农业土地相对较少，因此，家庭农场的规模也相对较小，一般家庭农场经营 2—100 公顷；加拿大农业人口少而土地相对宽阔，家庭农场的规模也相对较大。家庭农场一般在 100—500 公顷，平均经营 300 公顷。日本农业的国情跟我国有些类似，特别是日本国土面积小，农业用地更少。日本的家庭农场分为两类：为了生活需要，实行自给自足的农户称为自耕农家庭农场。为了商业目的，以出售农产品为主的农场，

---

① 潘希迁：《基于食物自给率视角的日本农业现存问题的分析》，《世界农业》2017 年第 1 期。

称为商业农家庭农场。自耕农家庭农场经营土地面积的底线为 1 公顷,[①]
而以出售农产品为主的商业农家庭农场的经营面积相对较大,一般不少于
3.8 公顷,全国农户平均拥有土地约为 2 公顷。[②]

以规模经营为特征的农业不仅生产成本相对较低,而且产量和效益都
相对较高,据《中国农业统计年鉴》资料,2011 年美国水稻单产比我国高
出 15.03%,籽棉单产高出 77.97%,玉米单产高出 75.88%;澳大利亚水
稻单产比我国高出 141.75%,籽棉单产高出 266.68%;法国玉米单产比我
国高出 63.12%。而像日本这种以小规模经营为主的国家,农业的主要功
效在于维持农产品的供给,家庭农场主要靠政府给予高额的补贴获得稳
定的收入。

4. 职业农民必须经过资格认证

基于土地资源的有限性,发达国家普遍实行农业从业资格认证的做
法,要求每一位从事农业生产的人员必须获得一定的农业相关知识和经
历,从而促进农业生产的专业化。

欧美国家以法国为例,在法国从事农业经营,必须具备相应的条件,
而且这个条件还在逐步提高。1973 年要成为一个农业组织的负责人,必须
具备农业专业技能证书,相当于我国农学类专业专科毕业证;到 1981 年,
又增加了 40 小时的预备实习;到了 1992 年,又增加了 6 个月的实习;到
2009 年又增加了个性化的专业计划。而且主办一个农业组织还有年龄限
制,1973 年规定不超过 35 岁,2012 年规定不超过 40 岁。

亚洲国家以日本为例,日本在推行农业现代化上有两项强有力的措
施。一是大力推行农业企业法人制度。随着日本工业化的推进,大量农村
劳动力进城成为产业工人,农村劳动力严重流失,农业兼业化现象日益突
出。为此,日本根据农业生产经营形势的变化多次修改《农地法》,正式
确立了农业生产法人的主体地位,规定农业生产法人可拥有农地的所有

---

① 张源:《国内外家庭农场适宜规模研究的进展》,《河南农业》2013 年第 3 期。

② 清水徹朗:《日本农业政策与农协改革相关动向及日本农业的未来展望》,《世界农业》
2016 年第 8 期。

权、承租权，[①] 并从企业性质、成员资格、土地经营面积、经营期限等多方面对农业生产法人的条件进行了规定。二是实行农业者认证制度。随着国家对农业补贴的增加，日本的农业从业者一方面积极性提升，另一方面兼业化严重。对此，日本实施了农业者认证制度。[②] 对于真心从事农业的人员，要求提交 5 年的生产规划，包括经营规模、用工构想、生产目标等。对于获得认证的农业人员给予农地使用、资金补贴、融资条件、参加培训等多方面的照顾，从而促进了农业专业化、规模化和现代化的实现。

5. 国家对农业实行长期的扶持

对农业实行补贴是发达国家的普遍做法，只不过是补贴的方式和条件不同而已。发达国家在实施农业补贴政策时，采取的是有选择的补贴。不同时期，国家根据国内外农业发展实际，制定不同的发展目标，确定不同的农业补贴政策。只有符合相应生产经营条件的农业经营主体，才能获得国家补贴。

美国农业生产发达，在农业补贴政策上强调农业发展的满足性，以鼓励农业发展满足国内需要，提高国际市场竞争力为目标，对农业实行长期的补贴政策。补贴的名目和方式方法多种多样，既有直接价格补贴，也有农产品补贴、资源保护补贴、农作物保险和灾害保险补贴等，同时，还根据农业发展情况，实行依赖价格和收入双重保险的补贴政策。[③] 美国的农业补贴政策主要是针对少数大农场主，针对粮食、棉花等大众农产品，对小规模经营的农场主农业补贴极少，对于肉、水果和蔬菜生产者只给予自然灾害保险补贴。美国的农业补贴政策根据农业发展的需要不断调整，以服务国内农业发展需要为目的。

法国强调规模化经营，以及农业生产经营发展的连续性和稳定性，特别规定了要获得政府补贴，必须具备相应的经营规模和持续时间。在经营规模上，要求经营土地面积大于或等于 20 公顷。家庭农场必须有翔实的 5

---

①　相天起：《日本农业生产法人制度借鉴及中国培育新型农业经营主体的演进思路》，《世界农业》2017 年第 8 期。

②　赵维青：《日本认定农业者制度及其对我国的启示》，《现代日本经济》2012 年第 2 期。

③　王小叶：《中国粮食价格支持政策调整建议：美国价格支持政策演化路径之借鉴》，《农村经济》2017 年第 3 期。

年发展规划，有明确的预期收入目标，能保留农民身份 5 年以上。

韩国提出了"农业第六产业化"的概念，即一二三次产业的融合和复合体①。韩国对农业发展的扶持采取了区别对待的政策，对被认定为"农业第六产业化"的单位重点扶持。韩国制定了《农业第六产业化促进法》，其内容就包含了农村融合和复合产业地区指定及培育，只要被政府认定为农业第六产业事业发展对象，就会从金融信贷、教育培训、出口扶持、设施援助、产品营销、品牌设计等全方位进行支援。对财政支援方式包括补助和贷款两种方式。补助分为全额补助、差额补助和固定数额的补助 3 种方式。对农业第六产业事业发展对象的贷款，根据对象的发展状况，采取低于正常利息的贷款、中长期发展全额贷款或固定期限的贷款等方式。

（二）发达国家农业现代化对我国的启示

我国农业现代化面临着农村人口多、人均耕地面积少的资源约束。在推进农业现代化的过程中，既要保持"四化"同步发展，又要保持全体人民群众的获得感，维持社会的稳定。为此，促进农业现代化，必须大力培育新型农业经营主体。但我国的资源禀赋与国外完全不同，因此，决不能照抄照搬外国的模式，必须从我国农村人口多、农民传统观念强的实际出发，稳步地改革农村经营体制。借鉴发达国家农业现代化的经验，本书对培育我国新型农业经营主体提出以下启示和建议。

1. 确立政府培育的政策，促进新型农业经营主体成长

（1）改革扶持补贴政策

发达国家的经验表明，国家对农业的补贴政策应当因农业发展现状和发展目标而不断调整和改革。我国培育新型农业经营主体，需要促进传统的家庭小规模经营向家庭农场、农民专业合作社等新型农业经营主体发展转变。如何使现有的补贴政策更加科学有效，真正起到促进农业现代化的作用，是一个必须认真研究的问题。

---

① 金光春、单忠纪、翟绪军等：《韩国"农业第六产业化"发展事业对中国的启示》，《世界农业》2016 年第 3 期。

为此，发达国家农业现代化的经验启发我们，必须改革现有普惠制的国家农业补贴政策，重点扶持符合现代农业发展条件，有经营基础、有发展前景的家庭农场、农民专业合作社等新型农业经营主体。2013年中央一号文件提出"新增补贴向主产区和优势产区集中，向专业大户、家庭农场、农民合作社等新型生产经营主体倾斜"。如何落实中央文件精神？必须探索地方财政扶持农业款拨付改革，结合当地的农业经济发展现状，做好拨付对象的选拔考核工作。在拨付地方财政扶持款时，按照经营规模、经营期限等条件，确定不同的扶持方式、不同的扶持力度等。只有通过差异化的扶持，才能逐步促进新型农业经营主体的壮大，形成规模化经营的整体格局。

（2）完善土地流转政策

发达国家的经验表明，规模化经营是提高农业现代化水平的基础。我国正处在从分散经营向规模化经营转变的探索时期，国家已经出台了鼓励土地流转的相关政策。但由于家庭承包经营是建立在集体土地的基础之上，不仅受到承包期限的限制，还受到传统理念的束缚。目前我国土地流转大多限于亲朋好友之间，而且流转的时间短，在流转中要做到规模化经营涉及的农户数量多，协调的难度大，任何一家农户在流转上不配合都很难实现连片经营，必然影响新型农业经营主体的发展壮大，成为直接影响新型农业经营主体长远规划的瓶颈。

对于我国农村土地流转到底应当如何发展的问题，在学术界，有明显不同的三种观点。一是农村土地经营私有化。部分海外学者认为，农村土地私有化能激发村民维护自己合法权益的积极性，有效地克服腐败①。也有学者认为应当实现农村土地产权制度多元化，主张实行农村土地私有化，并认为这是最具有实质意义的改革，应当成为改革的核心②。二是农村土地经营家庭化。中国是一个农民人口众多的国家，大面积推动农民进城，容易形成大规模贫民窟；保持家庭经营的现状，农村可以成为人口安置的蓄水池。为此，在未来相当长的一个时期内，农业现代化都不应当以

---

① 许志永：《农村土地应当私有化》，《东亚经济评论》2005年8月10日。

② 闵桂林、祝爱武：《中国农村土地产权制度改革方向探讨》，《中国流通经济》2007年第12期。

规模经营为主导模式①。而应当改进小农生产条件，提高农业产出与效率。三是"三权分置"形式的土地集体化。大部分学者认为，坚持集体所有制的土地原则，通过"三权分置"剥离困在产权上的成员权，以便抽出身来的土地经营权能够挣脱集体的束缚，从而召回市场机制②。坚持农村土地集体所有制，把农民的承包权界定为用益物权，农民按资格享有用益物权，按经营享有生产收益权③。国家根据农业发展的实际，通过不断的调适，以适应城镇化的农业规模化发展的需要。

我国农业改革到底应当如何开展、确实是一个很复杂的问题。我国是社会主义国家，社会主义的优越性已经完全显现。为此，我们应当充满制度自信，也就是说绝对不能走私有化的道路。同时，我国又是一个农业大国，具有庞大的农村人口基础，而且农民已经形成了年轻外出打工、年老回村种田的习惯。因此，必须坚决维持农民的承包经营权。但是，细碎化的农村经营土地现状也难以实现农业现代化，必须实现规模化经营。中央提出"坚持依法自愿有偿原则，引导农村土地承包经营权有序流转，鼓励和支持承包土地向专业大户、家庭农场、农民专业合作社流转，发展多种形式的适度规模经营"。这是完全符合中国国情的正确决策，关键是探索"多种形式的适度规模经营"。为此，必须根据中国国情和农村经济发展的现状，按照农业现代化的要求在适度规模经营的形式上加强探索。

（3）发展创业融资政策

农业属于比较效益低下的产业，不能仅靠自有资金发展，需要各方面的扶持。发达国家的经验表明，农业经营主体的发展与国家的金融支持紧密联系。我国新型农业经营主体发展在融资上，主要依赖商业银行贷款。由于商业银行生存和发展自身也需要盈利，客观上具有趋利性。而我国现有农村经营体制决定了农村土地、小产权房不能进行抵押，虽然国家出台了很多探索性的抵押政策，但毕竟缺乏法律上的支持，因此，影响到新型

---

① 贺雪峰：《保护小农的农业现代化道路探索》，《思想战线》2017 年第 4 期。
② 汪险生、郭忠兴：《虚置还是稳固：农村土地集体所有制的嬗变》，《经济学家》2017 年第 5 期。
③ 贺雪峰：《论农村土地集体所有制的优势》，《南京农业大学学报》（社会科学版）2017 年第 3 期。

农业经营主体的发展。

在培育新型农业经营主体中，应当大胆探索：一是可以县市级财政部门为主，吸收乡镇财政入股，共同组建担保公司，为新型农业经营主体融资提供信用担保。或由省、市、县财政共同出资设立农业信贷担保基金，为新型农业经营主体提供信用担保。二是改革现有担保法律规定，允许新型农业经营主体以承包的土地使用权、农村产权房提供担保。三是改革政策性银行对新型农业经营主体支持的方式方法，加大农业发展银行对新型农业经营主体贷款的额度，对所贷款项的使用实行封闭管理，强化跟踪监督。

2. 实行农业经营准入制，促进新型农业经营主体壮大

（1）实行农民资格合格证书

由于土地资源的稀缺性，发达国家普遍实行了农业从业资格准入制，这一经验值得我国借鉴。我们可以通过对新型农业经营主体负责人的培训，逐步培养出一代职业农民。一是在法律上确立农业土地流转的合法性以及各方的责权利。对于获取农业土地的主体限定为新型农业经营主体，国家一方面为其负责人提供免费优质的培训，另一方面在土地流转中通过政策鼓励流向新型农业经营主体。从我国农村的现实情况出发，在一段时期内，允许部分兼业农民的存在，并逐步促进兼业农民职业化。二是改革对农业的扶持政策，逐步向新型农业经营主体倾斜。国家在制定对农业的扶持条件时，可以做出一些规定，对不同规模的新型农业经营主体采取不同的扶持力度，以支持新型农业经营主体发展壮大为出发点，促进农业规模化经营的逐步形成。

（2）实行农业企业准入证书

国外经验显示，农业现代化的显著特征是实行农村一二三次产业融合发展。我国应当借鉴发达国家的经验，通过农业产业化龙头企业带动农业的发展，要落实好中央提出的"创建农业产业化示范基地，促进龙头企业集群发展。推动龙头企业与农户建立紧密型利益联结机制，采取保底收购、股份分红、利润返还等方式，让农户更多分享加工销售收益。鼓励和引导城市工商资本到农村发展适合企业化经营的种养业"。因此，农业生产企业开办人员必须具备相应的文化程度、专业知识、服务农民的意识。

这样，才能促进土地相对向高素质的职业农民集中，促进新型农业经营主体的形成，提高农业的综合效益，保证职业农民的收入稳定提升。

（3）提高农产品质量安全水准

农产品质量安全已经成为全人类的共同追求，应当积极推动新型农业经营主体成长，成立农业经营主体合作联盟，建立行业自育机制，使国家逐步从监管分散经营的千家万户中解脱出来，集中力量监管规模化经营的新型农业经营主体，以及农业经营主体联盟。同时，加强对新型农业经营主体负责人的培训，提高其食品质量安全意识，建立健全农产品标准体系、检测体系、认证体系、监督执法体系等质量保障体系，全面提升监管能力和水平。国家职能部门强化对农产品质量安全的监管，落实好中央提出的"从田间地头到餐桌的全程监管责任，加快形成符合国情、科学完善的食品安全体系"。

3. 实行行业协会联盟制，维护新型农业经营主体权利

（1）建立自下而上的行业协会

发达国家普遍实行产业行业协会管理制度，行业协会承担起了本行业的信息服务、技术服务、维权服务等诸多事项。我国应当借鉴这一做法，有条件的地方农业行政主管部门，应当指导新型农业经营主体成立行业协会，由有能力的本行业的企业家来承担相应的服务工作。行业协会应当自下而上成立，务求实效。同时，通过立法保障并约束农业行业协会正确地发挥作用，实行农业经营主体自我管理、自我约束、自我发展。通过行业协会协助农民开展土地流转，帮助农民实现从依赖土地养老向依赖社会养老的转变。

（2）实行市场信息的通畅共享

成立行业协会是行业自治、行业自育和行业自我管理、自我服务的需要，农业家庭经营的分散性决定必须成立强有力的行业协会，充分发挥行业协会的作用。行业自治是行业协会的重要职责，建立诚实守信的市场行规，行业协会应当发挥重要作用；为行业成员提供信息应当成为行业协会的重要职责，行业协会应当利用国家政策、信息和各种统计资料，结合国际农业形势，定期做好农业产业发展预测，为会员提供科学准确及时的产业信息服务，指导协会成员及时做好产业规划的调整，减少市场失灵现象

的发生；维护成员合法权益也是行业协会的重要职责，行业协会应当通过行业协会的地位，提高行业在社会经济发展中的市场话语权，提高成员的市场竞争力。

（3）实现个体权益的行业维护

我国新型农业经营主体在成长中需要各方面的扶持，涉及的政府部门也很多，而政府部门人员复杂，素质也是参差不齐，加之政府部门的职责具有有限性，不可能成为万能的部门。在复杂的市场经济活动中，农业经营主体合法权益遭到侵害的事件时有发生。依靠单家独户的农业经营主体维权，力量和效果十分有限。因此，行业协会对内可以规范和监督成员的行为，提高成员守法经营的自觉性，对外可以出面维护成员的合法权益，提升新型农业经营主体在市场上的话语权，有效地提升维权效果。

四　本章小结

首先，分析了农业经营主体培育问题。从中国农业经营主体的演化、中国农业经营主体的形态、中国农业经营主体存在的问题三个方面进行了剖析。

其次，对农业经营主体进行国际比较。在详细分析我国农业经营主体现状的基础上，把我国与法国、德国、美国、加拿大、日本和韩国进行了比较分析。

最后，提出了中外农业经营主体比较分析的启示。总结了发达国家农业经营主体的特点，提出了对我国培育新型农业经营主体的启示。

第十章　新型农业经营主体
培育的政策建议

新型农业经营主体的诞生，是农业生产力发展到一定时期的必然选择，是生产关系适应生产力发展要求的具体表现。但新型农业经营主体发展的速度如何，新型农业经营主体未来应当怎么发展，既取决于我国生产力发展的水平，同时，也取决于国家的农业政策。因此，实现农业现代化必须制定正确的农业政策，促进新型农业经营主体的健康成长。

一　新型农业经营主体成长的农村经营体制

（一）农村经营体制问题的提出

农村经营体制主要表现为农村的土地经营制度。自中华人民共和国成立后，我国农村经历了分田到户、互助组、合作社、人民公社、家庭联产承包经营等多种经营形式，其实质都是农业生产关系适应生产力发展的需要。在过去的一段时期，人们在歌颂赞扬家庭联产承包责任制的同时，对人民公社的经营形式，进行了全盘否定。其实，这并不是唯物主义的态度。任何事物的诞生和发展都离不开特定的历史背景，离不开当时生产力发展的客观需要。

不可否认，农村的人民公社体制，确实存在许多弊端。人们普遍认可的弊端有三种：一是实行政社合一，形成了官僚主义。人民公社既是农村基层政府，承担着管理者的职责。同时，也是经营者，承担着指挥生产的职责。这样就容易造成官僚主义，形成浮夸风、瞎指挥等长官意志。二是高度的计划性，导致了体制僵化。人为的计划必然存在不周延性，一个环节的不严谨就会造成整个计划漏洞百出。三是孕育了人们"一大二公"的平均主义思想，挫伤了勤劳者的生产积极性。人天生地存在懒惰思想，在"一大二公"的环境下，这种思想就会表现得更强烈。正是基于人们对人民公社这些弊端的认识，1978 年 12 月，安徽省原凤阳县梨园人民公社小岗生产队的 18 位农民写下字据，提出了分田到户的要求。

也正是这 18 位农民的创举，一举打破了维系多年的人民公社体制，实现了部分人分田到户的愿望。客观地讲，分田到户确实革除了人民公社的许多弊端，调动了农民的生产积极性。正因如此，分田到户被一些人鼓吹成了农村经营体制改革的神话，出现了"一分就灵，一分就富"的论调。那么，分田到户真有那样神奇的功效吗？分田到户就是当时的最佳选择吗？分田到户后，确实出现了一些新变化。从微观上看，一些地方粮食丰收了，农民变得比以前富有了；从宏观上看，改革开放 10 年，农村改革成就巨大，举世瞩目，农村总产值翻了一番多。[①] 那么，这些是否就足以说明分田到户就是科学的农村经营体制？

其实，农业的丰收受多方面因素的影响。专家们较为一致的观点认为，分田到户后 10 年左右农村经济的发展变化有三方面的原因。

一是农副产品提价使得农业总产值和农民家庭收入提高。我国是在"一穷二白"的基础上建设的社会主义，中华人民共和国成立初期，国际上面临着帝国主义入侵的危险，国内面临着地主、反动阶级复辟的危险。因此，巩固无产阶级政权成为当时的首要任务。发展工业，特别是国防工业，成为国家压倒一切的任务。为此，毛泽东主席采取了分步发展的战略，先集中力量发展工业，通过"以农补工"的"剪刀差"政策，建立起了我国基本完善的工业体系。但与此同时，也使农业、农村的发展和农民的收入受到了不小的影响。改革开放以后，我国工业体系已经基本建成，国家为了缩小工农业产品交换的差价，国家在"三农"政策上首次做出了重大调整。国家对粮食统购价格从 1979 年夏粮上市的时候起提高 20%，超购部分再加价 50%，对棉花、油料、糖料、畜产品、水产品、林产品等农副产品的收购价格也分别逐步做出相应的提高。同时，对 18 种农副产品

---

① 郭书田：《确立农民的主体地位》，《中国农村经济》1988 年第 10 期。

的收购价格也开始陆续提高。① 在农产品价格提升的同时，对农业生产资料又相应地做了下降的处理。这样，显著地提升了农民的家庭收入，搞活了城乡市场，让农民普遍增加了幸福感。

二是家庭承包经营，调动了农民的生产积极性。中国农民的传统心性是崇尚单打独斗，不喜欢也不习惯合作共赢。以分田到户为特征的家庭联产承包经营，确实能够充分调动农民的积极性和责任感，从而在一定时期与一定条件下实现农业生产的快速增长。② 家庭承包经营具有对经营成果收益的直接性，从而可以激发经营者对市场的快速反应。而且家庭经营机制灵活，生产经营时间安排机动，农户不仅可以根据生产需要和市场变化做出恰当的安排，还可以节约更多时间从事多种经营活动。这种做法，不仅使农民感受到了物质生活的提升，而且身心得到了更大的自由和解放。

三是自人民公社成立 30 多年来所积累起来的物质技术基础。人民公社时期广大农民在党的领导下，发扬自力更生、艰苦奋斗的精神，建设起了一大批农业工程，包括农田水利、灌溉设施、农业机械站、基层农业科研所等，农村基本建设得到显著提升。③ 20 世纪 70 年代末，国家恢复高考以来，培养了一大批高级专门人才，把中国从农业社会带入矿物社会，培育出了一批高产、优质的农作物新品种，化肥、农药得到普遍且超量施用。如果过分并仅仅强调分田到户的作用，显然缺乏客观性。辩证唯物主义认为，事物都是一分为二的，有其利必有其弊。

实行以家庭联产承包责任制的农村分田到户经营体制，确实能够调动广大农民的生产积极性，但在马克思辩证唯物主义中，积极性仍然属于精神的层面。马克思主义认为，物质是第一性的，精神是第二性的。因此，仅有积极性，农民增产增收的成效必然非常有限。而分田到户的政策所带来的负面效应，暴露得越来越明显。

一是分田到户使规模经营变成了分散经营，小农经济的各种弊端显

① 宋亚平：《"分田到户"改革的辩证性反思》，《华中师范大学学报》（人文社会科学版）2016 年第 5 期。

② 同上。

③ 郭书田：《确立农民的主体地位》，《中国农村经济》1988 年第 10 期。

现。在实施分田到户的改革中，农民充分表现出了利益上的极端利己性。由于农村不同田块肥瘦不同，土地离住地远近不同，为了追求绝对平等，人们只好将规模化经营的块田，划分为一块块狭窄的小长条形，由不同的农户分别承包经营。每家每户按人口获得了绝对公平的土地。这种分散经营就引起了一系列的变化。

在耕种形式上，由人民公社时期的农业机械耕种，变成了由畜力、人力耕种。不仅生产方式出现了倒退，关键是难以产生规模效应。人民公社时期宽敞的农村道路消失了，代之而起的是只能供牲畜和行人通行的羊肠小道；在经营形式上，已经初步完成的社会分工被打乱，每家每户都成了产供销、种养加的全能型家庭；在思想观念上，农民群众的原子化程度日趋突出，精神颓废、教育缺失状态严重，极端利己主义甚嚣尘上，"一盘散沙"已成为农村社会的普遍现象。[①]随着社会的进步，人们越来越不满足于仅仅停留在温饱的生活水平上，于是年龄不大的人都纷纷走出乡村，走向城市，于是就诞生了一个崭新的群体——农民工。与此同时，随着农业科学技术的发展，在农业上，人们付出的劳动越来越少，但农作物的产量非但没有下降，反而还有提升。只不过农产品品质出现了不同程度的下降。在市场供应上，出现了买难和卖难同时并存的矛盾：一方面出现了不同程度的农产品销售难，另一方面出现了人们希望购买的有机、绿色农产品市场难寻找。

诚然，以家庭联产承包为特征的分田到户经营方式，可以较好地解决温饱问题，可以使农民获得充分的自由。但同时，这样的生产经营方式，不仅带来了农产品品质的下降，而且与以规模化经营、集约化经营为特征的现代农业越来越远。

二是分田到户使农田水利设施遭受了破坏，降低了抵御自然灾害能力。在人民公社时期，广泛深入地开展了农业学大寨活动。广大农民在共产党的带领下，以县为单位统筹规划，每年冬季集中开展农田水利设施建设，保证了农村村组道路通畅，水渠通畅，面对一般的水旱灾害，基本上能做到排灌自如。实行分田到户后，生产经营单位由生产大队、生产小队

---

① 宋亚平：《基层"三农"工作存在的三大症候》，《人民论坛》2015年第10期。

变成了一家一户,在农村再没有人有能力把千家万户的劳动力组织起来,加上农村剩余劳动力大量外出进入工厂,冬季集中开展的农田水利建设基本停滞。

各级政府被分田到户的成果冲昏了头脑,停止了行之有效的农田水利建设。一些在人民公社时期发挥重要作用的水渠,因为年久失修逐步失去了原有的功能。加上个别人为了能多播种那么一点庄稼,顺势将已然淤塞的水渠填土改造成了农田,水渠被分割成了一段一段的死渠,人民群众俗称为"肠梗阻",水利设施在不经意间遭到了人为的破坏,降低了抵御自然灾害能力。当水旱灾害来临的时候,人们变得束手无策,只能等待国家的灾后救济。

三是分田到户使已有的集体经济遭受了破坏,损害了农村集体主义精神。在人民公社时期,虽然农村经济基础比较薄弱,但由于实行规模经营的集体经济体制,各个人民公社都建起了一些不同类型的为农业生产服务的社办企业,比如公社拖拉机站、公社农机具生产加工厂、棉花加工厂、油脂加工厂等农产品中型加工厂。各村也办起了农村合作医疗站、米面加工厂、油脂加工厂、农产品小型加工厂、小卖部等为农民生活提供服务的小型企业。

在分田到户的过程中,大部分地方将已有的社办、队办企业,采取了简单粗暴的处置办法,不是完善企业的产权制度和管理办法,将其进行了简单的分解,将机器拆成了零部件,将房屋拆成了砖瓦。已经初具规模的社队企业一夜之间被夷为平地。绝大多数村级集体组织的各类资产被分光卖尽,成为名副其实的"空壳村"①。经过多年分田到户的家庭经营,农民群众自力更生的积极进取精神和互助合作的集体主义观念正在日趋淡漠。② 一些地方不仅村民会议无法召开,就连党员会议召集也变得困难。

家庭承包经营确实调动了农民的积极性,极大地改善了农民的经济生活,使物资短缺很快成为过去。但这并不能说明农业现代化已经到来,

---

① 宋亚平:《基层"三农"工作存在的三大症候》,《人民论坛》2015 年第 10 期。

② 同上。

相反，虽然土地产出率很高，但劳动生产率却很低。这种不计代价的"劳动替代资本"投入机制的顽固性，阻碍了农业生产活动的社会化分工和资本有机构成的现代化改造。① 分田到户无论是生产经营的形式，还是人们的精神培育，应当说离农业现代化距离越来越远。

（二）农业现代化要求下农村经营体制的特征

农业现代化是农业经济的一种社会形态，是农业经营体制和水平的综合体现。无论是经营体制，还是经营理念、经营形式、经营工具等，都与传统农业不一样，有自己鲜明的特征。

1. 经营人员职业化

农业生产已经进入激烈的国际竞争时期，如何使农产品在国际竞争中取胜？完全依靠传统的农民是无法实现的，必须依靠职业农民。发达国家形成了培育职业农民的一整套体系和办法，做到农业生产经营职业化。欧盟普遍实行农民资格认定，对职业农民规定必须具备相应的文凭、从业的时间、经营的规模等。德国通过法律规定，要取得农民资格证，必须经过3 年及以上的正规职业教育，必须有 5 年的生产实践经验，而且要通过国家考试，才能取得"农业师傅"资格②。英国规定获得从事农业资格必须具备技术教育证书，在农业生产经营中，要想从事农业生产经营，还必须获得农业职业培训证书。法国根据在农业生产经营中的地位，分别就从业资格、技术员资格和等级做了规定③。

日本和韩国是亚洲国家中农业生产经营比较先进的国家。日本文部科学省建立起了从初中、高中到大学本科、硕士和博士的农业职业教育体系。日本的做法不仅提高了农业的国际竞争力，而且促进了农业科技成果的转化，日本农业科技成果转化率达到了76%。④ 韩国不仅有针对普通学生的农业职业教育，而且设置了专门针对农民的职业教育，内容主要是农

---

① 宋亚平：《基层"三农"工作存在的三大症候》，《人民论坛》2015 年第 10 期。

② 张亮、周瑾、赵帮宏：《国外职业农民培育比较分析与启示》，《世界农业》2015 年第 9 期。

③ 曹玉华：《欧美国家农业职业教育的特色及启示》，《教育与职业》2015 年第 19 期。

④ 李毅、龚丁：《日本和韩国农民职业教育对中国新型职业农民培育的启示》，《世界农业》2016 年第 10 期。

业生产经营的指导和知识更新。国际的经验充分说明，要提高农产品的国际竞争力，必须培育职业农民。未来的职业农民不仅要有证书、有门槛，而且随着科技的发展和责任的扩大，职业农民的门槛也会越来越高。① 在实现农业现代化的过程中，我国政府高度重视职业农民培育工作，2007 年中央一号文件《中共中央　国务院关于积极发展现代农业　扎实推进社会主义新农村建设的若干意见》，就首次正式提出培养"有文化、懂技术、会经营"的新型农民。

经过几年的实践，2012 年中央一号文件，以《中共中央国务院关于加快推进农业科技创新　持续增强农产品供给保障能力的若干意见》为题，再次正式提出"新型职业农民"的概念，并要求大力培育新型职业农民，对未升学的农村初高中毕业生免费提供农业技能培训，对符合条件的农村青年务农创业和农民工返乡创业项目给予补助和贷款支持。2012 年 8 月，农业部办公厅印发《新型职业农民培育试点工作方案》，并在全国启动了100 个县的新型职业农民培育试点。2015 年中央一号文件着力围绕培育新型职业农民，解决"未来谁来种地"的问题。农业部在"十三五"规划中，提出了全国新型职业农民培育发展的目标，到 2020 年新型职业农民总量超过 2000 万人。为了促进我国农业现代化的发展，中央财政投资，农业部具体实施了新型职业农民培训工程，由相关农业大中专院校、农业广播学校承担起了新型职业农民培训工作，而且重点实施了现代青年农场主培养计划、新型农业经营主体带头人轮训计划、农村实用人才带头人培训计划，每年全年培育新型职业农民 100 万人以上。2017 年中央一号文件提出了《中共中央国务院深入推进农业供给侧结构性改革　加快培育农业农村发展新动能的若干意见》，至此，我国新型职业农民培育工作进入提质增速的轨道，为我国农业现代化培养了大批新型职业农民。

2. 经营理念国际化

现代农业是面向世界的农业，因为每个国家农业经济已经成为世界经济的一部分，我国农业经济已经深深地融入世界农业经济之中。我国农业

① 朱启臻、胡方萌：《新型职业农民生成环境的几个问题》，《中国农村经济》2016 年第10 期。

在迈向现代化的发展过程中，不断与世界农业深度融合，农产品的国际依存度不断提高。从 2012—2016 年中国农产品进出口额的变化来分析，2012 年我国农产品进出口额为 1757.7 亿美元，到 2016 年我国农产品进出口额增长到 1845.6 亿美元，增长 5%。其中：2012 年出口额为 632.9 亿美元，进口额为 1124.8 亿美元。到 2016 年出口额达到 729.9 亿美元，进口额达到 1115.7 亿美元。贸易逆差由 2012 年的 491.9 亿美元下降到 2016 年的 385.8 亿美元（见表 10-1）。

表 10-1　　　　　　2012—2016 年我国农产品进出口变化　　　　单位：亿美元

年份	进出口额	出口额	进口额	贸易逆差
2012	1757.7	632.9	1124.8	491.9
2013	1866.6	678.2	1154.9	510.2
2014	1945	719.6	1225.4	505.8
2015	1875.6	706.8	1168.8	462.0
2016	1845.6	729.9	1115.7	385.8

资料来源：根据公开报道整理。

这一方面说明我国农业的国际依存度在不断提高，另一方面说明我国农产品供给结构在改善，但农业供给侧结构仍然面临紧迫的改革任务。因此，发展现代农业必须立足国内资源禀赋，建立国际经营理念，面向世界市场需要，科学规划国内农业经济产业结构和布局。也只有按照这样的理念去谋划，才称得上是在发展现代农业。为此，我国实现农业现代化必须按照习近平总书记提出的农业供给侧结构性改革的战略，重新调整农业产业结构，实现农业产业新布局。

3. 经营过程装备化

现代农业和传统农业的显著区别还在于农业生产的过程。在农业生产中，农业机械动力和机械装备使用普及程度，直接决定国家的农业现代化水平。纵观世界发达国家农业现代化的历程，无不体现着以农业机械化为特征的农业经营过程装备化。美国是农业现代化程度很高的国家，早在 20 世纪 40 年代就基本实现了农业机械化，到 20 世纪 50 年代末期就全面实现农业机械化。^① 英国、法国和加拿大都先后在 20 世纪 60 年代全面实现了农业机械化。在整个农业生产过程中，实现了农业机械的全程使用和配套，而且现代化的激光、计算机、声控等高新技术已在农业机械化上大量采用^②。

为了保证农业机械化的实施，发达国家通过立法保障农业机械化中购买农机具的贷款和补贴。以日本为例，日本农业机械化程度已经跃居世界第一，其实日本农业机械建设起步比美国、英国、法国和加拿大都晚，那日本是怎么跃居世界第一的呢？日本先后制定了一系列旨在促进、扶持农业机械化发展的法律和法规，^③ 并详细规定了购置农业机械的贷款、购买农业机械的补贴，并根据农业生产发展的实践不断进行调整和修改。这些措施极大地促进了日本农业机械化的实现，保障了农业机械化的进程。我国政府高度重视农业机械化工作，提出到 2020 年主要农作物耕种收综合机械化水平要达到 70%，基本实现机械化。^④ 国家农业机械化的战略，正是实现农业现代化的配套措施。

4. 增长方式集约化

经济的增长方式始终标志着一个国家经济现代化的程度。在农业经济发展中，现代农业是集约化经营的农业。农业集约化就是在一定的土地面积上，集中投入较多的生产资料和劳动，采用新技术和管理方法精耕细作，来增加农产品产量的一种生产经营方式。^⑤ 农业集约化经营包括农业经营土地规模化、生产技术科学化、生产组织社会化等方面的内容。农业集约化程度是评价农业生产效率的重要指标。^⑥

从农业经营土地规模上看，西方发达国家在农业现代化进程中，始终

---

① 陈联诚：《发达国家和地区农业机械化发展历程分析》，《农业经济问题》2001 年第 4 期。
② 刘恒新、李斯华、何进：《美国低碳农业机械化技术发展及对中国的启示》，《世界农业》2012 年第 6 期。
③ 李旭东：《国外农业机械化法制建设及其对我国的启示》，《农机化研究》2011 年第 12 期。
④ 张桃林：《以农业机械化支撑和引领农业现代化》，《求是》2012 年第 14 期。
⑤ 章玉丽：《对邓小平农业"两个飞跃"研究中几对概念关系的辨析》，《毛泽东邓小平理论研究》2017 年第 4 期。
⑥ 姜冰、李翠霞、张琳等：《基于资源、产能和贸易视角的东亚农业问题比较研究》，《世界农业》2015 年第 3 期。

伴随着土地的适度集中。① 农业生产是建立在土地上的生产，农业生产的集约化、规模化，实际上就是土地的集约化、规模化。农业现代化的发展过程，实质上就是将分散的土地采取适当的方式进行集中，使土地经营规模与生产力的发展相适应；从生产技术科学化上看，就是用科学的理念指导生产经营，应用高科技的装备、器械代替人们的体力劳动从事生产活动。以机器生产代替手工劳动，是科学技术生产最显而易见的表现；在生产组织社会化方面，就是实行严格的分工合作，各种社会服务组织高度发达，可以做到全功能匹配。因此，农业现代化的过程就是农业生产资料集约化、农业生产技术集约化和农业劳动力集约化的过程。

5. 发展态势持续化

现代农业必然是一种可持续发展的农业，随着科学技术的发展和人类文明的进步，人类的发展面临着许多矛盾，即人口增长的无限性与资源的有限性矛盾，人类对绿色环保的需求性与农业生产中化学工业产品普遍应用的污染性矛盾，人类追求长期发展的需求性与人们追求经济收益的短期性矛盾。如何做到可持续发展呢？关键在于实行绿色、循环的发展理念。因此，发展态势可持续化是现代农业的重要标志。

纵观世界发达国家农业现代化的路径，也先后经历了生态、资源和环境问题的考验。但在经历一个阶段的阵痛后，美国、德国、日本等发达国家大力发展循环农业，通过建立系统循环经济的发展模式，获得了生态环境、社会以及经济效益三者之间的协调、统一发展，② 走上了农业现代化的道路。欧盟、日本在推进农业现代化的过程中，积极降低环境负荷、维护景观及生物多样性，强调农业多功能性、安全性与环境的一体化发展，③ 取得了显著成效。这种农业现代化不仅为世界所称道，而且显示出强大的生命力和可持续发展能力。我国正在向农业现代化迈进，党的十八届五中全会提出了"创新、协调、绿色、开放、共享"的发展理念，这

---

① 温丽、邱涛：《农业集约化发展的世界比较及其对中国的启示》，《世界农业》2011 年第 5 期。

② 何琼、杨敏丽：《基于国外循环农业理念对发展中国特色生态农业经济的启示》，《世界农业》2017 年第 2 期。

③ 钱小平、尹昌斌、方琳娜：《日本与欧美农业环境支持政策对中国的启示》，《中国农业资源与区划》2016 年第 7 期。

标志着我国经济发展已经进入现代化发展的轨道。如何落实中央关于经济发展的新理念呢？关键是要着力构建绿色低碳循环发展产业体系，形成"资源—产品—废弃物—再生资源"的循环农业生态产业链，[①] 从而使农业发展成为可持续发展的产业。

（三）新型农业经营主体成长的农村经营体制构建

1. 重新构建农村经营体制的理论基础

我国农村现在实行的以家庭为单位的承包经营体制，是邓小平同志倡导和支持的，是中国改革的一大创举。那么，在"四化"同步发展的背景下，需要培育新型农业经营主体，已经形成的以家庭为单位的承包经营体制能否改革呢？如果可以改革又应当怎么改革呢？

从我国农村经营体制与农村生产力发展的适应性来看，经过改革开放几十年的发展，我国以家庭为单位的联产承包责任制已经不能适应以高科技为特征、以健康环保为要求的生产力水平。那么，中国共产党作为马克思主义的政党，早就确立了实事求是的思想路线，从实事求是的态度来看，农村经营体制已经到了非改革不可的程度。因此，必须正视现实矛盾，改革现有农村经营体制。马克思认为，"'社会主义'不是一种一成不变的东西，而应当和任何其他社会制度一样，把它看成是经常变化和改革的社会"[②]。邓小平同志作为坚定的马克思主义者，早就设计了我国农村经营体制的两次飞跃。1990 年 3 月 3 日，邓小平在与中央领导人谈话时说："中国社会主义农业的改革和发展，从长远的观点看，要有两个飞跃。第一个飞跃，是废除人民公社，实行家庭联产承包为主的责任制……第二个飞跃，是适应科学种田和生产社会化的需要，发展适度规模经营，发展集体经济。"[③] 从邓小平同志"两个飞跃"的思想来看，新型农业经营主体成长的时期，正是第二个飞跃开始的时期。因此，必须重新设计我国农村经营体系。重新构建我国农村经营体制正是实事求是真谛的体现。

---

① 盛彦文、马延吉：《循环农业生态产业链构建研究进展与展望》，《环境科学和技术》2017年第 1 期。

② 《马克思恩格斯全集》第 37 卷，人民出版社 1971 年版，第 443 页。

③ 《邓小平文选》第 3 卷，人民出版社 1993 年版，第 355 页。

2. 构建农村经营体制的新原则

重新构建农村经营体制，必须以中央提出的"创新、协调、绿色、开放、共享"为指导，依照我国社会主义的本质特征和生产力发展的现状，制定具体的路线、方针和政策。因此，应当遵循以下五项原则。

（1）坚持公有制和集体经济道路原则

我国是社会主义国家，坚持社会主义公有制仍然是重新构建农村经营体制的原则。农业集体经济是公有制经济的范畴，是社会主义经济制度在农村的实现平台[①]。邓小平同志提出实现农村改革的第二次飞跃就是要大力发展集体经济，这并不是对家庭联产承包责任制的否定，而是在新的生产力条件下，提出的适应生产力发展要求的正确主张。回顾1978年实行家庭联产承包责任制的历史背景，当时，我国处在经济十分不发达的时期，物资短缺、农村劳动力过剩、体制机制僵化是当时的主要矛盾。如何使我国物资丰富起来，关键是要建立起适应市场经济的体制机制，调动起农民的生产积极性，发挥农民的聪明才智。因此，实行了由人民公社大集体体制向家庭联产承包责任制的改革。这种改革并不是对集体经济的简单否定，而是针对当时农村生产力发展的实际，提出的一种与之相适应的发展方式。家庭联产承包责任制，决不意味着私有化的开始，而是对集体经济形式的完善和丰富。

经过改革开放40多年的发展和努力，我国农村劳动力已经大量转移，并成为工业企业的主力军，而且农产品已经由过去的短缺变成了过剩。分析农业经营的矛盾，主要是土地家庭承包的分散性与现代农业规模化经营的矛盾。因此，新的农业经营体制必须在坚持公有制的前提下，探索适合规模化经营的集体经济新路径。

（2）坚持可持续和健康环保发展原则

工业革命给人类带来了极大的物质财富，同时，带来了环境污染的快速恶化，敲响了粮食安全的警钟。因此，可持续发展已经成为人类面临的共同难题。我国经过40年多的改革开放，物质已经极大地丰富，但环境污

[①] 刘德定：《邓小平的"两个飞跃"思想与中国农业现代化的两种模式》，《社会主义研究》2014年第4期。

染却为人们所担忧。全球环境的变化已经引起了联合国的高度重视,2012年6月联合国在巴西里约热内卢召开了可持续发展大会,围绕"可持续发展和消除贫困背景下的绿色经济""可持续发展的机制框架"两大主题,进行了广泛而又深入的讨论,最终通过了标志性成果,即《我们憧憬的未来》。明确提出了发展绿色经济、制定全球可持续发展目标、构建新的全球可持续发展治理机制等战略举措。[①]

审视我国农业发展的现状,农业污染已成为我国当前最严重的环境问题之一,日益严重的农业污染问题,已经直接威胁到我国的生态安全、农产品质量安全和人体健康,严重危及我国农业的可持续发展。[②] 究其原因,可能非常复杂,但实现家庭联产承包责任制后,利益主体极度分散,国家管控失灵,应当说是主要原因。为此,构建新的农业经营体制,必须有利于国家对环境污染的管控,能够支持农业可持续发展。

(3) 坚持所有权和经营管理分离原则

我国农村实行的是以行政村、组为单位的农村集体土地所有权制度,为了调动广大农民的积极性,绝大部分地区实行家庭联产承包责任制,已经形成了所有权和经营权相分离的分散经营体制。改革开放的初期,这种体制曾调动了广大农民的生产经营积极性,促进了人力资本的流动,对整个经济的发展起到了巨大的促进作用。20世纪90年代,由于农业税费加重,农业生产资料价格上涨,农业的比较效益低下,农业、农村、农民一度成为国家工作的难点问题。1999年我国《宪法》进行了修改,并明确规定,农村实行"家庭承包经营为基础、统分结合的双层经营体制"。随着2006年国家农业税的取消,农业一度焕发出了活力,但经过短暂的红火后,分散且小规模经营的弊端逐渐显露出来。特别是随着世界经济一体化步伐的加快,农产品竞争由国内市场竞争转变为国际市场竞争,世界发达国家的农产品以低价优质获得了巨大的竞争优势,我国小规模分散经营的弊端更加明显地暴露出来。那么,我国农业的出路在哪里?到底应当构建

---

① 彭斯震、孙新章:《全球可持续发展报告:背景、进展与有关建议》,《中国人口·资源与环境》2014年第12期。

② 袁平、朱立志:《中国农业污染防控:环境规制缺陷与利益相关者的逆向选择》,《农业经济问题》2015年第11期。

什么样的农村经营体制？这一问题既是各级政府农村工作探索的重点，也是学界讨论的热点。

中央提出所有权、承包权和经营权三权分置的改革思路，积极鼓励新型农业经营主体流转土地，实行规模化经营。但这种流转确实可以使小块土地快速集中，形成规模化经营，但租地的成本几乎占土地纯收入的一半以上，便宜的地租一亩 700 元钱，贵的地租一亩 1000 元，如果租赁农业的地租居高不下，那么规模经营就无法顺利实现。① 而且受流转年限的限制，土地租赁户难以对分散细碎的分属众多家庭的土地根据生产需要进行改造，先进的农业生产力无法施展，农田水利建设无法完成，流转的宗旨难以实现。② 因此，美国的农村发展研究所（Rural Development Institute）和卡托研究所（Cato Institute）持续支持中国及其他国家的土地私有化，认为私有化是消除贫困与社会不稳定的解决方式。③ 其实，这是极端不负责任或者说不了解中国国情的说法。在中国私有化是绝对行不通的，我国农村土地既有保持粮食安全的功能，又有维持稳定社会的作用。④ 一旦私有化，这些功能就会消失。因此，必须在坚持农村土地集体所有权的前提下，探索适合中国国情的规模化经营体制。

但我国农村土地已经处于家庭分散经营的状况，人为地重新收拢起来，再由集体经营也不现实。因此，只能尊重家庭分散经营的现实，按市场经济的规律，采取所有权和经营权分离的办法，走规模经营的道路。

（4）坚持规模化和经济联合发展原则

规模化是降低生产经营成本、提高经济效益的必然举措，规模化也是世界农业经济发展的共同规律。放眼现实，我国实行的是家庭分散经营体制，这种体制只能维系自给自足的传统农业生产，妨碍了农业生产的升级换代，是传统农业走向现代农业的最大障碍。传统的家庭农业，天然抵制

---

① 党国英：《农业要强，就要降低农业的成本》，《人民论坛》2015 年第 10 期。

② 贺雪峰：《国有农场对农村经营体制改革的启示》，《华中农业大学学报》（社会科学版）2017 年第 3 期。

③ 卢克·埃里克森：《关于中国农村土地私有化的辩论》，官进胜译，《国外理论动态》2008 年第 8 期。

④ 邵传林：《农村土地私有化是解决"三农"问题的灵丹妙药吗?》，《经济学动态》2009 年第 9 期。

与抗拒社会合作，不仅生产资料购买分散、谈判能力差，而且生产要素投入的品种和数量都难以控制，是加重环境污染的体制原因。家庭分散经营注定经营规模小，生产投入成本高，产出效益低下，缺乏抵御自然灾害和市场风险的能力，其内涵特征就是地地道道的小农经济形态。① 面对家庭分散经营的小农经济现实与规模化生产经营目标的矛盾，必须予以正视和克服。那么，怎样走上规模化经营的道路呢？培育新型农业经营主体，走联合发展的道路是农村经营体制改革的必然原则。

在已经分散的现实情况下，利益主体千家万户，牵一发而动全身。因此，不能简单地将分散经营的土地收归集体，只能是尊重现实情况，探索规模化经营的新路，这条路就是从分散走向联合。只要建立起能公平公正兼顾各方利益的联合机制，就可以从家庭经营走向合作社经营、联合社经营或农业产业化龙头企业引领的公司化经营的现代农业道路。

（5）坚持市场化和依法有序竞争原则

我们处在高度竞争的世界经济大环境中，我们构建新的农业经营体制就是为了降低生产经营成本，提高经济效益，获取国际竞争优势。怎样实现这一目的，必须选择提高竞争力的路径。既可以通过计划的方式快速地实现规模化经营，获取竞争优势。也可以通过市场机制，走联合兼并的道路，进行规模化经营，获取竞争优势。但经济发展的实践证明，计划经济的方式虽然具有改革的迅速性，但同时具有体制机制的僵化性，与激烈竞争的国际市场不相匹配。只有市场经济最具有活力，最能调动经营者的积极性。因此，在从分散经营走向规模化经营的过程中，只能坚持市场化的道路，而不能回到计划经济的老路。

同时，我国已经建立起了依法治国的理念，在农村经营体制改革过程中，把分散的家庭经营转变成联合的规模化经营，必须坚持依法有序的原则。值得欣慰的是我国《物权法》第一百二十七条明确规定，土地承包经营权自土地承包经营权合同生效时设立。县级以上地方人民政府应当向土地承包经营权人发放土地承包经营权证、林权证、草原使用权证，并登记

① 宋亚平：《"分田到户"改革的辩证性反思》，《华中师范大学学报》（人文社会科学版）2016年第5期。

造册，确认土地承包经营权。这一规定为建立从分散经营到规模化经营的农村经营体制奠定了法律基础。《物权法》第一百二十八条还规定，土地承包经营权人依照《农村土地承包法》的规定，有权将土地承包经营权采取转包、互换、转让等方式流转。这正是构建农村土地从分散经营走向规模化经营新体制的法律依据。因此，构建新的农村经营体制必须坚持市场化的机制，依照法治化的原则。

3. 重新构建农村经营体制的路径

面对激烈的国际竞争压力，农业的出路在哪里？不少学者呼吁国家继续出台新的补贴政策，以提高农产品的竞争力。其实仅靠提高补贴不可能解决农业的根本问题。改革开放以来，农村各项政策的效应已逐步释放殆尽，发展和建设现代化农业，必须以农地制度的深化改革为突破和主线，推进新一轮农业和农村的各项改革。[①] 因此，构建新的农村经营体制，打破以家庭为单位的分散经营格局，构建规模化经营的新的农村经营体制呼之欲出。

构建规模化经营的新的农村经营体制，应当沿着以下路径展开。

（1）构建农村经营体制的逻辑

一是赋予农民完整的财产权利。我国农民虽然从中华人民共和国成立以来，当家做了主人，实现了耕者有其田的梦想，但农民并没有真正获得相应的财产权。客观分析农民的财产状况，主要由两部分构成：一是农村宅基地。由于农民的宅基地建设在集体土地上，并不具备完整的财产权利，只能在村集体组织内部转让，不仅限制了转让的对象，而且由此导致在转让中不可能真正获得相应的市场价格。这种财产权只能算是一种准财产权。二是土地承包经营权。由于我国农村土地产权为集体所有，农民只有承包经营权，也是一种不完整的财产权。从这种意义上讲，农民缺乏真正的财产权。

农民在缺乏独立完整财产权的背景下，基本上就不可能放弃难得的农村土地承包经营权，而裸身转移到城镇。这就是实现我国城镇化过程中的最大难题，也是农民只能是农民工而难以成为城市产业工人的关键症结所在。事实上，按照企业化的模式进行运作，按照综合化的内容进行发展已

---

① 黄季焜：《六十年中国农业的发展和三十年改革奇迹》，《农业技术经济》2010年第1期。

经成为部分合作社的成功实践体验。必须全面改革农村集体经济组织产权制度，把土地产权改革与合作社发展结合起来①。为此，国家必须赋予农民真正意义上的财产权，才可能建立起以规模化经营为特征的现代农业，也才有可能促进农村人口向城市转移，实现"四化"同步发展。

二是实现现代农业的统一经营。现代农业要求规模化经营，同时要求提升农产品质量。在千家万户分散经营的情况下，经营的主体数量很多，每家每户都是依靠自己的经验购买使用种子、施用化肥、喷洒农药，其行为完全不受控制。不仅增加了政府监管的难度，埋下了农产品质量安全的隐患，而且在分散经营的条件下，现代农业装备难以使用，农业的效益就难以提升，无论价格还是质量，农产品都难以在国际市场取得竞争优势。而且扩大农业生产经营规模对吸引更多的农村年轻劳动力参加农业生产会发挥积极作用。② 因此，培育新型农业经营主体，必须创造土地规模化基础上的统一经营的条件。

三是兼顾土地主体各方的利益。在现代化农业经营条件下，必须应用市场机制兼顾土地承包人、土地经营人各方的利益。新的农村经营体制，只有使各方利益都能得到平衡，社会才能保持稳定。平衡的方法必须是通过市场机制，也只有市场机制才能激发活力，保持必要的经济效益。为此，必须依法建立起利益调控的市场机制，使集体土地的承包者和现代农业的经营者各方的利益得到兼顾和平衡。

（2）构建的具体措施

一是做好农村土地确权登记。我国已经启动了农村承包土地的确权登记工作，多数地方已经完成。但人们对这种确权登记的意义并不清楚。确权登记是防止土地承包权纠纷的重要措施，也是农民土地承包权的物证。我国《物权法》明确规定，土地承包经营权设立生效后，县级以上地方政府应当向土地承包经营权人发放土地承包经营权证，登记造册，确认土地承包经营权。土地承包经营权人将承包经营土地互换、转让时有权申请变

---

① 徐旭初：《农民专业合作社发展辨析：一个基于国内文献的讨论》，《中国农村观察》2012年第5期。

② 黄季焜、靳少泽：《未来谁来种地：基于我国农户劳动力就业代际差异视角》，《农业技术经济》2015年第1期。

更登记，未经登记不得对抗善意第三人。当然，土地确权登记的意义应当远不止这些。进行确权登记后，应当允许农民对自己的土地承包权进行自主转让，转让后依法进行流转变更登记。

由于农业生产涉及农田水利设施基本建设，不仅投入量大，而且投入的回收期长。因此，按照现行《农村土地承包法》的相关规定，农民土地承包经营权只有 30 年，势必影响到土地的流转和农田水利设施的投入。因此，国家应当修改《农村土地承包法》的相关规定，真正发挥土地承包经营权确权登记的作用，为农业生产规模化、现代化奠定土地制度基础。

二是依法组建现代经营企业。应当鼓励有志于从事农业生产经营的人员、企业投身现代农业经济之中。在自愿的基础上，组建现代农业企业。现代农业企业可以有两种模式：一是农民专业合作社、联合社模式。该模式以家庭农场为基础经营单位，由合作社、联合社统一生产管理，产品营销由合作社、联合社统一策划和经营。山区不适合连片经营的也可以以家庭农场、家庭林场为单位，独立开展经营活动。二是有限责任公司模式。原则上以村、村民小组为单位，按照自然连片的土地，组建多家农业有限责任公司，农民以自己的土地承包经营权入股，由公司集中统一经营。这样，既可以装备现代农业生产工具，解决农村劳动力不足的问题，又可以解决规模化经营中流转土地地租居高不下的难题。[1] 同时，公司化经营还可以提高农产品规范化和标准化生产，减少农产品质量监管的难度，有利于发展绿色、环保的循环农业和有机农业。

三是建立完善市场运作机制。从总体上讲，我国已经建立起了较为完善的市场运行机制。但农村利己主义甚嚣尘上，"一盘散沙"已成为农村社会的普遍现象。[2] 为此，必须把农民组织起来，但在经过以家庭分散经营几十年后，该怎样把农民组织起来呢？只能通过市场机制。因此，建立市场运作机制包含三个方面的内容：一是在组建公司或合作社上，让承包户依照市场机制自愿加入；二是在公司股权的转让上，承包户以土地入股

---

①　党国英：《农业要强，就要降低农业的成本》，《人民论坛》2015 年第 10 期。

②　宋亚平：《基层"三农"工作存在的三大症候》，《人民论坛》2015 年第 10 期。

后就成为公司的股东，依法行使股东的权利，依照《公司法》的规定，按照市场机制，处置自己的股权；三是在土地承包经营权的流转上，应当本着农民自愿的原则，依照市场机制流转自己承包的土地，包括是否流转、流转的价格、流转的对象等，都应当由承包户自主选择，以市场机制为导向（见图 10 - 1）。

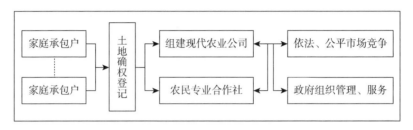

图 10 - 1　农业经营体制结构路径

（3）国家的配套政策

一是修改相关法律法规，明确农民土地承包权的完整权能。我国《农村土地承包法》第十六条规定，承包方享有下列权利：依法享有承包地使用、收益和土地承包经营权流转的权利，有权自主组织生产经营和处置产品。那么，本条所说的"土地承包经营权流转的权利"到底流转的是承包权还是经营权其实并不明确，在实践中人们流转土地的仍然限制在经营权的范围内。这样，即使流出土地的家庭也不能彻底离开农村，只是暂时离开农村到城市打工，而这些人的根仍然在原来的村。因此，限制了农村城镇化的发展。

我国《物权法》第五十九条规定，农民集体所有的不动产和动产，属于本集体成员集体所有。《物权法》的这一规定明确说明，只有本集体成员才能享有本村的不动产和动产。那么，农村人员进城后，是否愿意将户籍迁入城市，这就取决于农民对财产的取舍。农民一旦将户籍迁入城市，将失去集体所有的财产权，这样就限制了农村人口转变为城市人口。同时，城镇人员希望到农村发展，也不可能获得土地承包权，这样也限制了城镇资本下乡。

二是调整国家补贴政策，引导家庭农业转变成为现代农业。目前国家对农业的补贴政策很多，但并没有完全达到扶持农业的效果。有学者研究表明，尽管我国农业补贴总量持续上升，但是粮食生产成本日益高涨、接受补贴对象规模庞大、农业补贴普惠性特征明显等方面使得有限的补贴水平只能部分弥补生产成本的上升，而对农户种粮的激励性不强。[①] 这一结果证明，现有国家实行的以直接补贴农民为主要方式，低标准、广覆盖、普惠制的农民收入补贴政策，以及从 2015 年启动包括种粮直补、农资综合补贴、良种补贴在内的"农业支持保护补贴"政策[②]，对于推动农业现代化的作用非常有限。也有专家直言，我们政府好像在什么领域投入，这个领域就越出问题。[③] 这说明在"四化"同步发展中，我国应当改革农业补贴政策。那么，如何改革呢？在制定农业补贴政策时要有总体的制度安排，明确补贴目标，提高补贴的靶向性。[④] 具体而言，可以实行三种改革：一是改革补贴方式。现有以土地面积作为补贴依据，在土地流转的影响下，一些真正种植粮食的农民并没有获得补贴。为此，应当将现有以土地面积作为依据的粮食补贴改为对农产品的补贴。二是改革补贴对象。改革广普式的补贴方式，重点向新型农业经营主体补贴，培育新型农业经营主体快速成长，促进传统农业向现代农业转变。三是改革补贴标准。现有按农户种植面积进行补贴，虽然国家的补贴款一再提升，但由于我国土地极其分散，农业补贴款被细小的经营规模摊薄，户均补贴额度十分微薄，[⑤] 这就造成了不断增长的农业补贴款达不到激励效果的严重后果。因此，应当将对农户的零星补贴改为对规模化现代农业组织的补贴。

三是鼓励农民转入城镇，做好城乡统筹协调发展设计规划。早在 2012 年，时任国务院总理温家宝在《政府工作报告》中指出，我国未来的城市化方向是推进农民工市民化，逐步将城镇基本公共服务覆盖到农民工。那么，为什么这么多年来，农民工未能融入城市？其根本原因有两点：一是

---

① 王亚芬、周诗星、高铁梅：《我国农业补贴政策的影响效应分析与实证检验》，《吉林大学社会科学学报》2017 年第 1 期。

② 彭超：《我国农业补贴基本框架、政策绩效与动能转换方向》，《理论探索》2017 年第 3 期。

③ 党国英：《农业要强，就要降低农业的成本》，《人民论坛》2015 年第 10 期。

④ 蔡鑫、陈永福：《日本农业补贴制度安排绩效及启示》，《农村经济》2017 年第 2 期。

⑤ 彭超：《我国农业补贴基本框架、政策绩效与动能转换方向》，《理论探索》2017 年第 3 期。

缺乏法律制度支持农民城市化。我国农民仍然没有完整的财产权,如果农民正式转入城市,就意味着必须放弃祖祖辈辈积累下来的农村土地承包经营权。那么,未来的生活靠什么? 二是地方政府实质上并不支持农民城市化。在经营城市的口号和土地财政的驱使下,地方政府热衷于不断扩大城市的空间,而抵制进城的农民落户、迁徙的人口定居。①其直接后果不仅造成了大量农村留守人员,而且影响了农业规模化的进程,阻碍了农业现代化的实现。

要推动城镇化的发展,必须做好城乡统筹协调发展的规划。应当组织农民以土地承包经营权入股,组建新型农业经营有限公司或土地股份合作社,允许农民自由转让自己的股权,流转价格由市场决定。同时,鼓励农民自己就地城镇化。就是鼓励乡镇集体在符合城乡规划的前提下,每个乡镇按照居住相对集中的原则,结合美丽乡村建设,做好3—4个集中居住点,集农村社区、农民居住、义务教育、农民养老于一个居住点,这个居住点就是一个功能齐全的小集镇。这个小集镇仍然属于集体土地,可以不经过国家土地征用,由乡镇统筹安排,在集体土地上推进城市化和美丽乡村建设,并实现农民生活方式和生产经营模式的转变,让农民分享城镇化的经济成果。②也只有这样,才能推动农业现代化和城镇化的协调发展。

二　新型农业经营主体成长的金融支持体系

(一) 农村金融问题的提出

随着"四化"同步发展战略的提出和推进,农业成为影响"四化"同步发展的关键和短板。究其原因错综复杂,是多种因素综合影响的结果。既有农村经营体系的问题,也有农村金融服务体系的问题。

1. 农村金融体系改革回顾

改革开放以来,我国农村金融体系一直处在积极的改革之中,也取得了显著成效。分析我国农村金融体系改革的历程,起源于打破计划经

---

① 蔡继明:《中国的城市化:争论与思考》,《河北经贸大学学报》2013 年第 5 期。
② 同上。

济的僵化体制和机制。在计划经济年代，农业的问题主要体现为经济体制僵化、经营机制不活、农业效益低下。这既有体制和机制本身的问题，也有国家当时实行的"以农补工"的政策问题。然而，客观地分析农村的经济体制，也有自身的优点和特点。一是农村工业已经具备基础。农村人民公社、生产大队围绕农产品加工，已经建立起了一批农业企业，集体经济已经有了一定的基础。二是以村和村民小组为单位的农业规模化经营，已经表现出良好的势头。可以说当时的农村经济虽然僵化，但离现代农业的发展只有一步之遥。实行以家庭为单位的农村经营体制以后，一个高度组织化了的新型农村社会一夜之间分崩离析。[①] 原有的农村集体经济遭到彻底破坏，农村的金融机构也面临着市场经济的考验。

为了激发金融业的活力，我国金融机构由原来的国家机关性质全面企业化，成为自由竞争的市场主体。农村信用社原本是由农民入股组建的专门为"三农"服务的金融机构，但随着市场经济的快速推进，农村信用社的运行机制也从计划经济转向市场经济。

为了激发农村金融的活力，1984 年国务院批转了中国农业银行《关于改革信用社管理体制的报告》，农村信用社爆发出了巨大的活力。信用社的存贷款业务得到明显的改善，与此同时，信用社的贷款也转向了高利润、高回报的地域和领域。由于农业比较效益低下，农民缺乏信用，农村缺少高回报率的项目，在激烈竞争的环境下，信用社为了自身的盈利需要，把扶持的重点也转向了城市和工业，导致农村资金大量向城市转移，农村金融出现资金短缺，呈现出支农弱化的状况。[②]

经过近 10 年的实践，国家相关部门敏锐地意识到了农村金融的问题。1993 年国务院做出了《关于农村金融体制改革的决定》，建立起了农业发展银行、农业商业银行和农村信用社"三位一体"的农村金融体系，农村的金融机构由原来单一的农村信用社转变成了以合作金融为基础，以商业性、政策性金融分工协作为特征的新的农村金融体系。新的农村金融体系

---

①　宋亚平：《"分田到户"改革的辩证性反思》，《华中师范大学学报》（人文社会科学版）2016 年第 5 期。

②　张乐柱、曹俊勇：《农村金融改革：反思、偏差与路径校正》，《农村经济》2016 年第 1 期。

虽然从一定层面改变了原有的结构单一、资金短缺的问题，但由于以家庭为单位的农业经营主体资产抵押缺乏，发展能力有限，偿还能力不足，而真正具备实力的新型农业经营主体数量有限，仍然没有改变农业发展中的资金问题。

2003 年以来，国家启动了邮政储蓄银行改革，邮政储蓄银行快速地进入农业领域，成为支持新型农业经营主体发展的重要金融机构之一。同时，国家放宽了农村地区设立金融机构的条件，村镇银行等新型农村金融机构突起。[①] 农村金融机构的改革确实为支持农村经济发展发挥了一定的作用，但由于农村经营体制的特殊性，金融机构逐利的偏好性，农村经济发展所需要的金融支持并没有完全得到解决。

2. 农村金融支持新型农业经营主体发展的局限性

农村金融支持新型农业经营主体发展，不仅需要完善的国家金融体系，而且需要国家支持农村经济发展的金融政策，并且还要有配套的金融生态环境。纵观我国农村金融改革的现状，成效不容否定，但局限性更不容忽视。全面分析农村金融支持新型农业经营主体发展，至少存在三方面的局限性。

（1）农村集体经济发展不足，引发资金外流

中央高度重视农村金融工作，自改革开放以来，先后在 18 个中央一号文件中均有专条、专项甚至专章做出了规定。[②] 尽管不同时期中央对农村金融发展的措施不一样，但改革的宗旨始终围绕服务"三农"，支持农业现代化的实现。经过 40 多年的改革，农业现代化仍然没有实现，农村地区资金逆向流动严重，大量农村资金通过农村金融机构等渠道净流出，"三农"资金"失血"严重，三农获得金融支持的比例不升反降。[③] 农村金融政策执行的结果与政策的初衷相距甚远，到底是什么原因呢？

自从实现以家庭为单位的农业经营体制以来，绝大部分地方集体经济基本为零。在计划经济年代发展起来的有限集体经济被完全拆散分解，有

---

① 张乐柱、曹俊勇：《农村金融改革：反思、偏差与路径校正》，《农村经济》2016 年第 1 期。

② 王煜宇、邓怡：《农村金融政策异化：问题、根源与法制化破解方案》，《西南大学学报》（社会科学版）2017 年第 2 期。

③ 同上。

些地方连当时的米面、油料加工厂都拆成了一块块的砖和一片片的瓦，分给各家各户。只有像江苏的华西村等少数地方仍然坚持走发展集体经济的道路。在这种情况下，各地只能靠千家万户独立地发展以种植、养殖为主要内容的农业经济。农业经济一方面受自然气候的影响，另一方面受市场波动的制约，具有巨大的不确定性、不稳定性和天然的风险性。而千家万户既没有可供担保的财产，也没有令银行放心的信用。银行作为商业机构，如果就这样将资金贷给农户，那么，资金收不回的责任该由谁承担呢？因此，为了规避风险，农村金融机构既不敢也不能就这样将贷款发放给农户。那么，农村银行作为商业机构，吸收的存款如果完全放在账上，不仅要支付相应的利息，还要贴上人工工资、办公费用、相应的税费等。那么，农村金融到底应该做出怎样的选择呢？

资本具有趋利的天然属性，在农业比较效益低下的同时，城市房地产业、高科技产业却以高利润、低风险而呈现良性发展态势。因此，农村地区的大量储蓄通过商业银行、农村信用社等途径流出农村，流入城市，流向国有部门、大型项目以及房地产等领域①。这样，农村金融机构不仅没有起到支持农业发展的作用，反而成了将农村资金转移至城市的载体。

那么，这是不是农村金融机构的错误呢？并不能这样理解。因为，农村金融作为商业机构，在经营中必然会把盈利放在首位。究其根本原因，关键是农村集体经济发展不足，农业缺乏可以确定的盈利项目，加上农村金融机构的性质缺乏明确的法律定位，服务对象缺乏明确的法律限定，使得本应为"三农"服务的各类商业银行，主观上为了保证存款的增值，客观上成了为城市企业和房地产业服务的银行，离农业银行、农村商业银行、农村信用合作社成立的宗旨越来越远。

（2）农村资产缺乏财产权能，导致金融机构惜贷

农村实行以家庭为单位的分散经营，这种经营方式增强了经营者的责任心，激发了经营者的活力和创造力。由于农业的弱质性，这种活力和创造力的作用十分有限。因此，从财产所有权的层面上讲，农村的资产本身

---

① 王煜宇、邓怡：《农村金融政策异化：问题、根源与法制化破解方案》，《西南大学学报》（社会科学版）2017 年第 2 期。

就非常有限,加上缺乏完整的财产权能,导致农村金融机构惜贷严重。分析农民的财产构成,可以分为三种:第一种是存款;第二种是自有住房;第三种是土地承包经营权。在这三种财产权中,只有存款具有完整的财产权。农村的自有住房,由于建设在村集体土地上,按我国现有法律的规定,不具备完全产权,只能称为小产权房。农村家庭的土地承包经营权本身就是建立在集体土地之上的一种权利,只有有限的承包经营权。我国《担保法》第三十七条规定,土地所有权,耕地、宅基地、自留地、自留山等集体所有的土地使用权不得抵押。也就是说小产权房只能在村集体成员中转让、买卖,不能进入市场,更不能抵押。农村承包土地虽然进行了确权登记,也不具备完整的财产权属性,只能流转经营权。因此,小产权房和农村承包土地都缺乏作为金融机构抵押贷款的法律属性。

虽然国家在少数地方进行试点,允许农村宅基地和承包土地进行贷款抵押,但这种试点只是一种尝试,缺乏有效的法律保障。《最高人民法院关于审理涉及农村土地承包纠纷案件适用法律问题的解释》(2005)第十五条明确规定:"承包方以其土地承包经营权进行抵押或者抵偿债务的,应当认定无效;对因此造成的损失,当事人有过错的,应当承担相应的民事责任。"最高人民法院的司法解释和国家的法律具有同等的效力,这一解释彻底否定了农村土地承包经营权的抵押作用。因此,国家做出的农村土地承包经营权抵押试点,难以得到法律上的保障,不可能为农村金融机构接受。那么,在追求经济安全和经济效益的条件下,金融机构贷款的安全保障如何实现呢?在没有安全保障的情况下,金融机构实行严格的责任追究制度,谁决定投放的贷款,由谁负责安全并最终收回。为了避免个人责任,谁又愿意去冒这种天大的风险呢?因此,在缺乏贷款人的完整信息、缺乏抵押担保机制的情况下,如果没有完全稳定可以盈利的项目,谁也不愿意去承担贷款风险,农村合作金融组织不得不采取惜贷的办法。①

(3)农村金融机构定位缺失,导致追求目标错位

我国农村金融机构主要由政策性农业发展银行和农村商业银行组成。

---

① 张宁宁:《"新常态"下农村金融制度创新:关键问题与路径选择》,《农业经济问题》2016年第6期。

农村发展银行成立时间短，资金非常有限，能用于农业的覆盖面和数量都十分有限，只能用于重点农业企业。农村商业银行覆盖面广，是普通农民发展农业经济寻求支持的主要金融机构。而且农村商业银行的资金来源，主要靠吸纳农村和农民的存款。那么，那些资金是不是应当用于支持"三农"发展呢？答案应当是肯定的。但在经济发展的实际中，农村金融机构的资金流向却与人们的理性判断并不相同。从资金流向上看，主要流向了城市；从资金支持的项目上看，主要支持了工业项目和房地产开发项目。从市场经济的角度看，资金应当流向利润高的地方，也就是说从这种意义上讲，资金流向城市并没有什么不正确。但从支持"三农"发展来看，这种流向显然与农业银行、农村商业银行和农村信用合作社成立的宗旨背道而驰。

那么，出现这种问题的原因是什么呢？关键是对农村金融机构缺乏法律上的定位。那么，农村金融机构到底属于什么性质呢？《中华人民共和国商业银行法》（以下简称《商业银行法》）第二条规定，本法所称的商业银行是指依照本法和《中华人民共和国公司法》设立的吸收公众存款、发放贷款、办理结算等业务的企业法人。据此，农村金融机构都应当属于商业银行。《商业银行法》第三条第二款规定，经营范围由商业银行章程规定，报国务院银行业监督管理机构批准。也就是说商业银行经营范围很宽，基本由商业银行自己决定。同时，《商业银行法》第四条规定，商业银行以安全性、流动性、效益性为经营原则，实行自主经营，自担风险，自负盈亏，自我约束。从这些条款来看，农村金融机构作为商业银行，将资金投向城市和非农项目并没有违反相关法律、法规的规定。

农业作为基础产业，已经成为"四化"同步发展的关键和瓶颈，如果农村金融机构依据效益性原则，那么，"三农"的资金问题明显不可能得到解决。分析农村金融机构的来源，农业银行主要是国家出资为支持农业生产经营的金融机构，农村信用合作社起初由农民出资入股组建，由于农村信用合作社是在行政力量的强制下组建而成，这种组建不仅违背自愿原则，而且合作性不足，民主管理形同虚设，追求盈利成为合作社的经营目标，严重违背"自愿性、互助共济性、民主管理、非营利性"四大合作原则，仅仅是名义上的信用合作。[①] 因此，农民并没有真正行使过股东的权利，在 2003 年的金融机构改革中，农村信用合作社又变成了农村商业银行。农民作为农村商业银行的原始股东，应当享有股东的决策权。但农村信用合作社在多年的发展中，早已变成了纯商业机构，农民作为原始股东的各种权利已经被完全剥夺。

农村金融机构将自己的服务定位于"安全性、流动性、效益性"，从商业银行的角度看无疑是正确的，但从农村金融机构成立的初衷来分析，当初肯定应当定位于服务"三农"。在多年市场经济的竞争中，农村金融机构为保效益、求生存，已经变成了完完全全的商业银行，离成立时的初衷越来越远。正是法律对农村金融机构缺乏准确定位，导致了农村金融机构追求目标的错位。

3. 农村金融支持面临的矛盾

（1）金融的规范性与农业的分散性相矛盾

农村金融机构作为农村商业银行既面临着追求经济效益的压力，也需要支持"三农"发展。在实际工作中，如果千家万户的农民都需要贷款，在我国信用体系建设不足的条件下，农村金融机构既要保证贷款的安全性，又要保证支持的及时性，应当说不可能做到。农村金融机构在支持新型农业经营主体发展的过程中，需要新型农业经营主体以组织的名义申请贷款。如果千家万户的农民都组建成具有规模经营特征的新型农业经营主体，每家组织都在农村金融机构开设基本账户，农村金融机构就可能通过新型农业经营主体账户的资金运行，判断和分析新型农业经营主体的偿还能力和信用等级。

然而，现实的情况是我国新型农业经营主体发展还存在众多不足之处。从发展数量上看，总体上数量有限，大多数仍然停留在家庭承包经营的分散状态。面对数量众多且缺乏组织性的农民，农村金融机构贷款的安全性如何得到保障，这应当是影响农村金融机构支持"三农"发展的重大障碍；从发展质量上看，大多数新型农业经营主体基本上是有其名无其实

---

① 房启明、罗剑朝：《中英农村金融制度比较研究及其经验借鉴》，《经济体制改革》2016 年第 6 期。

的，仅仅是形式上成立了新型农业经营主体，而实质上并没有严格依照相关法律规定的机制运行，管理上很不规范。这样，农村金融机构支持"三农"的资金安全就成了问题。这种金融的规范性与农业的分散性相矛盾，导致农村金融机构不敢支持。

（2）金融的商业性与农业的弱质性相矛盾

从农村金融机构的性质定位来看，除农业发展银行外，其他农村金融机构显然属于商业银行。那么，商业银行应当如何开展经营活动呢？《商业银行法》明确规定，"效益性"是商业银行的经营原则之一。为此，作为农村金融机构必然以追求经济效益为最高指向。比较各行各业的效益状况，城市高科技产业、房地产业显然属于经济比较效益高、利润可靠的行业。因此，农村金融机构把资金投向城市并不奇怪。

分析农业发展的现状，与各行各业相比较，呈现典型的弱质性。具体有三个方面的显著特征。一是以家庭生产为单位，呈现分散经营状况。自从我国实行家庭联产承包责任制以来，农村土地以家庭分散承包为主，农业规模化发展不充分，单一农户拥有的农村产权数量少且价值较低。[1] 我国农户户均耕地规模仅 7.5 亩，湖北省则只有 5.1 亩。[2] 湖北省江汉平原属于人多地少的地区，每家每户一般只有 3—5 亩，在分田的过程中，由于每块土地肥力、地势不同，人们为了追求绝对公平，每家在每块地里都会有一块，而且呈细长条状，一般宽窄在 1.5 米左右。面对这样的情况，农村金融机构不可能准确评估每家每户的偿还能力。二是以松散合作为特点，呈现各自为政的特点。农民专业合作社基本上是依靠个别能人组建成立，大部分合作社并没有实行真正意义上的合作，处于初步合作状态，深度合作还没有真正形成。[3] 而且部分合作社成立的动机就不单纯，有些人希望以此为平台，获取国家扶持款；有些人希望通过合作社，在农业生产资料购买、农产品销售上从社员中赚取差价；许多合作社既没有资金积

---

① 李江源、陈骐、陈康：《深化涉农金融创新，支持服务"三农"发展》，《现代管理科学》2017 年第 3 期。

② 张云华：《中国农业走出"小农困境"之路》，《农民日报》2014 年 10 月 10 日。

③ 刘兆征：《农民专业合作社：特点、效应、困难及对策》，《国家行政学院学报》2017 年第 1 期。

累，也没有骨干产业。农村金融机构如果对此发放贷款，不仅无法掌控，而且资金回收的希望渺茫。三是以短期效益为特点，呈现基础设施建设缺失。虽然近年来国家投资兴建了农村道路，兴修了许多水利设施，但由于农村公共管理处于空白状况，加上缺乏全面规划和统一行动，公共设施建设并没有发挥出预期的作用。从农村道路交通建设上看，缺乏维护和管理。从农田水利设施建设上看，老旧现象较为普遍，现代化灌溉设施缺乏。从农村生活垃圾、生活用水净化、生活污水排放等基础设施建设上看，供给严重不足①。

农业的弱质性决定了农村贷款偿还能力不足，这就使得商业银行"去农化"严重。为追逐更高的利润回报，农村商业银行的商业化经营与支农背道而驰，传统的四大商业银行纷纷撤离农村金融市场，撤离网点，收缩至县城，致使农村金融供给急剧降低。② 正是这种农村金融机构的商业性与农业的弱质性相矛盾，使得农业的发展难以得到农村金融机构的支持。这既不是农村金融机构本身的问题，也不是农业的问题，而是整个农村经营体制所造成的结果。

（3）金融的硬约束与"三农"的软信用相矛盾

农村金融机构除农业发展银行外，基本上属于商业银行。商业银行以追求资金的安全性、周转性和效益性为原则。因此，商业银行内部对发放贷款有严格的制度规定。用一句最通俗的话讲，就是"谁放贷谁负责"。《商业银行法》第三十六条规定，商业银行贷款，借款人应当提供担保。商业银行应当对保证人的偿还能力，抵押物、质物的权属和价值以及实现抵押权、质权的可行性进行严格审查。经商业银行审查、评估，确认借款人资信良好，确实能偿还贷款的，可以不提供担保。

客观地分析农业的现状，呈现出明显的弱质性，并不具备抵押贷款的条件。从农村的经营体制上看，总体上以家庭为单位承包经营，呈现出土地的极大分散性、资产的难以掌控性。而且我国现行的法律并不支持农村土地抵押贷款，《担保法》明确规定，耕地、宅基地、自留地、自留山等

---

① 赵霞：《农村人居环境：现状、问题及对策》，《河北学刊》2016年第1期。

② 张宁宁：《"新常态"下农村金融制度创新：关键问题与路径选择》，《农业经济问题》2016年第6期。

集体所有的土地使用权不得用于抵押，况且极端分散的土地银行抵押后也无法利用。从"三农"的信用上看，既没有信用评价体系，也没有相应的信用保障。农民基本上属于解决了温饱而并没有多少资金积累的人群，如果没有强有力的制度约束，偿还贷款困难重重；农业具有极大的不确定性，既面临着自然灾害的威胁，又面临着市场变化的无常，纵然是新型农业经营主体，也仍然处于分散经营的状况。一些大型农业产业化龙头公司也是靠国家扶持款处于维持状况。那么，这种信用从哪里来呢？农村由于缺乏集体经济和可供调控的资源，村委会并不具备承担偿还贷款的能力。而且农户之间基本上互不关联，因此，抵押贷款只是一种良好的愿望。

农村金融机构贷款的硬约束性与"三农"的软信用相矛盾，极大地影响了农村金融机构支持"三农"作用的发挥。

(二) 农村金融支持体系构建的原则

培育新型农业经营主体，离不开农村金融机构的支持。面对农村金融机构支持"三农"的矛盾，必须正视并克服。因此，必须重新构建农村金融机构支持新型农业经营主体发展的体系。在构建的过程中，必须遵循以下原则。

1. 构建农业主体诚信系统，坚持重点扶持

我国农村金融机构以商业银行为主，新型农业经营主体的成长和发展，如何才能获得农村金融机构的支持呢？必须树立起诚信的形象。这种诚信不能靠新型农业经营主体自己说了算，必须依靠客观的社会评价。为此，应当建立起全国统一的新型农业经营主体的信用评价体系。社会信用体系是法制建设背景下，为适应信用交易发展的市场环境而必须建立的一种社会机制。只有加强社会信用体系建设，才能保证市场经济向信用经济转变。[①]

国务院高度重视社会信用评价体系建设，2014 年国务院印发了《社会信用体系建设规划纲要（2014—2020）》。如何建设信用体系，已经成为亟

---

① 王馨、张海阳、王世贵：《地方社会信用体系建设探讨》，《中国金融》2015 年第 6 期。

待研究的问题。在农村金融体系改革中，应当根据国务院的规划，结合农村经济发展的实际，建立起新型农业经营主体信用体系。无论从建立信用体系的视角看，还是从促进新型农业经营主体联盟的形成上看，都应当建立全国新型农业经营主体协会。由协会负责农业经营主体诚信评价系统的建立和管理。评价系统应当和工商局市场主体登记系统、银行贷款和还款系统、法院执行系统联网，直接显示新型农业经营主体的资产状况、银行贷款和还款状况、法院民事诉讼结果执行状况。这样，使每一个新型农业经营主体的信用评价完全公开，供社会查询。

农村金融机构可以根据新型农业经营主体的状况，选择信用度高的新型农业经营主体重点支持，使新型农业经营主体不断发展壮大，从而促进农村经营主体从以家庭为单位的分散状况，向以新型农业经营主体为单位的联盟发展，力争在不长的时间内形成农业的规模化、集约化经营，确保农业现代化在"四化"同步发展中协同推进。

2. 构建综合交叉金融体系，坚持分工协作

专业大户、家庭农场、农民专业合作社和农业产业化龙头企业四种类型的新型农业经营主体，产业特点不同、产业规模不同，经营的模式也不相同。因此，希望农村金融机构支持的要求也不同。满足新型农业经营主体成长和发展的需要，促进新型农业经营主体规模化、集约化发展，是构建农村金融体系的重要目标。因此，必须构建多元化、合作性、广覆盖、竞争性、可持续的新型农村金融体系，针对不同的农村金融需求，考虑不同类型农村金融机构的功能定位。[①] 要实现这一目标，必须做好顶层设计，兼顾农村政策性银行、农村商业银行和村镇合作银行等多种农村金融机构的综合交叉，坚持金融机构间的分工协作，从而更好地满足不同类型、不同规模新型农业经营主体发展的需要，并兼顾普通农户生产生活对金融的需要。

3. 构建自助互利合作银行，坚持自我服务

新型农业经营主体的成长需要国家的扶持，但并不能完全依靠国家。

---

① 张宁宁：《"新常态"下农村金融制度创新：关键问题与路径选择》，《农业经济问题》2016年第6期。

因此，农民还需要建立自助互利合作银行，坚持在国家政策性银行扶持的基础上，构建自助互利合作银行，实行自我积累、自我服务、自主发展。在农村构建自助互利合作银行必须建立在法律支持的基础上，通过法律明确农村自助互利合作银行的地位、服务范围、经营模式等，这既是中国现代农业发展的迫切要求，也是国外发达国家的成功经验。

分析英国农业金融体系构建的历程，可以发现，英国也经历了农业地位低下、农业发展困难的时期。英国通过对欧洲大陆的调查学习，通过《新农业信用法》合理界定农村金融的地位、功能、机构角色，规范农村金融发展，明确了由国家提供60年的不动产抵押为主的解决农村金融长期融资问题，由商业银行负责为农业提供中、短期动产信贷。① 自此，较好地解决了困扰英国农村发展的金融问题。其中，英国信用合作社发挥了巨大的作用。英国的信用合作社以互助合作为基础，遵循非营利原则，以非常低的利率和比较优惠的条件向社员提供贷款。我国在构建农村金融体系中，应当借鉴英国的做法，在建立信用体系的基础上，建立起真正的农村自助互利合作银行，并辅之以配套的农业保险政策。我国在构建自助互利合作银行的过程中，必须真正坚持"自愿加入、社员互助、民主管理、非营利运行"的原则，使农村自助互利合作银行成为继国家政策性银行、商业银行之后，真正扶持新型农业经营主体发展的重要补充。

（三）农村金融支持体系构建的办法

培育新型农业经营主体需要按照支持"三农"的原则，重新构建农村金融体系。具体构建的办法如图10-2所示。

1. 做好顶层设计，完善法律规定

构建支持新型农业经营主体发展的农村金融体系，必须做好顶层设计。顶层设计应当围绕农村金融体系的构架、机构分工、业务范围、资金来源、资金安全保障、资产处置等进行规定。为此，应当通过法定的形式

---

① 房启明、罗剑朝：《中英农村金融制度比较研究及其经验借鉴》，《经济体制改革》2016年第6期。

图 10 - 2 构建农村金融体系流程

予以明确。至少应当修改 4 个方面的法律规定，同时，制定《农村合作银行法》。

（1）修改有关政策性银行的法律规定。应当修改完善有关政策性银行的法律规定，明确政策性银行的服务对象、服务范围、服务方式，以更好地发挥农业发展银行在支持新型农业经营主体发展中的作用。

（2）修改《商业银行法》的相关规定。应当借鉴发达国家的先进经验，明确规定农村商业银行资金的来源、服务的范围，改变农村商业银行在农村以吸储为主、服务向城市倾斜的现状。

（3）修改《担保法》的相关规定。在做好农村承包土地确权登记的基础上，组建新型农业经营主体，由新型农业经营主体自主利用自己的经营土地、企业财产办理贷款抵押。同时，赋予农村宅基地、承包经营土地以完整的财产权，由承包人或户主自主办理贷款抵押。

（4）修改有关农村经营体制的相关法律规定。可以借鉴江苏省华西村的做法，要求农村以行政村或村民小组为单位，组建农业一二三次产业融合的实业企业，每个村按产业发展需要组建多个农业经营企业，企业行政上接受村组领导。同时，村组负责人兼任公司负责人，公司完全按市场机制运作。农民以自己承包的土地入股，入股者可以分红。入股农民既可以在所在村的企业工作，按企业的规定获取工资，也可以外出打工，只参与企业分红，还可以自主转让自己的股份，随子女进城落户。这样既有利于农村规模化经营的发展，也有利于推动城乡一体化建设，促进农业现代化的早日实现。

同时，制定《农村合作银行法》。明确农村合作银行的组建方式、准入门槛、资金来源、服务范围和办法，促进新型农业经营主体和农民开展金融自助，根据市场需要自主支持所属成员发展农业产业。

2. 调整金融机构，科学定位功能

金融机构是直接为农村经济服务的单位，金融机构的体系构建和合理分工，直接关系到农村经济的发展。那么，我国应当建立什么样的金融体系呢？英国农村金融成功的经验之一是构建以商业银行为供给主体，功能明确、分工协作的农村金融组织体系，全方位满足农村发展资金需求。[①]为此，应当做好金融机构的功能分工。

（1）农业发展银行应当贯彻国家的农业政策。农业属于弱势产业，国家扶持农业产业应当遵循市场机制。在现实经济发展中，农业处于弱势地位，而资本具有追逐高额利润的天性，导致资金从农村流向城市，从效益

---

① 房启明、罗剑朝：《中英农村金融制度比较研究及其经验借鉴》，《经济体制改革》2016年第6期。

不高的农业产业流向效益高的房地产业、高科技产业，最终加大地区之间、行业之间、产业之间的差距。为此，农业发展银行作为国家农业政策性银行，必须利用行政手段解决这一社会问题。农业发展银行正是为了解决这一问题而设立的，是国家解决合理配置资源问题的有效手段。[①] 为此，农业发展银行必须继续贯彻非营利政策，积极拓宽政策性银行的筹融资渠道，保证对农业持续低成本的资金供应。[②] 对于贯彻国家农业发展战略，需要扶持的农村区域、农业产业和农业企业，实行贴息贷款，维持农业国家战略的需要。

（2）农业商业银行应当服务农业的发展。农业商业银行属于商业性质的银行，应当以商业性导向为机制，对有金融需求的企业实施贷款。但农业商业银行毕竟属于农业性质，应当将服务对象限制在农业范围内。否则，农业商业银行也就失去了服务农业的本质特征，和其他银行相比也就失去了区别。但是我们也应当正视农业的弱质性，将农业商业银行的服务限定在"三农"范围内，势必影响到农业商业银行的利益。为此，应建立对农业商业银行的利益补偿机制，增加对参与现代农村支付环境建设的银行实质性政策支持，如根据农业商业银行的贷款资金量，以财政补贴、减免税的形式予以补助，[③] 以弥补农业商业银行服务对象的弱质性，促进金融机构协调发展。

（3）互助合作银行应当服务组织的内部需求。互助合作银行是农业组织基于民间金融的内生性和一般性功能特点，[④] 为了服务组织内部金融需要而设立的银行，其原理就是将农业组织内部各单位闲散资金集中起来，供最需要的单位使用。由于这些农业组织处于创业的初期，组织信用尚未建立起来，缺乏可供抵押的资产，一般商业银行不愿也不敢给其贷款。而互助合作银行是农业组织内部出资建立起来的金融组织，必须对处于弱势地位的农业组织进行金融资助，助其度过困难时期，步入成功阶段。这种功

---

① 谢平、郑建库：《政策性银行的属性》，《中国金融》2017 年第 6 期。

② 姜春力：《政策性银行定位》，《中国金融》2017 年第 6 期。

③ 潘晓健、杜莉：《以供给侧结构性改革推动我国农村普惠金融纵深发展》，《经济纵横》2017 年第 2 期。

④ 蔡键、毛雅娟、米运生：《资本有效配置、企业技术创新与金融体制改革深化》，《经济理论与经济管理》2017 年第 1 期。

能的发挥具有时期上的独特性，为其他金融机构难以替代。当然，在市场经济条件下，为了平衡组织内部各单位的需求，仍然应当采取相互都能接受的利息方式进行调节。

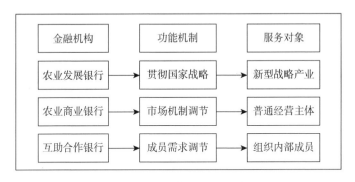

图 10 - 3　农业金融机构功能

3. 建设配套体系，优化信用环境

（1）构建统一诚信体系。由于社会生活复杂多变，而完全依靠法律则必然具有形式理性的局限性。综观美国等发达国家，都建立起了涵盖社会生活各方面的信用体系。[①] 为此，我国应当建立全国统一的公民、法人和其他经济组织信用体系，实行法院、公安、工商、税务等机关信息的联网。每个部门对每个人、每个组织失信的情况输入信用网，信用网自动生成信用记录结果。欧美等发达国家互联网金融体系非常发达，得益于欧美国家完善的信用体系[②]。而我国信用数据分散在不同的机构，而且相互封闭，导致信用体系零碎难以统一应用。为此，应当制定相关法规，建立全覆盖的信用体系，并向社会公开，供社会各部门和公民在人员招聘、人员安排、资金借贷上使用。

（2）确立资产评估机构。充分发挥社会中介组织的作用，由金融机构选择一批诚信度高的审计师事务所承担资产评估事宜。在资产评估中，审计师事务所独立行使评估权利，承担评估责任，金融机构根据评估情况决

①　胡光志、陈雪：《以家庭农场发展我国生态农业的法律对策探讨》，《中国软科学》2015年第2期。

②　陈一稀：《重走时间隧道：从历史经验看互联网金融的发展》，《浙江金融》2014年第3期。

定是否发放贷款，以及发放的数量。因为资产评估的准确性，直接影响到金融机构对贷款企业支持的可持续性。无论是在企业并购中，还是在银行贷款资产评估中，资产评估机构声誉都是影响定价的重要因素[①]。在实践中，资产评估活动存在着人为操纵的可能性，并最终对资产评估结果的合理性产生影响。[②] 为此，金融机构享有是否给予金融支持的最终决定权。如果金融机构认为评估机构评估价格过高，不仅可以将该评估机构拉入黑名单，也可以不予采信评估机构的评估报告，另行委托评估机构进行评估。

（3）成立政府担保公司。现代农业已经不同于传统的农业，其经济效益同时受到双重因素的影响。在以家庭为单位分散经营的条件下，农业的基础设施建设薄弱，而且自然灾害越来越频繁，农业是否能够丰产直接受到自然环境因素的影响；同时，农业是否能够丰收还受到市场因素的影响。在世界经济一体化不断加深的背景下，农产品价格越来越多地受到国际市场的影响。在农业收入不稳定的情况下，金融机构的贷款面临着巨大的风险。因此，金融机构发放贷款需要有相应的担保。而恰恰农民、农村和农业又缺乏完整的财产权，没有可供抵押的财产。而农业又具有重要的基础地位，是涉及国计民生的重要战略物资，国家必须支持农业从传统走向现代。因此，可以由市州财政部门吸收县市财政入股，共同组建担保公司，县市设立分公司，根据农业经济组织的信用、所从事产业的重要性有选择地为新型农业经营主体融资提供信用担保。[③]

（4）建立资产处置公司。金融机构在支持新型农业经营主体发展的过程中，无论采取什么样的担保措施，风险不可能完全避免。在农业企业不能按期偿还贷款的时候，金融机构可以通过法律途径获得担保财物的优先处置受偿权。对于这些担保的财物，怎么处理呢？农村金融机构应当建立与之相适应的资产处置公司，统一处置担保物品，包括农村土地承包经营权。山东省枣庄市根据2014年中央一号文件规定的"允许承

---

① 马海涛、李小荣、张帆：《资产评估机构声誉与公司并购重组定价》，《中国软科学》2017年第5期。

② 蔡璐、杨良、王玉凤：《资产评估方法的选择与资产评估结果合理性分析》，《商业经济研究》2017年第1期。

③ 汪发元：《中外新型农业经营主体发展现状比较及政策建议》，《农业经济问题》2014年第10期。

包土地的经营权向金融机构抵押融资"的精神，开展农地抵押试点工作，农民凭《农村土地使用产权证》办理抵押登记，通过农村产权交易中心在网站发布信息挂牌交易，办理交易手续。① 这种做法可以推广和借鉴，农村金融机构资产处置公司可以通过农村产权交易中心，办理抵押物的处置，优先获得受偿。

4. 金融业支持新型农业经营主体发展

农村金融机构支持新型农业经营主体发展，不仅取决于金融机构的改革，而且需要有全方位的配套措施。为此，发挥农村金融机构的作用必须严格管理流程。

（1）组建规模经营实体。农户以自己承包的土地，组建新型农业经营主体，最好是通过土地入股的方式组建规模化连片经营的农业有限公司。土地所有权仍然为村集体所有，土地承包权为农户所有，土地经营权为农业产业化龙头公司所有。通过入股成立农业产业化龙头公司，真正实现农村土地"三权分置"。这样，既维持了农村土地集体所有、承包经营体制，又按照市场经济规律实现了连片规模化经营。农业有限公司成了市场经济的主体，享有独立的财产权，为争取农村金融机构的支持创造了必要的条件。

（2）提出金融支持申请。申请是新型农业经营主体资金需求的表达，也是新型农业经营主体发展规划的展示。新型农业经营主体，包括农业产业化龙头公司根据发展需要，向农村金融机构提出贷款申请。申请必须客观真实地阐述新型农业经营主体发展状况、未来发展的计划、所需资金的用途安排、偿还贷款的保障条件等，以便于农村金融机构做出是否给予贷款的准确判断。

（3）信用评估或者担保。农村金融机构也是企业，而且是特殊的金融企业。遵循市场竞争的经济规律，保障资金安全是金融企业的必然选择。市场经济本身就是信用经济，诚实守信是对任何企业的必然要求，无论是生产行为还是交换行为，都必须严格遵循市场经济运行的诚实守信规则。②

---

① 林乐芬、孙德鑫：《农地抵押贷款及其风险管理研究》，《现代管理科学》2015 年第 12 期。
② 王馨、张海阳、王世贵：《地方社会信用体系建设探讨》，《中国金融》2015 年第 6 期。

因此，在接到新型农业经营主体要求金融支持的申请后，金融机构必须对新型农业经营主体的偿还能力做出评估，并完善法律手续。具体的办法有三种：一是信用评估机构对申请主体进行信用评估，对新型农业经营主体的信用做出结论；二是对于可以提供财产担保的新型农业经营主体，办理财产担保手续；三是对于信用尚未建立，或者信用等级不够，又无财产担保的新型农业经营主体，可以要求地方政府担保公司出具担保文书。只要符合上述三种条件之一，新型农业经营主体就符合了获得农村金融机构支持的必要条件。

（4）发放贷款做好监督。在办理完信用评估或者担保的条件下，农村金融机构根据新型农业经营主体的申请发放贷款。贷款发放后，农村金融机构应当安排专人负责对贷款的使用情况进行指导和监督。对于违反诚信原则，将贷款挪作他用的新型农业经营主体必须采取措施，冻结贷款，并将不诚信的评价录入诚信网络。每一笔贷款发放、使用并且归还完成后，金融机构都应当将结果录入企业诚信网络，成为企业诚信度的重要因素。

以福建省三明市沙县林地公司化集体经营实施抵押贷款为例进行分析。

在家庭分散承包经营的大背景下，农业贷款成为制约农业发展的瓶颈。沙县率先实行了林地家庭承包，由于农业、林业效益低下，短期内很难见到成效，因此，许多人进城经商和打工，农村承包经营土地出现了撂荒现象。为此，沙县进行了积极的探索。

自2012年以来，沙县按照习近平总书记改革的指导思想，探索新型农业经营主体培育，率先在西霞村成立了合作林场，对于没有能力经营或有更好收益经营项目的农户，把土地流转过来，集中到合作林场实行规模化托管经营。经营的基本模式是"三权分置"，林地所有权属于村集体，承包权属于农民，经营权通过流转集中起来，属于合作林场。经过这一轮改革，西霞村有13000多亩林地都加入了合作林场，占全村林地的50%。

在实行土地合作、林木托管经营中，涉及林木管理成本、收益等问题，不便计算，影响到分配的公平性。为此，2014年，合作林场以各家各户承包的林地入股，成立了林业有限公司，公司统一经营管理，按股份分配红利。当年股民就分得红利30万元。

俗话说：十年树木，百年树人。在现实山林承包中，从树苗移栽到成材受益是一个漫长的过程。因此，林业与其他农业产业一样，资金紧缺成为制约发展的瓶颈。而金融机构贷款不仅需要抵押，而且一般贷款期限只有3—5年。但经济林的受益需要20年以上，怎么办呢？必须实行金融创新。

2014年，福建省三明市推出了期限为10—30年的林权按揭贷款，由林业公司以林权作为抵押，向金融机构申请贷款，每月还款付息，10—30年还清。同时，配合林业贷款改革，福建近年来还在三明市率先试点推出林权抵押代管全额保险，为林地上保险，再由金融机构为林业合作社集中授信，分散放款。据统计，自2014年至2016年，福建已经累计发放林权抵押贷款167亿元。2016年，林业收入占福建林农收入的25%。

三　新型农业经营主体成长的保险支持体系

（一）农业保险问题的提出

农业和其他任何产业都不一样，天生具有弱质性，也就是说面临的风险比其他行业都要多。农业的风险主要来自三个方面：首先，农业是大自然的产物，非常容易受大自然的影响。在风调雨顺的年景，只要控制好病虫害，一般都能丰收。但近年来，水灾、旱灾频繁发生，时不时还伴有冰雹灾害和泥石流等。若是遇到难以控制的自然灾害，轻则减产，重则绝收。因此，在现有科学技术条件下，农业生产具有巨大的不确定性。其次，农产品受环境污染的影响，产品质量具有不确定性。在工业高度发达的社会环境下，农药、激素、重金属等，都可能导致农产品被污染，从而直接影响到农产品的安全。最后，农产品受国际市场的影响，丰产不一定就能增收。世界经济已经高度融合，农产品的价格不仅受国内市场的影响，而且受世界市场供求关系的制约。农民缺乏财富的积累，一旦遇到巨大风险，多年都难以翻身。那么，该采取什么手段来推动农业现代化呢？考察世界发达国家的做法，促进新型农业经营主体发展必须推行农业保险。农业保险作为降低农业风险的专业手段，通过风险管理、经济补偿等多方面功能助力农业现代化进程①。自 2007 年开始,我国中央政府在部分省、自治区、直辖市启动农业政策保险试点,取得了显著成效,也遇到了一系列问题。综观发达国家农业发展的经验,不仅国家政策保险完善,而且商业保险也很发达。我国农业少部分实行了政策性保险,但农业保险覆盖率低、农业经营主体投保率低,发生保险灾害后理赔困难,农业巨灾保险机制尚未完全建立起来,农业保险所具有的风险分散能力非常有限。②

当然,我国农业保险的不足有多方面的复杂原因。由于农业比较效益低,农业收益不稳定,我国商业保险基本没有涉足农业领域,而我国农业政策保险也才刚刚起步。我国农业政策保险需要面对分散经营的千万家农户,不仅基层保险管理人员严重不足,而且缺乏成熟的管理模式和推广手段。在农业政策保险试点阶段,保险的种类非常有限,对新型农业经营主体而言,不能适应其发展的需要。对千家万户的农民而言,由于农户习惯了靠天吃饭的传统,风险意识比较淡薄,加之在土地承包经营体制下,土地细碎且分散,职业农民尚未形成,多以兼业经营为主,农业对农民增收的贡献日益减弱甚至微不足道,非农收入的增加在很大程度上巩固了家庭农业经营的持续性和稳定性,而农业和非农收入之间的风险分散机制弱化了对农业保险的需求。③ 加上农业保险标的物具有极大的特殊性,在成长的不同阶段和时期,其价值变化很大且难以准确测试,而且农作物在风险事故发生后,仍然具有较强的自我恢复能力,其恢复的程度本身难以预料,且农户和保险公司之间具有信息的不对称性,双方掌握的信息具有明显的差异,想要准确查勘定损具有很大的难度,极易诱发农户的道德风险。④ 这样,增大了国家农业保险政策推行的难度,而且不利于新型农业经营主体的发展壮大。

国家对农业政策保险高度重视,国务院深改组会议提出,要从完善财政税收政策、加强基础设施建设、改善金融信贷服务、扩大保险支持范

---

① 孔德立、牛新中、杨鑫:《农业保险服务农业现代化的机制创新研究》,《金融理论与实践》2016 年第 8 期。

② 房启明、罗剑朝:《中英农村金融制度比较研究及其经验借鉴》,《经济体制改革》2016 年第 6 期。

③ 魏丽、王莹:《供给侧改革中的农业保险》,《中国金融》2017 年第 10 期。

④ 祝仲坤:《农业保险中的道德风险:一个文献综述》,《农林经济管理学报》2016 年第 5 期。

围、鼓励拓展营销市场、支持人才培养等多方面进行扶持，运用市场的办法推进生产要素向新型经营主体优化配置，发挥新型农业经营主体对普通农户的辐射带动作用。[①]农业保险已经成为国家支持新型农业经营主体发展的重要措施，因此，研究农业保险政策存在的问题，构建支持新型农业经营主体成长的保险体系具有重要的意义。

（二）农业保险存在的问题

由于我国农业分散经营度高，职业农民缺乏，加上农业保险起步晚，现在尚未形成成熟的体系和方法。分析我国农业保险的现状，存在五个方面的问题。

1. 保险工作的复杂性与经营主体的分散性相矛盾

保险工作是一项自愿性工作，建立在投保人自愿的基础上。农业保险和其他保险一样，需要从事农业生产经营的主体自愿投保。而由于我国农业保险起步晚，从事农业生产经营的主体不一定知道农业保险，即使知道也不一定有投保意愿。为此，我国农业保险主要是依靠乡镇政府和农村村级组织的支持。即便如此，保险公司需要安排大量的人员去做宣传和解释工作。而农业政策保险都是采用"保险公司自营"模式，经办机构在政府保费补贴政策框架下，自主经营，自负盈亏。也就是说农业政策保险并不完全是公益行为，而是一种商业行为，工作经费受到较为严格的限制。

而推广农业保险必须做到惠农政策公开、承保情况公开、理赔结果公开、服务标准公开、监管要求公开。在具体的保险办理过程中，必须做到承保到每个经营主体、定损到每家每户、理赔到受损的各个主体。要落实这些任务，必须具备规模宏大的保险业务服务网络。然而保险公司作为经营性机构，在农业领域业务量有限的情况下，保险机构设置和人员配备不可能满足这样的要求。条件好的县市级保险公司负责农业保险的一般有3—5名专职人员，乡镇保险机构一般只有1个专职人员，大部分主要是依靠村组干部；条件差的县市级保险公司就没有负责农业保险的专职人员，

---

① 新华社：《深改组会议：培育新型农业经营主体》，http://www.cs.com.cn/xwzx/2017/04/t20170418。

乡镇一般是聘请退休公职人员和退休教师,难以具备完善的服务网点,更没有能力配置工作所需的交通工具和办公设备。

保险公司在从事农业保险的过程中,既要实现拓展保险市场的目标,也要保证在不亏损的前提下略有盈利。因此,很多地方在经费有限的条件下,只能采取依靠兼职人员推广保险等有限的方式去做宣传发动工作。

然而,农业经营主体非常复杂。虽然近年来,我国新型农业经营主体快速发展,但传统的小农户仍然占多数,并且职业农户数量递减,兼业农户数量持续增多。在传统小农户家庭中,种植的作物从种类上讲已经实现了多样化,农业生产经营的风险基本上可以规避,即使有些损失也完全可以通过兼业收入弥补。因此,对农业保险不可能重视。

在未来可预见的相当长的一段时间内,占多数的传统小规模农户将与各类新型农业经营主体共存①。面对这么分散和复杂的农业经营主体,仅凭保险公司的一些工作人员,要深入到农业经营主体中去做细致的工作,显然人力和财力都不足。这种保险工作的复杂性与农业经营主体的分散性矛盾,必然影响到农业保险的普及和深入。

2. 保险覆盖的有限性与农业种类的多样性相矛盾

农业保险分为农业商业保险和农业政策保险两类。从农业保险的实际情况来看,农业商业保险基本上没有开展,农业政策保险自 2007 年开始启动,《中央财政农业保险保费补贴试点管理办法》明确规定,补贴险种的保险标的为种植面积广、关系国计民生、对农业和农村经济社会发展具有重要意义的农作物。

解读这一规定的具体内涵,有三个方面的局限性。一是保险领域较窄,承保的标的表现出局限性。从农业保险的领域来看,主要集中在种植业、养殖业和设施农业三大领域。各地农业生产特点不同,具体保险领域有差异。如安徽省财政厅确定在产粮大县开展农业大灾保险试点,保险的农作物品种确定为"水稻、小麦、玉米"三大粮食作物。江苏省扬州市将农业政策保险确定在种植业、养殖业、高效设施农业共 60 个小类保险品种

---

① 张燕媛、袁斌、陈超:《农业经营主体、农业风险与农业保险》,《江西社会科学》2016年第 2 期。

的范围内。二是保险责任单一，承保的灾害类别表现出局限性。一般只将灾害确定为自然灾害造成的产量损失，而忽视了生产成本变动、市场供求变动、农业生产资料质量不确定、技术不成熟等造成的收入损失。如安徽省财政厅将保险责任确定为自然灾害造成的损失，即人力无法抗拒的自然灾害对投保农作物造成的损失。[①] 这一规定只明确了自然灾害造成的产量损失，而排斥了其他因素变动造成的经济损失。三是投保主体限制，承保的对象表现出局限性。虽然国家没有明确限制农业政策保险的投保主体，但由于农户分散经营严重，种植面积和养殖规模都十分有限，而很多地方将农业政策保险局限于一定生产规模的农户，这样就将普通农户排斥在外。如安徽省将农业政策保险参保对象确定为承包面积为 50 亩以上的家庭农场、种养大户、农民专业合作社等适度规模经营主体。

分析我国农业生产经营的特点，家庭分散经营仍然占主导地位，土地细碎化、经营规模小型化、农民兼业化已经成为制约我国现代农业发展的瓶颈。我国农业生产经营的现实特点，决定了家庭生产经营的品种多样化、总产量数量小型化、自然生态环境复杂化等。面对农业种类的多样性，农业保险机构不可能将特色化农业生产的种类纳入承保范围，比如2015 年，河南省多地出现雷暴天气，粮食、油料等农作物受灾达 140 万亩，葡萄、核桃等经济作物受灾严重，基本绝收。粮食、油料等农作物已纳入了保险范围，得到了赔偿，而对近年来兴起的葡萄、核桃等经济作物并没有纳入承保范围。[②] 这就产生了保险机构承保范围和农业实际情况的矛盾。这仅是其中的一部分，类似的矛盾应当远比这些复杂。

随着农业供给侧结构性改革的深入，特色化的种植业、养殖业会不断发展壮大，种类也会更加丰富多彩。而且特色农产品的生产经营过程中集约化程度更高且风险更高，因此经营主体更需要通过农业保险来分散经营风险。[③] 对于这些不断兴起的特色农业如何承保、如何赔偿完全是全新的

---

① 安徽省财政厅：《关于在产粮大县开展农业大灾保险试点工作的通知》，http：//www. ah-cz. gov. cn/portal/. /zwgk/zcfg/gfxwj/jrzw/。

② 陈璨：《政策性农业保险的范围应如何划定》，《中国保险报》2015 年 7 月 14 日。

③ 孔德立、牛新中、杨鑫：《农业保险服务农业现代化的机制创新研究》，《金融理论与实践》2016 年第 8 期。

内容，保险公司根本来不及研究。因此，可以预料，随着农业供给侧结构性改革的深入发展，农业保险覆盖的有限性与农业种类的多样性矛盾会更加突出。

3. 保险功能的弥补性与农户认识的模糊性相矛盾

农业保险以市场化运作为机制，以分散和转移农业风险为手段，以及时补偿农户灾后损失，促进农业生产迅速恢复，保障农业生产的稳定性为宗旨，是保护和支持农业现代化发展的重要政策工具。然而，农业保险到底能起到什么作用？对于不同的对象而言，其认识具有很大的差异。通过调研座谈，发现部分农民不知道投保后的权利和义务，对保险条款内容不清楚。[①] 农民反映受灾后保险公司没有足额赔偿，在绝收的情况下最高只赔偿20%。那么，事实到底是怎么回事呢？其实是不同主体对农业保险的作用和赔偿款的认识不同造成的误解。农民普遍认为投保农业保险后，如果受到灾害，保险公司应当全额赔偿，这里的全额是在正常年景下农民的预期收益。

那么，农业政策保险又是怎么规定的呢？解读多年来中央一号文件关于农业保险的精神，中央确定按照"低保障、广覆盖"的原则，旨在保障农户灾后恢复生产。种植业保险金额原则上为保险标的在生长期内所发生的直接物化成本，包括种子、化肥、农药、灌溉、机耕和地膜；养殖业保险金额参照投保个体的生理价值确定，包括购买和饲养成本，一般为市场价格的70%[②]。在实践中，各省、自治区、直辖市确定的保障标准又有很大的不同，湖北省水稻保险保障标准一直不高，费率也不低。直到2017年才从200元调高到400元，费率由7%降至6%。[③] 2017年，安徽省积极支持适度规模经营农户防范和应对大灾风险，在贯彻财政部关于在粮食主产省开展农业大灾保险试点中，按照"直接物化成本＋地租"的原则，[④] 针

---

① 周素华：《农业保险政策解读》，http://www.ecz.gov.cn/wzlm/zdgd/lzjzdcjcgz/zcjd/74421.htm。

② 同上。

③ 张爱虎、徐琰：《湖北省农业保险提标扩面——水稻每亩保额提高到400元》，《湖北日报》2017年4月11日。

④ 安徽省财政厅：《关于在产粮大县开展农业大灾保险试点工作的通知》，http://www.ah-cz.gov.cn/。

对不同的农作物确立了具体的保险金额和费率（见表10－2）。

表10－2　　　　　　2017年安徽省农业政策保险金额费率一览

序号	农作物	费率（％）	直接物化成本保额（元/亩）	地租保额（元/亩）	保险金额（元/亩）
1	水稻	6	406	394	800
2	小麦	4.5	367	283	650
3	玉米	6	282	268	550

资料来源：根据安徽省财政厅《关于在产粮大县开展农业大灾保险试点工作的通知》整理，http：//www.ahcz.gov.cn/portal/zwgk/zcfg/gfxwj/jrzw/1499287303756472.htm。

显然，农民关于农业政策保险赔偿额的理解与国家关于农业保险金额的规定有很大的出入。这既影响了国家农业政策保险的声誉，又加大了农业政策保险推行的难度。

4.保险补贴的激励性与农户投保的自愿性相矛盾

我国农业政策保险是我国政府根据我国农业风险的不确定性特点，借鉴发达国家政府的普遍做法，实施的支持农业生产的举措。农业保险的出发点是惠农强农，采取的是市场化的机制。为了减轻农民负担，降低农业生产成本，政府通过保费补贴的政策手段，希望能够调动广大农户积极参保投保，逐步培育和完善我国农业保险市场。但农户保险消费意识淡薄，即使通过国家政策，对农业保险提供保费补贴，农户购买保险的积极性仍然不高。[①] 为什么呢？调查发现，一些农户希望国家能全额埋单，全部包办。这种愿望与国家农业政策补贴的原则完全相违背，我国农业政策保险不主张政府包办，要求保险经办机构按照农业保险的规律和市场原则确定具体的保险价格，根据农户的意愿具体办理。

然而，在农业政策保险推行的实践中，农民对农业保险的自愿性并不像人们想象的那样积极主动。对于未来可能发生的灾害是否真的会发生，人们抱有侥幸心理，对农业保险转移风险的作用缺乏认识，加上农民普遍受教育程度较低，农田收入在家庭收入中占比不大，对于通过农业保险保

---

① 刘素春、智迪迪：《农业保险与农业信贷耦合协调发展研究》，《保险研究》2017年第2期。

障自身利益认识不足。① 这些主要与经营的规模化程度和市场竞争的激烈化有关。已有研究表明，农业保险推广状况与农业经营规模有关，在规模化经营发展好的地方，参保率较高，而未形成适度规模经营的地区，农业保险市场规模的增长速度明显减缓。② 也就是说新型农业经营主体的农业风险程度显著高于小农户，③ 因此，它们参与农业保险的意愿也比较高。而以散户经营的农户，基本都是以留守老人和妇女为主在从事经营活动，不仅文化程度有限，对农业政策保险了解不多，而且缺乏对农业政策保险信息的掌握，根本谈不上自愿还是不自愿。少数文化程度较高、对政策熟悉的人员，也可能因为经营规模小，并不在意保险问题。加上农业保险产品单一、缺少差异化，与现代农业发展过程中多层次的风险管理需求不相适应。④ 从农业经营主体参保农业政策保险的热情上看，农业政策保险补贴的激励性并没有得到充分体现，处于分散经营状态下的农户，农业大多属于兼业，农业的灾害对其未来生活的影响有限。因此，对保险分散风险的认识不足，参与农业保险的自愿性不强。

5. 保险理赔的精准性与农户信息的不对称相矛盾

从理论上讲，保险理赔应当做到精准无误。但在实践中，基本上难以做到。其中的原因很多，也很复杂。从保险机构的实际情况来看，基层专职保险人员数量缺乏，大多依靠乡镇机关人员、村组干部做兼职保险人员，不仅缺乏专业知识，而且习惯于凭感觉、靠经验办事。有些地方聘请一些退休机关人员、退休中小学教师做兼职，既缺乏专业知识，也缺乏精准理赔的手段。加上农业种类的多样性、品种的复杂性、灾后恢复的差异性等多种因素的影响，必然导致在农业保险理赔上，根本做不到精准。

具体分析，基层保险机构由于缺乏足够的专职人员，加上技术手段缺乏，导致业务质量不高。而且农业行业特殊，承保环节信息量庞大而做不

① 李小方：《提高农业保险保障水平的探讨》，《山西财经大学学报》2016 年第 1 期。
② 陈盛伟、牛浩：《市场竞争下农业保险发展速度的实证分析》，《农业经济问题》2017 年第 5 期。
③ 王步天、林乐芬：《政策性农业保险供给评价及影响因素》，《财经科学》2016 年第 10 期。
④ 朱俊生：《农业保险创新的国际经验》，《中国金融》2016 年第 8 期。

到逐一核实，在保险理赔上容易产生道德风险；从农业灾害查勘环节分析，由于农业种类复杂，涉及面积一般都比较大，导致对农业受灾损失不可能全面核查。为了尽可能做到比较准确，一般采用抽样定损，其损失的严重程度与抽取的样本关系密切，很容易造成畸轻畸重以及无灾赔付的问题；从定损环节分析，农作物的损失很难准确计量，只能凭借经验定损；从理赔环节分析，如果出现抽样、查勘等信息失误，必然导致赔款屡被退票的结果，最终导致赔付不及时。①

究其原因，主要是信息不对称造成的。有学者实证研究显示，在农业保险市场上，确实存在着信息不对称的问题。② 信息不对称导致农业保险风险损失，一般投保金额较高的投保人发生的风险损失的概率相对较高，而且上一年度实际风险损失较高的投保人会在下一年度选取较高的保障金额。这充分说明中国农业保险市场目前正面临着道德风险与逆向选择问题。③ 如何做到理赔上的精准成为推动农业保险发展的一道难题。

（三）新型农业经营主体成长的保险支持体系构建

1. 保险原则：重点扶持新型农业经营主体

规模化经营是现代农业的标志，也是发达国家农业发展的成功经验。同时，规模化是现代农业保险发展的必要条件，现代农业更适合农业保险这种市场化的风险分散机制。④ 那么，如何促进规模化经营呢？规模化经营是城镇化发展的必然结果，在促进农业从以家庭为单位的分散经营向以新型农业经营主体为单位的规模化经营的转变过程中，需要多种政策和措施的实施。其中，农业政策保险也是促进农业规模化经营的重要措施之一。为此，国家农业政策保险应当向新型农业经营主体倾斜。

新型农业经营主体规模化经营程度高，生产投入成本相应增加，所面

①　孔德立、牛新中、杨鑫：《农业保险服务农业现代化的机制创新研究》，《金融理论与实践》2016 年第 8 期。

②　王国军、王冬妮、陈璨：《我国农业保险不对称信息实证研究》，《保险研究》2017 年第 1 期。

③　马述忠、刘梦恒：《农业保险促进农业生产率了吗？》，《浙江大学学报》（人文社会科学版）2016 年第 6 期。

④　朱俊生：《农业保险创新的国际经验》，《中国金融》2016 年第 8 期。

临的风险相应增大，特别是新型农业经营主体具有经营的职业性、收入来源的唯一性，出于规避风险和获取利润的需要，新型农业经营主体相比普通农户而言，风险意识普遍较高。农业政策保险向新型农业经营主体倾斜，可以促进普通农户向新型农业经营主体转变，促进农业连片种植的实现。而且新型农业经营主体负责人的整体素养相对较高，对国家政策和农业保险更加了解，对农业保险的作用认识也相对客观，[①] 有利于农业政策保险的推广与实施。

我国的农业现代化取决于农业生产的规模化经营，我国农村的城镇化也取决于农业的规模化经营，而且新型农业经营主体是农业规模化经营实现的重要形式。因此，农业政策保险应当向新型农业经营主体倾斜，促进传统农户的土地向新型农业经营主体集中，农村人口向城镇转移，争取通过 30 年左右的时间，使全国乡村人口数量显著下降。据 2016 年《中国农村统计年鉴》，截至 2015 年年底，全国有乡村人口 60346 万人，占全国人口总数的 43.9%。[②] 按照户籍人口算，2015 年年末中国乡村户籍人口超过总人口的 60%。乡村人口与户籍人口的差距主要是存在大量农民工。2015 年年底全国农民工为 27747 万人，其中离开本乡镇 6 个月以上的农民工为 16884 万人。[③] 按照发达国家的经验，现代发达国家农业人口占总人口的比重一般在 5% 以下。[④] 也就是说，我国实现农业现代化必须要大量转移农村人口，而实现农业政策保险向新型农业经营主体倾斜，正是促进农村土地流转和农村人口转移的重要举措。因此，必须按照向新型农业经营主体倾斜的原则构建农业保险体系。

农业政策性保险向新型农业经营主体倾斜，在促进农业规模化经营的同时，也会促进农业保险的发展。规模化经营客观上促使经营者风险意识增强，也会提高经营主体保费缴纳的意愿和能力，在规模化经营条件下，各种信息的透明度更高，信息更加对称，对于降低农业保险中的道德风险

---

① 张燕媛、袁斌、陈超：《农业经营主体、农业风险与农业保险》，《江西社会科学》2016年第 2 期。
② 《2016 中国农村统计年鉴》，中国统计出版社 2017 年版。
③ 转引自陈锡文《落实发展新理念 破解农业新难题》，《农业经济问题》2016 年第 3 期。
④ 转引自汪发元《中外新型农业经营主体发展现状比较及政策建议》，《农业经济问题》2014 年第 10 期。

及经营成本，提高农业保险的需求具有重要意义。① 为此，应当逐步将面向全体农户的农业政策保险改为重点面向新型农业经营主体，争取经过10—15 年的过渡期，改成全部只针对新型农业经营主体。对于分散经营农户的保险，可以由商业保险去承担。从而做到保险的全覆盖。

2. 保险体系：构建全覆盖、多样化保险类型

我国农业经营体系正处在由分散经营向规模化经营、由个体经营向集体经营的转变时期，农业保险体系必须围绕这一特点进行构建。为此，应当构建能适应不同经营主体需要的多层次、全覆盖农业保险产品体系，对于分散经营的小农户，可以设计普惠型农业保险产品，仅限于保障基本风险。对于新型农业经营主体，必须根据其多元化风险的客观存在，创新保险种类，既要包含农作物产量保险，也要包含针对市场变化的农产品价格保险。② 具体可以分为三个层次三步走。

第一个层次：普惠性农业保险。分析我国农业经营主体的现状，分散经营的农户仍然占主导地位，在现有农业经营体系条件下，无论什么样的政策都必须面对和尊重这种现实。在培育新型农业经营主体上，我们既要积极倡导成立新型农业经营主体，走规模化经营道路，同时，仍然必须尊重农民自己的选择，兼顾大多数分散经营农户的利益。

分析农业保险的现实状况，农业保险面临着需求与供给的双重困境。一方面农业保险需求不足，主要是大多数农业经营者并非职业农民，农业生产种类多样化、品种多样化，农业收入只占其家庭收入的一部分，甚至并非主要部分，因而农业保险需求不足。另一方面，农业保险对象由于时间上的一致性、地域的广延性和气象灾害的区域性特点，农业风险灾害事故及灾害损失常常表现为高度的区域性和相关性，不符合"理想可保风险"的条件，从而制约了商业保险的承保积极性。③

为此，应当根据不同经营主体对保险的需求，设计差异化农业保险产

① 魏丽、王莹：《供给侧改革中的农业保险》，《中国金融》2017 年第 10 期。
② 王步天、林乐芬：《政策性农业保险供给评价及影响因素》，《财经科学》2016 年第 10 期。
③ 魏丽、王莹：《供给侧改革中的农业保险》，《中国金融》2017 年第 10 期。

品。[①] 同时，构建面向小农户的普惠性农业政策保险体系。其核心内容是，由政府提供一定的保险补助费实行统保，保证生产成本称为保基本。由农户本着自愿的原则提高保险费，保证应有的收益称为保增量。[②] 我国普惠性农业政策保险可以借鉴美国农业保险的做法，自 2014 年开始，美国取消了针对农场的"黄箱政策"即直接补贴，转而实施国际上认可的"绿箱政策"即农业保险，强化了作物保险在农户抵御生产和价格风险时的基础地位。[③] 我国可以将国家的农业补贴改成农业政策性保险，在保险作物上实现农作物种植全覆盖，在灾害的保险范围上，实现自然灾害风险、市场风险、技术风险广泛覆盖，在保险的操作技术上，可以将一定区域内分散的小农户，构建成虚拟的规模农场，以农产品数量为参保基数，将分散农户视同规模经营组织对待，增加保险的覆盖面和可操作性。[④] 在普惠性保险品种的供给上，可以由保险机构开发出多样性的保险品种，供不同的农业生产主体自主选择。争取用 10—15 年的时间，引导分散经营的农户转变成新型农业经营主体，走规模化经营的道路。

第二个层次：农业政策性保险。农业政策保险的实质具有国民收入再分配的性质。农业政策性保险是通过国家财政提供保险补贴，降低农业灾害造成的损失，力求部分缓解"因灾致贫、因灾返贫"的问题。可以起到减少贫困人口、保障农民基本收益的目的[⑤]。农业政策保险既符合国际通行做法，为 WTO 所允许，又能激发农民种田的积极性，降低生产成本和农产品价格。正确构建农业政策保险体系是培育新型农业经营主体的有效措施。

我们培育新型农业经营主体就是要大力推广规模化经营，大力发展集体经济。如果长期实行普惠性的农业政策保险，就会在无形之中对分散经

---

① 陈盛伟、牛浩：《市场竞争下农业保险发展速度的实证分析》，《农业经济问题》2017 年第 5 期。

② 朱俊生：《农业保险创新的国际经验》，《中国金融》2016 年第 8 期。

③ 谢凤杰、吴东立、陈杰：《美国 2014 年新农业法案中农业保险政策改革及其启示》，《农业经济问题》2016 年第 5 期。

④ 朱俊生：《农业保险创新的国际经验》，《中国金融》2016 年第 8 期。

⑤ 张祖荣、王国军：《农业保险财政补贴效应研究述评》，《江西财经大学学报》2016 年第 4 期。

营起到保护作用，从而不利于农业生产经营从分散经营向规模化经营转变，加大新型农业经营主体土地流转的困难。因此，构建农业政策保险体系必须有利于新型农业经营主体的成长。

针对不同地区农业生产发展的实际，因地制宜地设计农业保险品种是服务现代农业、激发农业活力的必要条件①。国家应当根据不同地区、不同农业种类的情况，分别制定三个标准。一是制定纳入农业政策保险对象的农业经营主体标准。可以根据不同省、自治区、直辖市的情况，确定纳入农业保险对象的标准，把农业保险对象从分散农户转变成新型农业经营主体。二是制定不同地区、不同种植业种类的保险补贴标准。可以按照不同省、自治区、直辖市的具体情况，区分山区、丘陵、平原，区分粮食作物、经济作物、林业树木等制定农业政策保险补贴标准。三是制定不同养殖业的农业政策保险补贴标准。可以根据牲畜种类、水产品养殖业的种类，按照不同的地区差异制定农业保险政策补贴标准。

第三个层次：商业性农业保险。商业性农业保险是国家政策性农业保险的必要补充，可以由商业保险机构根据保险市场具体情况，制定投保费、保险额度和收益标准。鼓励农业经济主体在纳入国家农业政策保险的情况下，自主购买农业商业保险。农业政策保险以自然灾害险为主，关键在于减少灾害造成的损失，起到农民收入兜底的作用；农业商业保险以开发和推广指数型农业保险，大力推广目标价格保险和收入保险为主，② 关键在于减少对市场变动造成的损失，起到稳定收入的作用。通过农业政策保险和商业保险的相互补充，尽可能做到保险类别全覆盖，以防止重特大灾害和国际国内市场的变动造成的难以预料的损失，增加农业收益的稳定性，实现农业可持续发展战略。同时，配合农业供给侧结构性改革，增强农业的国际竞争力。

3. 保险措施：纳入新型职业农民培训计划

农业保险体系建立起来后，关键是要把国家的农业保险政策宣传到广大农民中去，让广大农民熟悉国家关于农业保险的政策，了解农业保险的

---

① 李小方：《提高农业保险保障水平的探讨》，《山西财经大学学报》2016 年第 1 期。

② 吴本健、马九杰：《以政策性农业保险促进农民脱贫增收》，《光明日报》2017 年 7 月 18 日。

重要性，以及保险投保、理赔的具体流程。那么，如何将国家保险政策和保险知识宣传到广大农民中去呢？当然，乡镇保险机构应当通过多种渠道和手段尽力做好宣传工作，引导广大农民参加农业保险。同时，要充分依靠乡镇地方政府和村组负责人的力量，通过会议、广播、标语等形式，把国家关于农业保险的政策和精神宣传到农民中去。最关键的是要将农业保险的知识纳入新型职业农民培训计划，通过培训班将农业保险的知识和政策宣传到广大农民，特别是新型农业经营主体负责人中。

自 2012 年起，农业部为贯彻中共中央、国务院《关于加快推进农业科技创新　持续增强农产品供给保障能力的若干意见》，制定了《新型职业农民培育试点工作方案》，确立由国家财政部门承担全部培训经费，在 100 个县（市、区）开展新型职业农民培育试点。培育工作以提高农民素质和农业技能为核心，以新型职业农民资格认定为管理手段，辅之以政策扶持，创造有利于新型农业经营主体培育和发展的良好环境，对于激励有志青年和农科类大学毕业生从事农业生产经营，起到了重要的推动作用。这项培训工作已经取得了显著成效，并将在全国范围内长期坚持下去。这些接受培训的人员，基本上都是新型农业经营主体的负责人，是当前乃至以后一个时期农业生产的骨干队伍。通过培训新型职业农民的方式把农业保险的知识宣传贯彻到广大农民中去，是落实农业保险措施、促进和培育新型农业经营主体发展的重要手段。

为此，应当将农业保险的知识纳入新型职业农民的培训内容，而且也完全能够做得到。建议以省、自治区、直辖市为单位，统一制订培训计划，将农业保险的知识作为培训的重要内容予以安排。在培训工作中，必须做到五个讲清：一是讲清农业保险的重要意义和作用；二是讲清农业政策保险和农业商业保险的关系；三是讲清办理保险的具体操作程序和办法；四是讲清农业保险损害查勘、定损办法和保险赔偿标准；五是讲清农业保险的监督办法和举报渠道。

4. 保险方法：动员新型经营主体自愿投保

农业保险是预防自然灾害风险、市场风险和技术风险，减少各种风险带来的经济损失的重要举措。而经济收入的减少直接损害的是农业经营主体的利益，那么，国家为了减少农业经营主体的利益损失，应当设计好这种制度安排。是否应用这种制度，以及怎么应用应当由农民自己决定。鉴于我国农业经营主体仍然以普通农户为主，而普通农户受文化知识、农业收入占家庭收入的比重、社会见识等多种因素的影响，对农业保险的认识和了解程度不同。为此，国家应当大力宣传农业保险政策，动员农业经营主体根据企业生产经营情况、可能产生风险的概率等因素，自主决定是否购买农业保险。可以采取以下三种办法做好动员工作。

一是通过主流媒体进行宣传，做好面向大众的传播。主流媒体具有宣传时间上的及时性、宣传内容的权威性、宣传对象的特定性，仍然受到广大公众的关注和关心。因此，应当通过党和国家的主流媒体，如电视、报纸、广播等做好关于农业保险知识和政策的传播工作。同时，可以通过新型媒体，如网络、微信、QQ群、电视及讲座等宣传途径加强农户对农业保险以及国家补贴政策等的认知程度。[①]

二是通过行政组织进行宣传，做好定向人员的动员。目前在农村实际从事农业生产的人员是我国农业保险政策宣传的重点，必须做好具体宣传。应当通过乡镇、村组等行政组织做好宣传工作，通过村民代表大会、一事一议会议、农村党团组织会议等机会，向在农村从事农业生产的人员宣传好国家关于农业保险的政策。要动员各方面力量，有针对性地加大政策性农业保险重要意义和有关政策的宣传。[②] 既要使广大从事农业生产经营的人员明确农业保险的重要性，也要使他们懂得农业保险的具体办理方法，从而提高广大农户投保的自觉性和主动性，提高农业保险的普及率。

三是通过职业培训进行宣传，做好骨干队伍的启发。近年来，我国陆续开展了"农村劳动力转移阳光工程"培训、农业创业培训和新型职业农民培训工作，培养了一大批新型职业农民。特别是新型职业农民培训工作，正在全国各地展开，培训的对象基本上都是新型农业经营主体负责人和骨干成员，而新型农业经营主体是我国农业保险的重点对象。因此，利

① 聂荣、沈大娟：《影响农户参保农业保险决策的因素分析》，《西北农林科技大学学报》（社会科学版）2017 年第 1 期。

② 宋丽智、韩晓生、王研：《我国农业保险发展影响因素研究》，《宏观经济研究》2016 年第 11 期。

用新型职业农民培训的机会，详细做好农业保险政策和知识讲授，启发新型职业农民的智慧，是推动农业保险的重要手段和方法。

5. 保险手段：建立网络化信息化管理系统

农业保险的最大难题是信息不对称，建立网络化信息化管理系统是成功推行农业保险的关键。应当充分利用现代信息技术，促进农业保险发展。李克强总理在《政府工作报告》中指出，推动"互联网＋"深入发展、促进数字经济加快成长，让企业广泛受益、群众普遍受惠。① "互联网＋"应当成为助力农业保险的重要手段，充分利用"互联网＋"，做好农业保险工作，可以从三方面着手。

一是建立网络化信息化管理系统，对投保农业主体经营状况进行适时管理。农业保险机构在办理农业保险时，可以录入农业经营主体的信息，包括种养殖的种类、数量、风险发生情况等，并对其变化情况进行实时跟踪。

二是利用高科技查勘技术和设备，对已经发生的风险损失进行科学定损。我国科学技术已经完全可以支撑农业保险的查勘定损工作，比如航拍技术、遥感技术等。保险公司应当积极引进高科技查勘定损设备和技术，改变传统的人工估算损失的办法，使农业灾害定损更加客观、科学和公正。② 把理赔的时间缩减到最短，把灾害损失查勘的准确性提到到一个新的高度。

三是通过网络信息资料和大数据资源，对承保风险及损失进行精准计算。确定可能发生的风险和已经发生的损失是农业保险中最难的工作，在理赔工作中，应当兼顾各方利益，做到公平公正。可以利用大数据做好可能发生风险的评估工作，同时，对已经发生的灾害损失依据航拍、遥感资料，结合网络信息资料和大数据资源进行精准计算，推动农业保险赔偿向信息化和科学化方向发展。

---

① 新华社：《李克强总理在十二届全国人大五次会议上作〈政府工作报告〉》，新华网，2017年3月16日。

② 李小方：《提高农业保险保障水平的探讨》，《山西财经大学学报》2016年第1期。

四　本章小结

首先，设计了新型农业经营主体成长的农村经营体制。阐述了农业现代化要求的农业经营体制的特征，提出了新型农业经营主体成长的农村经营体制构建的基础、构建的原则和构建的路径。

其次，设计了新型农业经营主体成长的金融支持体系。从新型农业经营主体成长的需要提出了构建金融支持体系的问题，提出了新型农业经营主体成长需要的金融支持体系的构建原则，设计了适合新型农业经营主体成长需要的金融支持体系的构建路径。

最后，设计了新型农业经营主体成长的保险支持体系。从新型农业经营主体成长的需要入手提出了农业保险问题，分析了农业保险存在的问题，从农业保险体系构建的原则、体系、方法、手段、措施五个方面，设计了新型农业经营主体成长的保险支持体系。

参考文献

一　著作类

《资本论》第 1 卷，人民出版社 2004 年版。

《资本论》第 1 卷，人民出版社 1975 年版。

《马克思恩格斯选集》第 1 卷，人民出版社 1995 年版。

《马克思恩格斯选集》第 2 卷，人民出版社 1957 年版。

《马克思恩格斯选集》第 3 卷，人民出版社 1995 年版。

《马克思恩格斯选集》第 4 卷，人民出版社 1995 年版。

《马克思恩格斯选集》第 27 卷，人民出版社 1972 年版。

《马克思恩格斯全集》第 1 卷，人民出版社 1995 年版。

《马克思恩格斯全集》第 5 卷，人民出版社 1958 年版。

《马克思恩格斯全集》第 8 卷，人民出版社 1961 年版。

《马克思恩格斯全集》第 19 卷，人民出版社 1963 年版。

《马克思恩格斯全集》第 25 卷，人民出版社 1974 年版。

《马克思恩格斯全集》第 33 卷，人民出版社 1973 年版。

《马克思恩格斯全集》第 37 卷，人民出版社 1962 年版。

《马克思恩格斯文集》第 1 卷，人民出版社 2009 年版。

《马克思恩格斯·共产党宣言》，人民出版社 1997 年版。

《建国以来毛泽东文稿》第 4 册，中央文献出版社 1990 年版。

《邓小平文选》第 3 卷，人民出版社 1993 年版。

《2016　中国农村统计年鉴》，中国统计出版社 2017 年版。

埃米·R. 波蒂特、马可·A. 詹森、埃莉诺·奥斯特罗姆：《共同合作：集
　　体行为、公共资源与实践中的多元方法》，路蒙佳译，中国人民大学

出版社 2013 年版。

彼得·德鲁克：《创新和企业家精神》，企业管理出版社 1989 年版。

国家统计局农村社会经济调查司：《中国农村统计年鉴》，中国统计出版社 2012 年版。

黄宗智：《华北的小农经济与社会变迁》，中华书局 1986 年版。

曼瑟尔·奥尔森：《集体行动的逻辑》，陈郁等译，上海三联书店 1995 年版。

农业部农村经济体制与经营管理司、中国社会科学院农村发展研究所：《中国家庭农场发展报告（2015）》，中国社会科学出版社 2016 年版。

农业部农村经营体制与经营管理司：《中国农民专业合作社发展报告（2006—2010）》，中国农业出版社 2011 年版。

钱德勒：《看得见的手——美国企业的管理革命》，商务印书馆 1997 年版。

速水佑次郎、神门善久：《发展经济学》，李伟译，社会科学文献出版社 2009 年版。

汪发元、罗昆、陈钧：《农业创业理论与实践研究》，科学出版社 2015 年版。

沃纳·J. 赛佛林、詹姆斯·W. 坦卡德：《传播理论：起源、方法与应用》，中国传媒大学出版社 2006 年版。

西奥多·W. 舒尔茨：《改造传统农业》，梁小民译，商务印书馆 2016 年版。

亚当·斯密：《国富论》，唐日松译，华夏出版社 2005 年版。

约翰·穆勒：《政治经济学原理》，金镝、金熠译，华夏出版社 2009 年版。

二　公报类

安徽省财政厅：《关于在产粮大县开展农业大灾保险试点工作的通知》，http：//www. ahcz. gov. cn/portal/zwgk/zcfg/gfxwj/jrzw/。

陈锡文：《国内农产品价格普遍高于国际市场，但进口绝对不能全放开》，http：//www. guancha. cn/ChenXiWen/2017_ 09_ 27_ 428874_ 1. shtml。

董峻、洪伟杰：《全国农民专业合作社数量达 193 万多家》，http：//news. xinhuanet. com/fortune/2017 –09/04/c_ 129695890. htm。

国家发改委：《国务院办公厅关于推进农村一二三产业融合发展的指导意见》，http：//www. china. com. cn/zhibo/2016 – 01/08/content _ 3748 4230. htm。

胡锦涛:《坚定不移沿着中国特色社会主义道路前进　为全面建成小康社会而奋斗》,http://www.xinhuanet.com/。

农业部:《2013年全国家庭农场数量大幅上涨》,中国行业研究网,2013年9月29日。

农业部:《关于公布第七次监测合格农业产业化国家重点龙头企业的通知》,农业部网站,2016年10月21日。

农业部:《来,给你看看三农最热的六条新闻》,央视新闻,2017年10月14日。

农业部、国家发展改革委、财政部:《关于加快发展农业生产性服务业的指导意见》,中国家庭农场网,2017年8月16日。

日本农林水产省:《农业构造动态调查(2006—2017年)》,http://www.ma ff. go. jp/j/tokei/kouhyou/kensaku/bunya1.html。

温铁军:《中国为什么每逢大危机都能力挽狂澜》,http://www.sohu.com/a/115667350_ 509983。

习近平:《建设美丽乡村　撸起袖子加油干》,央视网,2017年2月28日。

习近平:《决胜全面建成小康社会　夺取新时代中国特色社会主义伟大胜利——在中国共产党第十九次全国代表大会上的报告》,https://baike.so.com/doc/。

新华社:《李克强总理在十二届全国人大五次会议上政府工作报告》,新华网,2017年3月16日。

新华社:《深改组会议:培育新型农业经营主体》,http://www.cs.com.cn/。

新华社:《中央农村工作会议在北京举行,习近平作重要讲话》,http://www.gov.cn/xinwen/2017-12/29/content_ 5251611.htm。

许志永:《农村土地应当私有化》,《东亚经济评论》2005年8月10日。

中共中央、国务院:《关于加快推进农业科技创新　持续增强农产品供给保障能力的若干意见》,http://www.china.com.cn/policy/txt/。

中共中央、国务院:《关于落实发展新理念　加快农业现代化　实现全面小康目标的若干意见》,新华网,2016年1月28日。

中华人民共和国国家统计局:《农业农村发展再上新台阶,基础活力明显

增强——党的十八大以来我国经济社会发展成就系列之三》，http：//
www. stats. gov. cn/tjsj/sjjd/。

中华人民共和国国土资源部：《2015 年中国国土资源公报》，http：//www.
mlr. gov. cn/sjpd/gtzygb/。

中华人民共和国商务部：《中国对外贸易形势报告》，http：//www. mof-
com. gov. cn/。

周素华：《农业保险政策解读》，http：//www. ecz. gov. cn/wzlm/。

三　报纸类

常纪文：《乡村振兴既要产业生态化　又要生态产业化》，《中国经济导报》
2018 年 7 月 5 日。

陈璨：《政策性农业保险的范围应如何划定》，《中国保险报》2015 年 7 月
14 日。

丁声俊：《家庭农场的"五化"特色》，《人民日报》2013 年 5 月 7 日。

韩俊：《农业供给侧结构性改革必须要"稳"》，《人民日报》2017 年 3 月
30 日。

乔金亮：《全国农民专业合作社达 193 万多家　46.8% 的农户入社》，《经
济日报》2017 年 9 月 5 日。

乔金亮：《全国依法登记的农民专业合作社达 204.4 万家》，《经济日报》
2018 年 5 月 2 日。

吴本健、马九杰：《以政策性农业保险促进农民脱贫增收》，《光明日报》
2017 年 7 月 18 日。

张爱虎、徐琰：《湖北省农业保险提标扩面——水稻每亩保额提高到 400
元》，《湖北日报》2017 年 4 月 11 日。

张云华：《中国农业走出"小农困境"之路》，《农民日报》2014 年 10 月
10 日。

四　论文类

安徽财经大学、中华合作时报社联合专题调研组：《中国家庭农场发展研
究报告》，《中国合作经济》2018 年第 1 期。

编辑部:《美法日家庭农场发展的经验与启示》,《北京农业》2013 年第 8 期。

蔡昉、李周:《我国农业中规模经济的存在和利用》,《当代经济科学》1990 年第 2 期。

蔡继明:《琼海经验的普遍意义和特殊意义》,《人民论坛》2016 年第 5 期。

蔡继明:《中国的城市化:争论与思考》,《河北经贸大学学报》2013 年第 5 期。

蔡继明、王栋、程世勇:《政府主导型与农民自主型城市化模式比较》,《经济学动态》2012 年第 5 期。

蔡键、毛雅娟、米运生:《资本有效配置、企业技术创新与金融体制改革深化》,《经济理论与经济管理》2017 年第 1 期。

蔡璐、杨良、王玉凤:《资产评估方法的选择与资产评估结果合理性分析》,《商业经济研究》2017 年第 1 期。

蔡鑫、陈永福:《日本农业补贴制度安排绩效及启示》,《农村经济》2017 年第 2 期。

曹博、赵芝俊:《基于产业结构升级的现代农业科技创新体系研究》,《农村经济》2017 年第 1 期。

曹玉华:《欧美国家农业职业教育的特色及启示》,《教育与职业》2015 年第 19 期。

陈池波:《农民家庭经营的适度规模》,《财经科学》1986 年第 2 期。

陈放:《乡村振兴进程中农村金融体制改革面临的问题与制度构建》,《探索》2018 年第 3 期。

陈联诚:《发达国家和地区农业机械化发展历程分析》,《农业经济问题》2001 年第 4 期。

陈莫凡、黄建华:《政府补贴下生态农业技术创新扩散机制》,《科技管理研究》2018 年第 4 期。

陈盛伟、牛浩:《市场竞争下农业保险发展速度的实证分析》,《农业经济问题》2017 年第 5 期。

陈锡文:《关于解决"三农"问题的几点考虑》,《中国党史研究》2014 年第

1 期。

陈锡文：《加快推进农业发展方式转变》，《理论视野》2011 年第 1 期。

陈锡文：《落实发展新理念　破解农业新难题》，《农业经济问题》2016 年第 3 期。

陈锡文：《实行家庭承包经营制度　加快发展合作经济组织》，《林业经济》2011 年第 5 期。

陈锡文：《应准确把握农村土地制度改革新部署》，《中国党政干部论坛》2014 年第 1 期。

陈晓华：《大力培育新型农业经营主体》，《农业经济问题》2014 年第 1 期。

陈晓华：《现代农业发展与农业经营体制机制创新》，《农业经济问题》2012 年第 11 期。

陈一稀：《重走时间隧道：从历史经验看互联网金融的发展》，《浙江金融》2014 年第 3 期。

党国英：《农业要强，就要降低农业的成本》，《人民论坛》2015 年第 10 期。

邓衡山、徐志刚、应瑞瑶等：《真正的农民专业合作社为何在中国难寻？——一个框架性解释与经验事实》，《中国农村观察》2016 年第 4 期。

邓蓉：《农村土地制度改革进程中的集体经济组织主体地位重塑》，《农村经济》2017 年第 3 期。

董欢：《中国农业经营主体分化历史与未来》，《中州学刊》2017 年第 3 期。

董杰、张社梅、王亚萍：《基层农技推广机构与农民专业合作社技术供需比对》，《科技管理研究》2017 年第 3 期。

杜鹏：《社会性小农：小农经济发展的社会基础》，《农业经济问题》2017 年第 1 期。

杜志雄：《家庭农场发展与中国农业生产经营体系建构》，《中国农村观察》2018 年第 3—4 期。

方向明、刘成：《以信息化为先导　推动农业现代化建设：挑战和应对策略》,《新疆师范大学学报》(哲学社会科学版)2018 年第 4 期。

房启明、罗剑朝:《中英农村金融制度比较研究及其经验借鉴》,《经济体制改革》2016 年第 6 期。

冯献、崔凯:《日韩农地规模经营的发展及其对我国的启示》,《亚太经济》2012 年第 6 期。

高建梅、何得桂:《大学在美国农技推广体系中的功能及其借鉴》,《科技管理研究》2013 年第 1 期。

高启杰:《多元化农业推广组织发展研究》,《技术经济与管理研究》2010 年第 5 期。

高启杰、姚云浩、马力:《多元农业技术推广组织合作的动力机制》,《华南农业大学学报》(社会科学版)2015 年第 1 期。

高强、孔祥智:《日本农地制度改革背景、进程及手段的述评》,《现代日本经济》2013 年第 2 期。

高杨、张笑、吴蕾:《资源基础、生态环境与粮食类家庭农场的成长》,《西北农林科技大学学报》(社会科学版)2017 年第 2 期。

谷玉良:《农村人口外流与农村养老困境》,《华南农业大学学报》(社会科学版)2018 年第 1 期。

顾天竹、纪月清、钟甫宁:《中国农业生产的地块规模经济及其来源分析》,《中国农村经济》2017 年第 2 期。

关锐捷、褶燕庆:《新中国农村经营体制改革 60 年回顾与展望》,《农村经营管理》2019 年第 10 期。

郭庆海:《新型农业经营主体功能定位及成长的制度供给》,《中国农村经济》2013 年第 4 期。

郭书田:《坚持深化改革:中国农村经济发展之根本出路》,《中国经济体制改革》1988 年第 2 期。

郭书田:《确立农民的主体地位》,《中国农村经济》1988 年第 10 期。

郭永田:《澳大利亚现代农业发展的特点与启示》,《世界农业》2016 年第 1 期。

H. 米尔恰科娃、肯尼思·阿罗:《新古典理论的发展》,《国外社会科学》1995 年第 10 期。

韩一军、徐锐钊:《2014 美国农业法改革及启示》,《农业经济问题》2015
　　年第 4 期。

韩占兵:《中国农业劳动力的历史变迁与演化趋势分析》,《统计与决策》
　　2016 年第 15 期。

何琼、杨敏丽:《基于国外循环农业理念对发展中国特色生态农业经济的
　　启示》,《世界农业》2017 年第 2 期。

何雄浪、陈锁:《农业供给侧结构性改革的深层次探讨》,《云南社会科学》
　　2018 年第 2 期。

河北省人民政府法制研究中心课题组:《依法行政视角下改善发展环境研
　　究》,《河北法学》2013 年第 11 期。

贺宏善:《论我国农业经营主体及其培育》,《新疆农垦经济》1998 年第
　　6 期。

贺雪峰:《保护小农的农业现代化道路探索》,《思想战线》2017 年第 2 期。

贺雪峰:《澄清土地流转与农业经营主体的几个认识误区》,《探索与争鸣》
　　2014 年第 2 期。

贺雪峰:《国有农场对农村经营体制改革的启示》,《华中农业大学学报》
　　(社会科学版) 2017 年第 3 期。

贺雪峰:《论农村土地集体所有制的优势》,《南京农业大学学报》(社会科
　　学版) 2017 年第 3 期。

胡光志、陈雪:《以家庭农场发展我国生态农业的法律对策探讨》,《中国
　　软科学》2015 年第 2 期。

胡浩等:《规模养殖户健康养殖行为研究》,《农业经济问题》2009 年第
　　8 期。

胡瑞法、孙艺夺:《农业技术推广体系的困境摆脱与策应》,《改革》2018
　　年第 2 期。

黄福江、高志刚:《法国农业合作组织的发展及其对中国的启示》,《世界
　　农业》2016 年第 3 期。

黄季焜:《六十年中国农业的发展和三十年改革奇迹》,《农业技术经济》
　　2010 年第 1 期。

黄季焜、邓衡山、徐志刚:《中国农民专业合作经济组织的服务功能及其

影响因素》,《管理世界》2010 年第 5 期。

黄季焜、胡瑞法、智华勇:《基层农业技术推广体系 30 年发展与改革:政策评估和建议》,《农业技术经济》2009 年第 1 期。

黄季焜、靳少泽:《未来谁来种地:基于我国农户劳动力就业代际差异视角》,《农业技术经济》2015 年第 1 期。

黄凌翔、郝建民、卢静:《农村土地规模化经营的模式、困境与路径》,《地域研究与开发》2016 年第 5 期。

黄迈、董志勇:《复合型现代农业经营体系的内涵变迁及其构建策略》,《改革》2014 年第 1 期。

黄宗晔、游宇:《农业技术发展与经济结构变迁》,《经济研究》2018 年第 2 期。

黄祖辉、顾益康、米松华:《我国山区转型发展与绿色发展论要》,《农业经济问题》2015 年第 2 期。

黄祖辉、俞宁:《新型农业经营主体:现状、约束与发展思路》,《中国农村经济》2010 年第 10 期。

纪月清等:《从地块层面看农业规模经营——基于流转地租与地块规模关系的讨论》,《管理世界》2017 年第 7 期。

江维国:《我国新型农业经营主体的功能定位及战略思考》,《税务与经济》2014 年第 4 期。

江泽林:《机械化在农业供给侧结构性改革中的作用》,《农业经济问题》2018 年第 3 期。

姜冰、李翠霞、张琳等:《基于资源、产能和贸易视角的东亚农业问题比较研究》,《世界农业》2015 年第 3 期。

姜长云:《发展农业产业化龙头企业的若干思考》,《宏观经济管理》2013 年第 12 期。

姜长云:《推进农业产业化需要重视的两个突出问题》,《中国农村观察》2011 年第 5 期。

姜春力:《政策性银行定位》,《中国金融》2017 年第 6 期。

姜翔程、乔莹莹:《"三权分置"视野的农田水利设施管护模式》,《改革》2017 年第 2 期。

蒋永甫、张小英：《农民主体与农业适度规模经营的另一种路径选择》，《中共福建省委党校学报》2016 年第 7 期。

矫健、陈伟忠、穆钰等：《澳大利亚西北部地区农业合作前景展望》，《世界农业》2014 年第 12 期。

金光春、单忠纪、翟绪军等：《韩国"农业第六产业化"发展事业对中国的启示》，《世界农业》2016 年第 3 期。

阚立娜、李录堂、文龙娇：《金融支持对农地产权流转效率影响的实证研究》，《华东经济管理》2015 年第 8 期。

孔德立、牛新中、杨鑫：《农业保险服务农业现代化的机制创新研究》，《金融理论与实践》2016 年第 8 期。

孔祥智、周振：《"三个导向"与新型农业化道路》，《江汉论坛》2014 年第 7 期。

匡远配：《经营主体创新提高农业国际竞争力的机理研究》，《科技和产业》2005 年第 6 期。

李博伟、徐翔：《农业生产集聚、技术支撑主体嵌入对农户采纳新技术行为的空间影响》，《南京农业大学学报》（社会科学版）2018 年第 1 期。

李汉卿：《多元主义抑或法团主义：美日农业合作组织与政府间关系比较》，《世界农业》2015 年第 3 期。

李江源、陈骐、陈康：《深化涉农金融创新，支持服务"三农"发展》，《现代管理科学》2017 年第 3 期。

李瑾、郭美荣：《互联网环境下农业服务业的创新发展》，《华南农业大学学报》（社会科学版）2018 年第 2 期。

李靖华：《杜尔哥的经济思想》，《西北大学学报》（哲学社会科学版）1986 年第 10 期。

李军波、蔡伟贤、王迎春：《企业成长理论研究综述》，《湘潭大学学报》（哲学社会科学版）2011 年第 6 期。

李小方：《提高农业保险保障水平的探讨》，《山西财经大学学报》2016 年第 1 期。

李旭东：《国外农业机械化法制建设及其对我国的启示》，《农机化研究》2011 年第 12 期。

李学婷、张俊飚、徐娟：《影响农业技术推广机构运行的主要因素及改善方向的研究》，《科学管理研究》2013 年第 4 期。

李毅、龚丁：《日本和韩国农民职业教育对中国新型职业农民培育的启示》，《世界农业》2016 年第 10 期。

廖茂林、杜亭亭、伍世代：《要素结构、技术效率与乡村振兴》，《福建论坛》（人文社会科学版）2018 年第 4 期。

林乐芬、孙德鑫：《农地抵押贷款及其风险管理研究》，《现代管理科学》2015 年第 12 期。

林小如、黄亚平、李海东：《中部欠发达山区县域城镇化的问题及其解决方略》，《城市问题》2014 年第 2 期。

林雪梅：《德国农业法律政策的特点、经验及启示》，《社会科学战线》2012 年第 12 期。

刘灿、黄城：《新型农村土地股份合作社的形成及治理机制》，《四川师范大学学报》（社会科学版）2017 年第 2 期。

刘德定：《邓小平的"两个飞跃"思想与中国农业现代化的两种模式》，《社会主义研究》2014 年第 4 期。

刘德娟、林树文、曾玉荣：《日本土地改良事业的演变、特征及其成效》，《现代日本经济》2017 年第 5 期。

刘恒新、李斯华、何进：《美国低碳农业机械化技术发展及对中国的启示》，《世界农业》2012 年第 6 期。

刘静：《新型农业生产经营主体的生产效率研究》，《中国农业资源与区划》2017 年第 1 期。

刘素春、智迪迪：《农业保险与农业信贷耦合协调发展研究》，《保险研究》2017 年第 2 期。

刘晓彬：《专业化分工与市场中介组织的形成及演进机理分析》，《软科学》2009 年第 3 期。

刘勇、庄小琴：《创新农业经营体系，推动现代农业发展》，《求实》2013 年第 12 期。

刘玉洁：《加拿大农业合作社发展的起源、现状及其启示》，《世界农业》2017 年第 8 期。

刘兆征:《农民专业合作社:特点、效应、困难及对策》,《国家行政学院学报》2017 年第 1 期。

卢克·埃里克森:《关于中国农村土地私有化的辩论》,《国外理论动态》2008 年第 8 期。

陆学艺、张厚义:《农民的分化问题及其对策》,《农业经济问题》1990 年第 1 期。

罗必良:《论服务规模经营——从纵向分工到横向分工及连片专业化》,《中国农村经济》2017 年第 11 期。

罗必良:《论农业分工的有限性及其政策含义》,《贵州社会科学》2008 年第 1 期。

罗明忠:《个体特征、资源获取与农民创业》,《中国农村观察》2012 年第 2 期。

马晨、李瑾:《"互联网 +"时代我国现代农业服务业的新内涵、新特征及动力机制研究》,《科技管理研究》2018 年第 2 期。

马海涛、李小荣、张帆:《资产评估机构声誉与公司并购重组定价》,《中国软科学》2017 年第 5 期。

马述忠、刘梦恒:《农业保险促进农业生产率了吗?》,《浙江大学学报》(人文社会科学版)2016 年第 6 期。

马雯秋:《美国发展家庭农场的经验及对我国的启示》,《农业与技术》2013 年第 7 期。

马玉霞、虞敏达、唐含英等:《冀中典型农业区农作物中有机氯农药的生物富集特征与健康风险评价》,《环境污染与防治》2017 年第 2 期。

毛慧、周力、应瑞瑶:《风险偏好与农户技术采纳行为分析》,《中国农村经济》2018 年第 4 期。

孟丽、钟永玲、李楠:《我国新型农业经营主体功能定位及结构演变研究》,《农业现代化研究》2015 年第 1 期。

闵桂林、祝爱武:《中国农村土地产权制度改革方向探讨》,《中国流通经济》2007 年第 12 期。

明庆忠:《走出中国资源环境困局的新思维:山—海战略》,《云南师范大学学报》(哲学社会科学版)2011 年第 3 期。

聂荣、沈大娟:《影响农户参保农业保险决策的因素分析》,《西北农林科技大学学报》(社会科学版)2017 年第 1 期。

聂媛媛、杨善啸、曲泽静等:《六次产业论下生态农业标准体系构建》,《中国科技论坛》2018 年第 3 期。

潘世磊:《农业供给侧结构性改革与财政支农能促进农民增收吗?》,《经济问题探索》2018 年第 2 期。

逄玉静、任大鹏:《欧美农业合作社的演进及其对我国农业合作社发展的启示》,《经济问题》2005 年第 12 期。

彭超:《我国农业补贴基本框架、政策绩效与动能转换方向》,《理论探索》2017 年第 3 期。

彭群:《国内外农业规模经济理论研究评述》,《中国农村观察》1999 年第 1 期。

彭斯震、孙新章:《全球可持续发展报告:背景、进展与有关建议》,《中国人口·资源与环境》2014 年第 12 期。

彭艳玲、孔荣:《农民创业意愿活跃程度及其影响因素研究》,《经济与管理研究》2013 年第 4 期。

钱克明、彭廷军:《关于现代农业经营主体的调研报告》,《农业经济问题》2013 年第 6 期。

钱小平、尹昌斌、方琳娜:《日本与欧美农业环境支持政策对中国的启示》,《中国农业资源与区划》2016 年第 7 期。

清水徹朗:《日本农业政策与农协改革相关动向及日本农业的未来展望》,《世界农业》2016 年第 8 期。

邱添、周忠发、李昌来等:《农业资源短缺下喀斯特山区都市农业发展区划探讨》,《中国农业资源与区划》2015 年第 2 期。

邵传林:《农村土地私有化是解决"三农"问题的灵丹妙药吗?》,《经济学动态》2009 年第 9 期。

盛彦文、马延吉:《循环农业生态产业链构建研究进展与展望》,《环境科学和技术》2017 年第 1 期。

宋洪远、赵海:《中国新型农业经营主体的概念特征和制度创新》,《新金融评论》2014 年第 3 期。

宋丽智、韩晓生、王研：《我国农业保险发展影响因素研究》，《宏观经济
　　研究》2016 年第 11 期。

宋亚平：《"分田到户"改革的辩证性反思》，《华中师范大学学报》（人文
　　社会科学版）2016 年第 5 期。

宋亚平：《规模经营是农业现代化的必由之路吗?》，《江汉论坛》2013 年
　　第 4 期。

宋亚平：《基层"三农"工作存在的三大症候》，《人民论坛》2015 年第
　　10 期。

苏晓云：《分与合的辩证法：新中国农村生产组织之变迁及其启示》，《广
　　西师范大学学报》（哲学社会科学版）2012 年第 3 期。

孙武学：《围绕区域主导产业建立试验站，探索现代农业技术推广新路径》，
　　《农业经济问题》2013 年第 4 期。

孙祥智、周振：《"三个导向"与新型农业现代化道路》，《江汉论坛》2014
　　年第 7 期。

孙中华：《我国现代农业发展面临的形势和任务》，《东岳论丛》2016 年第
　　2 期。

唐晶、陈英、张仁陟：《农民土地价值观差异性分析》，《干旱区资源与环
　　境》2015 年第 11 期。

陶爱祥：《中美农业发展水平对比研究》，《世界农业》2012 年第 8 期。

田国强、陈旭东：《制度的本质、变迁与选择——赫维茨制度经济思想诠
　　释及其实现意义》，《学术月刊》2018 年第 1 期。

万宝瑞：《实现"双目标"是落实农业供给侧结构性改革的根本任务》，
　　《农业经济问题》2018 年第 1 期。

汪发元：《平原和山区新型农业经营主体成长的困难及愿望比较分析》，
　　《学术论坛》2014 年第 7 期。

汪发元：《中外新型农业经营主体发展现状比较及政策建议》，《农业经济
　　问题》2014 年第 10 期。

汪发元、刘在洲：《基层农技推广机构工作现状及改革分析》，《长江大学
　　学报》（自然科学版）2010 年第 4 期。

汪发元、刘在洲：《基层农业技术员工作报酬的边际效应分析》，《农业技

术经济》2011 年第 5 期。

汪发元、刘在洲:《农业技术人员数量与农业 GDP 关系分析》,《科技进步与对策》2012 年第 24 期。

汪发元、刘在洲:《新型农业经营主体背景下基层多元化农技推广体系构建》,《农村经济》2015 年第 9 期。

汪发元、罗昆、熊娜:《农民创业对其收入和支出的影响及政策建议》,《广西民族大学学报》(哲学社会科学版)2014 年第 2 期。

汪险生、郭忠兴:《虚置还是稳固:农村土地集体所有制的嬗变》,《经济学家》2017 年第 5 期。

王步天、林乐芬:《政策性农业保险供给评价及影响因素》,《财经科学》2016 年第 10 期。

王国军、王冬妮、陈璨:《我国农业保险不对称信息实证研究》,《保险研究》2017 年第 1 期。

王纪元、肖海峰:《中国出口农产品质量及国际比较》,《农业技术经济》2018 年第 3 期。

王建伟、张彩香、潘真真等:《江汉平原典型土壤环境中有机磷农药的分布特征及影响因素》,《环境科学》2017 年第 4 期。

王留鑫、何炼成:《农村集体经济组织的制度困境与治理之道》,《西北民族大学学报》(哲学社会科学版)2017 年第 3 期。

王留鑫、何炼成:《农业专业化分工:研究进展与述评》,《农林经济管理学报》2017 年第 3 期。

王腾云、周国华、孙彬彬等:《福建沿海地区土壤—稻谷重金属含量关系与影响因素研究》,《岩矿测试》2016 年第 3 期。

王伟然:《农民获取和使用科技影响因素实证分析》,《山东社会科学》2011 年第 12 期。

王文龙:《中国农业经营主体培育政策反思及其调整建议》,《经济学家》2017 年第 1 期。

王小叶:《中国粮食价格支持政策调整建议:美国价格支持政策演化路径之借鉴》,《农村经济》2017 年第 3 期。

王馨、张海阳、王世贵:《地方社会信用体系建设探讨》,《中国金融》2015

年第 6 期。

王雅鹏：《推进湖北省现代农业发展的思考》，《华中农业大学学报》（社会科学版）2011 年第 4 期。

王亚芬、周诗星、高铁梅：《我国农业补贴政策的影响效应分析与实证检验》，《吉林大学社会科学学报》2017 年第 1 期。

王宇、左停：《农业技术推广机构职能弱化现象研究》，《中国科技论坛》2015 年第 9 期。

王煜宇、邓怡：《农村金融政策异化：问题、根源与法制化破解方案》，《西南大学学报》（社会科学版）2017 年第 2 期。

王振、齐顾波、李凡：《我国家庭农场的缘起与发展》，《西北农林科技大学学报》（社会科学版）2017 年第 2 期。

卫志明、李忠昶、关园：《美国农业金融体系的基本架构、特征及启示》，《经济纵横》2014 年第 9 期。

魏后凯、韩磊、胡冰川：《粮食供需关系变化新形势下转变农业生产方式研究》，《河北学刊》2018 年第 1 期。

魏丽、王莹：《供给侧改革中的农业保险》，《中国金融》2017 年第 10 期。

温辉：《我国农村电商"互联网＋农业"创新发展策略》，《改革与战略》2017 年第 6 期。

温丽、邱涛：《农业集约化发展的世界比较及其对中国的启示》，《世界农业》2011 年第 5 期。

温涛、王汉杰、王小华：《发达国家农民增收经济政策的经验比较及启示》，《江西财经大学学报》2015 年第 6 期。

吴菊安：《日本、韩国农业经营方式和社会化服务体系发展经验及借鉴》，《世界农业》2016 年第 5 期。

吴婷婷、余波：《家庭农场发展的金融支持研究——以江苏省南通市为例》，《当代经济管理》2014 年第 12 期。

吴业苗：《城乡二元结构的存续与转换》，《社会科学》2018 年第 4 期。

伍大申：《村级积累赤字亟待重视》，《经济问题探索》1995 年第 6 期。

伍嘉冀、杨君：《走向"终结"抑或迈向转型：传统"小农"的现代转向》，《西北农林科技大学学报》（社会科学版）2018 年第 1 期。

希迁:《基于食物自给率视角的日本农业现存问题的分析》,《世界农业》2017 年第 1 期。

相天起:《日本农业生产法人制度借鉴及中国培育新型农业经营主体的演进思路》,《世界农业》2017 年第 8 期。

向国成、韩绍凤:《分工与农业组织化演进:基于简介定价理论模型的分析》,《经济学》2007 年第 2 期。

晓健、杜莉:《以供给侧结构性改革推动我国农村普惠金融纵深发展》,《经济纵横》2017 年第 2 期。

肖鲁仁:《农业技术创新扩散的媒介传播效果分析》,《湖南社会科学》2017 年第 4 期。

谢凤杰、吴东立、陈杰:《美国 2014 年新农业法案中农业保险政策改革及其启示》,《农业经济问题》2016 年第 5 期。

谢平、郑建库:《政策性银行的属性》,《中国金融》2017 年第 6 期。

徐斌、孙蓉:《粮食安全背景下农业保险对农户生产行为的影响效应》,《财经科学》2016 年第 6 期。

徐刚:《纵横优化模式下行政服务流程的逆向度选择》,《华南师范大学学报》(社会科学版)2011 年第 3 期。

徐红、石秀和、陈忠卫:《我国农民合作经济组织的成长方向与路径选择》,《统计与决策》2010 年第 19 期。

徐旭初:《农民专业合作社发展辨析:一个基于国内文献的讨论》,《中国农村观察》2012 年第 5 期。

许崇正:《论分工与人的全面发展》,《学术月刊》2006 年第 10 期。

许佳贤、郑逸芳、林沙:《农户农业新技术采纳行为的影响机理分析》,《干旱区资源与环境》2018 年第 2 期。

许经勇:《城乡一体化视野下的小城镇发展战略研究》,《东南学术》2018 年第 2 期。

许庆等:《规模经济、规模报酬与农业适度规模经营》,《经济研究》2011 年第 3 期。

闫小欢、霍学喜:《农民就业、农村社会保障和土地流转》,《农业技术经济》2013 年第 7 期。

杨浩然、刘悦、刘合光：《中美农业土地制度比较研究》，《经济社会体制比较》2013 年第 2 期。

杨路、胡小品：《我国出口农产品农药残留超标的原因及策略选择》，《对外经贸实务》2016 年第 10 期。

杨明洪：《农业产业化经营组织形式演进：一种基于内生交易费用的理论解释》，《中国农村经济》2002 年第 10 期。

杨一介：《我们需要什么样的农村集体经济组织》，《中国农村观察》2015 年第 5 期。

姚洋：《农地制度与农业绩效的实证研究》，《中国农村观察》1998 年第 6 期。

伊全胜、万兴亚：《发展完善我国村级集体经济面临的深层障碍及对策研究》，《理论探讨》2014 年第 3 期。

易文彬：《马克思主义城乡观及其对我国农村空心化治理的启示》，《河南大学学报》（社会科学版）2018 年第 1 期。

易信：《我国产业结构转型动力分解研究》，《宏观经济研究》2017 年第 10 期。

尹成杰：《农业产业化经营是提高农业竞争力的重要途径》，《农业经济问题》2001 年第 2 期。

于金富：《我国农业经营主体的历史演变与发展方向》，《经济纵横》2017 年第 6 期。

余亢亢、朱信凯、陈璇：《现代农业经营与建设主体演变的中美比较》，《农业技术经济》2012 年第 12 期。

虞洪：《城乡一体化发展背景下四川"三农"科技供需新特征及其耦合机制建构》，《农村经济》2017 年第 2 期。

喻美辞、王增栩：《中国农产品出口的本地市场效应研究》，《华中农业大学学报》（社会科学版）2018 年第 3 期。

袁平、朱立志：《中国农业污染防控：环境规制缺陷与利益相关者的逆向选择》，《农业经济问题》2015 年第 11 期。

袁伟民、陶佩君：《我国政府公益性农技推广组织架构优化分析》，《科技管理研究》2017 年第 22 期。

苑鹏、张瑞娟：《新型农业经营体系建设的进展、模式及建议》，《江西社会科学》2016 年第 10 期。

张广辉、方达：《农村土地"三权分置"与新型农业经营主体培育》，《经济学家》2018 年第 2 期。

张红宇：《中国现代农业经营体系的制度特征与发展取向》，《中国农村经济》2018 年第 1 期。

张乐柱、曹俊勇：《农村金融改革：反思、偏差与路径校正》，《农村经济》2016 年第 1 期。

张亮、周瑾、赵帮宏：《国外职业农民培育比较分析与启示》，《世界农业》2015 年第 9 期。

张鸣鸣：《新型农业经营体系和农业现代化》，《中国农村经济》2013 年第 12 期。

张娜：《科技创新与农业产业化良性互动发展的重大政策问题研究》，《科学管理研究》2017 年第 3 期。

张能坤：《农业推广服务模式及创新》，《农村经济》2012 年第 4 期。

张宁宁：《"新常态"下农村金融制度创新：关键问题与路径选择》，《农业经济问题》2016 年第 6 期。

张社梅、曾文俊：《农民专业合作社技术需求满足程度影响因素分析》，《科技管理研究》2015 年第 13 期。

张淑云、张永升、袁伟民等：《基于超循环理论的多元化农业推广组织协同运行模式研究》，《科技管理研究》2013 年第 1 期。

张桃林：《以农业机械化支撑和引领农业现代化》，《求是》2012 年第 14 期。

张襄英：《在农民中造就农业企业家的理论探讨》，《农业经济问题》1995 年第 1 期。

张晓山：《创新发育农业生产经营主体》，《中国国情国力》2013 年第 3 期。

张燕媛、袁斌、陈超：《农业经营主体、农业风险与农业保险》，《江西社会科学》2016 年第 2 期。

张杨、程恩富：《壮大集体经济、实施乡村振兴战略的原则与路径》，《现代哲学》2018 年第 1 期。

张义珍：《我国经营主体的现状与发展趋势》，《新疆农垦经济》1998 年第

10 期。

张益丰、刘东：《谁能成为现代化农业建设的中坚力量》，《中央财经大学学报》2012 年第 11 期。

张昱辰：《论西美尔的媒介思想及其当代启示》，《现代传播》2018 年第 5 期。

张源：《国内外家庭农场适宜规模研究的进展》，《河南农业》2013 年第 3 期。

张照新、赵海：《新型农业经营主体的困境摆脱及其体制机制创新》，《改革》2013 年第 2 期。

张祖荣、王国军：《农业保险财政补贴效应研究述评》，《江西财经大学学报》2016 年第 4 期。

章玉丽：《对邓小平农业"两个飞跃"研究中几对概念关系的辨析》，《毛泽东邓小平理论研究》2017 年第 4 期。

赵保海：《我国农地规模化经营问题分析》，《吉首大学学报》（社会科学版）2015 年第 3 期。

赵长保、李伟毅：《美国农业保险政策新动向及其启示》，《农业经济问题》2014 年第 6 期。

赵维青：《日本认定农业者制度及其对我国的启示》，《现代日本经济》2012 年第 2 期。

赵霞：《农村人居环境：现状、问题及对策》，《河北学刊》2016 年第 1 期。

赵晓峰、赵祥云：《农地规模经营与农村社会阶层结构重塑》，《中国农村观察》2016 年第 6 期。

赵晓峰、赵祥云：《新型农业主体发展与中国农村基本经营制度变革》，《贵州社会科学》2018 年第 4 期。

赵英霞、陈佳馨：《现代服务业与现代农业耦合发展路径研究》，《经济问题》2018 年第 5 期。

郑军、张航：《美国农业保险的利益相关者分析与成功经验》，《华中农业大学学报》（社会科学版）2018 年第 2 期。

郑旭媛、王芳、应瑞瑶：《农户禀赋约束、技术属性与农业技术选择偏向》，《中国农村经济》2018 年第 3 期。

郑雪飞：《法国农业合作社及其对我国的启示》，《信阳师范学院学报》（哲学社会科学版）2013 年第 4 期。

中国行政管理学会课题组：《政府效能建设研究报告》，《中国行政管理》2012 年第 2 期。

中缘、崔雪炜：《"三权分置"视域下的农村集体经济组织法人》，《当代法学》2018 年第 1 期。

周婕：《国外农业经营方式的比较研究：以美国和日本为例》，《世界农业》2017 年第 12 期。

周立群、曹利群：《农村经济组织形态的演变与创新》，《经济研究》2001 年第 1 期。

周应恒：《新型农业经营体系：制度与路径》，《学术论坛》2016 年第 9 期。

朱俊生：《农业保险创新的国际经验》，《中国金融》2016 年第 8 期。

朱启臻、胡方萌：《新型职业农民生成环境的几个问题》，《中国农村经济》2016 年第 10 期。

朱烨、吴贤荣、张俊飚：《基层农技人员对农业科技入户工程的价值认同及其影响因素分析》，《科技管理研究》2014 年第 18 期。

祝仲坤：《农业保险中的道德风险：一个文献综述》，《农林经济管理学报》2016 年第 5 期。

五　外文类

Alchian, A. A. , "Uncertainty, Evolution, and Economic Theory", *Journal of Political Economy*, 1950, 58 (3) .

Allyn A. Yong, "Increasing Returns and Economic Progress", *The Economic Journal*, 1928, 38 (152) .

Bian, Yanjie, *Urban Occupational Mobility and Employment Institutions*: *Hierarchy*, *Market and Networks in a Mixed System in Creating Wealth and Poverty in China*, Stanford: Stanford University Press, 2008.

Brenner, N. , "The Limits to Scale? Methodological Reflections on Scalar Structuration", *Progress in Human Geography*, 2001 (15) .

Coase, Ronald H. , "The Problem of Social Cost", *Journal of Law and Economics, 1960 (3).

Coase, T. H. , "The Nature of the Firm", *Economica*, 1937 (4).

Demsetz, H. , "Toward a Theory of Property Rights", *American Economic Review*, 1967, 57 (2).

Furubotn, E. G. , Richter, R. , *Institutions and Economic Theory: The Contribution of the New Institutional Economics* (second edition), Ann Arbor: The University of Michigan Press, 2005.

F. H. Knight, "Some Fallacies in the Interpretation of Social Cost", *Quarterly Journal of Economics*, 1924, 38 (4).

Laurence Girard, "Le Revenu Moyen des Agriculteurs a Plongé de 29% en 2016", *Le Economie*, 2017 – 12 – 14.

Levay, C. , "Agricultural Cooperative Theory: A Review", *Journal of Agricultural Economics*, 1983, 34 (1).

Penrose, Edith T. , *The Theory of the Growth of the Firm*, Oxford: Basil Blackwell Publisher, 1959.

Phelps, E. S. , "Phillips Curves, Expectations of Inflation and Optimal Unemployment over Time: Reply", *Economica*, 1968, 35 (34).

Putnam, R. , "Social Capital: Measurement and Consequences", Isuma, *Canadian Jounal of Policy Research*, 2001 (2).

Robotka, F. , "A Theory of Cooperation", *American Journal of Agricultural Economics*, 1947, 29 (1).

后　记

本书是 2013 年国家社科基金 "'四化' 同步背景下农业经营主体培育研究" 的结题成果，该成果通过对全国 10 个不同省份的 10 个村的农业经营主体的现状进行详细调查分析，对培育新型农业经营主体进行了全面思考，提出了一系列政策主张。我国正处在城镇化和农业现代化的转型时期，新型农业经营主体和传统农户还将在一定时间内共存，如何培育新型农业经营主体，促进传统农户与新型农业经营主体的对接，成为农业经济管理研究的重要课题。本书正是一部从理论到实践分析研究传统农户成长为新型农业经营主体的著作，必将为国家农业管理部门、地方政府开展农村经济体制改革，提供有效的支持，为广大农户参与农业现代化的实践，明确未来农业发展的方向，提供及时的指导。

在新型农业经营主体的成长中，既需要与之配套的现代农业经营体制，也需要相应的农业技术推广体系，还需要探索现代农业经营体系与新型农业经营主体的衔接机制。作为农业经济研究者，我们深深感到自己身上责任和担子的沉重。为此，我们学习近年来众多专家的研究成果，设计统计和问卷调查表，进行了广泛的调查，充分听取各方面意见，完成了本书的撰写工作。由于我国改革开放进入新常态，社会、经济各方面发展突飞猛进，本书提出的一些观点和措施建议，难免存在一些不足，还需要在改革开放的实践中不断检验和完善，希望广大专家和读者批评指正。

本课题的完成，得到了湖北省农业科技人才办公室，中共湖北省公安县委、县政府的大力支持，得到了湖北省宜昌市夷陵区黄花财政所的大力协助，得到了河北省唐山市滦南县柏各庄镇贝口村、江苏省兴化市林湖乡朱胖村、安徽省寿县炎刘镇洪岗村、福建省武夷山市上梅乡上梅村、山东省即墨市莱西县姜山镇中三都河村、江西省修水县布甲乡洞上村、湖北省洪湖市丰口镇上塘村、广东省潮州市潮安区文祠镇楠木村、广西南宁市武鸣县双桥镇孔镇村、云南省曲靖市麒麟区茨营镇哈马寨村的大力配合，在此表示感谢！在调查的过程中，得到了长江大学孙文学研究员、苏应兵副教授、叶云博士的大力协助，得到了广西民族大学熊娜教授、中国农业大学姚志博士、长安大学李玥博士的协助，在此表示感谢！

作　者

2019 年 5 月